城乡协调发展研究丛书

总编◎李小建 仉建涛

产业集聚区
发展探索

————

基于河南实践

AN EMPIRICAL STUDY OF THE DEVELOPMENT OF
INDUSTRIAL AGGLOMERATION IN HENAN PROVINCE

郑秀峰 郝 鹏 王春晖 等◎著

社会科学文献出版社
SOCIAL SCIENCES ACADEMIC PRESS (CHINA)

研究，将研究成果编纂成"城乡协调发展研究丛书"。一方面，通过丛书向政府和公众及时报告中心的研究进展，使中心的研究成果能够得到适时的关注和应用；另一方面，中心也可以从政府和公众的反馈中不断改进研究方法。我们深知所要研究的问题之艰难以及意义之重大，我们一定会持续努力，不辜负河南省政府及人民对我们的信任和寄托，做对人民有用的研究。

十分感谢社会科学文献出版社对丛书出版给予的大力支持。

李小建　仉建涛

2017 年 4 月 19 日

目 录

第一章
引　言

当前，河南省正面临决胜全面小康、让中原更加出彩的重大历史任务，确立了建设经济强省、打造"三个高地"（奋力建设中西部地区科技创新高地、基本形成内陆开放高地、加快构筑全国重要的文化高地）、实现"三大提升"（人民群众获得幸福感显著提升、治理体系和治理能力现代化水平显著提升、管党治党水平显著提升）的奋斗目标。河南省既具有诸多有利条件和积极因素，也存在产业层次低、发展方式粗放、资源环境约束加剧等突出矛盾和问题。必须按照科学发展观的要求，着力推进"三化"（工业化、城镇化、农业现代化）协调发展，加快构建"三大体系"（现代产业体系、现代城镇体系和自主创新体系），走节约集约发展、科学发展和可持续发展的路子，培育区域发展新优势。产业集聚区是促进"三化"协调发展、构建"三大体系"、实现科学发展的有效载体和重要依托，是落实科学发展观的实现途径，是转变发展方式的战略突破口。加快产业集聚区规划建设是创新体制机制、培育区域竞争新优势的客观需要，是贯彻落实国家促进中部地区崛起等相关政策措施和实现跨越、促进崛起的关键举措。

第一节　研究背景

2008 年，自河南省委、省政府作出规划建设产业集聚区重大战略决策

1

以来，产业集聚区从无到有、从小到大，发展成果越来越丰硕，支撑作用越来越突出，品牌效应越来越彰显，已经成为河南省转型升级的突破口、招商引资的主平台、农民转移就业的主渠道、改革创新的示范区、新的经济增长极。实践证明，规划建设产业集聚区符合河南省省情，符合工业化、城镇化发展规律，充分体现了产业集聚、人口集中、土地集约的内在要求，对河南省经济社会发展特别是民生改善、产业转型升级起到了支柱和引导作用。

第一，产业集聚区发展战略是河南省调整产业结构、转变发展方式的重要抓手。2008 年以来，河南省处于加快"两大跨越"、实现中原崛起的关键时期，既具有诸多有利条件和积极因素，也存在产业层次低、发展方式粗放、资源环境约束加剧等突出矛盾和问题。2009 年 1 月，全省工业增速仅为 1%，在沿海打工汹涌返乡的农民工近 900 万人。资源土地面临瓶颈，产业结构亟待转型升级，发展方式转变迫在眉睫，河南省必须找到一个适合国情省情、契合发展趋势的有效抓手，必须走出一条集约节约、可持续发展的路子。2008 年 12 月，中共河南省委八届九次全会明确提出，加快产业集聚区建设，努力使之成为"全省构建现代产业体系、现代城镇体系和自主创新体系的有效载体和战略支撑"，"一个载体三个体系"的重大战略决策由此确立。2009 年 4 月，河南省委、省政府出台《关于推进产业集聚区科学规划科学发展的指导意见》，正式将产业集聚区作为工业化、城镇化、农业现代化协调发展的战略突破口。产业"聚变"的核心理念在河南省的谋划与实践中逐渐明晰。其中，"三规合一"是指产业集聚区发展规划要与城市总体规划、土地利用总体规划相衔接，严密套合，解决合法合规建设问题。"四集一转"是指企业集中布局、产业集群发展、资源集约利用、功能集合构建，促进人口向城镇转移，充分体现科学发展观的要求，解决发展基本内涵要求问题。"产城互动、融合发展"是指依城促产，依托城市功能的完善，为产业发展提供条件，促进产业升级；以产兴城，通过产业集聚创造就业岗位，以就业岗位的增加促进人口集聚，推动城市规模扩大，解决发展模式问题。把产业集聚区建设作为全面实施三大国家战略规划的有效抓手，焕然一新的发展理念，让河南省演绎了转变发展方式的生动实践。

实践证明，产业集聚区是促进"三化"协调发展、构建"三大体系"、实现科学发展的有效载体和重要依托，是落实科学发展观的实现途径，是转变发展方式的战略突破口。加快集聚区规划建设是创新体制机制、培育区域竞争新优势的客观需要，是贯彻落实国家促进中部地区崛起等相关政策措施和实现跨越、促进崛起的关键举措。

第二，产业集聚区发展战略是河南省迈进先进制造业大省、加快城镇化进程的重要引擎。一是产业集聚区发展战略让河南省抓住了承接产业转移的机遇，充分激活了县域经济，区域经济空前红火。产业集聚区茁壮成长、特色各异，其中，郑州电子信息、洛阳装备制造、漯河食品3个产业集群主营业务收入均超过1000亿元，主营业务收入超过100亿元的产业集群达到123个。二是产业集聚区发展战略让河南省产业竞争力不断提升，新兴工业大省和经济大省地位更加巩固。全球每8部智能手机，就有1部来自郑州航空港经济综合实验区。巩义从卖笨重的铝锭转为卖轻巧的铝箔，产品漂洋过海。传统农区拥抱高新科技，老工业基地转型升级，战略性新兴产业快速兴起，河南省的产业越来越"高大上"。三是产业集聚区发展战略让河南省嵌入了世界产业链，中原大地更加紧密地与世界连为一体。双汇成功收购美国最大猪肉生产商；美国好时、南车集团等一大批世界500强和国内500强企业纷纷落户，产业集聚区实际利用外资占全省六成；临空经济奋飞蓝天；郑欧班列"丝路"驰骋；跨境电商"买卖全球"等，使得产业集聚区成为河南省参与全球产业分工体系的重要窗口。四是产业集聚区发展战略让河南省人力资源优势更加突出。产业的转移集聚，让越来越多的外出务工人员上演着"凤还巢"的好剧。自实施全民技能振兴工程以来，河南省已经连续三年实现农村劳动力省内就业超省外，产业集聚区成为农民转移就业的主渠道。五是产业集聚区发展战略让河南省城乡面貌焕然一新。城镇化归根结底是人的城镇化。通过实施产业集聚区发展战略，坚定不移推动产城互动，加快构建现代城镇体系，就要落实"一基本两牵动"，即产业为基、就业为本，住房牵动和学校牵动，通过产业集聚区创造就业岗位，通过改革户籍政策实现安居来稳业、创业。这不仅能改善民生、优化整个经济结构，还可以创造需求、拉动经济增长。与此同时，以产兴城、依城促产，推动产城互动融合发展。加强城市建设、完善城市功能、发挥城市优势，增强对产业集聚的竞争力和吸纳力。例如，鹤壁宝山循环经济产业集聚区坚持"工业上山、农民进城、森林绕园、循环生态"原则，工业发展与城乡一体化建设相得益彰。产业集聚区已成为现代城镇体系建设的主体功能区，河南省探索了一条新型城镇化发展之路。

实践证明，产业集聚区发展战略的实施使河南省摆脱了"低、散、小"的工业发展模式，大步向先进制造业大省迈进，同时加快了城镇化的进程，助推中原城市群成为引领区域经济发展的重要增长极。

第三，产业集聚区发展战略是河南省经济持续快速发展的重要手段。2016 年 8 月 4 日，河南省发改委发布《上半年全省产业集聚区建设情况通报》。据通报，全省产业集聚区上半年工业增加值占全省工业增加值的比重达到 60.3%，比上年同期提高 5.9 个百分点，对全省工业增长的贡献率达到 77.7%。产业集聚区发展呈现稳中有进、稳中向好的态势。经过几年的实践，河南省产业集聚区已经显示出旺盛的活力，形成了巨大的带动效应，成为全省经济持续健康发展的主要增长极。一是产业集聚区工业经济较快增长。上半年区内规模以上企业工业增加值同比增长 10.6%，增速高于全省 2.6 个百分点。值得一提的是，6 月增速达到 10.7%，比 5 月和 4 月分别加快 0.9 个和 1.2 个百分点，呈现趋稳回升态势。濮阳、漯河、安阳产业集聚区规模以上企业工业增加值分别增长 18.6%、15.4% 和 14.7%，是领跑全省产业集聚区发展的"排头兵"。二是产业升级步伐加快。上半年产业集聚区高技术产业增加值同比增长 12.5%，高出产业集聚区工业增速 1.9 个百分点。装备、汽车和现代家居等高成长制造业增加值同比增长 10.5%，增速高出传统支柱产业 2 个百分点。三是效益水平稳步提升。河南省工业的盈利能力稳步回升，产业集聚区功不可没。前 5 个月全省产业集聚区工业企业实现利润总额 1052.82 亿元，同比增长 9.3%，高于全省工业企业 5.4 个百分点，对全省工业企业利润增长的贡献率更是一举突破 100%，达到 124.7%。四是投资增速逐步回升。上半年产业集聚区完成投资 8832.49 亿元，同比增长 14.1%，增速比前 5 个月提高 2.5 个百分点，高于全省投资增速 1.5 个百分点。上半年产业集聚区新开工亿元及以上项目 1586 个，同比增长 65.2%（栾姗，2016）。

根据河南省人民政府于 2015 年下发的《关于加快产业集聚区提质转

型创新发展的若干意见》，产业集聚区的发展目标是，到 2020 年，产业集聚区"四集一转"（企业集中布局、产业集群发展、资源集约利用、功能集合构建，促进人口向城镇转移），发展水平大幅提升，对全省经济社会发展的综合带动作用更加突出，建设成为全省先进制造业主导区、科技创新核心区、产城融合示范区和改革开放先行区。①集聚效应更加凸显。全省产业集聚区规模以上工业主营业务收入超过 7 万亿元，占全省工业的比重超过 60%，对工业增长的贡献率超过 70%，产业结构和层次明显提升。②集群优势显著增强。全省形成食品、装备制造、电子信息 3 个万亿级产业集群，省辖市形成 30 个左右千亿级主导产业集群，县域形成 150 个左右百亿级特色产业集群，创建 15 家以上国家级新型工业化产业示范基地，建设一批全国重要的产业基地。③配套能力明显提升。基础设施、公共服务平台、生产生活性服务设施基本完备，区域创新体系基本建立，形成与产业规模和结构相适应的支撑保障体系。④绿色发展成效显著。产业集聚区单位面积投资强度和产出强度进一步提高，规模以上工业万元增加值能耗较 2015 年下降 20% 左右，工业固体废弃物综合利用率达到 85% 以上，污水集中处理率达到 100%，建成一批国家级生态工业示范园区和低碳工业园区。⑤产城互动加速推进。全省产业集聚区从业人员达到 550 万人，累计新增 200 万人左右，成为当地就业岗位的主要来源。产城互动发展机制基本建立，全面形成产业集聚区与城镇建设互促共进的格局。

第二节　研究意义

当前，经济发展进入新常态，市场环境、政策环境发生变化，产业集群、融合创新趋势明显，资源环境、要素支撑约束增强，产业集聚区发展进入了更加注重提高质量、转型升级、创新驱动的新阶段。加快推动产业集聚区提质转型创新发展，有利于抢抓产业转移及新一轮科技革命和产业变革的机遇，加快先进制造业大省建设；有利于推动产业集聚区更大规模、更高水平发展，促进经济稳定增长和结构优化；有利于增创竞争新优势、构建四个体系（现代产业体系、现代城乡体系、现代创新体系、现代市场体系），支撑带动"四化"（工业化、信息化、城镇化、农业现代化）同步发展。

第一，产业集聚区发展研究，有利于国家产业发展战略在河南省的贯彻实施。"十三五"时期是世界产业技术和分工格局的深刻调整期，是我国推动经济提质增效升级的关键期，产业转型发展面临新的机遇和挑战。习近平同志强调，产业结构优化升级是提高我国经济综合竞争力的关键举措，要加快构建现代产业发展新体系。党的十八届五中全会通过的《中共中央关于制定国民经济和社会发展第十三个五年规划的建议》站在增强综合国力、提升国际竞争力、增进人民福祉的战略高度，对构建产业新体系做出全面部署，对推动产业结构升级和发展方式转变、保持经济持续健康发展、确保如期全面建成小康社会产生重要而深远的影响。河南省实施的产业集聚区发展战略，是国家产业发展战略、构建产业新体系在河南省的贯彻实施，准确把握构建产业新体系的方向和原则，有利于河南省产业体系向创新能力强、质量效益好、结构布局合理、可持续发展能力和国际竞争力明显增强的方向发展。一是产业集聚区战略有利于坚持创新驱动原则。创新是产业发展的主引擎。河南省产业创新能力还不强，以企业为主体的技术创新体系不完善，已经成为产业转型升级的重要制约因素。因此，河南省的产业集聚区发展必须深入实施创新驱动发展战略，把创新摆在产业发展的核心位置，把增强技术实力作为构建产业新体系的战略支点，加快完善以企业为主体、以市场为导向、产学研相结合的技术创新体系，营造有利于激励创新的制度环境，推动包括科技创新、模式创新、企业创新、市场创新、产品创新、业态创新、管理创新等在内的全面创新，走创新驱动的产业发展道路。二是产业集聚区战略有利于坚持绿色低碳原则。绿色低碳发展是实现可持续发展、赢得未来的关键举措。近年来，绿色低碳已经成为世界经济发展重要潮流。无论是从顺应国际大势看，还是从破解能源资源和生态环境约束、适应人民群众对绿水青山的期盼看，绿色低碳都是必然选择。河南省产业集聚区发展尚未从根本上摆脱高投入、高消耗、高排放的粗放模式，工业生产能效、水效与发达省份仍有很大差距。因此，河南省的产业集聚区发展应当把绿色发展、循环发展、低碳发展作为基本途径，加快推动生产方式绿色化，加快发展绿色产业，构建科技含量高、资源消耗低、环境污染少的产业结构和生产方式，走生态文明的产业发展道路。三是产业集聚区战略有利于坚持两化融合原则。信息化和工业化深度融合是打造产业竞争新优势、抢占未来发展先机的有效途径。新一代信息技术向各领域的渗透融合，不仅使智能制造成为新型生产方式，而且催生了许多新业态和新的商业模式，产业之间的界限日渐模糊，生产者和消费者之间联系更加紧密，融合发展成为产业发展的重要趋势。河南省信息化水平还不高，信息化和工业化融合还有巨大潜力。因此，河南省的产业集聚区发展必须继续做好信息化和工业化深度融合这篇大文章，把智能制造作为两化深度融合的主攻方向，促进信息技术向市场、设计、生产等环节渗透，引导制造业朝着分工细化、协作紧密方向发展，推动生产性服务业与制造业在更高水平上融合发展，走两化融合的产业发展道路。四是产业集聚区战略有利于坚持结构优化的原则。调结构、促升级始终是产业集聚区发展的中心任务。虽然河南省已初步形成了完整的产业体系，但产业结构和空间布局不合理、产能过剩严重、区域发展同质化等问题仍未得到根本解决。这是河南省经济发展资源环境代价过大、质量效益不高的重要原因。随着河南省进入新的发展阶段，新的消费需求、新的装备需求、新的服务需求、新的安全保障需求又对产业结构升级提出了新的更高要求。对此，河南省必须进一步发展产业集聚区，推进结构调整，持续优化产业组织结构和空间布局，走提质增效的产业发展新路。

第二，产业集聚区发展研究，有利于在理论上推进现代产业集聚理论。当前，产业融合发展新趋势推动制造业重构步伐加快。目前，新一轮科技革命正在深刻影响全球产业模式，产业融合发展已经成为产业经济发展的主流趋势，尤其是现代信息技术与制造业的融合、制造业与服务业的融合已经成为全球产业发展的新亮点，产业边界逐步打破、产业组织重新构建、产业链条重新组合，传统制造中的大规模、大批量标准化生产模式正越来越难以满足消费者的个性化需要。当前国内外在人工智能、数字制造、工业机器人等领域还未形成技术控制及市场占领，在这些产业发展上各地基本处于同一起跑线，这就为河南省产业集聚区打破原有全球价值链低端锁定、重塑现代产业体系、融入世界高端产业链提供了一次难得的战略机遇期。

新产业区理论的研究始于20世纪70年代初对意大利东北部和中部地区中小企业集群发展的研究。1977年，意大利的社会学者Bagnasco首次对意大利东北部地区的特点进行了研究后，提出了新产业区的概念。他指出，新产业区是具有共同社会背景的人们和企业在一定自然地域上形成的社会地域生产综合体，产业区的经济特点是劳动分工中的外部性，产业区内企业间的互动是有社会文化支持的。

克鲁格曼通过其新贸易理论，发展了集聚经济观点，其理论基础是收益递增。他认为，经济活动的集聚与规模经济有紧密联系，能够导致收益递增。克鲁格曼还指出了集聚的"路径依赖"，他认为，在某一市场占据主导地位的产业，其开始的领先地位或许是偶然事件所引起的，区域专业化在历史偶然因素的作用下发生并建立起来后，就会在外部规模经济的作用下持续下去，区域发展因此被"锁定"，这也就是所谓的"路径依赖"。路径依赖对于企业在空间内的集聚同样具有明显的地理含义。迈克尔·波特从经济竞争优势的角度出发研究了产业集群的经济现象，他认为，产业集聚的核心内容是竞争力的形成和竞争优势的发挥，这是产业集聚在市场经济中生存和发展的根本保障，同时指出，政府或非政府机构在产业集聚过程中也起着重要的作用。他认为，地理的集中可以提高集群的生产率、降低交易费用，有利于信息积累、传递和扩散，在较小的地理范围内面对面地交流信息，形成相互信任的氛围，促进社会学习过程。英国经济学家安东尼·J.维纳布尔斯在《空间经济学：城市、区域与国际贸易》一书中，从经济发展和地理的角度探讨产业为什么会集聚、新集群是如何形成的、脱离集群的后果等问题。勒施是市场化论的重要代表人物，他的研究重点是产业集聚与城市的形成及城市化之间的相关关系，他认为，产业地域集聚是其与城市化相互作用的结果，同时，他将这种区位的集聚分为自由集聚和约束集聚两种形式。

我国对产业集聚的研究，主要集中在经济发达的江浙和广东一带，对于欠发达地区产业集聚的研究则相对比较少。作为一种新型的产业组织方式，产业集聚已成为令人瞩目的世界性经济现象，无论是在发达国家还是在发展中国家，它们都是当地经济发展中的重要内容。

从经济发展规律来看，工业发展的趋势是集聚，企业发展的趋势是做产业，产业集聚区向更高层面上的产业集群发展是企业发展到一定阶段的必然结果。新型城镇化、新型工业化和农业现代化的协调发展，需要工业发展作为基础支撑，这对于河南这一人口大省、农业大省尤其是粮食核心区来说，具有更为特殊的意义，从这个意义上来讲，河南省政府是"智慧"政府。从区域经济发展角度，无工不富是大家形成的一个共识，三次产业发展规律表明，没有工业一定程度的发展，就无法带动比较收益较低的农业的发展，同时会弱化服务业的产出效率。从中原经济区建设的角度看，中原经济区建设应关注"两不三新"、"三化"协调、"四化"同步，要探索一条不以牺牲农业和粮食、生态和环境为代价的"三化"协调、"四化"同步的科学发展路子。"三化"怎么协调？"四化"怎么同步？新型工业化怎么实现？河南省建设探讨的新型工业化内涵之一，应该是用新型工业化带动新型城镇化和新型农业现代化，没有新型工业化，新型城镇化和新型农业现代化就没有带动力量。未来 20 年，产业集聚仍然是我国未来产业空间发展的重要趋势，但各地区会表现出不同的空间集聚形态，特别是产业集聚的内容会发生根本性的变化，产业集聚区是引领产业创新和结构调整的核心区域，中西部地区也将出现若干跨区域的产业集聚区，这些产业集聚区会在一定程度上促进我国产业的均衡发展。

第三，河南省产业集聚区发展研究，有利于在实践上进一步促进河南省经济社会发展。根据河南省产业集聚区发展报告课题组的调研，在适应新的经济形势和新的条件约束下，河南省产业集聚区的发展也存在着一些问题。一是主导产业同质性较强，区域恶性竞争现象依然存在。全省产业集聚区发展仍存在较强的产业同构性，各个集聚区差异化、互补性仍偏低。总体上看，全省 180 个产业集聚区主导产业涉及装备制造的超过 79 个，其中确定为机械制造的产业集聚区有 25 个，涉及农副产品加工的 34 个、食品加工的 32 个、纺织服装的 27 个、化工行业的 22 个。由于各集聚区在初期发展中，以规模扩张为首要目标，在项目引进、产业培育上没有充分依托本土资源优势或产业基础，普遍存在产业培育与本土优势、传统产业改造升级与战略新兴产业引进、产业链延伸与服务环节增值、龙头企业与中小配套企业等领域的割裂发展，导致各地在招商引资、承接产业转移中争项目、争企业、争产业的情况时有发生，甚至陷入恶性竞争。二是产业链接度偏低，现代产业分工合作网络远未形成。从各个集聚区内部看，产业链环节不完整、本地配套率低仍是产业集群发展的主要制约。在产业集聚区发展初期，主管部门往往容易重"项目"轻"产业"、重"大块头企业"轻"小体格配套企业"、重"生产制造环节"轻"服务增值环节"，导致产业链条环节缺失，产业发展缺乏配套，产业集群以"堆"代

"链"，集群效应发挥不足。与此同时，产业链整合难度大也较为突出，当前多个产业集聚区中，能真正充分发挥培养行业核心竞争力、引导中小企业进行配套供应生产、进行产业链式发展的领袖型龙头企业较少，各个行业的龙头企业与中小企业的关系还处于松散型的状态，甚至有些还存在较为激烈的竞争关系。三是自主创新能力弱，传统的产业发展模式仍在延续，集聚区内传统制造、加工企业占比仍然较大，高新技术企业和有自主知识产权的企业偏少，缺少研发机构和高素质人才，企业拥有发明专利较少、科技经费支出低、科技从业人员不足。甚至作为各地市自主创新高地的高新技术产业集聚区，其发展战略也多与真正意义上高新区的内涵和定位有所偏离，它们也把上规模放在首位，而忽视投资规模小、发展潜力大的高技术项目，有"制造"无"创造"，创新驱动的后劲不足。当前大多数产业集聚区依然延续着基于投资驱动和规模扩张的传统产业发展模式，项目建设上，新兴产业、新型项目的"双新"色彩不明显，产业结构中高新技术产业占比仍然偏低，发展路径上仍是过多依赖低端产业、低小散企业，低成本劳动力、资源要素消耗和传统商业模式。四是土地利用效率不高，集约节约发展水平仍然偏低。2012年全省180个产业集聚区规划面积已超过3000平方公里，同比增速高于规模以上工业增加值、销售收入和利润增速。还有一些产业集聚区大量土地批而未供，占用了宝贵的土地指标，一些项目存在夸大投资，圈占土地现象，造成土地闲置。当前，全省建成区固定资产投入产出强度为40.8万元/亩、工业经济密度为79.7万元/亩、省外资金到位密度为12.1万元/亩，虽然较2010年单位效益呈逐步提升的态势，但是集聚区集约节约发展水平还不够，尤其相比国内一流产业园区差距较大，如2011年苏州工业园区投资强度就达到了600万元/亩（河南省产业集聚区发展报告课题组，2015）。

今后，河南省的产业集聚区发展，应当主动把握和积极适应经济发展新常态，坚持"五规"（产业集聚区总体规划、土地利用总体规划、城市总体规划、生态环境规划、区域公共服务基础设施规划）合一、"四集一转"（企业、项目集中布局，产业集群发展，资源集约利用，功能集合构建，促进人口向城镇转移）、产城互动的基本要求，以提质转型创新发展为主线，突出集群、创新、智慧、绿色发展方向，着力完善功能规划布局，提升集群竞争优势，促进服务功能升级，加快体制机制创新，推动产业集聚区上规模、上水平、上层次，提高吸引力、竞争力、带动力，实现由规模扩张向量质并重转变、要素高强度投入驱动为主向创新驱动为主转变、粗放消耗型向绿色集约型转变、主要靠优惠政策招商向依靠优质综合服务招商转变、简单的"等靠要"向勇于改革创新转变，在促进经济结构战略性调整、培育形成新的增长动力上发挥更大作用。

第三节　研究框架、内容及方法

本书共分为两个部分，即第一、二、三章的理论研究与第四、五、六、七章的实践探索。理论研究部分着眼于通过梳理国内外已有关于产业集聚区相关研究线索，聚焦探讨产业集聚区的形成机理及影响其发展之动力机制的相关命题；实践探索部分则基于对河南省各地市180个产业集聚区实证调查所获有效问卷之数据资料，通过运用多样化的统计计量分析方法对河南省产业集聚区发展情况进行多维度、综合性分析，在总结河南省产业集聚区发展模式的相关成功经验的基础上，尝试对一些地区发展所遇到的具体问题进行理论及政策方面的解释。

本书共分为七章。

第一章引言。主要向读者介绍本书研究开展的相关政策背景，梳理本书研究开展的理论意义与现实意义，并粗线条地勾勒介绍本书的主要研究内容、所使用的研究方法以及整体研究框架。

第二章产业集聚形成与发展理论。本章首先分别沿着贸易成本线索、集聚类型线索对产业集聚理论的形成及发展脉络进行简要梳理，并着重分析了产业集聚的本质，即生产要素的动态性累积过程；其次，本章从产业集聚之外部性效应、产业集聚之密度效应等方面对集聚之区域视角的发展线索进行了简要归纳，解释了作为一种厂商生产地理性集中现象的集聚所对于区域整体产业的发展具有显著的影响。

第三章产业集聚区发展的动力机制。本章中提到的"动力机制"是推动产业集聚区形成和发展的要素及作用规律，是推动产业集聚区发展的根本力量。产业集聚区发展的动力机制包括内生动力机制和外部动力机制。

11

内生动力机制包括产业价值链、社会资本与网络、外部经济、技术创新与知识外溢等；外部动力机制包括政府的促导行为、外部竞争、区域创新环境以及制度文化等要素。内生动力是一种自发的内在力量，是产业集聚区内各主体在市场机制作用下的趋利行为，是各主体在长期的相互学习过程中"成熟和老练"的稳态和均衡，带有一定的自发性特征。外部动力是组织有意识的行为，主要源于外部环境和政府有意识地对产业集聚区形成和发展进行规划和控制，通过内外动力各要素作用力的耦合，各要素系统及系内诸要素通过直接或间接两种途径来影响产业集聚区的形成与发展，形成产业集聚区的竞争优势，推动产业集聚区不断优化升级，向更高层次发展。

第四章河南省产业集聚区企业发展状况调查。本章主要以对于河南省产业集聚区样本企业调研所得数据为基础，从企业的微观视角出发，分区域地对比并探讨了河南省集聚区企业所面临的基础设施环境、政策环境、市场环境、融资环境等外部环境以及企业运行、生产衔接、内部治理、制度建设等内部环境，并进而概述河南省产业集聚区企业目前所面临的典型性发展问题。

第五章河南省产业集聚区发展现状。本章基于对全省 18 个地市 180 家产业集聚区 2431 家企业进行的大数据调研，分析了河南省产业集聚区总体情况、集聚区企业总体生存和发展状况，并将 18 个地市按照地理区位划分为豫东、豫南、豫西、豫北、豫中五个区域，分别对以上各区域共计 18 个地市产业集聚区发展情况进行梳理与归纳，并在此基础上对各产业集聚区未来发展提出若干对策建议。

第六章河南省 18 地市产业集聚区发展水平评价。一般而言，要对产业集聚区的发展水平进行评价，就必须建立一套具体的评价指标体系以方便进行定量比较。这样既能明确各地区的发展优势，又能直观地反映问题和不足。为此，结合河南省的实际情况，要评价各地区产业集聚区的发展水平，应当充分考虑集聚区形成的内因和外因，区内企业发展的客观现状和主观评价，以及集聚区发展的地区影响力和均衡性。本章将产业集聚区发展水平的评价维度确立为发展环境、发展规模、发展效率、发展结构四个方面，构建了产业集聚区发展水平综合评价指数，简称"综合指数"（C，Composite Index）。通过构建这一指标体系，本章运用调研所得样本数据，通过环境指数评价、规模指数评价、效率指数评价、结构指数评价、发展水平指数评价五个维度对全省18个地市产业集聚区进行了横截面对比研究。

第七章河南省产业集聚区发展模式探索。本章聚焦于从国家开放发展战略视野探索河南省产业集聚区发展模式。当前我国经济已经进入新常态，市场环境和政策环境正在发生深刻变化，区域产业发展既面临严峻的挑战，也面临难得的机遇。在党的"五大发展理念"的指引下，河南省工业发展应当借助自身区位优势，产业集群应立足现有产业基础和比较优势，以14个工业重点行业为主导，以产业集聚区为载体，以集群引进、龙头带动、链式发展为主要路径，按照产业上下游有效链接、大中小企业有机结合、各类公共服务平台有力支撑的原则，科学规划，合理布局，加强引导，加快培育壮大一批特色明显、结构优化、体系完整、市场竞争力强的产业集群，做大做强工业主导产业，打造工业发展新优势，提升工业经济竞争力。

本书所涉的研究方法主要包括以下三个方面。

其一，理论研究与实证研究相结合。本书首先在理论探索部分从产业集聚这一理论命题入手，对理论研究的脉络进行了梳理，并尝试对经典理论模型进行了中国化改造，以期能够使经典理论模型适用于对中国现实的解释。其次，本书在实践探索部分针对产业集聚相关理论命题，围绕河南省产业集聚区发展现状开展了较为翔实的实证研究。

其二，微观企业视角与宏观区域视角相结合。本书在实践探索部分对河南省各产业集聚区内样本企业的调查数据进行了多维度的具体分析，围绕企业在产业集聚区的内部及外部发展环境进行对比分析。此外，除微观的企业研究视角之外，本书也从较为宏观层面的区域视角出发，对比探讨了河南省不同区域的产业集聚区发展情况。

其三，单一指标测算与指标体系构建相结合。本书运用调研所得数据，对河南省18个地市产业集聚区发展相关指标进行了具体的测算，并分别就各单一指标的具体数值，对不同地区产业集聚区发展情况进行了横向对比。在此基础上，本书从发展环境、发展规模、发展效率、发展结构四个方面入手，将这些单一指标加以分类、归纳，完成了环境指数评价、规模指数评价、效率指数评价、结构指数评价、发展水平指数评价五个维度的综合性指标体系，由此可以对河南省各产业集聚区进行从单一指标到指标体系的全方位横向对比分析。

第二章
产业集聚形成与发展理论

第一节　产业集聚理论研究综述

一　产业集聚理论：贸易成本的视角

贸易成本是新经济地理学研究的一个核心范畴，在其 NEG 经典模型中，贸易成本事实上是被设定为模型推导的一个关键变量。这个变量包含了所有影响产品空间移动的因素，包括两个部分，即不同区域之间的贸易壁垒以及区域之间的运输成本。国内学者赵伟等（2005）的研究认为："新经济地理学把国家之间或区域之间的贸易壁垒抽象为包括了运输成本在内的'贸易成本'一个变量，由此实现了在一个宽泛的空间概念下重新思考贸易发生的原因，并实现了国际贸易和区际贸易的统一。"

从现实来看，运输成本对于一国特定行业的区位选择及其区域城市化进程都起到了至关重要的作用。例如，全球范围内的一些大的制造业集聚区域，大都依托于其相对便捷且成本低廉的交通运输优势。一般认为，水路航运是人类迄今所开发的最廉价的运输手段。因而这也就解释了为什么自工业革命以来，英国的制造业所在地（如曼彻斯特、利物浦）往往与其城市所属运河、港口等区位优势密切相关。此外，美国东西两大洋海岸的制造业集聚带，欧洲沿莱茵河谷制造业集聚带以及改革开放以来的中国沿海三大制造业地带的崛起都无不印证了这一布局原则。此外，大量历史与现实的事实还证明，运河、高速公路或铁路的修建，如若能够明显地降低运输成本，就能改变产业区位选择。有研究者（史子然、沈春华，1998）对日本高速公路对于产业区位影响的分析，认为日本企业有向高速公路入口集聚的布局趋向。通过考察，不难发现类似的例子普遍存在于各发展中国家的发展现实中。

（一）贸易成本与集聚：从古典区位论到新经济地理学

回顾研究文献，产业集聚在理论层面的阶段性发展大致上可划分为三个阶段。第一个阶段是以杜能（Thünen）和韦伯（Weber）为代表的古典区位理论对产业空间分布的研究；第二个阶段是以马歇尔（Marshall）为代表的新古典经济理论对于产业地方化理论的扩展性研究；第三个阶段是以克鲁格曼（Krugman）和藤田昌久（Fujita）为代表的新经济地理学对产业集聚理论及实证层面的开拓性研究。接下来，本节将对贸易成本视角下的产业集聚理论研究进行系统梳理与回顾。

1. 古典区位理论：运输成本与集聚

产业的空间分布实际上是一个空间经济学的论题。最早关注这一命题的研究可以追溯到古典区位理论，即农业区位论、工业区位论等学说上来。农业区位理论的开创者德国学者杜能（1826）最早将空间因素纳入经济学分析，他通过构建一个简单的经济学模型，将运输成本作为影响产业空间分布的关键变量纳入其中。实际上他的研究已经晦涩地将贸易引入了空间问题之中。按照其模型推论，产品运输成本差异将导致农业生产分布于距离城市远近不同的地带：近郊适宜种植体积较大或笨重不便运输的产品以及易于腐烂、须新鲜消费的产品，原因是其运往城市的费用较大；而相反，远郊则适宜生产运输成本较低的产品。由此，他提出将城市周边区域分为六个"经济圈"，每个经济圈均从事不同产物的专业化生产。恰是看到农业区位理论中运输成本的这种基础作用，新经济地理学开拓者 Fujita、Krugman、Venables（1999）将农业区位理论称作"一种强调区位间运输差异的理论"。

而后，工业区位理论的奠基人韦伯（1909）根据 19 世纪中后期德国工业发展资料，对工业生产区位选择进行了研究。韦伯的工业区位理论同样强调运输成本这一核心变量。其工业区位理论所确定的决定企业选址的三个因素中首要的便是区位因素（Location Factors），另外两个因素分别为

15

劳动力成本（Labor Cost）和集聚经济（Agglomeration Economy）。他认为在完全竞争的市场条件下，厂商将选择使产品运输成本最小的区位并组织生产。

无论是农业区位论、工业区位论抑或是后来的中心地理论和市场区位论，实际上都是将运输成本简化为贸易成本的表达，在一定程度上触及了对贸易、集聚与产业布局这一理论联系的讨论。

2. 新古典经济学：聚焦贸易成本

19 世纪末期，英国经济学家马歇尔在其 1890 年的经典著作《经济学原理》中提出了具有分工性质的工业在特定地区的集聚现象。其研究认为单一企业为了能够获得外部规模经济，从而倾向于选择在同类型企业众多的地方扎堆布局，从而形成产业区（Industrial District）。为了解释这一现象，他将经济规模划分为外部规模经济和内部规模经济，并认为产业集聚是因为外部规模经济所致。具体而言，他将这种外部规模经济概括为：一是具有共享的劳动力市场；二是中间产品的投入；三是技术外溢。马歇尔对于产业集聚这一问题的研究所给出的集中生产的优势，恰在一定程度上阐释了产业集聚形成的根本原因。在其所构建的新古典经济学研究框架下，贸易理论的逐渐兴起进一步将贸易与集聚引入了相统一的研究视野下。传统贸易理论在完全竞争的假设条件下，着重分析了影响产业分布模式的原因，即认为自然资源是最重要的投入要素，因此企业会倾向于专业化生产当地生产要素或资源相对富集的产品，随着后期资本和技术在生产中占据重要地位，资本密集型产业向资本和技术相对富集地区集聚，而劳动密集型产业会向劳动力密集的地区转移，长此以往，产业的地区性集聚就会发生。

然而在马歇尔的新古典经济学一般均衡分析框架下，若考虑运输成本因素，就得接受空间与距离因素，这与完全竞争的假定相冲突。由此，新古典经济学只好舍弃了空间－运输成本的分析因素，保留了基于一个"有国家无区域"假定的新古典分析前提，对于运输成本，要么完全假定不存在，要么设定为外生变量。因此，新古典经济学对贸易与集聚的关系的系统性分析具有较大的局限性。

3. 新经济地理学：贸易成本与集聚

与传统贸易理论不同，新贸易理论基于"有区域无国家"的暗含假定，引入规模报酬递增和不完全竞争的条件，将运输成本细化入贸易成本的范畴，较为恰当地解释了产业内贸易的基础。在 Krugman（1979）关于新贸易理论的开拓性研究中，贸易成本与规模经济之间的对冲效应（Trade-off）实际上决定产业在地区间的分布状态：假定劳动是唯一的生产要素，若两国间贸易成本为零，即使国家之间不存在偏好、技术和要素禀赋的差异，单是规模经济就能促使贸易发生，且贸易流向与贸易量也可确定；若两国间的贸易成本无限大，则贸易将停止。但由于假定劳动力的流动不受限制，因此劳动力倾向于流向名义工资较高同时商品供给种类较多的经济体。在其后续研究中，Krugman（1980）引入"冰山移动"（Iceberg Floating）方法，将与运输成本有联系的空间因素纳入贸易模式分析中，证明在其他条件相同的情况下，一国某种产品的国内市场规模越大，就越有利于挖掘规模经济效应，因而提升产出能力及出口能力，这便是其著名的"国内市场效应"理论。这也成为新经济地理学关于贸易和集聚热点讨论的重要开端。

20 世纪末期，以藤田昌久、克鲁格曼、维纳布尔斯（Venables）为代表的经济学者在规模报酬递增和不完全竞争市场为特征的新贸易理论框架下，引入了外部经济、要素流动、知识溢出等因素，来研究产业的集聚与扩散，并最终形成了新经济地理学 NEG。这标志着区位理论向主流经济学的回归。NEG 的一个重要创见便是将贸易成本的分析因素重新纳入新古典经济学之一般均衡分析框架，即将以"冰山移动"方式解释运输成本并予以模型化处理。在 Fujita 等（1999）建立的新经济地理学经典模型与分析框架中，运输成本或贸易成本被界定为由空间因素引出的所有成本，不仅包括了传统区位理论界定的运输成本以及贸易经济学所说的贸易壁垒导致的成本，而且还包括了因距离因素而引出的信息交流成本等。

围绕对贸易成本的划分，对产业集聚的研究可以分为两个方面。第一个方面的研究仅考虑区域贸易成本，即在"无国家"情况下讨论贸易成本与集聚的关系。典型的文献如 Krugman（1991）构建的核心 – 外围模型。C – P 模型是在 Dixit-Stieglitz 模型的基础上构建的，用以说明一国是如何内生地发展成一个制造业"核心"和农业"外围"的。模型的两个关键变量就是运输成本和规模经济。Krugman 通过数值模拟的方法讨论了运输成本何以影响核心 – 外围的形成。后续的典型研究，如 Tabuchi（1998）在核

心 - 外围模型的基础上进行了拓展，发现当运输成本下降至临界点，制造业突变发生集聚之后，企业空间分布的进一步集中，会使市场竞争进一步激烈，盈利能力不断下降；同时，生产的过程需要厂房，而集聚程度升高，会导致土地的价格上涨，成本上升，这样的离心力也是不断加强的。Fujita、Krugam 和 Venables（1999）后续的研究修改了核心 - 外围模型中农产品部门没有运输成本的假定，将农产品的运输成本引入模型。Murata（2003）将劳动力的异质性偏好引入核心 - 外围模型中，发现核心 - 外围模型中原有的本地市场效应依然是导致产业区域集聚的向心力，而偏好的异质性则成为一种离心力。这两种力的相互作用加上降低的运输成本产生了不同形式的生产活动分布均衡状态。Pichad、Zeng（2005）的模型细化了农产品的运输费用以及工业生产需要农业部门的非技术劳动力这一模型前提。其研究表明地区间制造业运输费用较高时，制造业在两个地区平均分布；当运输费用下降时，制造业开始在一个地区形成集聚；当运输费用下降到某个临界值后，制造业会出现扩散现象。

另一方面的研究则是同时考察"国际贸易成本"和"国内贸易成本"对集聚的影响。Krugman、Elizondo（1996）的理论研究建立在对墨西哥纳入 NAFTA（北美自由贸易区）后的产业地域变迁的案例基础上，分析了区际和国家之间贸易自由化与集聚的关系，通过假定离心力是由于厂商在地区集聚而引起的高昂的通勤成本和土地价格，分析经济一体化是如何影响劳动力在国内的流动。

后续的研究，如 Behrens 等（2004）早期构建的两国三区域模型认为，发展中国家的国际贸易成本的下降将使其内部经济发展差距扩大。而发达国家国际贸易成本的下降，将促进产业发展的收敛。贸易自由化对一国内部经济地理的不同影响，主要取决于区际基础设施的质量。Behrens 等（2007）在原模型设定下，拓展讨论了两国四区域情形，研究认为：当国际贸易成本足够大时，区际贸易成本的降低将促进区域产业集聚，扩大区域不平衡；而当区际贸易成本足够大时，国际贸易成本的降低将促使区域产业扩散，减缓区域的不平衡。因此，国际贸易成本相对于国内贸易成本的水平对于解释生产的空间分布非常重要。

对于贸易成本与集聚在理论上的紧密联系，新经济地理学的研究已不乏其数，实证方面的研究大致可分为三条线索。第一条线索的研究大都认为贸易成本的降低对集聚起到促进作用。如 Haaland 等（1999）、Hanson（1998）、Rosenthal 等（2001）、Naughton（2003）等的研究大都从贸易成本影响产业集聚的角度开展实证分析，认为高贸易成本的行业倾向于在接近大市场的地方生产，而低贸易成本的行业在外围地区进行生产则可以利用当地较低的生产成本，因此更有集聚的优势。第二条线索的研究重在讨论贸易成本与集聚之间的非线性关系，典型的文献如 Kim（1995）首先利用 Hoover 指数考察了美国制造业在 1860～1987 年的空间区位变化，证实了美国制造业的区位变化趋势随着国内贸易成本的降低具有先集聚后分散的态势。Forslid（2002）分行业的研究也证实了上述观点，认为贸易成本和产业集聚呈现倒"U"形关系。第三条线索的研究则对贸易成本之于集聚的作用持谨慎态度。典型的研究如 Rosenthal 等（2001）使用美国 2000年第四季度数据，分别从地区编码城市、郡、州三个层面上独立分析了美国制造业集聚经济的微观原因。结果显示，运输成本的代理变量仅在州际层面上与集聚水平正相关，而在另外两个次级层面上则显示出微弱的关联性。Alecke 等（2005）使用 EG 指数对德国 116 个三位数制造业的集聚程度进行了测度，结果显示运输成本对集聚并没有显著影响。近年来，中国学者也分别从地方保护主义（白重恩，2004；黄玖立、李坤望，2006）、契约制度（王永进、李坤望、盛丹，2010）、运输成本（陈秀山、汤学冰，2008；陈秀山、张若，2007）等方面分析其与集聚的关系，结果显示其相关因素的降低将有利于产业在地区的集聚。

由上述的文献归纳可见，贸易成本是经济活动无法回避的一个现实存在，从杜能、韦伯的新古典区位理论到克鲁格曼等人的新经济地理理论，无不将贸易成本视为他们理论研究的关键变量，即贸易成本是影响经济集聚的决定性因素。

（二）产业协同集聚：三个产业层面的综述

对产业间协同集聚的研究，最早可追溯到马歇尔（1890）在其代表性著作《经济学原理》中对"产业地方化"论题的讨论。其研究隐约地分出群居与杂居两种不同的产业集聚类型，前者是指同一产业间的地理集聚，而后者则涉及了不同产业由于相互关联而产生的协同集聚。从"协同集聚"视角出发研究不同行业的企业集聚现象大体可从三个产业层面进行，这三个产业层面分别为：①制造业内部不同细分行业间的协同集聚；②服务业内部生产性服务业与消费性服务业之协同集聚；③大产业间（如制造业与生产性服务业）的协同集聚。由此，本节将顺延这一思路，对这三个产业层面对协同集聚的研究文献进行梳理归纳。

1. 协同集聚的概念

协同集聚（Co-agglomeration）这一概念最早由 Ellison、Glaeser（1997）提出，用以解释不同产业之间的集聚行为。其研究认为，产业在空间上的集聚不仅仅表现在单一的行业上，而更多地表现为多个互相关联的行业在空间上集聚，即协同集聚更注重于不同产业集聚之间的内在联系。

2. 制造业协同集聚

就现实而言，探讨企业之间的关系不仅局限于同一行业内部，相关联行业的企业区域集聚也可能带来外部效应。因此，产业的空间集聚不仅是单个产业内部企业的地理接近，而且更多的是不同的行业之间，或者行业内部的不同细分行业间企业的地理性集中，即协同集聚。接下来，从理论和实证两个方面对制造业的协同集聚的研究进行归纳。

制造业产业间互相关联而导致协同集聚的思想可以追溯到马歇尔（1965）关于产业集聚原因的研究。马歇尔从外部性和规模经济两个角度研究产业集聚，认为中间投入品和劳动力的共享以及知识溢出诱使企业在空间上接近，获得外部经济。在此基础上，他将规模经济分为内部规模经济和外部规模经济：前者是指单个企业对资源的充分有效利用、组织和经营效率的提高而形成的规模经济；后者是指多个企业之间因合理的分工与联合、合理的地区布局等所形成的规模经济。

真正意义上将行业之间的联系纳入模型考虑的首推 Venables（1996），Venables 将上下游企业的关联纳入模型，从投入产出的纵向联系角度考察集聚产生的原因。他通过构建一个两国三部门模型来讨论影响上下游两个部门集聚布局的因素。具体而言，其模型假定劳动力不能在两国间流动，但可在国家内部的部门间流动。在模型中存在一个完全竞争的农业部门以及两个上下游部门，且上游部门的产出品是下游部门的投入品。他从两个方面解释上下游部门的协同集聚原因：其一是存在要素层面的本地市场效应，一个国家的某产业的规模比较大，则与该部门形成垂直联系的上下游部门的需求会不断扩大，而逐渐落户该地区，这被认为是行业间的需求关联；其二是从节省贸易成本的角度考虑，下游的厂商也更愿意靠近上游的厂商，即行业间的成本关联。由此可见，Venables 模型的核心思想实际上就是从垂直关联的视角解释相互联系的产业间的协同集聚。

后续的相关研究大都在此基础上展开，对相互联系的行业间的协同集聚进一步进行了理论扩展。Henderson（1997）将导致产业集聚的外部性分为行业内的外部性以及行业间的外部性两个方面。Kind 等（2000）将地区间的税收竞争引入了垂直联系的上下游产业集聚模型，认为税收和运输成本一样会对产业的集聚状态产生影响。Amiti（2005）建立了以垂直关联产业为基础的两要素 H－O 模型，她认为比较优势和要素成本是厂商选择生产区位决策过程中的两个相互作用的力量，而两者间的平衡则取决于区域间贸易成本水平。因此对于要素密集度不同的同属产业链上下游的企业而言，较低的贸易成本也是促使这些企业集聚的重要因素。相似的研究还有 Forslid、Midelfart（2005），Koh H. J.（2009）等。

为了检验制造业的地理集中程度，学者们先后建立了基尼系数、赫芬达尔指数、胡佛系数、熵指数、Kernel 密度函数等来进行分析。典型的研究如 Dumais 等（1997）利用美国 307 个地区 134 个行业的企业层面数据来检验投入产出关联、劳动力市场集聚和技术外溢对制造业集聚的影响。结果显示三者均是影响集聚的重要因素，而且，投入产出关联在国家层面比在城市层面对产业集聚的影响更为突出。Duranton、Overman 等（2005）使用英国三位和四位编码行业数据考察制造业集聚现象，结果发现四位编码行业有 52% 在地理上具有集聚现象，并且集聚规模较小，大多在距离集聚中心 50 公里以内的地区，而对于三位编码行业，集聚规模则相对较大。但三位、四位编码行业具有相同的集聚模式，即产业关联的行业往往更倾向于集中在一起。Duranton、Overman（2008）以英国制造业为例，利用 Kernel 密度函数研究了新进入企业和老企业、内资企业和外资企业、小型企业和大型企业、附属子公司和独立企业之间在选址上的差别，并且考察了垂直关联的行业间的协同集聚问题。通过将行业两两配对，将具有上下游联系的两个行业间的空间集聚程度与随机选择的任意两个行业间的集聚程度进行比较，结果发现垂直关联的行业间确实存在协同集聚的现象。

国内学者魏后凯（2002）分别用区位熵指数和赫芬达尔指数测算了我

国制造业的市场集中状况并对其进行了国际比较，认为我国绝大多数制造业的集中度还是比较低的。王德文（2002）测量了我国经济整体、工业经济和农业经济的地区专业化指标，得出在中国的渐进式改革当中，通过专业化分工才能更加充分利用我国丰富的劳动力资源，发挥比较优势，增强国际竞争力的结论。白重恩、杜颖娟、陶志刚等（2004）用 Hoover 系数测度了地方专业化，得出我国产业集中度的决定因素及变化趋势，并重点考察了地方保护主义因素的作用，用数据的动态估计方法得出在利率和税率高的地方，地方保护更为严重，产业集中度更低。徐康宁、冯春虎（2003）用三个指标：产业集中度、标准化系数和自定义的 η 值测算了制造业行业的集中程度。吴学花、杨蕙馨（2004）用行业集中度、基尼系数和赫芬达尔指数测算了中国制造业的集中程度，得出中国制造业主要集聚在东部沿海地区的结论。

对于测算产业间的协同集聚程度而言，最为典型的研究方法当属构建 EG 协同集聚度指标。而开创协同集聚指数测度研究先河的当属 Ellison、Glaeser 的经典研究。Ellison、Glaeser（1997）认为行业的区位基尼系数不能准确地反映产业的地理集中程度以及不同行业之间的集中程度，因为其忽视了企业的规模，不能准确地描述某个区域是个别规模很大的企业存在，还是存在着众多规模较小的企业。为此，他们在构建 EG 集聚指数的基础上开创性地引入了协同集聚指数，而后，其方法又经由 Devereux（1999）的进一步扩展逐步成为开展协同集聚研究的主流方法。协同集聚指数考虑了企业规模及区域差异带来的影响，能够较为准确地反映两个或数个产业之间的空间集聚程度，有利于产业之间和地区之间的比较研究。

近年来，制造业协同集聚问题的测度问题同样引起我国学者的关注。罗勇、曹丽莉（2005）分别用行业集中度和 EG 指数测算了中国 20 个制造业行业 4 年的在市场规模和地理空间的集中程度，得出中国制造业的变动方向和发展趋势。路江涌、陶志刚（2006）运用 EG 协同集聚指标，以中国 1998~2003 年工业企业微观数据为样本考察了中国相互关联的制造业协同区域集聚的情况。其研究结果发现，中国的制造业协同区域集聚的程度近年来也持续上升，相关行业也由于行业间的相互作用、相互吸引而产生协同集聚的效果。马国霞、石敏俊等（2007）利用 Devereux 协同集聚指数，引入中国 1995 年和 2003 年制造业数据，测算了中国制造业两个产业之间的协同集聚程度，结果显示我国制造业产业间的协同集聚呈上升趋势，在空间上进一步向沿海集聚。其研究同样分析并梳理了引致产业间协同集聚的经济学机制，认为外部规模经济、地理邻近以及本地市场效应具备循环因果的累积效应，有助于强化中国制造业的空间集聚。

3. 生产性服务业的协同集聚

生产性服务业是为生产部门服务的，为生产部门提供中间产品，包括金融、保险、研发、会计、物流、销售等服务。Browning、Singelmann（1975）在解释服务型社会的时候就提出生产性服务业的概念。Grubel、Walker M.（1989）通过研究服务行业的增长和效用，提出生产性服务业是通过为制造业提供中间产品而存在的。发展生产性服务业可以提高制造业的效率和竞争水平，制造业的发展离不开生产性服务业的支持，制造业的发展反过来又可以促进对生产性服务业的需求。Goe et al.（2000）研究了生产性服务业对于制造业创新的影响以及城市和区域的经济发展。Francois、Woerz（2008）基于投入产出的角度，利用 OECD 的动态面板数据研究了生产性服务业和制造业之间的关系以及对贸易的影响。目前对服务业协同集聚进行研究的文献还不多见，现有的研究大多停留在对协同集聚现象的观察和描述阶段，并未从理论上对服务业之间的协同集聚进行解释。纵观目前的相关研究，有很多学者将注意力放在研发行业与市场营销业之间的协同集聚上，这可能是由这两个行业之间的互动较强引起的。

很多关于服务业集聚机制的研究中都提到了多个服务业在空间上的集中。Czamanski 等（1979）的研究表明金融业往往与其他服务业相互吸引，他们认为这种现象的产生是由产业之间信息流动的需要以及投入 – 产出表上金融业与其他服务业体现出的较强联系造成的。这实际上暗示了产业间信息流动产生的成本对协同集聚的影响。Daniels（1985）运用欧洲经济共同体 1973～1979 年的数据，证明了消费者服务业比生产性服务业的分布更加平均，而且它们在中心和边缘地区分布的对比也不强烈，而生产性服务业在中心高度集聚，与中心的距离越远，其服务集聚度越低。Klimek、Merrell（1999）使用 1992 年的企业微观数据和 1996 年的地区特征数据，利用 EG 协同集聚指数考察了美国零售业和批发业之间的协同集聚情况并将其与制造业的协同集聚度进行了对比，结果显示零售业和批发业的协同集聚度远远高于制造业的协同集聚度，并且批发业的协同集聚度高于零售业。Miler（2001）对英国服务业集聚的实证研究表明，伦敦占据了英国最重要的服务业集群，并且服务业之间呈现高度的协同集聚，其中金融业和其他服务业协同集聚最为突出。在其研究基础之上，Taylor 等（1996）通过对伦敦金融服务业集群的实证研究，证明由地理邻近导致的服务传递成本的节约和面对面接触而发展的密切的人际关系是伦敦金融服务业和其他服务业集聚持续发展至关重要的因素。其他相关经典研究还包括：Kolko（2007），Koh、Riedel（2009）等。

4. 生产性服务业与制造业的协同集聚

生产性服务业和制造业是紧密关联的，生产性服务业为制造业提供服务支持，成为制造业生产和贸易过程中成本的构成部分，制造业作为生产性服务业的主要服务对象反过来又影响其需求市场。关于生产性服务业和制造业协同集聚在理论方面的研究首推 Andersson（2006）的研究。他将制造业与生产性服务业区位作为彼此集聚函数的自变量，借助 Venables 垂直关联模型考察制造业和生产性服务业之间的协同集聚，认为这种协同集聚主要基于两部门之间高度的投入产出联系。他将上下游企业之间的协同集聚原因归结为需求关联（Demand Linkage）和成本关联（Cost Linkage）。

Czamanski 等（1979）利用美国投入产出表，从产业关联度来分析不同行业之间的集群联系，认为制造业和服务业之间存在的服务流动是其集聚在一起的原因。Bulte、Moenaert（1998）的研究发现由于通信网络的重要性，研发行业与市场营销业的协同集聚以及研发行业与制造业之间的协同集聚能够有效地促进相关信息的传播，并且使制造业获得好处因而形成协同集聚。Richard（2002）使用 1980~1990 年美国各郡的数据考察了生产性服务业对制造业区位分布的影响，结果发现生产性服务业发达的城市往往制造业的集聚程度也较高，认为生产性服务业的集聚对制造业的集聚度具有提升作用。Desmet、Fafchamps（2005）使用了 1972~2000 年美国郡级层面数据，证实生产性服务业在同样地理范围内的集聚程度高于制造业，对制造业的集聚具有带动作用。Kolko（2007）从邮政编码区域、县际层面以及州际层面对比了美国生产性服务业和制造业的集聚现象，结果显示，相比制造业，生产性服务业的集聚度更高。Yusuf et al.（2008）以亚洲为例从时间顺序上分析了制造业和服务业协同集聚现象，认为各国制造业和服务业的协同集聚程度在不同的时期大不相同。

近年来，国内学者针对该论题在理论层面的讨论同样较为热烈。高传胜、李善同（2007）在对长三角制造业进行考察时认为，长三角制造业的大量集聚现象正是由长三角，尤其是上海相对发达的生产性服务业而引发、支撑的。曾国宁（2006）认为需求的规模和发展潜力是决定生产性服务业发展和集聚的关键因素。这种需求主要表现为制造业企业通过服务外包形式来促进生产性服务业的集聚，需求规模的大小往往受制造业企业的数量和规模限制，企业的数量越多、规模越大，对生产性服务业的需求就越大，对其带动作用也就越强，集聚程度往往也越高，这产生的一个结果就是制造业集聚和生产性服务业集聚在空间上的一致性。刘志彪（2006）认为生产性服务业与制造业在地理位置上具有协同定位的特征，即它们在空间上具有相互接近的性质。这是因为随着距离的加大，从服务供应商那儿取得服务的成本也会提高，如开会和频繁接触的旅行时间等。中间服务生产中最耗费的要素是维持"供应商－客户"之间面对面接触的成本。因此，服务供应商会从接近制造商客户群的较短距离（即可达性程度高）中受益，同时制造企业也会从短距离的服务供应商那儿受益。因而，基于时间的"可达性"是解释二者协同定位的重要变量。陈燕芬（2007）认为20世纪末，珠三角和香港早期的区域分工格局呈现"前店后厂"的特性，即珠三角地区扮演"工厂"的角色，负责包括成衣、纺织、塑胶等劳动密集型或轻型消费品等制造业的主要加工生产，而香港扮演"店"的角色，负责承接海外订单，从事市场推广、销售以及开发新产品和新工艺。随着改革开放的深入，这一分工模式得以进一步深化，越来越多的企业在特定的区域集聚，使两地形成了初期的产业集聚，并且不再局限于之前的"前店后厂"的企业内分工模式，而是各自形成了优势产业，即珠三角地区从事一系列与制造业相关的活动，香港则从事管理、物流、金融和其他与制造业相关的业务，并为整个地区提供一系列高水平的生产性服务，这种现象实际上就是珠三角的制造业与香港的生产性服务业的一种协同集聚关系。路红艳（2008）认为集群式发展模式是促进生产性服务业与制造业融合、推动生产性服务业快速发展、提高产业竞争力的重要途径。从当前我国工业化发展阶段看，由于大多数地区生产性服务业并不发达，工业正处于快速发展时期，受资源、环境的约束，不能走传统的产业结构演进模式，即制造业发展后，再发展服务业，而应在推进新型工业化的同时，加快服务业发展。胡丹（2009）以北京市为例，分析了生产性服务业和制造业空间结构的互动性，认为北京市制造业对生产性服务业的需求增大，在空间的区位选择上对生产性服务业存在一定依赖。陈国亮（2010）借用多样化指数考察了我国生产性服务业集聚与制造业集聚的互动关系，认为生产性服务业集聚与制造业集聚存在一种投入产出的上下游关系，而且这种关系表现为生产性服务业与不同形态的制造业形成一种网络状的格局，另外，制造业不同产业链的动态演进也对生产性服务业产生了一种逆向传导作用。但是，不同形态的制造业具有长短不一的产业链，导致在双重集聚的互动性上存在一定的差别，使得制造业和生产性服务业的集聚具有互补效应和挤出效应。

实证研究方面，国内学者对于生产性服务业与制造业之间互动关系的研究多半认为，生产性服务业还可以促进制造业的发展，提高其效率和竞争力。顾乃华、毕斗斗、任旺兵（2006）利用面板数据对生产性服务业的制造业的竞争关系进行实证分析，认为发展生产性服务业是有利于制造业竞争力提升的，特别是金融和保险行业。江静、刘志彪、于明超（2007）利用1998~2004年细分行业面板数据进行实证研究，得出生产性服务业的发展有利于制造业效率的提升，其中不同类型的生产性服务业又有着不同的作用。冯泰文（2009）从交易成本和制造成本出发，研究发展生产性服务业与制造业效率之间的内在机理，同时对制造业细分行业的面板数据进行实证分析，得出金融业对于制造业效率的提升最为显著的结论。顾乃华（2010）研究分析了生产性服务业对于制造业利润提升的内在机理，并利用城市面板数据和随机前沿函数对其进行了检验。陈光、张超（2014）利用全国面板数据实证分析了生产性服务业对于制造业效率的影响，并分析了不同类型的生产性服务业对于不同要素密集的制造业效率的影响。蒙英华、黄宁（2010）利用行业面板数据，研究了中国从美国进口的服务对于中国制造业效率的影响。陈建军、陈菁菁（2011）以浙江省69个城市和地区的产业分布为例，通过建立两方程联立模型，验证了生产性服务业与制造业之间的协同定位关系，发现生产性服务业区位对制造业集聚的影响，以及后者对前者逆影响的大小在不同规模城市中存在差异，由此决定了产业发展顺序的差异，大城市要推进制造业的转型升级，应首先关注生产性服务业的发展与集聚，而中小城市则首先要推动制造业的集群才能吸引生产性服务业集聚。姚星等（2012）利用四川省的投入产出表的相关数据，研究分析了生产性服务业和制造业之间的产业互动关系。宣烨（2012）利用我国城市面板数据，实证分析了生产性服务业集聚对于制造业效率提升的空间外溢效应。

二 产业集聚理论：外部性视角

马歇尔（1890）在"地方性工业的利益"论题下，提出了产业集聚的三种利益，分别是：①"在同一种类的生产的总量很大的区域里……高价机械的经济使用，有时也能达到很高的程度……辅助工业……为许多临近的工业进行工作"；②"雇主们往往到他们会找到需要有专门技能的优良的工人的地方去；同时，寻找职业的人，自然到有许多雇主需要像他们那样的技能的地方去，因而在那里技能就会有良好的市场"；③"行业的秘密不再成为秘密；而且似乎是公开了……如果一个人有了一种新思想，就为别人所采纳"。这些利益被 Krugman（1998）称为"古典马歇尔外部经济的源泉"，并进一步区分为以下三种类型：①市场规模效应，即指旺盛的本地市场需求能够有效促进厂商的专业化生产与分工，进而降低中间投入品的成本；②厚的劳动市场，即指为专业化的劳动力提供丰富的就业机会，有助于改善劳动者与企业之间的匹配度；③纯外部经济，即指互相接近有助于厂商之间交换信息，从而促进知识溢出和技术创新。其中，前两种属于金融外部性（Pecuniary Externalities）范畴，第三种则可归入技术外部性（Technological Externalities）范畴。

由于马歇尔分析的集聚外部经济产生于同行业内，因此也被称为行业内集聚经济。Hoover（1937）将集聚的外部经济分为两类，一类称为地方化经济（Localization Economies），是指外在于企业但内在于同行业的规模经济；另一类称为城市化经济（Urbanization Economies），是指外在于产业但内在于城市的规模经济。

有学者对地方化经济或城市经济予以进一步细分。如 Henderson（1986）指出，与地方化相关的外部规模经济具体可分为以下四种，分别是：由产业规模扩张而引起的行业内企业具有更高程度的专业化分工程度；由专业化劳动力市场引发的规模经济降低了雇主－劳动者之间的搜寻成本；企业之间的交流沟通规模提高了企业对新技术的应用速度；为特定产业提供专业化技术等中间投入的规模经济。Henderson 等（1995）认为，城市化经济本质上就是一个企业从城市的整体规模与多样性中获得的收益或好处，与城市化相关的外部经济包括城市地区具有更大的劳动力市场、更完善的生产性服务部门等。Quigley（1998）在归纳梳理有关城市化经济研究文献的基础上，将由城市规模与多样性产生的规模经济效应归结为：生产的规模经济或企业内部的不可分性；生产与消费投入品的共享；消费投入的共享则包括基础设施、公共产品的供给；生产和消费的交易成本的节约；生产和消费中存在的统计意义上的规模经济。

（一）产业集聚：要素积累的视点

顺延"区域开放"引致"集聚"的研究脉络，聚焦于产业集聚的研究可谓汗牛充栋。对于"集聚"这一现象的研究，如 Devereux 等（2004）通过对英国四位编码的制造业企业样本的实证研究，得出结论认为门槛较低的非技术性产业（如劳动密集型产业）更容易产生集聚；Henderson 等（1997）则重点关注了韩国 1983～1993 年多产业分布随规模经济变化的聚散特征，并发现韩国经历了产业扩散阶段后，现代化产业（Modern Industry）重新出现集聚的趋势，且各产业在城市之间的空间集聚态势趋于显著。对于集聚发生的原因的研究如 Fujita、Thisse（1996）经典文献的推断，即完全竞争条件下的外部性、垄断竞争条件下的收益递增以及互动策略下的空间竞争。

产业集聚就其经济现象而言表现为厂商集聚布局的生产活动，而抽象来看则表现为资本、劳动等生产要素在空间上的集中。由此可将产业集聚的本质描述为生产要素的区域性集中过程。从生产要素流动的角度解释厂商空间区位选择的理论可以追溯到杜能的农业区位论及韦伯的工业区位论。然而这些传统的区位理论都是在完全竞争的市场前提下讨论运输距离与通勤成本对生产区位布局的影响，而这也就是 Krugman（1991）建立不完全竞争市场条件下规模收益递增的 NEG 经典理论的重要创新所在。

Marshall（1890）在其《经济学原理》一书中讨论了地方工业布局问题，认为厂商一旦选择其区位，则满足其技术要求的劳动力要素将逐渐扩大集聚并逐渐形成劳动力市场，而其他需求同种劳动力的厂商便会选择布局于此，因而形成地方化工业。Fujita、Thisse（1996）则细化论述了Marshall的这一思想，他们将集聚的向心力描述为生产要素的"滚雪球"效应，即集聚带来生产要素的大量积累，而新厂商则需要这种专业化和多样化的生产要素因而选择集聚，由此新的生产要素则受到高要素报酬及工作匹配度的激励而选择向集聚区流动，这种生产要素的积累效应又会不断吸引新厂商的集聚。Guimaraes等（2000）认为集聚经济的本质便是生产要素的区位布局结果。由此可见，众多研究均从要素视角将产业集聚描述成生产要素跨区域流动并实现地理集中的外生经济过程。

关于经济增长的讨论是经济学研究永恒的话题。威廉·配第的名言"劳动是财富之父，土地是财富之母"便体现了古典经济学关于生产要素决定经济增长的主流思想。从新古典经济增长理论探讨生产要素投入及分工，到内生增长理论探讨人力资本及"干中学"，生产要素与经济增长的关系难以割裂，社会生产要素的不断积累正是经济发展的基础。

古典经济学中一直将劳动和资本两种生产要素视作经济增长的源泉。20世纪60年代，美国经济学家Schultz（1961）提出在社会生产活动中，人们普遍具有对有效技能与知识的需求，然而这些要素投入不同于传统形式的生产要素，且在西方社会中的投入增长速度较之于传统要素投入更快，因此他首次提出人力资本投资的概念。Arrow（1962）的经济增长模型中将资本积累的过程引申至技术进步的层面，认为资本投入和积累可以使厂商不断提高生产效率，即"干中学"理论，且这种投资的溢出效应可以使得其他厂商通过学习效应来获取。Romer（1986）构建的完全竞争框架下的增长模型强调除传统的资本与劳动外，知识也是一种重要的生产要素，且知识的传播具有外部性（知识外溢）且其边际生产率递增。Lucas（1988）的内生经济增长模型强调资本积累、技术进步以及通过学习效应和"干中学"实现的人力资本积累对经济增长的长期影响。内生增长理论的出现，使得经济学重视人力资本和知识溢出对于经济增长的贡献，并将其从劳动这一生产要素中剥离出来。Becker等（1990）认为人力资本的溢出效应会促进地区经济增长，并提出人力资本投资是解释国家间经济增长速度差距的原因之一。

Benhabib、Spiegel（1994）使用42个国家1974～1977年的数据实证

检验了人力资本积累对经济增长的影响，其实证结果显示人力资本积累对
TFP 影响显著，而其作用机制则表现为一国人力资本水平显著影响其国内
技术进步率以及国外技术扩散的吸收能力。Wang（2003）实证检验了中国
1952～1999 年经济增长与人力资本积累的关系，结果证实中国人力资本积
累不断增速，且对经济增长影响效果显著。其研究同时强调由于存在资本
投入的边际收益递减规律，中国持续的经济增长应当通过诉诸加强区域间
经济开放，实现要素自由流动以及技术创新型产业转型升级来实现。
Galor、Mova（2004）的理论研究构建了一个内含物质资本积累与人力资本
积累的经济增长模型，其结论显示物质资本积累逐步由人力资本积累所取
代，并将成为经济增长的首要引擎。Limam、Miller（2004）运用随机前沿
生产函数实证考察了全球 80 个国家的 TFP 及生产效率增进问题，其研究
发现投入要素增加，尤其是资本积累对于解释产出的关键作用，且对于非
洲、东亚和西方国家而言，劳动力质量对其产出的增长效果影响显著，而
其对拉美及南亚国家则具有显著负向影响，其原因可能是发展中国家巨额
的教育投入缺乏效率所致。

Gennaioli 等（2013）的理论研究建立在 Lucas（1988）内生增长模型
基础之上，强调模型中的人力资本的溢出效应（外部性）因素，并把人力
资本分为企业家才能以及劳动力才能。其实证研究的企业样本数据涵盖了
全世界 110 个国家的近 1600 个地区，实证结论认为人力资本要素积累的差
异是导致世界不同地区发展差距的重要因素。Turner 等（2013）通过对美
国 1840～2000 年州级层面数据的实证测算，发现要素积累对经济增长的影
响占比为 60%～75%，而 TFP 增长对每个工人平均产出增长的贡献率大约
为 75%。

连玉君（2003）认为初始人力资本存量和地区间人力资本流动都是导
致我国东西部地区经济增长差距的因素，且人力资本积累对于西部地区的
经济发展尤为重要。郭志仪、逯进（2006）的实证研究同样支持这一结
论。代谦、别朝霞（2006）的实证研究证实 FDI 对本国技术进步、经济增
长的影响明显取决于本国人力资本积累水平的程度，低水平的人力资本存
量不利于吸引内含高技术溢出的 FDI 流入，且不利于本国对发达国家先进
技术的吸收和学习。因此结论认为发展中国家应当注重不断提升国民人力
资本水平，由此才能在吸引 FDI 中不断实现技术创新和经济增长。

（二）产业集聚的现实：生产要素的动态集中过程

NEG 经典的核心 - 外围模型以贸易成本、工人工资变动来探讨均衡时的产业布局，其模型的动态基础便是讨论制造业工人的跨区域流动。具体而言，Krugman、Venables（1990）在其所构建的该理论模型中，将世界分为一个核心地区与一个外围地区，核心地区拥有更大的要素市场，并探讨要素报酬和贸易成本变动所导致的生产要素流动并最终形成制造业核心与农业外围的均衡条件。由此可见，产业集聚的本质表示了物质资本、劳动力等生产要素的跨区域流动与集中过程，且这一动态的集中过程往往体现了外生性的特征。

由于产业集聚的动态发展过程涵盖了集聚厂商之间共享知识溢出的外部性过程，而知识溢出和技术进步的重要载体是劳动力要素，因此对产业集聚之要素积累视角的后续研究，则逐渐拓展了古典经济学关于生产要素的划分概念，将人力资本从劳动力要素的概念范畴中剥离。如 Forslid 等（1999）沿用 DS 模型的框架，对 Krugman（1991）的核心 - 外围模型进行了拓展，其分别将人力资本要素和物质资本要素引入传统的 C - P 模型之中，用以探讨区域间经济开放进程中制造业集聚的趋势及条件。该模型结论显示，引入人力资本要素流动条件时，制造业将集聚于贸易成本低的地区，而引入物质资本要素流动条件时，所得结论却相反。他研究认为，在当前生产要素全球范围内自有流动的情况下，小国或地区为避免沦落为外围而应当采取多种措施保证本地区人力资本要素积累的存量，而物质资本外流导致的对于小国或地区的影响是短期的。Rotemberg、Saloner（2000）通过建立一个多地区间贸易模型来探讨产业集聚如何强化本地区的人力资本要素积累。其研究认为厂商集聚生产所形成的规模经济可以为工人提供更高的工资，用以保证其为提升产业技术而不断增加人力资本积累投资，此外，集聚区域厂商之间的竞争对于本地区人力资本积累同样具有激励机制。

Fitzgerald、Hallak（2004）通过实证研究了 OECD 国家制造业专业化集聚，认为集聚所带来的生产要素的积累对其地区产业生产率影响效果显著，且要素积累差别是解释同组样本国家中穷国与富国制造业集聚差异的重要因素。Rosenthal、Strange（2008）运用 2000 年美国人口普查数据实证研究了人力资本的城市集聚，其实证结论显示，该集聚得益体现为高等教育人力资本的溢出效应，且这一溢出效应覆盖范围随半径的扩大而逐渐减弱。Alcacer、Chung（2013）的研究认为集聚经济具有一种竞争优势，这体现在新厂商可以通过选择集聚而享受到集聚经济中生产要素池（Factor Pools）的利益，而生产要素的积累可以强化集聚经济的这一竞争优势。其通过对美国制造业1985~1994年的实证研究，证实高技术工人的集聚因其具有的知识溢出效应显著而对新厂商更具吸引力。Ciccone（2002）构建了一个内含人力资本及物质资本的地区产出方程用以实证检验法、德、意、西、英五国的地区间集聚效应，通过对比测算劳动生产率，发现欧洲各国间的集聚效应略小于美国州际层面的集聚效应。

由于生产要素的集聚具有内在的循环累积机制，这一循环累积机制可以不断强化原有的要素累积状态。因此，顺延产业集聚之要素累积的相关研究对这一问题的关注也不在少数。如Berry、Glaeser（2005）研究发现美国过去30年间具有较高人力资本积累的地区越来越多地吸引了其他地区的高技能人才。为此，他们构建了一个城市集聚模型，用以解释高技能人才集聚的原因，他们认为本地区的高技能人才会通过开设新公司来为更多高技能人才创造就业岗位，并吸引其向本地区集聚。Simon（1998）通过实证考察美国1940~1986年大城市的就业率与人力资本，得出结论认为美国大城市的就业率显著受到本地人力资本水平的影响。他认为大城市往往具有较高的人力资本积累，从而实现较高的生产效率和资本回报率（工资），而高工资又会吸引更多的人力资本并实现较高的就业率。Ritsilä、Ovaskainen（2001）通过对芬兰1985~1990年劳动力统计数据的实证研究，发现人力资本流动体现为一种个人利益最大化的理性选择，且芬兰高素质劳动力具有向经济繁荣的中心地区集聚的趋势。

陈得文、苗建军（2013）实证考察了中国省域层面1995~2009年人力资本的集聚效应及其空间溢出效应，结论认为中国人力资本要素的集聚对于区域经济增长效果显著，且对经济增长的贡献率不断增大。中国东、中、西部地区的人力资本集聚效应依次降低。与这一结论相似的研究还有徐凯、彭芳（2009），包玉香等（2010）。

（三）集聚外部性：要素积累的强化机制

NEG经典的核心-外围模型暗含着特定产业在特定区域的集聚取决于向心力（Centripetal Forces）和离心力（Centrifugal Forces）之间的互动作用。最重要的向心力体现为集聚经济的效率，即集聚外部性；离心力则以贸易成本变量代之。进一步地，可以说该模型中的向心力之所指正是促使经济产生集聚的正外部性。因此，集聚外部性作为吸引厂商集聚的向心力，也便成为强化"集聚之要素积累效应"的重要内在机制。

外部性视点的集聚研究同样可以追溯到 Marshall（1890）在其《经济学原理》一书中关于"地方性工业"的探讨。Fujita、Thisse（2002）发展了 Marshall 关于集聚源泉的三种利益，即节省运输成本、共享劳动力市场、知识外溢，并提出金融外部性（Pecuniary Externality）与技术外部性（Technological Externality）的概念，用以解释不同程度及范围的集聚现象。在后续研究中，Fujita、Mori（2005）更加明确地把这种外部性强调为经济关联（Economic-Linkage）与知识关联（Knowledge-Linkage）的叠加作用。梁琦、钱学锋（2007）在此基础上，将集聚外部性明确区分为：由价格机制引发集聚的金融外部性以及由技术扩散及外溢引发集聚的技术外部性。他们认为集聚的发生是金融外部性、技术外部性协同作用的结果。范剑勇、李方文（2011）通过对 1998~2007 年我国省域层面的数据进行实证研究，证实金融外部性对于产业集聚现象的正向作用。

关于集聚外部性（Agglomeration Externality）命题的研究大都聚焦于经济活动趋于集聚的动态性演进过程，以及集聚过程中知识、技术外溢，厂商之间的学习、模仿、创新效应。Glaeser 等（1992）明确提出动态外部性（Dynamic Externality）的概念，并按照集聚类型及其外部性作用机理的差异分别归纳提出了 MAR 外部性（MAR Externality）、Jacobs 外部性（Jacobs Externality）、Porter 外部性（Porter Externality），并由此形成了动态外部性视野下解释集聚之要素积累效应的三条线索。

第一条研究线索之 MAR 外部性的研究始于新古典经济学对工业企业趋于集聚布局这一经济现象的解释。Marshall（1890）首次系统性地将相同产业集聚发生的原因概括为三点，即节省运输成本、共享劳动力市场、知识外溢，即"马歇尔外部性"，这也成为"外部性"视点下解释单一产业集聚（专业化）这一经济现象的理论基石。Arrow（1962）、Romer（1986）则更进一步以"干中学""报酬递增"的内生经济增长模型来解释相同产业企业集中布局所能实现的专业化集聚外部性，即 MAR 外部性。值得强调的是，由于伴随集聚发生的过程，知识技术外溢具有长期的动态性特点，其所实现的不仅有伴随专业化集聚而不断积累的物质资本，更包含专业化集聚中不断实现的技术进步和人力资本积累，即强化集聚要素的动态积累。

较之于单一产业集聚带来的这种专业化外部性，Jacobs（1969）强调多产业协同集聚所能够带来的行业间的知识溢出，以及由此实现的市场分工深化及产业结构完善。她强调生活在同一个城市内的人与人的互动是促进知识外溢的良好载体，且经济社会中最关键的知识传递（Knowledge Transfer）源自于核心产业的外围，由此，她认为多样性产业集聚的经济绩效要远远大于单一产业集聚。Jacobs（1969）的研究同样考虑了行业集聚的竞争效应，她认为集聚带来的竞争将毫无疑问地提升知识、技术在行业内扩散、吸收以及被采纳运用的速度。Fujita、Thisse（1996）同样强调面对面的交流是最具效率的知识溢出途径，他们认为信息和新思想具有类似于公共产品的属性，具有溢出效应，因而为了相互吸收这种效率化的知识溢出，企业往往具有集聚布局的倾向。

由此，集聚外部性研究视野被拓展到了对产业间集聚的研究，并逐渐形成了对其研究的第二条线索之 Jacobs 外部性。这一研究线索承袭了 Hoover（1936）提出的关于产业内集聚的地方化（Localization）与多产业集聚的城市化（Urbanization）思想，并由 Glaeser（1999）进行了模型化拓展。他的研究建立在 Marshall（1890）关于工业区集聚导致知识外溢论述的基础上，其模型推论认为劳动者在城市的集聚更有利于各种知识、技术的传播以及强化不同行业间的学习效应，随之而来的信息化时代将引致产业多样化格局，即城市化（Urbanization）的繁荣。Quigley（1998）则更进一步地通过五个方面论述城市化对于多样性行业集聚的规模经济效应。Berliant、Konishi（2000）通过构建一个三地区一般均衡模型，理论解释了基于港口经济的生产要素集聚过程，即城市化过程。他认为随着各区域港口之间贸易量的增大，与港口贸易相伴生的对诸如航运、装卸劳动力需求将不断增大，从而引致劳动力要素在港口附近集聚，并进而催生多产业繁荣，实现基于港口经济的城市化过程。

较之于以上两条线索，Porter（1996）认同"MAR 外部性"关于相同产业集聚布局实现知识溢出从而实现地区经济繁荣的观点，并强调集聚过程中激烈的市场竞争是促成地区经济繁荣的一个重要原因，由此逐渐形成了集聚外部性的第三条线索，即 Porter 外部性。他强调不论是行业内还是行业间的产业集聚布局，都能够带来地方竞争（Local Competition）从而带动地区生产的创新活动，并强化集聚效果。他在研究中论述了意大利珠宝制造行业的集聚：数百家珠宝制造厂商的集中布局促使企业在相互竞争中不断革新生产工艺与技术。

此外，厂商间的竞争有利于实现地区市场经济的规范化发展，地区市场化程度的提升将有利于降低其地区内厂商生产活动的隐形贸易成本（如商业欺诈等机会主义倾向、获取信息的成本等）从而强化集聚效果。如Baldwin（1999）的研究细化了 NEG 关于贸易成本的概念，明确提到了交易费用对于集聚的影响。Martin、Ottaviano（2001）通过建立数理模型证明地区集聚通过降低交易费用的方式，有效降低区域内的创新成本，从而促进地区经济的显著增长。文玫（2004）实证考察中国工业在区域上的集聚程度，并认为交易费用、运输费用的下降将进一步促进制造业在地域上的集聚。王必达（2010）的理论研究认为区域开放有利于先进的制度安排在区域间的传导，有利于提升和改善后发区域落后的制度结构。高鸿鹰、赵娴（2011）从新经济地理学的研究视角切入，分析了制造业集聚的均衡状态，并以行业数据验证了交易费用对于制造业集聚均衡的影响。

由此，围绕以上动态外部性三条线索的实证研究日渐增多。这些研究的开展大都在于实证检验三条线索的集聚外部性对地区集聚经济的影响效果，其研究结论也可以从侧面反映出外部性这一要素积累的强化机制是否对集聚地区生产要素积累产生影响。

Henderson 等（1995）的实证研究表明集聚布局的企业可以在长期的相互影响中，通过共享这种长期积累的知识来实现动态的集聚外部性收益。Head 等（1995）实证考察了自 1980 年以来美国本土 751 个日资制造业企业的布局问题，认为就同一产业层面而言，同类企业布局选择的关键影响因素便是集聚利益（Agglomeration Benefits），这种集聚利益包括了企业之间的中间品投入和纯技术溢出。Chung、Kalnins（2001）通过对美国得克萨斯州酒店服务业的研究，得出结论认为产业集聚可以强化市场需求，且可以有效降低消费者的搜寻成本（Search Cost）。Rosenthal（2001）通过对美国制造业数据的研究，发现制造业企业倾向于集中布局以获得 MAR 外部性带来的好处。Ellison 等（1997）通过对 1972~1997 年美国制造业数据的分析再次验证了 MAR 外部性，并发现制造业上下游的企业也具有明显的集聚倾向。Mariotti 等（2010）以意大利本土 686 个跨国企业数据为样本，实证说明跨国企业在境外倾向于选择与其他跨国企业集聚布局，其重要原因便是这样有利于共享信息以及实现潜在的知识溢出。赵婷、赵伟（2012）通过梳理，在明确区分相同产业集聚的 MAR 外部性以及不同产业、上下游产业协同集聚的 Jacobs 外部性的基础上，实证检验了不同种类的集聚外部性与中国三大城市制造业的生产效率之间的关系。

Matlaba 等（2012）、Berger（2011）分别通过对巴西 26 个州 1981～2006 年制造业数据及瑞典 1896～1910 年制造业产业数据的实证研究，得出结论认为 MAR 外部性与 Jacobs 外部性对其制造业集聚绩效的影响显著为正。Vor、Groot（2010）从产业区位布局与地区就业率影响入手，对阿姆斯特丹 1998～2006 年 68 个工业行业进行实证研究，其结果认为长期来看相同产业集聚并不能实现地区就业增长及经济绩效提升，其原因可能在于产业内过度集聚（过度专业化）以及相同经济活动的过度集中，无法促进市场潜能的进一步发挥，从而对经济绩效产生消极影响。Neffke 等（2011）结合产品生命周期理论构建了一个集聚外部性分析框架，分别利用 1968～1989 年、1990～2004 年瑞士 12 个制造业行业的企业数据实证分析了产业集聚与产品生命周期的关系，其结论认为随着产业的成熟，MAR 外部性为正；而 Jacobs 外部性对于朝阳产业影响为正，且随着产业的越发成熟而逐渐递减。吴三忙、李善同（2011）对中国省域制造业行业的实证研究表明，MAR 外部性、Jacobs 外部性对于不同地区、不同类型制造业的影响差异显著。具体表现为：就中国西部地区来看，低技术及资源型制造业产业的 MAR 外部性为正，Jacobs 外部性为负；而对于中国东部地区而言，高技术制造业的 MAR 外部性为正，Jacobs 外部性为正。究其原因在于产业内集聚（专业化）效果显著受到该产业技术水平层次、区域经济发展水平以及该区域资源禀赋情况的影响，对于低技术水平行业的集聚而言，其并不能使企业享受到技术溢出的好处。

第二节　区域产业的集聚与发展

产业集聚作为一种生产厂商地理性集中的经济现象，其对于集聚区域整体产业的发展具有显著的影响。这种影响可以表现在提升区域产业效率、扩大区域产业市场范围、完善区域关联产业链条等方面。通过文献回顾，不难看出聚焦于产业集聚与区域产业发展的相关研究可以分别提出两条研究线索，分别是：产业集聚之要素积累效应、产业集聚之外部性效应。本节就以上两条研究线索分别展开，对关于产业集聚研究的经典理论进行细化梳理和总结。

一 产业集聚：聚焦要素积累效应

区域经济增长以及在此基础上的经济发展是经济学研究的一个永续话题。发展经济学关于区域经济增长的理论研究可谓汗牛充栋。著名发展经济学家罗斯托将人类社会发展划分为五个阶段：传统社会阶段、起飞准备阶段、起飞阶段、持续增长阶段以及大众高消费阶段。基于对瑞典、加拿大、印度等国家经济增长过程的现实研究，他尤其强调"起飞阶段"（Take Off）中区域生产要素的不断积累对一国经济发展的重要性，且他认为一国经济实现起飞的关键条件之一便是高资本积累率（生产性投资比率）（罗斯托，2001）。

集聚（Agglomeration）强调经济活动的动态性集中过程，这个过程便涵盖了经济起飞所要求的生产要素的积累。更为关键的是，产业集聚的过程不仅仅表现为物质资本的积累过程，其更体现为人力资本要素的积累。人力资本是产业集聚过程中厂商之间知识溢出的重要传递媒介，因而人力资本的积累对于地区产业发展而言具有重要的意义，Duranton 和 Puga（2013）的研究便将城市经济增长的驱动力总结为集聚经济与人力资本要素积累。梁琦、詹亦军（2005）利用中国长三角地区 16 个城市 1998～2003 年数据实证分析了产业集聚对于技术进步和产业升级的正向影响，并认为集聚之所以推动产业升级，原因在于集聚能够促进产业从劳动密集型向资本技术密集型转变，从而推动行业的技术水平提升并增强行业整体竞争力。Weber 指出，所谓集聚经济就是指由集群与关联所带来的各种经济利益，具体表现在四个方面，分别是：①技术设备的发展促进了生产过程的专业化；②劳动力高度分工形成了灵活的劳动组织；③批量购买与销售降低了生产成本；④共享基础设施降低了一般性开支。城市经济学家 Henderson（1985）认为，集聚经济的本质就是企业由于地理上的相互接近而产生的各种正外部性。他指出，即便单个企业的生产是规模报酬不变，城市中所有企业的生产率也会由于集聚的外部经济而获得改善。Capello（2007）进一步将集聚经济概括为因区位集中而接近于其他厂商而对某一厂商所带来的好处，具体包括：厂商规模扩大导致的生产成本的降低、相对高级与专业化的服务可以便利地提供、固定的社会资本、熟练劳动力或管理专家的可得性、范围更广的专业化中间投入品市场形成等。上述对集聚经济概念的各种表述都有一个共同点，即将集聚经济视为由经济活动的空间集中所引发的各种投入品的易获性、交易成本节约等好处，以及由此导致的效率增进。

集聚之于区域产业升级的第一条研究线索旨在从理论与实证层面明确考察产业集聚对于区域产业效率的影响。经典研究当属 Ciccone、Hall（1996），其将劳动密度作为衡量经济集聚程度的指标，通过理论模型推导以及美国州级层面数据的实证检验，证实了集聚经济的外部性有利于促进区域劳动生产效率的提升。在此之后，Ciccone（2002）通过对欧洲五国非农产业的实证研究同样证实了集聚效应对于劳动生产率提升的正向影响，且这种影响存在行业及国别差异。其研究认为，随着欧洲经济一体化进程的不断提升，其经济活动的空间集聚程度也将不断增强，从而有利于提升地区产业的生产效率。

聚焦该条线索的国内研究大都是顺延 Ciccone、Hall（1996）关于经济密度与生产率的研究思路，对中国区域层面数据开展的实证检验。如范剑勇（2006）利用中国城市层面的截面数据，实证检验了产业集聚对中国地区层面劳动生产率的影响，并估算出中国非农劳动生产率对其就业密度的弹性系数是 0.088，且其研究认为该弹性系数在省域间的巨大差别是解释中国地区之间生产率差异的重要原因。陈良文、杨开忠等（2008）则通过对北京各区（街道）微观数据的实证研究同样证实了经济密度对于地区劳动生产率的正向影响。

张卉、詹宇波等（2007）利用中国制造业两位数行业数据，实证检验了相同行业的专业化集聚与多行业协同集聚对劳动生产率的影响，实证结果显示，专业化抑或多样化集聚对其劳动生产率均具有正向影响，但其影响存在显著的地区差异。范剑勇等（2009）的实证研究则从地区层面入手，以省级制造业四位数行业数据为样本实证考察了产业内集聚（专业化）、关联产业集聚（多样化）对劳动生产率的影响。实证结果证实专业化、多样化均有利于劳动生产率提升，且专业化集聚对劳动生产率影响更大。张海峰、姚先国（2010）的研究则首次对 Ciccone、Hall（1996）关于经济密度（经济集聚度）的概念进行细化，并明确将其与两种集聚外部性的概念进行对接，以 MAR 外部性、Jacobs 外部性指标来分别代指专业化集聚度与多样化集聚度。其研究以浙江省 2004 年经济普查数据为样本，实证考察了两种集聚外部性对于浙江省企业层面劳动生产率的影响。其研究结论显示 Jacobs 外部性对于企业劳动生产率的影响显著为正，而 MAR 外部性对其影响并不明显。这一结论与之前的众多研究结论存在较大差异，原因可能在于其研究所使用的数据为地域性微观企业的截面数据，与全国总体样本数据可能存在一定的差异。

类似研究还有杨晶、石敏俊（2012）利用 2007～2009 年中国省级制造业三年的截面数据对集聚外部性之劳动生产率的实证分析，其研究发现集聚外部性对地区劳动生产率的影响存在显著的地区、行业差异以及动态变化。Liu（2013）通过实证研究中国制造业企业层面数据，得出结论认为城市的人力资本要素积累水平与该地区企业层面生产率存在明显的正相关关系。蔡敬梅（2013）以中国 2007～2011 年的省级数据为样本，使用空间面板计量模型方法实证考察了区域化（专业化集聚）、城市化（多样化集聚）对于地区劳动生产率的影响，结论认为专业化、多样化对于劳动生产率提升均具有显著的促进作用，且多样化集聚影响更大。

此外，由于效率维度的地区产业升级包括了其产业通过技术创新以提升生产效率的线索，由此，聚焦集聚与地区产业创新的研究便成为集聚之于地区产业升级的另一条关键线索。

顺延第二条研究线索的研究大都着眼于探讨集聚之产业技术创新这一命题。较早的经典文献可追溯到 Audretsch、Feldman（1996），其研究认为新知识创造的三个来源为产业研发、高校研发以及高技术劳动力研发，而其通过美国 SBIDB 数据[①]的实证研究证实这些产业创新活动在地理上具有集中特征，并发现知识溢出效应显著的集聚产业更具创新倾向。此外，早

---

① SBIDB：The Small Business Administration's Innovation Data Base.

期具有代表性的研究如 Asheim、Isaksen（1997）认为地区的专业化集聚内涵了部门之间知识的交互影响，因而有利于创新产出。然而其研究仅仅是将挪威产业数据的直观分析作为支持这一推断的证据，缺乏更为系统及科学的实证检验分析。Audretsch、Feldman（2004）的后续研究则认为过去十年聚焦创新的研究最大的突破在于将地理因素纳入研究框架之下，传统知识生产函数认为知识投入会引发创新产出，而除此之外，企业的边界、空间集聚同样也会影响创新产出。

此外，还有经典理论研究。如 Feldman、Audretsch（1999）认为相比于专业化集聚，一个城市内具有共享知识的多样且互补的产业间集聚会具有更高的创新能力。Fosfuri、Ronde（2004）构建了一个知识溢出内生于劳动力流动的创新积累模型，用以揭示厂商之间为实现相互的知识溢出而倾向于集聚布局的内在激励机制。其研究认为当存在以下三个条件，即企业创新价值在时序上与前期创新活动存在强关联性、本地市场竞争相对宽松及非极端市场结构时，厂商倾向集聚布局的动机最为强烈。Ihara（2011）构建了一个异质性劳动力的两地区集聚模型，说明地区不断降低的沟通成本（Commuting Cost）及不断增强的劳动力异质性可以强化企业集聚，从而可以解释大城市不断向郊区扩张的现实。而劳动力异质性对于规模组装、制造产业的集聚影响小于高新技术产业及研发部门。

实证方面，Baptista、Swann（1998）对英国 1975～1982 年 248 家制造业企业数据的实证研究则相对更为规范。其认为处于专业化集聚的企业确实更具创新性，而其原因可能在于集聚所实现的新知识、技术的积累与外溢。然而其研究使用分类产业的就业量作为衡量专业化、多样化集聚度指标，存在一定的局限性。Niebuhr（2010）从德国区际层面入手考察了多样化文化背景的劳动力的专利申请量。其研究结果显示，具有不同文化背景、不同知识结构和能力的工人对于地区 RD 部门的产出绩效具有增强机制，且就创新而言，这种劳动力的多样化的收益要大于其多样化所引发的成本，如沟通成本。Nathan、Lee（2011）对伦敦企业层面数据的实证研究同样证实了多样化文化背景的企业更具创新性，这种创新主要体现在新产品的产出及生产过程的革新。Beule、Beveren（2010）对比利时企业层面创新数据的实证研究发现，专业化集聚有利于低技术制造业及服务业部门的创新，而多样化集聚则有利于高技术产业、服务业部门的创新。针对这一实证结论，其认为多样化集聚更有利于高技术产业部门获得更大范围的知识溢出效应。Ottaviano、Peri（2006）通过对美国 1970～1990 年 160 个大城市的研究发现，随着外裔居民比例的不断上升，本国居民的工资与房租都实现了显著增长。由此他们认为大城市的开放与多元文化对于本地居民生产效率具有正向的促进作用。对这一问题的解释，他们强调作为多元文化的本国居民与外来移民之间相互的学习效应以及作为生产要素的多元文化背景的劳动力之间的非替代性。Parrotta 等（2012）利用丹麦雇主－劳动力匹配数据的实证研究发现，具有不同文化背景、教育背景及人口特征的劳动力异质性对于企业劳动生产率具有促进作用，且其可能的机制在于劳动力异质性所实现的创造效应（Effects of Creativity）及知识溢出效应；然而其实证研究同时发现，劳动力异质性同样可能带来交流成本及融合成本的增加，从而弱化异质性所实现的生产率提升效果。Tavassoli、Carbonara（2014）以区域为单位，详细区分了专业化知识及多样化知识，通过实证研究 2002～2007 年瑞士 81 个功能性区域的创新活动，得出结论认为区域内部知识（Internal Knowledge）的专业化及多样化对该区域创新产出的影响均为正，而专业化及多样化的外部知识（External Knowledge）对本区域的流入同样会促进本区域的创新产出。其研究同时发现区域规模经济的大小对区域创新产出的促进作用同样显著。Machikita、Ueki（2011）认为产业创新活动源于面对面的交流以及上下游企业之间的相互学习。其以东南亚四国（印尼、菲律宾、泰国、越南）制造业企业为样本的实证研究聚焦于上下游企业之间的知识溢出与创新活动，认为上游制造业与作为其产品消费的下游企业进行的相互的知识互换可以很好地实现技术维度及市场维度两方面的产品创新。Antonietti、Cainelli（2011）对意大利制造业企业层面数据开展实证研究，结果发现多样化集聚与专业化集聚对企业创新产出均有正向影响，而二者影响的传导机制不同，分别为多样化之知识创造、专业化之 TFP 增进。

Duranton、Puga（2001）构建了一个一般均衡模型用以探讨多样化城市中集聚厂商的创新活动，以及随产品生命周期过程而出现产业从多样化集聚地区向专业化集聚地区的转移过程。他们的这一理论与 Jacobs（1969）

关于多样化集聚更有利于知识传播和激发地区产业创新活力的理论学说一脉相承，旨在模型化地说明多样化产业协同集聚的地区更有利于产业间的知识溢出以及由此而实现的厂商对新产品的研发与生产。而当新产品逐步进入大规模生产阶段后，该产业会逐渐从原地区向专业化集聚地区转移，因为专业化集聚地区的制造成本相对较低。由此，其模型将多样化集聚地区称为"培育地区"（Nursery City），即新产品、新技术的研发地区。重要的是，其模型隐含着多样化集聚地区更有利于创新活动的假设，而其微观基础便体现为多样化集聚地区以人力资本积累为媒介的知识创造和知识传播，而模型结论也从侧面展示了随产品生命周期的变化而完成的地区产业转型升级过程。Marrocu 等（2013）顺延 D－P 模型的研究思路，实证测算了欧洲 1996~2007 年 276 个地区 13 个产业的 TFP 变化，并探讨了西欧发达国家产业调整的趋势，即不断将低技术制造业（LTM）转移至东欧国家，由此完成本地区城市腹地的知识密集型产业（KIS）多样化集聚的产业升级过程，由此从实证层面验证了 Duranton、Puga（2001）关于"培育地区"的理论假说。其研究实证结果显示，西欧国家 KIS 产业协同集聚之外部性对其生产率影响显著为正，而 LTM 产业专业化集聚之外部性对东欧国家生产率影响显著为正，且人力资本要素对地区生产率增进效果较之于技术资本作用更强。其研究同时指出，较之于东欧，西欧处于产业结构调整、生产服务扩散的先发阶段，而这就难免使其原属的工业区因废止或转型而向东欧地区转移。由此便使西欧国家逐渐完成以高附加值产业及 KIS 产业为核心的产业结构升级，而传统制造业及 LTM 产业则大都转移至东欧地区集聚布局，因为其 LTM 产业专业化集聚对东欧地区仍旧具有较大的MAR 外部性。张小雪、陈万明（2009）实证检验了中国 1979~2007 年经济增长与生产要素积累的关系，其研究结论显示，就目前而言，推进中国经济增长的主要动力仍为物质资本积累。而参照发达国家经济增长及结构演进路径，中国在经济增长过程中应当侧重调整要素积累结构，以期实现社会经济结构的不断发展。

张萃（2010）对产业集聚之创新效应的微观机制进行梳理，并将其概括为知识溢出机制、知识特有属性机制以及集聚企业互动机制。齐讴歌等（2012）从知识创造、知识溢出和知识积累的角度阐述了集聚的发生机制，城市集聚的外部性可以促进知识的创造与积累。赵勇、白永秀（2009）概括性地分析了知识溢出、集聚与创新三者之间的内在逻辑关系，并将知识溢出的机制概括为人才流动、研发、企业家创业及贸易投资四种方式。实证方面，韩宝龙、李琳（2011）运用空间计量模型对中国医药制造业行业集聚之创新效应进行实证检验，其结论认为除传统的创新投入促进地区创新产出之外，邻近区域的产业集聚对于本区域的产业创新活动产出同样显著，从而验证了跨区域的知识溢出效应机制。刘军等（2010）对中国省级面板数据的实证研究也证实制造业集聚对于产业创新的正向影响，其制造业分行业回归结果表明，传统制造业及高新技术制造业集聚有利于产业创新，而资源依赖型产业的集聚则对地区产业创新活动具有抑制作用。张萃（2012）运用中国 20 个制造业行业 2000～2005 年的面板数据，实证考察了中国制造业集聚之于技术创新的影响。其所运用的负二项回归模型结论显示，中国制造业集聚之技术创新效应显著。牛冲槐等（2012）以医药、航空航天、电子通信、电子计算机、医疗设备制造五大高新技术制造业行业为样本，运用中国省级层面 1998～2009 年面板数据实证检验了高新技术产业集聚与区域技术创新之间的互动关系。其实证结论认为高新技术产业集聚对于区域技术创新作用显著，且其作用机制表现为由产业集聚所带来的高新技术人才的积累与集聚。张昕、陈林（2012）通过对中国医药制造及电子、通信设备制造业两个高技术制造业行业的面板数据分析，实证检验了产业集聚之创新效应。其研究证实了集聚之创新效应的知识溢出机制，并通过对比研究发现知识溢出产业创新绩效的影响存在行业间的差异。

二　产业集聚：聚焦外部性效应

围绕产业集聚之外部性效应的代表性研究包括 Moomaw（1983）、Nakamura（1985）、Henderson（1986）等。其中，Moomaw（1983）以美国大都市区 18 个制造业行业数据的实证检验表明，总体而言，地方化经济与城市化经济对产业的劳动生产率都具有正促进效应。Nakamura（1985）通过对日本代表性制造业产业的研究发现，不同的产业得益于不同类型的集聚经济。轻工业更多地受益于城市化经济，而重工业则相反，即更多地受益于专业化经济。Henderson（1985）分别以美国和巴西城市地区产业数据为样本，采用两阶段最小二乘法（2SLS）的估计结果则显示，专业化经济对产业产出的效应在 1% 左右，城市化经济的效应却不显著。

梁琦（2009）认为，分工和集聚之间的纽带是报酬递增和外部性，分工会产生外部性和报酬递增，而外部性和报酬递增又进一步促使经济活动开始在地理空间上集聚，经济活动的集聚又使得分工的利益得以实现。Fujita、Thisse（2002）认为集聚的外部性有两种：金融外部性和技术外部性。城市报酬递增的微观基础为技术外部性。技术外部性指的是一种由技术和知识交流产生的经济关联，技术外部性又分为 MAR 外部性（Marshall，1960；Arrow，1962；Romer，1986）、Jacobs 外部性（Jacobs，1969）和 Poter 外部性（Poter，1996）。MAR 外部性由马歇尔首先提出，其认为同一行业的企业集中在一起有利于技术交流和知识溢出，后来这种观点得到了 Arrow 和 Romer 的发展深化，即强调产业专业化可以促进技术交流和知识溢出；Jacobs 外部性是指 Jacobs 认为具有差异性的产业地理集中在一起，通过互补性的知识交流最终可以促进知识溢出，即强调产业多样化可以促进技术交流和知识溢出；Poter 外部性则强调地方竞争可以促进企业间的技术交流和知识溢出。

Glaeser 等（1992）利用美国 1956 ~ 1987 年 170 个城市的数据，测算了地方竞争强度、地方专业化和城市多样化的指标，得出地方竞争和多样性有利于城市雇佣水平的增长的结论，证明了 Jacobs 的理论。Henderson、Kuncoro（1995）则利用美国 1970 ~ 1987 年的数据得出城市企业的雇佣水平是由城市的比较优势和地方专业化水平决定的。Cainelli、Leoncini（1999）利用同样的方法测度了意大利外部性对地区经济增长的作用。Dekle（2002）利用 52 个制造业和 42 个服务业部门的数据，实证分析得出地方专业化和多样化对经济增长的影响不显著，而在服务业部门，专业化影响不显著，多样化影响显著。Forni、Paba（2002）则通过对意大利制造业行业数据的研究得出多样性对具有投入产出关联的行业具有显著的影响。

随着我国工业化程度的不断加深，国内学者对于技术外部性的研究也更加全面。Batisse（2002）利用对专业化、多样化和地方竞争强度测度，分析得出多样化和地方竞争对我国各省的经济增长影响显著，专业化影响为负。Gao（2004）通过对中国 1985 ~ 1993 年两位数的省级企业数据的分析，研究了技术外部性、自然禀赋、本地市场条件、国际贸易和投资对于区域经济增长的影响。石灵云、殷醒民、刘修岩（2007）从静态和动态两个方面研究了专业化和多样化与劳动生产率的关系。贺灿飞、潘峰华（2009）则利用地级市层面的面板数据测量了外部性对城市经济增长的影响，地方竞争和专业化以及多样化对经济增长都呈现非线性的关系。杨芬、刘刚（2011）利用中国30个省14个产业的2002年的数据，研究分析了地区专业化、地区多样化以及产业增加值多样化等因素对产业发展的影响，发现多样化有利于产业的发展，专业化影响为负，产业增加值多样化对内陆地区有利，对沿海地区不利。张宗庆、张寅（2012）通过对长三角产业集聚的细分，实证分析了不同的集聚组合表现的知识溢出对经济发展的影响。

覃一冬、屈炜怡（2013）采用我国二位数行业的面板数据实证分析了外部性知识溢出对全要素生产率的影响，其中专业化影响显著为正，多样化和地方竞争则不显著。依据上面梳理的国内外文献综述可以知道，专业化知识溢出和多样化知识溢出随着研究的产业类别、发展水平以及地理范围的不同而发生着变化。傅十和等（2008）以2004年中国工业企业数据为样本，研究企业规模、城市规模对不同类型集聚经济效应的影响。其研究揭示，小型企业在中等城市和大城市中更多地得益于行业内集聚经济，在超大城市和特大城市中得益于跨行业集聚经济；中型企业在大城市、特大城市和超大城市中更多地得益于行业内集聚经济；而大型企业在特大和超大城市却难得益于跨行业集聚经济。这一结果在各种类型的城市中都具有较高的稳健性。

第三章
产业集聚区发展的动力机制

产业集聚区内的企业由于地理、知识、关系、文化等多要素邻近性，更能进行良性互动与交流，从而产生规模效应和范围经济，产生强大的溢出效应，带动区域发展。因此，怎样推动产业集聚区健康稳定发展一直是理论界和实务界关注的重要问题。本章以产业集聚区发展动力机制理论研究为基础，采用适当方法分析产业集聚区的内源动力机制和政府促进、市场竞争及区域创新等外部动力机制，以推动河南省产业集聚区良性发展。

第一节　产业集聚区发展动力机制的理论述评

产业集聚区发展动力机制作为产业集聚发展研究的核心问题，其构成和作用原理非常复杂，目前尚未形成一个统一的、清晰的内涵界定。从现有研究成果看，产业集聚区发展动力是指驱动产业集聚区形成和发展的有利因素，在产业集聚区的形成和发展阶段分别表现为生成动力和发展动力。动力机制是比较稳定的构成方式和作用规律，因此，产业集聚区发展动力机制是驱动其发展和演化的力量结构体系及其运行规则，具有一定的稳定性和规律性。产业集聚区正是在一系列比较稳定的具有相对固定的协调关系和有明显作用规则的驱动力的作用下才得以发展并显示出强劲的竞争优势。

近年来，随着对产业集聚动力机制的研究越来越深入，学者们的研究也从定性的规范化推演到数据论证的实证分析，由现象归纳、个例描述深入到数理分析，使产业集聚区发展动力的作用规律和作用效果更加清晰。根据研究的视角和结论不同，以下归纳了三种主要观点。

第一种观点认为产业集聚区的发展动力是园区内企业知识创造、相互信任并共享信息。Enright（2000）认为知识外溢和熟练劳动力市场推动产业集聚区的发展。Debresson（1996）通过增长极理论和创新理论进行分析，认为园区内企业的知识创造带来的技术创新是园区发展的主要动力。Doeringer 和 Terkla（1995）认为产业集聚区的发展动力有三类：外部经济、熟练劳动力市场及知识外溢的好处、中介机构及知识中心等机构对企业知识外溢的发展的推动力。Capello（1999）认为集体学习是产业园区的发展动力之一，园区内企业及其他组织之间的相互信任以及在技术、管理等方面的合作是集体学习的前提条件。Capello 通过一个四阶段演化模型分析了产业集聚区内的企业通过频繁的合作形成集体学习的环境并由此产生积极反馈，加快了隐性知识的传播和创新的产生，不断形成产业集聚区的竞争优势并推动其向更高阶段发展。以 Keeble D.（1999）为首的 20 位学者对欧洲的十个高新技术产业集聚区的中小企业发展进行了研究。着重分析了集体学习对集群创新表现的影响，认为集体学习的环境有利于创新产生及扩散的机制有四种：资本品的生产者与用户之间的联系、企业之间的正式与非正式联系、专业化市场上高素质劳动力的流动、新企业的产生。然而，如果园区内的企业因为集体学习而丧失对外部信息与知识的敏感性，以上四种因素产生的创新与知识积累会导致企业锁定既有的技术路线，不利于持续创新。这种观点注重集群内企业的学习机制，通过区域内企业间的知识文化交流，共享信息资源，建立良好的信任关系，提高技术水平，不断推动集群创新，增强集群竞争力，进而推动产业集聚区健康发展。

这种观点注重强调产业集聚区内部企业之间的学习及信息共享的推动力，但忽视了知识传播、园区内企业间竞争等内部动力及园区外部因素对产业集聚区发展产生的推动作用。

第二种观点强调知识传播对产业集聚区的推动作用。Morgan、Nauwelaer（1999）认为除了传统的外部经济性，知识网络、学习机制和社会资本也是产业集聚区的发展动力。Pinch、Henry（2000）认为 Krugman

的历史偶然性和外部经济只是产业集聚区发展的外部动力，基于非贸易联系（Untraded Interdependencies）的知识传播才是根本原因。Baptista（2000）通过理论与实证研究发现，由紧密的个人联系和完备的企业网络以及企业间充分的相互作用所促进的知识传播是产业集聚区发展的内在原因。Bergman、Feser 等（2000）认为外部经济、创新环境、合作竞争、企业间竞争以及路径依赖是产业集聚区发展的主要动力。

我国学者李勇等认为（2004）外部经济集体学习、知识传播以及企业家精神等因素推动了产业园区的发展，而创新是各种产业园区发展的最根本动力。产业集聚区的创新能力在其发展的各个时期不断变化：在萌芽期，园区内企业与外部的单个企业相比有更强的创新动力和更活跃的创新意愿；在成长期，园区内企业的创新能力得以提升，创新成功率也更高；但在成熟阶段，由于内在僵化和由道德风险、机会主义等引起的负面影响加大，园区内企业的创新能力开始减退、创新成本增大；在衰落阶段，产业集聚区可能丧失其创新优势。

这种观点强调网络机制的作用。通过加强园区内各企业之间的合作与竞争关系，建立紧密完备的社会资本网络，促进知识传播，增进园区内企业创新，从而推动产业集聚区的发展。但这种观点忽视了市场需求及政府的作用。

第三种观点认为产业集聚区的发展是园区内外各种动力要素整体推动的结果。英国 Swann（1998）教授与其合作者采用案例分析方法分别研究和比较了多个产业集聚区的发展情况，认为产业集聚区发展的动力机制包括产业优势、新企业进入、企业孵化增长，以及气候、基础设施、文化资本等作用的正反馈系统（positive feed back system）。他们用新进入的企业或新创建的风险企业来衡量产业集聚区规模的扩大，以园区内企业的增长率来衡量其成长性，以园区内企业雇员数量来衡量产业集聚区的实力，构建了企业进入模型和园区增长模型。Swann、Prevezer（1996），Beaudry、Swann（2001）等对该模型进行了扩充和完善，认为企业是产业集聚区的基本元素，企业发展以及其他的行为决定了产业集聚区的变迁路径。有七种动力推动其不断发展：人力资本积累、非正式交流、企业相互依赖、企业相互合作、当地资本市场、公众舆论和当地政策。他们以上述七种动力为自变量，以企业增长率为因变量，构建数学模型探讨这些动力因素对园区发展的推动作用，并将它们系统化。Best（2001）认为推动产业集聚区发展的有四种主要动力：集中专业化、知识外溢、技术多样化和水平整合及再整合。它们依次对产业集聚区的发展产生作用并形成循环状的稳定结构。他们从产业集聚区内的企业专业化入手，提出了产业集聚区发展的动力机制的动态模型。认为专业化企业之间的交流与合作是产业集聚区发展的最基本支撑力；高度专业化也是产业集聚区获取独特竞争力和区域竞争优势的基础；产业集聚区的优势在于能吸引外部企业的加盟并孵化出大量的新企业；大量新创企业能增强技术的多样化和促进园区技术升级，园区环境更能够方便新技术的产业化，并由此涌现不同的产业部门，加速产业分工；"整合"表示企业间的协同和企业的自组织行为，以及与外界环境的资源和能量交换，因此产业集聚区是一个开放系统。以上过程依次形成并不断成长和演进。

我国学者魏守华等（2002）对几种动力进行整合：基于社会资本的地域分工、外部经济、合作效率、技术创新与扩散，以图形的方式构造出产业集聚区的动力机制，并以浙江嵊州领带产业集聚区为例，对动力机制的作用进行了实证分析。刘恒江等（2005）认为获取持续竞争优势是推动产业集聚区发展的根本力量，其包含内源动力机制和外源动力机制。内源动力机制包含的本地根植性所蕴含的丰富的要素（资源）转化为内生优势；外源动力分为政府行为、外部竞争环境等，其能带来产业集聚区的外部优势。管理者应以产业集聚区动力作用机制为基础，沿着内部治理与外部原动力相结合的思路，推动产业集聚区的良性发展。闫文圣（2006）在Best（2001）的产业集群动力机制模型的基础上，提出了经过修正的高新区动力机制的动态模型。该模型包括的动力要素主要有专业化企业的交流与合作、知识溢出效应、人力资本积累、当地资本市场、体制与机制、创新技术的多样化整合和再整合，这些动力要素组合将对高新区的生成和发展产生积极的影响。

多种动力组合的观点得到众多学者的认可，从园区内企业间的交流与合作、知识外溢、创新能力提升等内部动力要素，到园区文化、地方政策和资本市场等外部动力要素，该理论体系比较系统、完善。但对动力组合的作用机制研究不是特别深入，对动力机制的作用效率也缺乏合理的评价。

从以上三类观点可以看出，产业集聚区动力机制的研究，由早期的对内在动力机制或外在动力机制的单方面分析已经转变为对内外动力机制共同作用过程的探讨。内外动力各要素作用力耦合，通过直接或间接途径推动产业集聚区形成，并培育起其竞争优势，从而推动其发展。

第二节 产业集聚区发展的内部动力机制

从以上理论分析中可以看到，产业集聚区的内生动力是一种自发的内在力量，主要包括经济外部性、产业价值链、社会资本与网络、技术创新等。

一 经济外部性推动机制

"外部性"最早由英国经济学家马歇尔提出，其认为外部性是指一个经济主体的行为对另一个经济主体的福利所产生的影响，而这种影响并没有通过货币或市场交易反映出来。Tibor Scitovsky（1954）认为外部性是经济学文献中最难捉摸的概念之一。我国学者梁琦（2007）认为无法用自然资源来解释的产业集聚就是所谓的外部经济。同其他区域经济研究一样，产业集聚区的外部经济性主要包括产业集聚区运输与通信等基础设施、信息服务、相关产业的发展、熟练劳动力的供给等因素产生的外部性。这些因素在产业集聚区形成与发展过程中起着一定的推动作用，成为园区发展的原动力之一。可以将经济外部性推动机制进行如下细化梳理。

（一）要素资源共享

企业生产经营离不开完善的公共设施，如方便的交通，充足的水、电供应，高效、专业的政府管理，完备的法律制度等，单个企业无法承担这些公共设施的建设。大量企业集聚后，信息通信、交通运输、水电供给和商业服务等基础设施供给会由于企业数量的扩大而降低平均分摊成本。这样，企业通过共同使用公共设施，减少分散布局所需的额外投资，并利用地理接近性节省相互间物质和信息流的转移费用，从而降低成本，实现集聚经济规模效应。同时，产业集聚区的要素资源共享也是潜在进入企业选择是否进入集聚区的重要影响因素，一个产业集聚区的外部性越显著，企业进入该区能够降低的要素成本越低，企业进入的动力越大，区内的企业数量就越多，产生的外部经济性也越大，两者之间相互促进。

（二）专业化分工

产业集聚区内企业数量很多，各有专业优势，形成了社会化分工网络，涵盖了人员培训、销售网络建立、产品运输、原材料供应等各种企业运营功能。这种专业化分工的高度发展，就会提升园区的创新能力，从而培育园区竞争优势，吸引更多企业加入，从而推动产业集聚区的健康发展。再者，众多企业集聚在一个区域内，缩短了企业间的地理距离，降低了产品的运输成本。不仅如此，地理上邻近的企业之间交流也更加便利，而频繁的交流能够增进企业间关系，建立信任，从而降低信息传输成本，提升企业创新能力和经济效应。

（三）劳动力市场共享

劳动力市场共享因素是产业集聚区形成和发展的基本因素。劳动力市场具有很强的流动性，而劳动力快速流动对劳动者的自身素质要求加大，也促进了信息、知识、技术的扩散和传播，从而增加创新的可能性。在劳动力可以自由流动的市场环境下，劳动力总是趋向于向可提供充足就业机会和发展机会以及较高的要素报酬的地方流动；企业总是趋于在能够容易找到丰富的劳动力和专业化的劳动力的地方进行生产，"雇主们往往会在能找到所需的优良专门技能的工人的地方建立企业，人们自然愿意到有许多雇主需要他们既有技能的地方去寻找工作"（Krugman，1991）。一方面，产业集聚区内集聚了大量的企业，为劳动力提供了各式岗位，吸引大量的劳动力；另一方面，大量的劳动力也能满足企业的发展需要。劳动力供给与需求在此地的结合成为早期企业"扎堆"的源泉，随后由于路径依赖和累积因果效应，劳动力市场共享造成了企业集聚，劳动力市场共享节约企业的劳动力成本、搜寻成本和培训时间及搜寻时间。因此，从马歇尔开始，劳动力市场共享因素就成为产业集聚的基本因素之一，劳动力的需求与供给促进了企业在空间上的集聚。

（四）技术外溢

技术外溢是产业集聚区发展的另一个主要动力。马歇尔认为，企业在特定地区的集聚有利于新主意、新知识和新技能在企业之间传播和应用，因为信息在当地流动比远距离流动更容易，从而产生技术外溢效果。产业的集聚使得"行业的秘密变得不再是秘密，而成为众所周知的事。对于机械流程和企业的发明和改进，因其所取得的成绩，将迅速地为他人所研究。如果一个人有创新思想，就会为别人所采纳，并与别人的意见结合起来，因此又成为新思想之源泉"。马歇尔的这段话解释了技术外溢的产生原理。实际上，在园区内的某一企业所获得的新知识，在和其他企业交流和合作过程中，有很大一部分外溢给其他邻近企业，从而成为园区公共知识。很多企业正是基于对技术溢出的追求而进入某一产业集聚区。园区内企业通过创新不仅获得源于技术上的超额垄断利润，而且通过群体效应形成共同的技术标准，进一步扩大垄断优势。

通过上述四种形式的外部经济，形成外部规模经济和外部范围经济。其作用一是降低企业的生产成本，从而有利于企业开展低成本战略参与市场竞争，获得低成本优势。二是通过外部规模经济，提升企业和园区创新能力，形成企业和园区竞争优势。当然，不同产业集聚区对外部性的要求不同，推动产业集聚区发展的主要外部性也不同。如劳动密集型产业园区主要依赖劳动力市场共享，而知识密集型的高新技术产业集聚的发展动力则是技术外溢。从以上分析中，可以看出经济外部性是产业集聚的原因，也是推动产业集聚区发展的主要动力，其作用机制如图 3 - 1 所示。

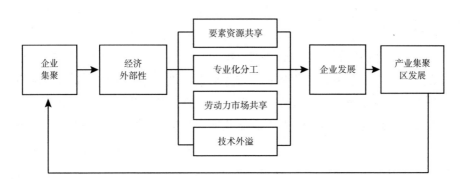

图 3 - 1　产业集聚区发展的经济外部性机制

二　产业价值链的推动机制

价值链是迈克尔·波特在 1985 年提出的，其认为"每一个企业都是在设计、生产、销售、发送和辅助其产品的过程中进行种种活动的集合体。所有这些活动可以用一个价值链来表明"。即企业的价值创造是由一系列活动构成的，包括基本活动和辅助活动两类。基本活动包括内部后勤、生产作业、外部后勤、市场和销售、服务等；而辅助活动则包括采购、技术开发、人力资源管理和企业基础设施等。这些互不相同但又相互关联的生产经营活动，构成了一个创造价值的动态过程，即价值链。

产业链是产业经济学中的一个概念，是各个产业部门之间基于一定的技术经济关联并依据特定的逻辑关系和时空布局关系客观形成的链条式关联关系形态，分为接通产业链和延伸产业链。接通产业链是指将一定地域空间范围内的断续的产业部门借助某种产业合作形式串联起来；延伸产业链则是将一条既已存在的产业链尽可能地向上下游拓深延展。

我国学者潘成云认为，产业价值链是以某种核心技术或工艺为基础，以提供能够满足消费者某种需要的效用系统为目标的、具有相互衔接关系的企业集合。产业价值链正是由产业链内各个企业的价值链整合而成，各企业的价值链由联结点衔接。在产业链没有形成前，各企业的价值链是相互独立的，彼此之间的价值联结是松散的。通过产业整合，企业被捆绑到一个产业价值链系统，产业链上的价值链随之形成。一个企业要赢得和维持竞争优势不仅取决于其内部价值链，而且还取决于在产业价值链中该企业的价值链同其他价值链如供应商、销售商以及顾客等之间的连接。

在以一个主导产业为核心的领域中，关联度较高的众多企业及其相关支撑机构在地理空间上集聚形成具有产业特色的产业集聚区，该区域就会产生以下几种效应促使其进一步成长，不仅使该产业价值链内单个企业的竞争力增强，而且不同的产业价值链之间也表现出特有的竞争优势。

（一）企业衍生效应

一方面，通过产业价值链的整合，可以将具有不同优势的企业相联系，使产业价值链上的各个环节都达到最优，进而实现产业价值链整体最优。同时基于产业价值链的资源整合，通过诸如实施标准化生产、对内部管理费用进行严格控制等，可以有效降低产品在产业价值增值环节上的包装、流通、库存、销售与内部部门间协调等成本，获得成本领先优势。另一方面，最早进入的厂商积极寻求创造专业化生产要素的方法，并通过吸引新人才加入来加强所属行业的知识和技术深度开发。当地的金融机构和投资者由于熟悉产业集聚区的特性，更愿意向区内企业提供资金。园区内企业的重组障碍较低，有利于新企业的诞生。

（二）企业创新效应

产业链延伸不仅可以降低企业投资成本和交易成本，同时还有利于信息资源的交流、汇集，促进技术、产品的联动创新。园区内企业彼此接近，会受到竞争的隐形压力，迫使企业不断进行创新。同时，企业之间由于频繁的交往和经常性合作，产生了面对面的观察与学习的便利性，一项技术创新很容易被其他企业所发现，其他企业通过对此项技术创新的消化、吸收与模仿，在此基础之上进行技术改良，使渐进性的技术创新不断发生，从而形成强大的创新效应。

（三）区位品牌效应

关联企业及辅助机构，如地方政府、行业协会、金融部门与培训机构等在空间上集聚，形成一种柔性生产综合体，该综合体通过自身优势建立起来的品牌能够帮助企业获取超额利润，从而吸引更多企业加入，从而推动产业集聚区发展。单个企业要建立自己的品牌，需要持续投入巨额资金。然而产业集聚区内企业发挥集体力量，加大广告宣传的投入力度，利用群体效应，容易形成"区位品牌"，使每个企业受益。相对于单个企业，政府更愿意对产业集聚区进行公用设施投资，而公共设施的建设明显地促进园区内企业发展。一个创新能力高的产业集聚区，能够使区内企业形成相互协作的创新网络，彼此之间共享市场信息、基础设施、人力资本、生产能力，从而形成区位品牌。如法国的香水、意大利的时装、瑞士的手表等。这种区位品牌是由企业共同的生产区位产生的，一旦形成之后，就可以为区内的所有企业享受。区位品牌不仅有利于企业对外交往，开拓国内外市场，确定合适的销售价格，也有利于提升整个区域的形象，为招商引资和未来发展创造有利条件。

（四）区域产业联动效应

在产业一体化和全球化的趋势下，产业竞争力的提升已成为一个地区在竞争中获得优势的关键。而产业价值链是产业发展的重要纽带，是区域经济发展的重要因素。从现代区域产业形成发展来看，产业是由龙头企业主导，通过产业链的延伸带动一批配套企业发展，产业链中的配套企业发展壮大，既可裂变出新的龙头企业，又促进其他龙头企业发展和集聚，形成产业群体，使产业整体竞争力得以增强，给地区经济带来新的增长点。因此，以产业价值链为中心，以重点产品、主导产业的联动促进中小企业群的配套发展，并努力进入国际分工协作体系和供应链，带动区域经济发展。

三 社会资本与网络机制

社会资本（Social Capital）是 20 世纪 80 年代以来在社会学和经济学领域广泛使用的一个概念，用来解释"处于网络或更广泛的社会结构中的个人动员稀有资源的能力"。社会资本的理论内涵非常明确，即有助于行动的社会结构，是一种可利用的资源。但是对其外延则颇有争议，主要存在两种观点：一种认为核心的社会结构就是社会关系网络，是行动者的社会关系网络所能带来的资源和信息优势；另一种则认为社会资本不仅包括社会关系网络，还包括社会网络中的其他方面，如信任、价值观、行为规范等社会运行规则。相对来说，现有学者比较认可第二种观点。社会资本概念的提出，很好地解释了经济发展中的非物质因素所起的作用，明确了关系、网络对于资源配置的作用，从而与物质资本、人力资本一起，成为资本的三种形态。

产业集聚区内众多组织集聚在同一个园区，从事相关产业价值链上不同的价值活动，既有专业化分工，也有紧密合作，构成一个社会化网络。同其他社会组织一样，企业网络作为社会资本的重要内容，与企业集群有效衔接。社会资本以其独特的优势，决定与影响了产业园区的发展；产业园区进一步优化企业内部、企业间、企业与相关产业、机构间的社会资本。社会资本与产业园区的双向互动，减少了园区内企业的交易成本，提高了产业集聚区的经济效率，强化了区域的持续竞争优势。

（一）企业家资源

企业家是产业集群形成和变化过程中的关键要素。熊彼特非常强调企业家作为产业集群发展的内生要素的重要性。他认为企业家是经济活动的中心，所有破坏性的经济变革都来自创新，而企业家是创新活动的决策者和组织者，是积极寻求组织资源并重组以适应环境并形成对他们事业发展有利的经济变革代理人。在产业集聚区内，企业家通过各种联系组成了庞大的关系网络，而这种网络有利于创新扩散。为了企业持续发展，某个企业家积极地创造和改变环境，培育企业竞争优势。而企业家这种创新行为尤其是通过创新培育的竞争优势可以通过示范效应和竞争效应，引发园区内其他企业家的模仿和改进，从而逐步形成有利于创新的园区环境，最终形成区域产业的竞争优势和促进优化升级。

（二）社会网络

信任是社会资本的重要来源。可以通过推动协调行动提高社会效率，具有比物质资本和人力资本更大、更显著的价值。产业集聚区内的企业和其他组织存在着紧密的合作关系。企业间、企业与科研院所、企业与咨询公司、会计师事务所等服务结构之间因生产、营销、研发等进行着的多元重复的合作活动，频繁持续的合作提升了行为主体间的了解和认知强度，从而促进和加固了区域成员的信任。在相互信任的基础上，企业和其他机构形成了基于经济、技术的联系的社会网络组织。在该网络中，成员组织间不断交流和重复博弈，促使他们在文化上进行借鉴和融合，促进产业集聚区特征文化的形成并推动园区发展。

（三）知识的交流

知识的流动和转化能够推动企业创新。但基于信任形成的社会网络为产业集聚区内知识的流动开辟了途径，但知识的转化还依赖其他因素。在产业集聚区内，显性知识可以通过正式培训、内部互联网和知识仓库来转移和流动；而隐性知识本身难于识别和转移，大多数组织采取非正式程序来转移知识，如通过"导师"制，高手向初学者直接传输经验法则；或者通过座谈会、研讨会以及组织员工到大专院校或专修学院进修、培训交流等各种形式，促进隐性知识的流动和转化。通过正式或非正式的交流活动，内容广泛的各类市场、技术、竞争信息在产业集聚区内集聚，使企业更容易了解市场和技术的变化，寻求和把握市场机会和空隙，充分发挥社会资本的根治性对效力和效率的有效整合。

综上所述，社会资本的重要表现形式之一就是园区内企业共同的价值观和行为规范，这些共同的价值观和行为规范有利于企业之间建立信任与合作、节约交易成本、节省信息搜寻的时间和成本并促进知识的交流和外溢。因此，基于社会资本的信任与合作能够实现和维持产业集聚区内部企业间的有序竞争，实现园区可持续发展。

四 技术创新机制

企业技术创新是产业集聚区形成和发展的动力。产业集聚区形成的直接触发因素比较复杂，如创新时机、产业特征、区域环境、偶然因素、政府的支持等。技术创新是产业结构升级和竞争优势形成的主要推动力，产业集聚区不仅要发挥大企业的技术领先作用，而且要通过成千上万家中小企业自主创新能力的增强，形成系统的波及途径和渗透效应，从而形成产业竞争力。基于对技术溢出的追求，企业产生集聚倾向，从而在某一区域集聚并形成产业集聚区。因此，技术创新是新的产业集聚区形成的重要推动力量。但技术创新的起点是市场需求。面对新的市场需求，企业整合创新资源并进行研发，开发生产出新的产品，进而进行商业化获得创新利益，这是一个系统的过程。在此过程中，企业技术创新对其他市场主体提出了新的各种市场需求，这些市场需求或者导致相关企业在附近安家落户（节省运输、交易等成本，共享信息、创新等），或者导致新企业的诞生，或者诱导其他企业也进行技术创新以满足先创新企业的需要，在这种一波又一波、一环又一环的技术创新过程当中，该地区企业数量迅速增加，相关配套机构也不断进驻该地区，从而促进了地区产业集聚区的扩大，产业集聚区的扩大反过来又进一步刺激了区内企业的技术创新（竞争的加剧、合作的密切），从而推动了产业集聚区的不断升级。同时，产业集聚区的基本构成单位是企业，其发展离不开企业发展的支撑和推动。而企业保持生机与活力的一个有效方法就是技术创新。企业只有进行技术创新，才能不断降低成本，不断提高产品质量和服务水平，从而更好地适应市场需求的变化，最终在激烈的市场竞争中生存和发展。企业发展直接推动园区发展，企业通过技术创新实现产品、工艺的升级和换代，推动产业园区的技术水平和结构的优化和升级，从而增强产业园区的活力，推动园区持续发展。

企业是产业集聚区的主体和基本单位，企业发展是产业园区发展的基础和载体。只有企业生机勃勃和健康持续发展，产业园区才具有顽强的生命力。而技术创新是企业保持生机与活力的源泉。企业只有进行技术创新，才能不断降低成本，不断提高产品质量和服务水平，培育市场竞争优势，从而更好地适应市场需求的变化，在激烈的市场竞争中生存和发展。企业发展了，由企业组成的产业集聚区才能生存和发展。同时企业进行技术创新从而实现产品、工艺的升级和换代，推动产业集聚区技术水平的提升和产业结构的优化和升级，从而增强产业园区的活力。

产业集聚提升企业技术创新能力。产业集聚区是一种介于市场和企业之间的组织形式。园区内组织通过交易网络、技术网络、社会网络构成了复杂而紧密的技术创新网络，提高了知识与人才的流动，使创新资源在一定程度上实现了共享，从而有利于企业技术创新。同时集聚区内生产同一产品的企业和辅助组织的数量很多，它们之间存在激烈的竞争和合作关系。激烈的竞争增大了企业技术创新的压力，紧密的合作关系则提高了企业技术创新的能力，因此产业集聚区既能实现创新的规模经济性，也能提高企业技术创新的能力，增加企业创新的动力。

技术创新是一个由企业、科研院所、政府、中介机构和金融机构五个主要组织构成的创新系统。企业是创新系统的主体和核心，其他组织是支持系统。产业集聚有利于技术创新系统的形成和发展，因为在产业集聚区中存在着清晰的支持企业技术创新的网络（见图3－2）。在产业集聚区内，科研院所作为知识与技术的源头和专业人才的有效供给者，不仅可创造新知识与新技术，还可通过教育、培训以及成果转化等方式，有效地促进知

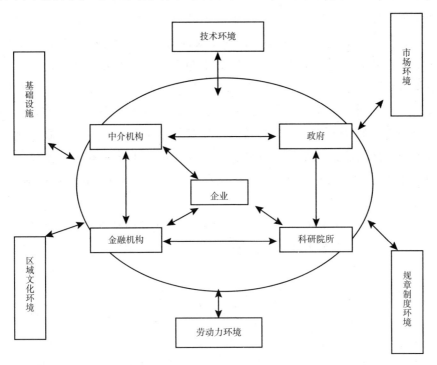

图 3－2 产业集聚区创新系统

识、信息、技术等创新资源的扩散及创新人才的有效供给，为企业技术创新的实现提供智力和人才支持。政府对企业技术创新提供公共服务，中介机构为技术创新及时地传递科技信息、市场需求信息，金融机构为技术创新提供资金支持以及分担创新风险等，这些都有利于企业的技术创新。

另外，产业集聚有利于提高企业技术创新各个环节的效率。在产业集聚区内，由于有大量相关企业及中介服务机构集聚，市场需求信息流量大、快而且集中，企业在感知市场动向方面比较方便，能够迅速抓住市场需求、把握市场机会，从而有针对性地进行技术创新以填补市场需求空白。在研发阶段，创新资源大量积聚，同时大家对彼此十分了解且相互信任，合作的可能性更大，降低了创新的风险。面对竞争和利益的双重驱动，各个企业必然积极主动地进行技术创新。在产品化阶段，集聚在一起的企业和其他组织通过分工与合作方式进行生产，既降低生产成本，又节省了创新时间，同时相匹配的创新也会在先创新企业的带动下进行起来，这种创新的波动效果会使新产品的相关配套设施迅速完备，加快新产品商业化的过程。在商业化阶段，由于产业集群内已经形成了完善而发达的各种渠道和中介服务机构，加上产业集群本身已经形成的品牌效应，商业化的时间会更短，商业化成功的可能性也更大。集群呈现繁荣景象，完整的创新链形成。成熟的企业技术创新系统是一个高度动态的、有序的、自组织的创新系统，大量的渐进创新不断涌现，产品和工艺不断被更新，它们之间或是互相竞争、互相替代，或是互相协同、互相促进。成熟的企业技术创新系统的根本动力来自多样化的市场需求、规模扩张以及子系统之间的竞争和协同。

总之，产业集聚能够提高企业持续创新能力，并最终成为创新中心。在一个地域内，企业之间关联性越强，集中程度越高，发生在集群内的竞争压力、追赶效应、模仿效应等越能使创新频率提高，创新要素的利用效率得到提高，从而提高创新绩效。

第三节　产业集聚区发展的外部动力机制

产业集聚区的发展不仅来自于园区内知识流动和交换、社会资本整合及创新能力的提升，外部因素对园区的推动或拉动也非常重要。其外部动力机制主要来源于外部环境对产业集聚发展的推动，外部环境主要包括产业集聚区所面临的竞争环境，政府对集聚区的推动和管控政策、规章和制度，当地社会文化、基础设施、创新要素供给等创新环境的影响等。

一 外部竞争环境

在经济全球化的经营环境中，企业之间的竞争越来越体现为企业集群之间的竞争，企业集群只有作为一个整体参与外部市场竞争，才有可能抢占一定的市场份额，才能在全球竞争中博得一定的竞争优势，掌握竞争市场的主动从而获得持续发展。因此，产业集聚区要保持一定的开放度，通过资本投资、战略联盟或创新合作等方式参与外部市场竞争，促进园区与外部环境进行资源、要素和产品交换，避免因封闭而带来的发展风险。

另外，培育区位品牌是产业集聚区发展的核心目标，也是产业园区核心竞争力的体现，代表着产业集聚区的特色和主体形象，是园区持续、健康、协调发展的主要途径。河南省的很多产业集聚区仍靠一家或几家主导企业的品牌对外竞争，其他企业的产品档次不高，缺乏创新，尚没有形成整体品牌优势，导致该省产业集聚区在全国市场中的竞争力较弱。世界上一些著名产业集聚区，如意大利北部的皮具加工区和 Belluno 眼镜框集群、丹麦的 Jutland 家具集群等，都培育了一个著名的区位品牌，在产业集聚区发展中企业品牌和集群品牌相互辉映，互相促进，占据国际市场的较大份额，从而获得了可观的利润。

二 政府的推动和管控

任何一个市场经济社会，都不可能完全否定政府的作用，即使处于重商主义时代，强调减少国家干预的亚当·斯密也认为，政府具有建立和执行产权规则，为"看不见的手"搭建平台的职能。同样，在河南省产业集聚区的培育和发展中，政府的推动和管控不可忽视。政府的推动和管控活动主要指政府对产业集聚区进行规划、激励、制约等系列管理行为，既受其赖以生存和发展的社会经济环境和政府内部诸因素的制约，同时又对经济和社会的发展产生颇为深刻的影响。

如同自由的市场经济存在失灵一样，产业集聚区在发展过程中也存在一定的系统缺陷，地方政府基于区域利益驱动和经济社会发展的需要，对产业集聚区的系统缺陷进行管理和控制具有很大的必要性。大量的发展实践也证明地方政府的科学管理对推动产业集群的健康发展具有积极作用。

首先，市场存在一定的失灵。虽然产业集聚区在形成、发展、扩张或升级时主要依赖市场推动，但基于单个组织的利益驱动，市场本身无法满足产业集聚区的需要，此时政府的适当介入是必要的。如园区内企业的过度竞争所导致的外部不经济、园区内公共产品和基础服务的搭便车现象、产业园区内各个组织之间存在的信息不对称等问题，都影响着产业集聚区的资源配置效率，制约产业园区的发展，需要政府介入。而政府则在制定产业集聚区规划和提供公共物品方面具有规模优势，在研发过程中可以承担单个市场组织难以承受的风险，也可以通过产业政策引导企业和消费者的行为，从而推动产业园区的发展。政府也可以通过规章制度的供给规范园区内企业生产经营秩序，充分发挥政府自身作用，降低产业集聚区发展过程中存在的重大风险。

其次，产业集聚区存在系统缺陷。产业集聚区作为一个复杂的动态发展系统，和其他的经济系统一样，存在一定的系统缺陷。例如，在产业集聚区发展初期，园区内的企业规模普遍较小，能力较低，多数属于家庭工场，缺乏信息搜集、整理和利用能力，导致企业行为具有很强的投机性和短期性，企业盲目扩大生产，导致生产能力严重过剩，生产同类产品的企业之间出现恶性竞争，导致假冒伪劣产品大量充斥市场，使整个产业集聚区的形象遭受严重损害，制约产业园区的健康发展。类似的问题在产业集聚区发展过程中很是普遍，而园区内的企业和其他组织难以解决这些系统缺陷导致的问题，需要政府出面引导和解决。

最后，政府利益驱动。利益问题始终是人类社会的最基本、最普遍、最受关注的问题，获取利益的大小是主体行为绩效和行为能力的外在表现，是行为主体追求的目标、竞争的焦点和行为的动力，也是经济学研究的基本问题。地方政府作为一个相对独立的行为主体，为利益谋求发展，为效益参与竞争，争取政府利益最大化是其参与产业集聚区管理的根本动力。但政府的利益不可能通过完全自由化的市场得以实现，有些政府利益，如资金、商品和劳务等货币化收益和区域声誉、地位、形象、自然环境质量等非货币化收益，需要政府对当地产业集聚区发展有所扶植和培育,通过产业集聚效应来实现。政府推动产业园区发展带动区域经济发展从而增强区域竞争实力实现其利益最大化。

国内外的理论研究和实践表明,政府能够在产业集聚区的成长和发展中发挥积极作用。

其一,政府管理可以避免产业集聚区的外部不经济。产业集聚能够产生信息扩散、资源共享、规模经济、范围经济等,但园区内中小企业因为集结成网络系统而成为一体,这种一体化的网络系统也可能产生外部不经济性也存在负的外部不经济。譬如园区内一家企业存在的假冒伪劣等机会主义行为,其影响就不是单单这家企业,整个产业园区都有可能受到严重影响。政府通过制定相应的政策法规,规范企业不正当行为,避免机会主义出现。

其二,政府管理可以提高产业集聚区与市场对接的能力。根据亚当·斯密的论点,分工的水平由市场的范围决定。产业集聚区的发展与区际分工及区际贸易高度相关。因此,集聚区内的企业必须保持对市场的高度敏感,园区内资源要素必须合理流动与配置,这样产业集聚区才会富有柔性和创新活力。政府应该从专业化市场制度创新等方面,提高产业集聚区内企业与大市场的对接度。政府可以通过建设市场信息平台、举办国际性产品交流会、组织园区内中小企业外出参观和考察等为园区内企业提供广泛的市场信息。

其三,政府管理可以推动产业集聚区品牌建设。产业集聚区的品牌是整个产业集聚区发展壮大的内在要求,代表了整个园区的形象和信誉,是塑造产业园区的文化理念和提升园区产品质量和信誉的重要载体,同时,也是吸引其他组织加入、扩大园区规模的有效途径。产业集聚区品牌主要是指区域内具有完善的基础设施、完备的服务功能、优秀的服务功能、优秀的服务品质、具有优势明显的核心业务。在相同或相近的产业链中,产业集聚区品牌能够不断吸引优秀企业向本园区集聚,并且能够不断引导技术进步和产业升级,促进园区可持续发展,最终形成产业集聚区的核心竞争优势。而政府可以为产业集聚区品牌建设提供良好的外部环境和资金支持,引导产业园区制定品牌经营战略,为同类或相近产业的低成本扩张、提高社会经济效益及引领本行业技术发展提供合适的平台。

其四,政府管理可以有效促进集聚产业园区升级。产业集聚区升级主要依靠产业集聚区的自组织和自增强能力。但在产业集聚区建设初期，园区内的中小企业自身升级的能力较弱，需要政府提供强有力的支持。一方面，建设初期的产业园区停留在同一产业的企业简单地集聚在一起的阶段，还处于较低的层次，没有实现自我发展的模式。政府需通过税收等优惠政策吸引技术含量高的企业，引导和协调科研机构与产业集聚区内企业的联系，促进企业升级。另一方面，产业园区中的企业在产业链中更多的是"精益求精"，努力提升自身的品牌和声誉，而不考虑其他企业的发展状况，导致整个园区的升级受阻。这种情况需要政府加以引导。产业集聚区建设初期需要政府的扶持和帮助，如北京中关村的崛起就离不开政府的作用，印度的 IT 产业基地班加罗尔能发展到如今的地步，与印度政府的扶持和帮助是分不开的。

纵观发达国家历史，战后的日本在短短几十年的时间里成长为世界第二大经济强国，依靠的就是其强有力的产业政策支持；在意大利，政府对产业集群发展投入了极大的热情和关注，积极促进其发展，使原来落后的中北部地区成为繁荣的"第三意大利"。大量国家发展的经验证明，政府可以为产业园区的形成和发展提供系统化的环境支持，可以是某个产业集聚区的发起者和调动者，也可以通过制定科学合理的产业规划和经济政策对产业集聚区的健康发展发挥积极有益的作用，政府的介入具有合理性，其促进作用的发挥有利于充分利用后发优势，促使地区经济实现从静态比较优势到动态竞争优势的飞跃。

三　产业集聚区创新环境

区域创新环境是由 1985 年成立的欧洲创新研究小组（GREMI）率先提出的。他们将区域创新环境定义为在有限的区域内，主要的行为主体（结点）通过相互之间的协同作用和集体学习过程建立的非正式的复杂社会关系，这种关系影响本区域的组织创新。学者 Aydalot 则认为，本地环境（主要是指社会人文环境）作为创新的"温床"或孵化器，对于创新的产生具有决定性作用。

产业集聚区持续发展的源泉是园区内各组织的协同创新能力，而这种协同创新能力的培育和提升离不开园区积极的创新环境。由于存在着地域、结构、功能和目标等多项关联，产业集聚区和当地创新系统存在着必然的联系。政府应以促进竞争和效率为目标进行政策工具的选择,在遵循促进产业集聚区与区域创新系统相结合的原则下,在区域创新体系建设框架之内,制定并完善产业集聚区创新政策,优化产业集聚区的创新环境,提升产业园区和区域的创新能力。

产业集聚区创新环境是一种区域创新环境,是指影响园区内企业和其他组织进行技术创新的外部因素。产业集聚区在形成和发展的过程中,往往离不开园区环境的建设。产业集聚区的发展环境包括软环境和硬环境两种。软环境包括社会的政治、法律、经济、文化和生活服务等环境;硬环境包括基础设施、自然地理位置等环境因素。在产业集聚区发展初期,园区管理者比较重视硬环境的建设,但随着产业园区的发展,区内软环境的建设日益成为影响园区发展的关键因素,成为很多政府为增强竞争优势而进行重要管理的对象。现有实践经验证明,成功的产业园区是内生型经济增长的园区。产业园区之间的竞争,在很大程度上是软环境的竞争,产业园区的产业结构优化升级以及持续稳定发展,最终取决于园区良好的软环境。

外部创新环境是指产业集聚区所在区域的创新环境。主要有以下四个部分构成:基础设施环境、社会文化环境、制度环境、学习环境。其中,基础设施环境属于区域创新的硬环境,社会文化环境、学习环境和制度环境属于区域创新的软环境。

(一)基础设施环境

对创新有影响的基础设施除了交通、能源、电力通信等设施外,还包括园区内创新主体服务的图书馆、实验室、会议室、信息服务网络以及其他一些为知识的交流学习提供的公共空间等有形设施。这些基础设施是创新的基本物质基础,是创新环境的基础层次。基础设施是园区创新环境的基础,随着经济发展水平的提高,产业集聚区的基础设施建设取得了很大进展,而软环境的建设则明显不足,亟待提高。尤其是已经进入高级阶段的产业集聚区,创新软环境的不足日益成为园区发展的瓶颈。

(二)社会文化环境

美国人类学家林顿认为社会文化是"某特定社会成员共享并相互传递的知识、态度、习惯行为模式等的总和"。社会文化环境主要包括企业经营惯例，员工文化水平、心理素质，企业价值观念、社会风气以及社会关系网络等内容。文化环境直接影响着区内主体的创新热情、企业间的信任及合作关系等对创新有重要影响的因素。具体包括以下几点。①行为主体的创新精神。包括园区内各创新主体对创新的接纳、认可程度，敢于冒险的热情和勇气等，是组织创新的原动力。富有冒险精神和创新精神，对创新活动普遍持有积极态度，有利于知识、信息等资源的传递与扩散。处于这种氛围中的企业对市场具有特别敏锐的洞察力，善于发现市场潜在的需要，并在利益驱动下，产生创业和其他各种创新的强烈愿望，这反过来又强化了创新氛围，形成良性循环，保持创新的持续性。②彼此信任的协作关系。彼此信任的协作关系是产业集聚区创新的关键。园区内企业之所以能克服单个企业创新劣势就在于企业间长期、稳定的合作关系，而长期稳定的协作关系的建立基础就是相互间的信任、诚信。③开放的思想交流氛围。平等、自由、宽松的工作环境和开放的信息交流环境有利于新思想、新技术在产业集聚区内传播、学习。相互信任和开放的心态，使得人们之间交流和互动频繁，加快了新思想、信息和创新扩散的速度。产业园区中的企业间、企业与机构间的界限是多孔状的，它们相互渗透。企业在竞争中学习，通过正式的合作和非正式的交流，及时了解变化的市场和技术，为创新做准备。

（三）制度环境

制度是由人制定的，调节人类相互关系的一系列规则。社会问题的复杂性和不确定性以及行为主体的不规范行为在社会生活中经常出现，制度的存在，可以解决不断出现的社会问题和约束人们的竞争与合作方式。制度对人们能够在多大程度上实现其经济或其他方面的目标有着巨大影响，如果各种制度科学合理且能够彼此协调，就会促进企业合作，充分利用劳动分工的优越性和人类的创造性，而且能够抑制合作中可能出现的任意行为和机会主义行为。产业集聚区的制度环境主要包括园区内的政策法规、管理体制、法律制度、市场机制和创新制度等。产业集聚区的制度制定者是园区的管理者和当地的政府机关，虽然两者在营造园区制度环境时的目标是一致的，但在具体制度的制定和执行时，两者关注的重点和采取的具体措施是不同的。当地政府更着重宏观制度和政策的调控和规划，而园区管理者则更着重本园区的微观情况，根据园区的具体情况制定促进本园区发展的制度和政策。

（四）区域的学习环境

产业集聚区内的创新活动是多个行为主体通过相互协作进行的，在协作创新的过程中积累知识。而学习是获得新知识的必要途径，在园区协作创新中起着重要作用。一方面，学习是获得和放大知识资源及提高创新能力的保障。缺乏学习能力就无法吸取新知识进行更为先进的创新活动。另一方面，在与竞争对手合作的过程中，学习能力是保持竞争性合作中竞争优势以及控制合作风险的关键。在产业集聚区内，各行为主体学习能力越高，创新能力就越强。产业集聚区中的学习可以分为个人学习和组织学习，以组织学习为主。组织学习是参与创新网络的各个主体在研发协作中通过与外界的互动获得知识的学习方式。组织学习可以在协作创新活动中的沟通和交流中进行，也可以通过园区内人才在不同组织间流动进行。

可见，一个良好的区域创新环境应具备：完善的基础设施和发达的信息网络，鼓励支持创新的政策、法规，提倡创新和互利互信的社会文化，科学、协调的制度体系和良好的组织学习环境。

奥古斯特·勒施曾经说过："我们生存，时间上不能由我们自己力量来决定，但对于区位，我们大多能够选择。"产业为什么要在一定区域内集聚，和集聚的创新环境有很大关系，包括政府行为、创新区域的制度环境、政策环境、人才政策、市场环境、社会文化环境、中介的社会服务化系统的完善程度等软环境以及基础设施、劳动力、技术与经济存量等硬性因素。

制度环境对产业集聚发展的推动作用。一方面，随着园区内集聚区组织的增加，园区制度将日趋完善，而完善的制度将吸引其他资本的不断融入，发展动力强大的个体私营经济，具有较高自主知识产权的国际和国内资本，将会导致园区经济结构升级并进而促进园区制度的创新和优化，同时也会影响其他环境因素。另一方面，企业内部制度创新因为示范效应带动其他组织的制度优化，从而提升园区环境制度的有效性。如园区内股份合作企业要实现"两头转化"，或向股份公司、有限责任公司转化，或向个体私营企业转化，以达到产权、责任、利益明晰到人的目的，这种转化就需要园区制定相应的制度；再如集体参股、控股企业要实现持股比例提高、非集体股占比提高、股权的集中度提高等，同样会促进企业制度创新。改制后的企业自主性和创造性得到明显提高，进而也推动了区域环境制度的创新。

管理体制对产业集聚区发展的推动作用。产业集聚区通过引资促使企业进入园区，而进入园区的企业可能会带来先进的管理制度，通过示范效应和组织学习，其他企业也会优化自身内部的管理制度。日、韩、中国台湾等企业的严谨、认真的工作作风和高效的生产流程管理模式；欧美企业以人为本，营造人文环境，注重社会保障和人权等，更为人性化的管理和合理的组织结构、高效的管理模式激发了国内企业管理模式的改革。同时产业集聚也推进政府管理职能的创新。产业集聚需要良好的园区环境，政府必须为产业集聚区提供全方位的公共服务，包括在基础设施、自然环境、高素质人才和专业化的人力资本所需的生活和工作环境、政策、制度方面营造良好的区域创新环境，必须实现由职能型向服务型政府的转变。而企业管理创新和政府管理创新都将促进产业集聚健康持续发展。

园区文化对产业集聚发展的推动作用。园区内组织具有相同或相近的社会文化背景和制度环境，各组织在日常联系和互动过程中所采取的经济行为深深根植于大家所熟悉的圈内语言、背景知识和交易规则中，因而具有可靠性、可预见性并避免彼此陌生的人进行交易时可能产生的问题。共同的社会文化产生的信任、理解和相互合作，既有效地防止各种机会主义行为，又促进知识的流通和扩散。相互信任是产业集聚区最有价值的资源，是园区内各组织之间的黏合剂，既有利于园区发展，又使企业深深扎根于该区域。

第四节 产业集聚区发展的内、外动力关联机制

从以上分析可以看出，要促进产业集聚区的发展，培育产业集聚区竞争优势，一是依赖源于产业集聚区的内在动力机制，二是依赖于产业集聚区的外部环境。这些要素相互联系、相互作用，共同促进产业集聚形成和稳定发展的竞争基础。各种动力要素与产业集聚区发展的关系见图3-3。

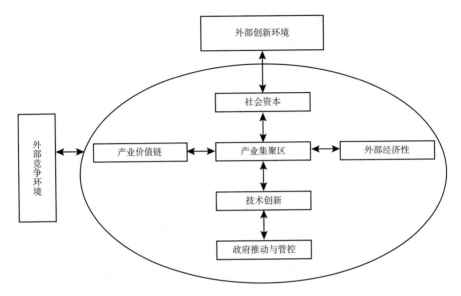

图 3 - 3　产业集聚区发展的动力机制

从图 3 - 3 可以看出，产业集聚区的形成和发展既受产业价值链、技术创新、社会资本和外部资本等内部动力的推动，也受政府推动与管控、外部竞争环境和外部创新环境等外部动力的推动，这些动力的影响机制如下。

第一，产业价值链是产业集聚区形成和发展的基础。在以一个主导产业为核心的领域中，关联度较高的众多企业及其相关机构在地理空间上集聚在一起，通过向产业价值链上下游的延伸，地理位置的接近及企业间专业化分工和协作的相互并存构成具有显著特点的组织集聚。

第二，外部经济性是产业集聚区形成与发展的原动力。一定区域内，通过公共性活动与互补性活动相互联系的多个组织在某一地理区域内的集聚，分享与承担共同的机会与威胁。具有专业化分工、地理性邻近、组织性邻近、相互关联、协同性与溢出效应，这些效应相互作用，培育出处于企业与市场中间的一类具有价值性、难以模仿、难以替代的异质性资源——产业集聚区的共享性资源。这些异质性的共享资源是产业集聚区形成的基础，也是推动产业集聚区发展的原动力。

第三，社会资本是产业集聚区形成与发展的重要推动力。产业集聚区内各种组织形成了一种既有分工又有合作、相互联系、相互依赖的网络组织，该网络组织是一种重要的社会资本。因为园区内企业建立在相互认同、互惠与信任的社会资本基础上，同时社会资本又推动产业集聚区向更高级发展。

第四，技术创新是产业集聚区发展的主要动力。园区内单个企业进行技术创新，通过知识流动和技术外溢带动其他企业发展和新企业诞生，使集聚区内企业数量增加，企业数量和规模的增加又带动服务机构和金融机构不断进驻集聚区，促进集聚区形成和发展；集聚区内企业竞争与合作反过来刺激企业的技术创新，从而推动产业集聚区不断完善和优化升级。

第五，政府推动与管控是产业集聚区形成与发展的支撑。由于市场机制固有的缺陷和产业集聚区经济的空间特性，单纯依靠市场力量很难保证产业园区始终沿着最优路径发展，特别是在我国市场经济体制还不完善的情况下，发展产业集聚区还需要政府支持和管控。通过政府这一"看得见的手"的介入和干预来控制产业集聚区的外部负效应，实现资源的有效配置；通过政府提供公共产品来支持和优化产业园区发展所需要的基本环境；通过政府建立一个行之有效的市场运行和调节的规则体系，在规范各组织行为的基础上，建立社会信用，保护包括私人财产在内的各类资源产权，消除市场进出壁垒，制定入园企业规则，为各类经济主体创造自由选择、公平竞争和安全有效的生产和工作环境，维护必要的市场秩序；通过政府的产业引导和科学规划来进行重点产业选择，并促其向集群式发展，避免国内许多园区出现的群而不聚的现象。这是提高产业集聚区竞争力的必要条件。

第六，外部创新环境是产业集聚区形成和发展的外部主要动力。一个良好的外部创新环境，如完善的基础设施和发达的信息网络，鼓励支持创新的政策、法规，提倡创新的社会文化和互利互信的商业文化，有效流动的人才市场，开放的教育科研系统等，有利于营造产业集聚区的创新环境从而推动产业园区创新，从而培育园区竞争力，推动园区持续发展。

第七，外部竞争环境是推动产业集聚区发展的主要动力。在经济全球化趋势下，园区内企业不得不参与外部市场竞争，培育集聚区自身品牌，提高园区竞争优势，推动园区发展。

总之，产业集聚区要形成竞争优势，健康成长和持续发展，既要形成

园区内部的动力运行机制，也要有健全的外部环境做保证。产业集聚区在
各种动力影响下形成和发展的路径见图 3-4。

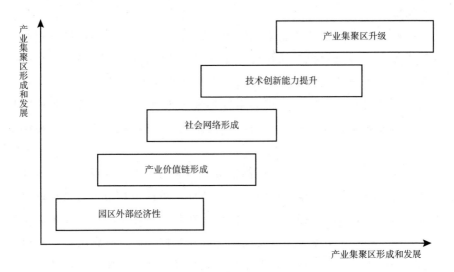

图 3-4 产业集聚区形成和发展的路径

第四章
河南省产业集聚区企业发展状况调查

通过实地调研，本书认为河南省产业集聚区的发展虽然在基础设施建设投入、培育龙头企业、提供融资支持以及打造创新平台等方面取得了一定的成绩，产业集聚区定位日益清晰，产城一体化融合迅速，为企业发展创造了良好的环境与发展空间，但也存在诸如融资困难、产业关联度低、企业同质性等严重制约企业发展的因素。为了更好实现企业高效可持续发展，未来集聚区发展应该在保障基础设施建设，创造良好投资政策环境的基础上，进一步提高要素保障能力，培育龙头企业，提高产业关联度，加大科技创新投入，理顺政府与企业关系，最终打造河南省产业集聚区有"群"有"聚"，产业上下游分工协调，体制机制管理顺畅的健康生态经济链。

第一节　集聚区企业的外部成长环境

集聚区企业的发展离不开良好的外部环境支撑，既包括基础设施建设的"硬"环境，也包括市场环境、政策环境以及投融资环境等"软"环境。良好基础设施的发展完善有利于促进和扩大人员、商品的区域间交流，从而带动知识、技术的传播，而且有利于优化资源配置，提高国民经济运行中的配置效率。市场经济的核心是竞争，竞争的实质是对有限资源的争夺，市场在资源配置中起着决定性的作用，引导着资源在各生产部门之间的流动。产业因素在企业成长中起到资源的补给作用，良好的产业环境可以培育出成长良好的企业。产业市场容量的大小，直接影响一个企业所经营的产品能否商品化以及企业经营所能达到的规模。此外，对于集聚区内企业来讲，它在经济社会发展中的重要地位以及特殊的成长特征和规律，还尤其需要政策法律环境支持。

一　基础设施环境

良好的基础设施环境是集聚区企业成长和发展的一个重要条件。从理论上看，中小企业大规模集中的主要原因在于共享完备的基础设施环境、专业化生产，共享外部经济，而这往往意味着产业集聚区需要具备地理位置优越、公共服务完善等特点。从对企业入住集聚区投资动力因素的调查来看，基础设施完善状况良好为企业的首选因素。总的来说，河南省地理位置优越，且为全国最大的交通枢纽之一，是京广和陇海铁路、京珠和连霍公路的交汇点；通信长途运输设备、局域交换设备均实现数字化、程控化，具有良好的基础设施环境。

下面将河南省的地级市分为豫东、豫南、豫西、豫北、豫中，利用产业集聚区问卷的统计数据对其基础设施环境进行分析。

（一）豫东

可以发现，企业对豫东集聚区基础设施环境的评价较高，对集聚区基础设施环境评价选择很好和较好的企业占比高达 93.13%。因开封有 16.46% 的样本企业认为集聚区基础设施环境评价为一般，故总体认为很好、较好的企业占比有所降低。就各地区集聚区而言，商丘基础设施环境评价很好、较好的企业高达 99%，而周口基础设施环境评价很好、较好的企业占比分别为 70.94%、24.14%，开封基础设施环境评价很好、较好的企业占比分别为 54.43%、24.05%。下面将细分项目就企业对产业集聚区基础设施环境的评价予以描述。

第一是对豫东集聚区供电、供气、供水服务状况的评价。企业对集聚区供电、供气、供水服务状况的评价整体良好，评价很好、较好的企业占比达到 87.11%，且各地区的差异较大。可以发现，商丘集聚区供电、供气、供水服务状况的评价最好，周口次之。

第二是对豫东集聚区交通设施状况的评价。企业对集聚区交通设施状况的评价良好，评价很好、较好的企业达到88.54%，可以发现比对集聚区供电、供气、供水服务状况的评价略高。各地区集聚区对交通设施状况的评价存在一定的差异。

第三是对豫东集聚区邮政电信服务状况的评价。企业对集聚区邮政电信服务状况的评价良好，评价很好、较好的企业达到78.50%，可以发现比对集聚区供电、供气、供水服务状况和交通设施状况的评价略低。而且可以发现，对商丘供电、供气、供水服务状况和交通设施状况评价良好，但是对商丘邮政电信服务状况的评价较差。各地区集聚区对邮政电信服务状况的评价差异较小。

第四是对豫东集聚区社会治安状况的评价。企业对集聚区社会治安状况的评价良好，评价很好、较好的企业达到92.32%，可以发现对集聚区社会治安状况的评价趋同于对产业集聚区基础设施的总体性评价，但对社会治安状况的评价水平低于总体评价。

第五、第六是对豫东集聚区居住环境状况、医疗卫生状况的评价。企业对两者的评价类似，评价很好、较好的企业分别达到84.16%、75.23%。两者的地区差异较小，其中，周口市的评价均最好。

表4-1 企业对豫东集聚区基础设施环境的满意度评价及构成

单位：%

评价指标	地区	很好	较好	一般	较差	很差
基础设施环境	开封	54.43	24.05	16.46	3.80	1.27
	商丘	89.71	8.82	1.47	0.00	0.00
	周口	70.94	24.14	4.19	0.49	0.25
	合计	70.89	22.24	5.61	0.90	0.36
供电、供气、供水服务状况	开封	40.51	34.18	15.19	7.59	2.53
	商丘	70.15	16.42	8.96	1.49	2.99
	周口	53.83	35.80	8.40	0.99	0.99
	合计	53.90	33.21	9.44	2.00	1.45
交通设施状况	开封	45.57	32.91	15.19	3.80	2.53
	商丘	71.64	20.90	4.48	1.49	1.49
	周口	59.65	30.20	8.17	1.73	0.25
	合计	59.09	29.45	8.73	2.00	0.73

续表

评价指标	地区	很好	较好	一般	较差	很差
邮政电信服务状况	开封	41.03	42.31	14.10	2.56	0.00
	商丘	36.92	20.00	40.00	1.54	1.54
	周口	45.89	35.16	14.71	3.24	1.00
	合计	44.12	34.38	17.65	2.94	0.92
社会治安状况	开封	45.45	37.66	12.99	2.60	1.30
	商丘	67.69	26.15	6.15	0.00	0.00
	周口	51.60	42.22	5.68	0.25	0.25
	合计	52.65	39.67	6.76	0.55	0.37
居住环境状况	开封	38.96	31.17	27.27	2.60	0.00
	商丘	36.92	27.69	33.85	1.54	0.00
	周口	44.89	45.14	8.23	1.50	0.25
	合计	43.09	41.07	14.00	1.66	0.18
医疗卫生状况	开封	33.77	27.27	29.87	7.79	1.30
	商丘	30.30	28.79	39.39	1.52	0.00
	周口	45.02	35.57	17.66	1.74	0.00
	合计	41.65	33.58	22.02	2.57	0.18

（二）豫南

从表4-2中可发现，企业对豫南地区基础设施环境的评价良好，对集聚区基础设施环境评价选择很好和较好的企业占比达到84.54%，但是低于对豫东地区的评价，主要原因在于驻马店有11.22%的企业评价基础设施很差，信阳有20.48%的企业评价基础设施一般。就各地区集聚区而言，总体的地区差异小于豫东地区。南阳基础设施环境评价很好、较好的企业高达91.21%，而驻马店基础设施环境评价很好、较好的企业占比分别为60.26%、21.15%，信阳基础设施环境评价很好、较好的企业占比分别为46.99%、30.12%。下文将细分项目就企业对产业集聚区基础设施环境的评价予以描述。

第一是对豫南集聚区供电、供气、供水服务状况的评价。企业对集聚区供电、供气、供水服务状况的评价整体良好，但对信阳供电、供气、供水服务状况的评价差于其他地区，主体评价为较好，一般评价的占比为25.61%。同时，驻马店对供电、供气、供水服务状况评价很好、较好的比例达到75.88%，但很差评价也占比9.00%。豫南地区的供电、供气、供水服务状况均亟待提高。

表 4 – 2　企业对豫南集聚区基础设施环境的满意度评价及构成

单位：%

评价指标	地区	很好	较好	一般	较差	很差
基础设施环境	驻马店	60.26	21.15	7.37	0.00	11.22
	南阳	65.27	25.94	8.79	0.00	0.00
	信阳	46.99	30.12	20.48	2.41	0.00
	合计	60.41	24.13	9.62	0.32	5.52
供电、供气、供水服务状况	驻马店	47.91	27.97	12.22	2.89	9.00
	南阳	41.60	45.80	10.92	1.68	0.00
	信阳	25.61	43.90	25.61	3.66	1.22
	合计	42.63	36.77	13.47	2.54	4.60
交通设施状况	驻马店	49.67	30.39	11.11	1.63	7.19
	南阳	43.82	41.83	13.15	1.20	0.00
	信阳	30.12	37.35	21.69	1.20	9.64
	合计	44.84	35.78	13.28	1.41	4.69
邮政电信服务状况	驻马店	41.14	28.16	17.41	4.43	8.86
	南阳	36.00	45.60	16.00	1.60	0.80
	信阳	24.69	37.04	30.86	7.41	0.00
	合计	37.09	36.01	18.55	3.71	4.64
社会治安状况	驻马店	51.97	32.57	8.22	0.33	6.91
	南阳	46.69	38.84	11.57	1.65	1.24
	信阳	28.05	56.10	13.41	1.22	1.22
	合计	46.82	38.06	10.19	0.96	3.98
居住环境状况	驻马店	45.90	29.18	17.63	0.91	6.38
	南阳	41.31	40.15	15.44	2.32	0.77
	信阳	28.05	50.00	18.29	3.66	0.00
	合计	41.94	35.97	16.87	1.79	3.43
医疗卫生状况	驻马店	42.96	33.33	17.87	3.09	2.75
	南阳	34.57	37.04	24.69	2.88	0.82
	信阳	25.61	31.71	28.05	13.41	1.22
	合计	37.34	34.58	21.92	4.30	1.79

第二是对豫南集聚区交通设施状况的评价。企业对集聚区交通设施状况的评价整体良好，选择很好和较好的企业占比达到 80.62%。驻马店、信阳地区交通设施状况的评价很差的分别为 7.19%、9.64%，同时信阳地区评价一般的企业占比也较高。可见，南阳集聚区的交通设施状况良好，

信阳较差。

第三、第四是对豫南集聚区邮政电信服务状况、医疗卫生状况的评价，两者整体评价状况趋同。对豫南集聚区邮政电信服务状况、医疗卫生状况的评价较好以上的占比分别为73.10%、71.92%。对信阳邮政电信服务状况、医疗卫生状况评价一般、较差的占比较大，同时，对驻马店邮政电信服务状况评价很差的占比也达到8.86%。总体看，地区差异小于豫东地区但整体评价水平差于豫东地区。

第五是对豫南集聚区社会治安状况的评价。企业对集聚区社会治安状况的评价整体良好，很好、较好的评价达到84.88%。其中，对驻马店社会治安状况评价很差的占比达到6.91%，使得豫南地区评价很差的占比大致从1%提高到4%；对信阳社会治安状况的总体评价良好，但评价较好占比达到56.10%，是评价很好的2倍，社会治安状况有待进一步提高。

第六是对豫南集聚区居住环境状况的评价。企业对集聚区居住环境状况的评价整体良好，很好、较好的评价达到77.91%。其中，驻马店应致力于降低评价很差的占比，南阳、信阳则应将企业对居住环境状况评价较好努力提高至评价很好。

（三）豫西

从表4-3中可以发现，总体上说，企业对豫西集聚区基础设施环境的评价良好。对集聚区基础设施环境评价选择很好和较好的企业占比达到84.87%，略高于豫南地区，但低于豫东地区。就各地区集聚区而言，总体的地区差异小于豫东、豫南地区。对平顶山基础设施环境评价很好、较好、一般的企业分别占比50.57%、29.89%、17.24%，对洛阳基础设施环境评价很好、较好、一般的企业分别占比56.50%、29.94%、12.43%，对三门峡基础设施环境评价很好、较好、一般的企业分别占比52.44%、32.89%、12.89%。下文将细分项目就企业对产业集聚区基础设施环境的评价予以描述。

第一是对豫西集聚区供电、供气、供水服务状况的评价。企业对集聚区供电、供气、供水服务状况的评价整体良好，很好、较好的占比达到75.31%。三门峡的供电、供气、供水服务状况最好；平顶山总体的供电、供气、供水服务状况也较好，但对供电、供气、供水服务状况评价较差、很差的占比分别为6.98%、4.65%。

第二是对豫西集聚区交通设施状况的评价。企业对集聚区交通设施状况的评价整体良好，很好、较好的占比达到 82.13%。洛阳地区对交通设施状况评价很好的占比最高，达到 45.76%，但同时很差的占比也最高，达到 3.39%。对整体交通设施状况评价最高的是三门峡，评价很好、较好的占比达到 84.83%。

第三、第四是对豫西集聚区邮政电信服务状况、医疗卫生状况的评价。对豫西集聚区邮政电信服务状况很好、较好的评价占比 76.72%，医疗卫生状况很好、较好的评价占比 71.14%。对于这两个指标，三门峡的评价水平最高，而平顶山的评价水平最低，但城市间差异不是很大。

第五是对豫西集聚区社会治安状况的评价。对豫西集聚区社会治安状况的评价很好、较好的占比为 85.95%。对平顶山社会治安状况评价很差的占比较高，但三个城市间对社会治安状况的评价差异不大。

第六是对豫西集聚区居住环境状况的评价。对豫西集聚区居住环境状况的评价很好、较好的占比为 80.37%。对三门峡社会治安状况评价很好的占比最高，三个城市间对社会治安状况的评价有一定的差异。

表 4-3　企业对豫西集聚区基础设施环境的满意度评价及构成

单位：%

评价指标	地区	很好	较好	一般	较差	很差
基础设施环境	平顶山	50.57	29.89	17.24	1.15	1.15
	洛阳	56.50	29.94	12.43	1.13	0.00
	三门峡	52.44	32.89	12.89	1.78	0.00
	合计	53.58	31.29	13.50	1.43	0.20
供电、供气、供水服务状况	平顶山	29.07	40.70	18.60	6.98	4.65
	洛阳	40.34	35.80	18.18	4.55	1.14
	三门峡	43.30	33.48	19.20	3.57	0.45
	合计	39.71	35.60	18.72	4.53	1.44
交通设施状况	平顶山	39.53	41.86	15.12	1.16	2.33
	洛阳	45.76	33.33	14.12	3.39	3.39
	三门峡	44.20	40.63	14.73	0.45	0.00
	合计	43.94	38.19	14.58	1.64	1.64
邮政电信服务状况	平顶山	36.05	33.72	23.26	5.81	1.16
	洛阳	38.37	36.63	19.77	4.65	0.58
	三门峡	39.91	40.81	17.94	1.35	0.00
	合计	38.67	38.05	19.54	3.33	0.42

续表

评价指标	地区	很好	较好	一般	较差	很差
社会治安状况	平顶山	43.68	39.08	14.94	0.00	2.30
	洛阳	46.24	40.46	11.56	1.73	0.00
	三门峡	41.07	45.54	12.50	0.45	0.45
	合计	43.39	42.56	12.60	0.83	0.62
居住环境状况	平顶山	37.21	39.53	19.77	1.16	2.33
	洛阳	34.59	45.95	16.22	2.16	1.08
	三门峡	40.83	40.83	16.51	1.38	0.46
	合计	37.83	42.54	16.97	1.64	1.02
医疗卫生状况	平顶山	28.57	34.52	29.76	4.76	2.38
	洛阳	28.33	42.78	25.00	3.89	0.00
	三门峡	35.29	38.91	23.53	1.81	0.45
	合计	31.55	39.59	25.15	3.09	0.62

（四）豫北

从表4-4可发现，总体上说，企业对豫北集聚区基础设施环境的评价良好。对集聚区基础设施环境评价选择很好和较好的企业占比达到90.43%，高于豫南、豫西地区，但低于豫东地区，其中，除对济源基础设施环境评价较差的占比为4%外，对豫北其他市基础设施环境评价较差、很差均为0。就各地区集聚区而言，总体的地区差异大于豫东、豫南、豫西地区，对濮阳基础设施环境评价很好的占比最高，达到73.85%。下文将细分项目就企业对产业集聚区基础设施环境的评价予以描述。

第一是对豫北集聚区供电、供气、供水服务状况的评价。企业对集聚区供电、供气、供水服务状况的评价整体良好，很好、较好的占比达到84.43%。对濮阳、焦作、济源供电、供气、供水服务状况的评价很差占比为0；对安阳供电、供气、供水服务状况的评价最高，评价很好、较好的占比达到92%。

第二、第三是对豫北交通设施状况、医疗卫生状况的评价。对集聚区交通设施状况评价选择很好和较好的企业占比达到84.84%，对集聚区医疗卫生状况选择很好和较好的企业占比达到71.08%。对这两指标的评价，濮阳的评价最好，领先于豫北的其他地区，而除新乡外，评价很差的占比均为0，地区差异较大。

第四是对豫北邮政电信服务状况的评价。对邮政电信服务状况的评价很好、较好的占比是82.54%。对安阳、新乡邮政电信服务状况的评价很差的占比分别为1.35%、1.37%，其他城市占比均为0。城市之间的发展存在一定的差异。

第五是对豫北社会治安状况的评价。对集聚区社会治安状况的评价很好、较好的占比是90.16%。对濮阳社会治安状况的评价很好的占比最高，达到59.09%，各地区均无对社会治安状况很差的评价。

第六是对豫北居住环境状况的评价。对集聚区居住环境状况的评价很好、较好的占比是82.75%。对濮阳居住环境状况评价很好的占比最高，达到54.55%，但评价很差的占比也最高，达到1.52%。

表4-4 企业对豫北集聚区基础设施环境的满意度评价及构成

单位：%

评价指标	地区	很好	较好	一般	较差	很差
基础设施环境	安阳	67.57	24.32	8.11	0.00	0.00
	鹤壁	62.90	32.26	4.84	0.00	0.00
	濮阳	73.85	20.00	6.15	0.00	0.00
	新乡	52.86	34.29	12.86	0.00	0.00
	焦作	45.45	40.00	14.55	0.00	0.00
	济源	44.00	44.00	8.00	4.00	0.00
	合计	58.78	31.65	9.04	0.53	0.00
供电、供气、供水服务状况	安阳	45.33	46.67	4.00	2.67	1.33
	鹤壁	48.39	33.87	14.52	1.61	1.61
	濮阳	46.97	42.42	9.09	1.52	0.00
	新乡	34.25	38.36	23.29	2.74	1.37
	焦作	33.96	50.94	11.32	3.77	0.00
	济源	42.00	44.00	12.00	2.00	0.00
	合计	41.95	42.48	12.40	2.37	0.79
交通设施状况	安阳	46.58	47.95	2.74	2.74	0.00
	鹤壁	43.55	30.65	17.74	8.06	0.00
	濮阳	60.61	30.30	7.58	1.52	0.00
	新乡	40.28	40.28	16.67	1.39	1.39
	焦作	37.74	41.51	16.98	3.77	0.00
	济源	38.00	50.00	12.00	0.00	0.00
	合计	44.95	39.89	11.97	2.93	0.27

评价指标	地区	很好	较好	一般	较差	很差
邮政电信服务状况	安阳	47.30	41.89	8.11	1.35	1.35
	鹤壁	50.00	27.42	16.13	6.45	0.00
	濮阳	53.03	34.85	9.09	3.03	0.00
	新乡	36.99	36.99	20.55	4.11	1.37
	焦作	35.85	47.17	15.09	1.89	0.00
	济源	42.00	42.00	14.00	2.00	0.00
	合计	44.44	38.10	13.76	3.17	0.53
社会治安状况	安阳	50.68	39.73	5.48	4.11	0.00
	鹤壁	51.61	43.55	3.23	1.61	0.00
	濮阳	59.09	34.85	6.06	0.00	0.00
	新乡	38.89	44.44	15.28	1.39	0.00
	焦作	37.74	50.94	9.43	1.89	0.00
	济源	42.00	48.00	10.00	0.00	0.00
	合计	47.07	43.09	8.24	1.60	0.00
居住环境状况	安阳	44.44	43.06	9.72	2.78	0.00
	鹤壁	46.77	33.87	17.74	1.61	0.00
	濮阳	54.55	30.30	10.61	3.03	1.52
	新乡	34.29	38.57	25.71	1.43	0.00
	焦作	33.33	50.98	15.69	0.00	0.00
	济源	40.00	48.00	12.00	0.00	0.00
	合计	42.59	40.16	15.36	1.62	0.27
医疗卫生状况	安阳	30.99	49.30	15.49	4.23	0.00
	鹤壁	37.10	30.65	27.42	4.84	0.00
	濮阳	54.55	30.30	13.64	1.52	0.00
	新乡	29.58	26.76	39.44	2.82	1.41
	焦作	26.00	28.00	40.00	6.00	0.00
	济源	42.00	40.00	18.00	0.00	0.00
	合计	36.76	34.32	25.41	3.24	0.27

（五）豫中

从表4-5可以发现，总体上说，企业对豫中集聚区基础设施环境的评价良好。对集聚区基础设施环境评价选择很好和较好的企业占比达到77.49%，低于豫东、豫南、豫西和豫北地区，其中，对漯河基础设施环境评价很好的占比最高，达到53.52%。下文将细分项目就企业对产业集聚区基础设施环境的评价予以描述。

第一是对豫中集聚区供电、供气、供水服务状况的评价。企业对集聚区供电、供气、供水服务状况的评价整体良好，很好、较好的占比达到75.64%。对漯河、许昌供电、供气、供水服务状况评价很差的占比为0；对漯河供电、供气、供水服务状况的评价最高，评价很好、较好的占比达到82.20%。

第二、第三是对豫中社会治安、居住环境状况的评价。对集聚区社会治安状况评价选择很好和较好的企业占比达到80.44%，对集聚区居住环境状况选择很好和较好的企业占比达到70.85%。对这两指标的评价，除了许昌外，对漯河、郑州评价很差的占比均为0，且对漯河的评价最高。地区差异较大。

第四是对豫中交通设施状况的评价。对交通设施状况的评价很好、较好的占比是72.06%。对漯河交通设施状评价很好的占比最高；对许昌交通设施状评价很差的占比最低，为0。

第五是对豫中邮政电信服务状况的评价。对集聚区邮政电信服务状况的评价很好、较好的占比是71.95%。对许昌邮政电信服务状况的评价很好、较好的占比最高，达到72.55%，各地区均无对邮政电信服务状况很差的评价。

第六是对豫中医疗卫生状况的评价。对集聚区居住环境状况的评价很好、较好的占比是66.43%。对许昌医疗卫生状况的评价很好的占比最高，为31.07%，评价很差的占比最低，为0.97%。

表4-5　企业对豫中集聚区基础设施环境的满意度评价及构成

单位：%

评价指标	地区	很好	较好	一般	较差	很差
基础设施环境	漯河	53.52	36.62	8.45	1.41	0.00
	许昌	26.47	39.22	27.45	5.88	0.98
	郑州	45.92	34.69	14.29	3.06	2.04
	合计	40.59	36.90	17.71	3.69	1.11

续表

评价指标	地区	很好	较好	一般	较差	很差
供电、供气、供水服务状况	漯河	41.10	41.10	15.07	2.74	0.00
	许昌	33.33	33.33	28.43	4.90	0.00
	郑州	23.00	57.00	13.00	5.00	2.00
	合计	31.64	44.00	19.27	4.36	0.73
交通设施状况	漯河	37.50	40.28	15.28	4.17	2.78
	许昌	26.47	46.08	25.49	1.96	0.00
	郑州	28.57	38.78	21.43	9.18	2.04
	合计	30.15	41.91	21.32	5.15	1.47
邮政电信服务状况	漯河	33.33	38.89	26.39	1.39	0.00
	许昌	31.37	41.18	23.53	3.92	0.00
	郑州	21.65	49.48	22.68	6.19	0.00
	合计	28.41	43.54	23.99	4.06	
社会治安状况	漯河	38.03	49.30	11.27	1.41	0.00
	许昌	33.33	44.12	18.63	2.94	0.98
	郑州	25.51	53.06	19.39	2.04	0.00
	合计	31.73	48.71	16.97	2.21	0.37
居住环境状况	漯河	30.56	45.83	18.06	5.56	0.00
	许昌	26.73	41.58	23.76	6.93	0.99
	郑州	26.53	42.86	27.55	3.06	0.00
	合计	27.68	43.17	23.62	5.17	0.37
医疗卫生状况	漯河	27.78	34.72	26.39	9.72	1.39
	许昌	31.07	40.78	23.30	3.88	0.97
	郑州	20.20	43.43	32.32	2.02	2.02
	合计	26.28	40.15	27.37	4.74	1.46

　　基础设施环境是产业集聚区发展的主要载体,直接决定着产业集聚区企业的后续发展。河南省集聚区基础设施环境的总体评价良好,其中,豫东地区基础设施环境总体评价最好,豫中地区基础设施环境总体评价最低。但是整体来看,供电、供气、供水服务状况,交通设施状况,邮政电信服务状况,社会治安状况,居住环境状况,医疗卫生状况均存在

着一定的问题，并没有完全满足企业的要求，不利于企业的长期持续发展。

二　政策环境

政府在产业集聚区的发展中发挥着不可替代的作用，往往能通过产业集聚政策自上而下地影响集聚发展状况，促进产业集聚动力因素更迭演进。在发展初期，宽松积极的政策环境有利于培育良好的市场机制，增强区位因素竞争力，促进集聚区形成。在集聚的发展阶段，政府能通过构建企业交流平台和激励机制，搭起企业之间交流合作的桥梁。而成熟阶段，政府的支持对于集聚创新体系的建立也有推动作用。

2014 年以来，河南省把产业集聚区建设作为全面实施国家三大战略规划的重要抓手，将其作为新常态下支撑全省经济发展的综合载体。省委、省政府联合相关部门针对产业集聚区发展出台政策 20 项，涉及内涵目标、规划建设、推进机制、支持政策、专业园区建设、考核晋级等方面，持续聚焦集聚区发展，有力推动了产业集聚区经济发展方式的转变，推动河南省经济发展连续迈上新台阶。

（一）豫东

首先从企业视角，我们利用产业集聚区问卷的统计数据，对位于豫东的商丘、周口、开封进行总体分析。

从表 4 - 6 可以发现，企业对豫东集聚区政策环境的满意度很高，对集聚区政策环境评价选择很好和较好的企业占比高达 97.48%。就各地区集聚区而言，周口的企业对其政策环境评价最高，其中评价为很好、较好的企业占比分别为 78.87%、20.15%。商丘次之，企业对其政策环境评价很好、较好占比分别为 89.86%、7.25%。开封与周口、商丘相比稍逊，评价很好、较好的企业占比分别为 67.09% 和 22.78%，存在一定比例的差评。之后我们将细分项目就企业对产业集聚区政策环境的评价予以描述。

第一是企业对产业集聚区发展规划、政策法规制定情况的评价。企业对豫东集聚区发展规划和政策法规制定评价较高，评价很好和较好的企业占比高达 96.92%，与总体评价的比例接近，地区差异不大。其中，对周

口的评价最高，评价很好和较好的企业占比分别为76.85%、21.67%。开
封稍逊于周口和商丘，评价一般的企业占比为8.86%，存在一定比例差
评，政策制定水平有待提高。

第二是对集聚区社会公共服务的评价。企业对豫东集聚区社会公共服
务的评价很好和较好的占比分别为61.52%、28.31%，商丘企业对其集聚
区社会公共服务评价一般的占比高达33.82%，拉低了对这项的整体评价
水平。其中，对周口的社会公共服务的评价最好，评价很好和较好的占比
分别为64.60%、30.94%，均高于豫东平均水平。这些指标的地区评价差
异较大，对商丘评价很好和较好的占比合计仅有66.17%，商丘集聚区的
社会公共服务水平有较大提升空间。

表4-6 企业对豫东集聚区政策环境的满意度评价及构成

单位：%

评价指标	地区	很好	较好	一般	较差	很差
对所在集聚区政策环境的总体评价	开封	67.09	22.78	7.59	1.27	1.27
	商丘	89.86	7.25	2.90	0.00	0.00
	周口	78.87	20.15	0.74	0.25	0.00
	合计	78.56	18.92	1.98	0.36	0.18
集聚区发展规划、政策法规制定	开封	58.23	31.65	8.86	1.27	0.00
	商丘	60.29	35.29	2.94	1.47	0.00
	周口	76.85	21.67	1.23	0.00	0.25
	合计	72.15	24.77	2.53	0.36	0.18
集聚区社会公共服务	开封	51.90	29.11	16.46	2.53	0.00
	商丘	54.41	11.76	33.82	0.00	0.00
	周口	64.60	30.94	4.46	0.00	0.00
	合计	61.52	28.31	9.80	0.36	0.00
集聚区政策落实程度和执行效率	开封	53.16	32.91	12.66	1.27	0.00
	商丘	85.29	13.24	1.47	0.00	0.00
	周口	67.25	29.53	2.98	0.25	0.00
	合计	67.45	28.00	4.18	0.36	0.00

第三是对集聚区政策落实程度和执行效率的评价。总体而言，对豫东集聚区政策落实程度和执行效率评价很好和较好的企业占比合计为95.45%。对商丘的评价最好，开封稍差于商丘、周口，评价一般的占比12.66%，开封从政策制定到政策落实和执行还须加紧步伐。

（二）豫南

进一步对豫南集聚区驻马店、南阳、信阳政策环境进行比较分析。

从表4-7可以发现，企业对豫南集聚区政策环境的满意度较高，对集聚区政策环境评价选择很好和较好的企业占比合计89.53%，总体上低于豫东集聚区，其中对驻马店评价很差的比例拉低了整体评价水平。就各地区集聚区而言，南阳的企业对其政策环境评价最高，其中评价为很好、较好的企业占比分别为71.49%、23.97%。信阳次之，企业对其政策环境评价一般的占比为11.90%。驻马店与周口、商丘相比稍逊，评价很差的企业占比为12.10%。之后我们将细分项目就企业对产业集聚区政策环境的评价予以描述。

第一是企业对产业集聚区发展规划、政策法规制定情况的评价。企业对豫南产业集聚区发展规划、政策法规制定评价很好和较好的占比合计为88.75%，评价一般的占比5.31%，对驻马店评价很差的占比为11.18%，使得整体评价很差的占比提高至5.63%。与总体评价的趋势相同，对南阳的评价最高，评价较差和很差的为0，对驻马店评价较差，因此未来驻马店需要有良好的政策制订计划。

第二是对集聚区社会公共服务的评价。企业对豫南产业集聚区社会公共服务评价很好和较好的占比合计为83.36%，评价一般的占比为10.83%，驻马店有11.11%的很差评价，导致整体评价很差的比例增至5.49%。南阳仍然保持零差评的高评价水平，评价很好和较好的占比合计为89.12%。驻马店逊于南阳、信阳，还须加大社会公共服务力度。

第三是对集聚区政策落实程度和执行效率的评价。企业对豫南产业集聚区政策落实程度和执行效率评价很好和较好的占比合计为87.79%，驻马店12.66%的很差评价使得整体评价很差的比例达6.34%。对这项指标的评价，区域内部地区差异性较大。南阳企业评价很好和较好的占比合计高达92.71%，从发展规划、政策制定到政策落实和执行，始终保持区域内好评优势。信阳的政策执行水平也较高，驻马店的政策环境亟待优化。

表4-7　企业对豫南集聚区政策环境的满意度评价及构成

单位：%

评价指标	地区	很好	较好	一般	较差	很差
对所在集聚区政策环境的总体评价	驻马店	66.56	18.79	2.55	0.00	12.10
	南阳	71.49	23.97	4.55	0.00	0.00
	信阳	58.33	29.76	11.90	0.00	0.00
	合计	67.34	22.19	4.53	0.00	5.94
集聚区发展规划、政策法规制定	驻马店	64.91	19.88	3.73	0.31	11.18
	南阳	68.94	24.26	6.81	0.00	0.00
	信阳	51.81	39.76	7.23	1.20	0.00
	合计	64.69	24.06	5.31	0.31	5.63
集聚区社会公共服务	驻马店	60.63	19.37	8.89	0.00	11.11
	南阳	64.02	25.10	10.88	0.00	0.00
	信阳	38.55	40.96	18.07	2.41	0.00
	合计	59.03	24.33	10.83	0.31	5.49
集聚区政策落实程度和执行效率	驻马店	65.19	18.35	3.80	0.00	12.66
	南阳	59.51	33.20	6.88	0.40	0.00
	信阳	48.81	40.48	5.95	3.57	1.19
	合计	60.90	26.89	5.26	0.62	6.34

（三）豫西

进一步对豫西集聚区内平顶山、洛阳、三门峡调查数据进行比较分析。

从表4-8可以发现，企业对豫西集聚区政策环境的满意度较高，对集聚区政策环境评价选择很好和较好的企业占比合计91.87%，评价较差和很差的企业占比可以忽略不计。总体上，对豫西地区政策环境的评价低于豫东集聚区，但高于豫南集聚区。就各地区集聚区而言，洛阳的企业对其政策环境评价最高，其中评价为很好、较好的企业占比分别为69.1%、26.4%，对平顶山和三门峡的评价基本无异。之后我们将细分项目就企业对产业集聚区政策环境的评价予以描述。

第一是企业对产业集聚区发展规划、政策法规制定情况的评价。企业对豫西产业集聚区发展规划、政策法规制定评价很好和较好的占比合计为91.41%，区域内差异较小。洛阳的企业对其发展规划、政策制定评价最高，其中评价为很好、较好的企业占比分别为63.48%、30.9%。平顶山虽然评价很好、较好的占比不及洛阳，但评价较差、很差的占比为0。

第二是对集聚区社会公共服务的评价。企业对豫西产业集聚区社会公共服务评价很好和较好的占比合计为83.88%，低于豫东集聚区，与豫南集聚区接近。其中，平顶山企业对其集聚区社会公共服务的评价最高，评价为很好、较好的企业占比分别为59.30%、27.91%，区域内差异不大，平顶山、洛阳、三门峡均无很差的评价。

第三是对集聚区政策落实程度和执行效率的评价。企业对豫西产业集聚区政策落实程度和执行效率评价很好和较好的占比合计为89.15%，介于豫东、豫南集聚区之间。洛阳继续保持好评优势，其中评价为很好、较好的企业占比分别为64.8%、26.26%。平顶山从政策的制定到政

表4-8　企业对豫西集聚区政策环境的满意度评价及构成

单位：%

评价指标	地区	很好	较好	一般	较差	很差
对所在集聚区政策环境的总体评价	平顶山	64.37	25.29	10.34	0.00	0.00
	洛阳	69.10	26.40	3.93	0.56	0.00
	三门峡	66.96	22.91	9.25	0.44	0.44
	合计	67.28	24.59	7.52	0.41	0.20
集聚区发展规划、政策法规制定	平顶山	61.63	27.91	10.47	0.00	0.00
	洛阳	63.48	30.90	5.06	0.56	0.00
	三门峡	56.44	33.33	9.78	0.44	0.00
	合计	59.92	31.49	8.18	0.41	0.00
集聚区社会公共服务	平顶山	59.30	27.91	10.47	2.33	0.00
	洛阳	59.22	24.02	14.53	2.23	0.00
	三门峡	52.00	31.11	16.00	0.89	0.00
	合计	55.92	27.96	14.49	1.63	0.00
集聚区政策落实程度和执行效率	平顶山	55.17	32.18	9.20	2.30	1.15
	洛阳	64.80	26.26	8.38	0.56	0.00
	三门峡	54.31	34.05	11.21	0.43	0.00
	合计	58.23	30.92	9.84	0.80	0.20

策的落实执行均稍逊于洛阳、三门峡，平顶山政府在正确的政策指引上还须发力。

（四）豫北

进一步对豫北集聚区安阳、鹤壁、濮阳、新乡、焦作和济源调查数据进行比较分析。

从表4-9可以发现，企业对豫北集聚区政策环境的满意度很高，对集聚区政策环境评价选择很好和较好的企业占比合计96.46%，评价较差和很差的企业占比为0。对豫北地区政策环境的评价仅次于豫东集聚区，高于豫南、豫西、豫中集聚区。就各地区集聚区而言，鹤壁的企业对其政策环境评价最高，其中评价为很好、较好的企业占比分别为75.81%、24.19%，未收到较差、很差和一般的评价。对安阳、濮阳、新乡和焦作的评价差距较小，济源的政策环境满意度相较之下稍显逊色，有10%的一般评价，但仍保持着较高水平的评价。之后我们将细分项目就企业对产业集聚区政策环境的评价予以描述。

第一是企业对产业集聚区发展规划、政策法规制定情况的评价。企业对豫北产业集聚区发展规划、政策法规制定评价很好和较好的占比合计为94.38%，鹤壁仍是区域内评价最高地区，评价很好和较好的占比合计100%，安阳、濮阳、新乡和焦作的政策制定情况与总体评价相差不大，济源的一般评价占12%，地区内产业集聚区均无差评，总体评价水平很高。

第二是对集聚区社会公共服务的评价。企业对豫北产业集聚区社会公共服务评价很好和较好的占比合计为84.9%，所有地区均未收到很差的评价。濮阳的社会公共服务水平最高，评价很好和较好的占比分别为76.92%和13.85%。除新乡的一般评价占比较高之外，其余地区的好评率都较高且无显著差异。

第三是对集聚区政策落实程度和执行效率的评价。企业对豫北产业集聚区政策落实程度和执行效率评价很好和较好的占比合计为91.67%，除了济源4%的较差评价和2%的很差评价导致区域整体评价水平稍降外，其余地区均无差评。安阳、鹤壁、濮阳和焦作的好评率均达到了90%以上，相较其他指标无显著差异。

表 4 - 9　企业对豫北集聚区政策环境的满意度评价及构成

单位：%

评价指标	地区	很好	较好	一般	较差	很差
对所在集聚区政策 环境的总体评价	安阳	67.57	28.38	4.05	0.00	0.00
	鹤壁	75.81	24.19	0.00	0.00	0.00
	濮阳	80.60	17.91	1.49	0.00	0.00
	新乡	63.89	31.94	4.17	0.00	0.00
	焦作	70.00	27.14	2.86	0.00	0.00
	济源	56.00	34.00	10.00	0.00	0.00
	合计	69.37	27.09	3.54	0.00	0.00
集聚区发展规划、 政策法规制定	安阳	65.28	29.17	5.56	0.00	0.00
	鹤壁	74.19	25.81	0.00	0.00	0.00
	濮阳	81.54	15.38	3.08	0.00	0.00
	新乡	57.14	35.71	7.14	0.00	0.00
	焦作	54.55	38.18	7.27	0.00	0.00
	济源	54.00	34.00	12.00	0.00	0.00
	合计	64.97	29.41	5.61	0.00	0.00
集聚区社会 公共服务	安阳	67.14	21.43	11.43	0.00	0.00
	鹤壁	59.68	25.81	14.52	0.00	0.00
	濮阳	76.92	13.85	7.69	1.54	0.00
	新乡	47.14	31.43	21.43	0.00	0.00
	焦作	48.15	37.04	14.81	0.00	0.00
	济源	40.00	40.00	18.00	2.00	0.00
	合计	57.41	27.49	14.56	0.54	0.00
集聚区政策落实 程度和执行效率	安阳	71.83	18.31	9.86	0.00	0.00
	鹤壁	67.74	27.42	4.84	0.00	0.00
	濮阳	83.08	13.85	3.08	0.00	0.00
	新乡	54.29	35.71	10.00	0.00	0.00
	焦作	50.00	42.59	7.41	0.00	0.00
	济源	50.00	34.00	10.00	4.00	2.00
	合计	63.71	27.96	7.53	0.54	0.27

（五） 豫中

进一步对豫中集聚区漯河、许昌、郑州调查数据进行比较分析。

从表4-10可以发现，企业对豫中集聚区政策环境的评价不算高，选择很好和较好的企业占比合计83.94%，总体上，对豫中地区政策环境的评价均低于豫东、豫南、豫西、豫北集聚区。就各地区集聚区而言，漯阳的企业对其政策环境评价最高，其中评价为很好、较好的企业占比分别为69.44%、26.39%，郑州次之，许昌的一般评价占比高达27.18%，拉低了豫中地区的政策环境好评率。之后我们将细分项目就企业对产业集聚区政策环境的评价予以描述。

第一是企业对产业集聚区发展规划、政策法规制定情况的评价。企业对豫中产业集聚区发展规划、政策法规制定评价很好和较好的占比合计为81.55%。郑州的政策制定评价最高，没有受到较差、很差的评价，漯河除1.41%的很差评价外，与郑州接近。许昌的一般评价率达到了27.45%，与总体评价吻合，许昌政府应致力于助推政策的定位，力争好评。

第二是对集聚区社会公共服务的评价。企业对豫中产业集聚区社会公共服务评价很好和较好的占比合计为64.58%，远低于本省其他集聚区。许昌的社会公共服务很好评价仅占14.71%，一般评价达38.24%，亟待优化。郑州作为省会城市，公共服务水平较高，评价很好和较好的占比分别为41.84%和40.82%。

第三是对集聚区政策落实程度和执行效率的评价。企业对豫中产业集聚区政策落实程度和执行效率评价很好和较好的占比合计为75.18%，评价一般的占比因许昌高达36.27%的一般评价而升至20.37%。漯河保持着88.73%好评的高政策执行水平，郑州稍逊，与政策法规的制定评价一脉相承。因此，许昌政府不仅要加强制定相关政策，更要着力于将已有政策落到实处，真正起到拉动集聚区经济发展的作用。

表4-10 企业对豫中集聚区政策环境的满意度评价及构成

单位：%

评价指标	地区	很好	较好	一般	较差	很差
对所在集聚区政策环境的总体评价	漯河	69.44	26.39	2.78	0.00	1.39
	许昌	34.95	34.95	27.18	2.91	0.00
	郑州	56.57	33.33	9.09	1.01	0.00
	合计	51.82	32.12	14.23	1.46	0.36

续表

评价指标	地区	很好	较好	一般	较差	很差
集聚区发展规划、政策法规制定	漯河	63.38	28.17	7.04	0.00	1.41
	许昌	23.53	40.20	27.45	7.84	0.98
	郑州	44.90	47.96	7.14	0.00	0.00
	合计	41.70	39.85	14.76	2.95	0.74
集聚区社会公共服务	漯河	49.30	28.17	19.72	2.82	0.00
	许昌	14.71	23.53	38.24	18.63	4.90
	郑州	41.84	40.82	14.29	3.06	0.00
	合计	33.58	31.00	24.72	8.86	1.85
集聚区政策落实程度和执行效率	漯河	56.34	32.39	9.86	0.00	1.41
	许昌	23.53	30.39	36.27	8.82	0.98
	郑州	47.42	40.21	11.34	1.03	0.00
	合计	40.74	34.44	20.37	3.70	0.74

三 市场环境

在市场经济条件下，政府的职能主要是为经济和社会发展提供公共服务，为经济运行创造良好的外部环境。外部环境包括硬环境和软环境。硬环境在前文已有详细分析，这里主要讨论各产业集聚区政府在软环境方面的情况。政府在软环境建设方面还有进步的空间，比如精简机构设置、简化项目审批程序、规范市场秩序、完善市场监督。进一步结合问卷调查数据对各个集聚区内市场环境进行综合评价。

（一）豫东

从表4-11可以发现，豫东集聚区企业对所在市场环境评价为很好和较好的占比分别为35.8%和48.1%，评价一般的为15.55%。其中商丘集聚区企业对其市场环境的评价最高，评价为很好和较好的占比分别为26.47%和60.29%，周口次之，开封企业的一般评价占24.05%，较差评价占2.53%，三个地区均没有很差评价。

一个指标是企业对政府的市场监督情况的评价，豫东集聚区企业对当地政府的市场监督情况评价很好和较好的占比分别为48.72%和45.05%，其中开封的一般评价占比较高，为11.39%，商丘企业对其

政府市场监督情况没有差评，周口在三者中受到的很好、较好评价
最多。

表4-11　企业对豫东集聚区市场环境、市场监督情况评价及构成

评价指标	地区	很好	较好	一般	较差	很差
对所在产业集聚区市场环境的评价	开封	22.78	50.63	24.05	2.53	0.00
	商丘	26.47	60.29	13.24	0.00	0.00
	周口	39.90	45.57	14.29	0.25	0.00
	合计	35.80	48.10	15.55	0.54	0.00
对政府的市场监督情况的评价	开封	36.71	50.63	11.39	1.27	0.00
	商丘	64.71	27.94	7.35	0.00	0.00
	周口	48.37	46.87	4.51	0.25	0.00
	合计	48.72	45.05	5.86	0.37	0.00

另一个指标是在市场秩序方面存在的突出问题。总体来说，豫东产业
集聚区市场秩序方面存在的最大问题就是恶性竞争，占比 36.66%，销售
货款拖欠次之，占比 33.01%。其中商丘市场的恶性竞争问题最严重，占
51.95%，而周口的销售货款拖欠问题最严重，占比 35.51%（见表4-
12）。

表4-12　企业对豫东集聚区市场秩序方面存在的突出问题评价

问题	地区	假冒伪劣商品太多	恶性竞争	不讲信用	销售货款拖欠	其他
在市场秩序方面存在的突出问题	开封	17.54	39.47	14.91	27.19	0.88
	商丘	11.69	51.95	7.79	24.68	3.90
	周口	15.16	33.78	12.28	35.51	3.26
	合计	15.17	36.66	12.22	33.01	2.95

（二）豫南

总体分析发现，豫南集聚区企业对所在市场环境评价为很好和较好的
占比分别为 28.12% 和 46.17%，之和为 74.29%，低于豫东产业集聚区，
评价一般的为 24.36%，高于豫东产业集聚区。其中驻马店集聚区企业对

其市场环境的评价最高，评价为很好和较好的占比分别为 31.65% 和
45.57%，南阳次之，信阳企业的一般评价占 27.71%，较差和很差的评价
分别占 1.2%（见表 4-13）。

　　一个指标是企业对政府的市场监督情况的评价，豫东集聚区企业对当
地政府的市场监督情况评价很好和较好的占比分别为 37.88% 和 46.32%，
之和为 84.2%，低于豫东地区。其中南阳的一般评价占比较高，为
19.32%，且存在 0.76% 的差评，驻马店企业对其政府市场监督情况没有
差评，且在三者中很好、较好的评价最多。

表 4-13　企业对豫南集聚区市场环境、市场监督情况评价及构成

单位：%

评价指标	地区	很好	较好	一般	较差	很差
对所在产业集聚区 市场环境的评价	驻马店	31.65	45.57	22.15	0.32	0.32
	南阳	28.20	43.98	25.94	1.13	0.75
	信阳	14.46	55.42	27.71	1.20	1.20
	合计	28.12	46.17	24.36	0.75	0.60
对政府的市场 监督情况的评价	驻马店	41.23	47.08	11.69	0.00	0.00
	南阳	37.50	41.29	19.32	1.14	0.76
	信阳	26.25	60.00	12.50	1.25	0.00
	合计	37.88	46.32	14.88	0.61	0.31

　　另一个指标是在市场秩序方面存在的突出问题。总体来说，豫南产业
集聚区市场秩序方面存在的最大问题是销售货款拖欠，占比 36.9%，恶性
竞争次之，占比 35.63%。其中南阳、信阳市场的最大问题都是销售货款
拖欠，分别占 43.82% 和 38.30%，而驻马店的恶性竞争问题最严重，占比
34.38%（见表 4-14）。

表 4-14　企业对豫南集聚区市场秩序方面存在的突出问题评价

单位：%

问题	地区	假冒伪劣商品太多	恶性竞争	不讲信用	销售货款拖欠	其他
在市场秩序方面 存在的突出问题	驻马店	18.62	34.38	10.60	31.23	5.16
	南阳	9.74	37.45	7.87	43.82	1.12
	信阳	18.09	35.11	7.45	38.30	1.06
	合计	15.21	35.63	9.15	36.90	3.10

（三）豫西

总体分析发现（见表 4-15），豫西集聚区企业对所在市场环境评价为很好和较好的占比分别为 28.99% 和 41.41%，评价一般的为 27.12%，之和为 97.52%，低于豫东地区、豫南地区。其中平顶山集聚区企业对其市场环境的评价最高，评价为很好和较好的占比分别为 21.84% 和 55.17%，但很好的比例不高，仍有待改进。三门峡差评占比最少，对洛阳的市场环境评价最低，较差和很差的比例为 2.84% 和 1.14%，一般的比例也较高，占 31.82%。

一个指标是企业对政府的市场监督情况的评价，豫西集聚区企业对当地政府的市场监督情况评价很好和较好的占比分别为 36.95% 和 47.6%，之和为 84.55%，低于豫东地区。其中三门峡在三者中很好、较好的评价最多，但地区内差异不大，豫西政府均起到了较好的市场监督作用。

表 4-15　企业对豫西集聚区市场环境、市场监督情况评价及构成

单位：%

评价指标	地区	很好	较好	一般	较差	很差
对所在产业集聚区市场环境的评价	平顶山	21.84	55.17	20.69	2.30	0.00
	洛阳	26.70	37.50	31.82	2.84	1.14
	三门峡	33.64	39.09	25.91	0.91	0.45
	合计	28.99	41.41	27.12	1.86	0.62
对政府的市场监督情况的评价	平顶山	33.72	50.00	15.12	1.16	0.00
	洛阳	36.52	46.07	16.85	0.56	0.00
	三门峡	38.60	47.91	13.02	0.00	0.47
	合计	36.95	47.60	14.82	0.42	0.21

另一个指标是在市场秩序方面存在的突出问题。总体来说，豫西产业集聚区市场秩序方面存在的最大问题就是销售货款拖欠，占比 38.57%，恶性竞争次之，占比 35.89%。其中洛阳市场的恶性竞争问题最严重，占 36.8%，而平顶山和三门峡的销售货款拖欠问题最严重，分别占比 46.74% 和 37.97%（见表 4-16）。

表4－16　企业对豫西集聚区市场秩序方面存在的突出问题评价

单位：%

问题	地区	假冒伪劣商品太多	恶性竞争	不讲信用	销售货款拖欠	其他
在市场秩序方面存在的突出问题	平顶山	6.52	30.43	11.96	46.74	4.35
	洛阳	14.29	36.80	10.82	35.93	2.16
	三门峡	10.13	37.13	13.50	37.97	1.27
	合计	11.25	35.89	12.14	38.57	2.14

（四）豫北

总体分析发现（见表4－17），豫北集聚区企业对所在市场环境评价为很好和较好的占比分别为35.68%和44.22%，评价一般的为19.6%，之和为99.5%，高于豫东、豫南、豫西地区。其中濮阳集聚区企业对其市场环境的评价最高，评价为很好和较好的占比分别为43.75%和48.44%，鹤壁、濮阳、新乡、焦作均没有较差评价，济源在豫北市场环境评价情况稍差，一般和较差的比例分别为26%和2%。

表4－17　企业对豫北集聚区市场环境、市场监督情况评价及构成

单位：%

评价指标	地区	很好	较好	一般	较差	很差
对所在产业集聚区市场环境的评价	安阳	32.89	47.37	18.42	1.32	0.00
	鹤壁	35.48	45.16	19.35	0.00	0.00
	濮阳	43.75	48.44	7.81	0.00	0.00
	新乡	29.58	45.07	25.35	0.00	0.00
	焦作	45.33	33.33	21.33	0.00	0.00
	济源	24.00	48.00	26.00	2.00	0.00
	合计	35.68	44.22	19.60	0.50	0.00
对政府的市场监督情况的评价	安阳	42.67	50.67	6.67	0.00	0.00
	鹤壁	43.55	51.61	4.84	0.00	0.00
	濮阳	38.46	58.46	3.08	0.00	0.00
	新乡	42.86	41.43	15.71	0.00	0.00
	焦作	61.33	28.00	10.67	0.00	0.00
	济源	32.00	56.00	12.00	0.00	0.00
	合计	44.33	46.85	8.82	0.00	0.00

一个指标是企业对政府的市场监督情况的评价，豫北集聚区企业对当地政府的市场监督情况评价很好和较好的占比分别为44.33%和46.85%，所有城市的企业对其政府市场监督情况没有差评，其中安阳、鹤壁和濮阳

在豫北区中很好、较好的评价较多，与市场环境总体评价趋势相同。

另一个指标是在市场秩序方面存在的突出问题。总体来说，豫北产业集聚区市场秩序方面存在的最大问题就是销售货款拖欠，占比39.44%，恶性竞争次之，占比36.85%。其中安阳、鹤壁和焦作市场的恶性竞争问题最严重，分别占46.51%、35.71%和42.86%，而濮阳、新乡和济源的销售货款拖欠问题最严重，分别占比42.86%、40.7%和48.28%（见表4-18）。

表4-18　企业对豫北集聚区市场秩序方面存在的突出问题评价

单位：%

问题	地区	假冒伪劣商品太多	恶性竞争	不讲信用	销售货款拖欠	其他
在市场秩序方面存在的突出问题	安阳	9.30	46.51	6.98	34.88	2.33
	鹤壁	17.86	35.71	14.29	32.14	0.00
	濮阳	11.69	28.57	12.99	42.86	3.90
	新乡	13.95	33.72	11.63	40.70	0.00
	焦作	9.52	42.86	7.94	38.10	1.59
	济源	6.90	32.76	10.34	48.28	1.72
	合计	11.50	36.85	10.56	39.44	1.64

（五）豫中

总体分析发现（见表4-19），豫中集聚区企业对所在市场环境评价为很好和较好的占比分别为20.45%和42.01%，评价很差的为5.58%，在河南五个区域中评价水平最低。其中郑州集聚区企业对其市场环境的评价最高，评价为很好和较好的占比分别为19.19%和52.53%，但评价很好的企业占比较低。许昌次之，漯河企业的很差评价占19.12%，使得该地区的很差评价比例提高至5.58%。

表4-19　企业对豫中集聚区市场环境、市场监督情况评价及构成

单位：%

评价指标	地区	很好	较好	一般	较差	很差
对所在产业集聚区市场环境的评价	漯河	17.65	29.41	26.47	7.35	19.12
	许昌	23.53	40.20	34.31	0.98	0.98
	郑州	19.19	52.53	25.25	2.02	1.01
	合计	20.45	42.01	29.00	2.97	5.58

续表

评价指标	地区	很好	较好	一般	较差	很差
对政府的市场监督情况的评价	漯河	8.70	54.35	14.13	20.65	2.17
	许昌	31.37	50.98	16.67	0.00	0.98
	郑州	30.30	57.58	11.11	1.01	0.00
	合计	23.89	54.27	13.99	6.83	1.02

　　一个指标是企业对政府的市场监督情况的评价，豫中集聚区企业对当地政府的市场监督情况评价很好和较好的占比分别为23.89%和54.27%，其中郑州在三者中很好、较好的评价最多，漯河企业对其政府的市场监督情况评价也较低，评价为较差的比例高达20.65%，拉低了地区整体水平，漯河政府应对其市场环境整治和监督现状予以重视。

　　另一个指标是在市场秩序方面存在的突出问题。总体来说，豫中产业集聚区市场秩序方面存在的最大问题就是销售货款拖欠，占比36.73%，恶性竞争次之，占比34.4%。其中郑州市场的恶性竞争和销售货款拖欠问题都很严重，分别占38.89%，而许昌的销售货款拖欠问题最严重，占比38.41%（见表4-20）。

表4-20　企业对豫中集聚区市场秩序方面存在的突出问题评价

单位：%

问题	地区	假冒伪劣商品太多	恶性竞争	不讲信用	销售货款拖欠	其他
在市场秩序方面存在的突出问题	漯河	20.25	31.65	8.86	30.38	8.86
	许昌	11.59	31.88	18.12	38.41	0.00
	郑州	12.70	38.89	5.56	38.89	3.97
	合计	13.99	34.40	11.37	36.73	3.50

四　融资环境

　　在产业集聚区的发展过程中，投融资起着关键的作用。目前，河南省产业集聚区融资体系的发展并不完善。从基础设施建设来说，集聚区开发和建设所需资金缺口较大，造成基础设施建设工程难以进行，对招商引资和进一步发展形成了严重的制约。

从集聚区内的企业来说，由于集聚区内大多是中小企业，这些企业受资金制约较为严重，贷款难依然是集聚区中小企业面对的问题。加之集聚区尚未建立起产权融资、项目融资的保障体系，而且企业进入资本市场和发行债券的门槛较高，大多数企业难以达到，制约了集聚区经济的发展。

因此，如何构建高效顺畅的融资体系以促进集聚区的发展是当下应继续解决的问题。为此，问卷对企业是否需要融资以及现有的融资方式、融资方面存在的难题进行分析。

（一）豫东

豫东地区有融资需要的企业占比达 83.82%（见表 4 - 21），其中商丘企业的融资需要最高，达 91.3%，周口产业集聚区企业的融资需要最低，为 77.27%，主要原因可能是部分企业已经进入稳定发展阶段，不需要融资，企业自由资金充足。

表 4 - 21 　企业对豫东集聚区是否有融资需要评价及构成

单位：家，%

评价指标	地区	是	否	总和	有需要占比
是否有融资需要	开封	65	14	79	82.28
	商丘	63	6	69	91.30
	周口	306	90	396	77.27
	合计	145	28	173	83.82

对于有融资需求的企业来说，银行贷款是主要的融资方式，担保贷款、政府扶持性融资也较普遍。周口的企业还有不少通过民间拆借、无形资产抵押进行融资，融资渠道多样化，而开封、商丘相对来说融资渠道较狭隘。在实际中，尽管风险投资、发行债券和资本市场融资等方式也被使用，但由于证券市场准入门槛较高，风险投资的退出机制不健全，公司债券发行存在准入障碍等，集聚区内中小企业难以通过资本市场等渠道筹集资金，主要依赖银行贷款等融资渠道（见表4 - 22）。

表 4 - 22　企业对豫东集聚区采取何种方式融资评价及构成

单位：家

地区	采取何种方式								
	银行贷款	民间拆借	担保贷款	风险投资	保险融资	上市融资	政府扶持性融资	无形资产抵押	其他
开封	63	0	7	0	1	5	12	1	0
商丘	54	2	14	0	0	1	9	0	1
周口	260	38	39	4	6	3	41	19	4

豫东地区企业认为在融资方面存在困难的占 44.84%，其中商丘的企业融资困难度最低，为 33.85%，周口的企业融资困难程度最高，为 47.78%。融资的主要困难是利率太高、缺乏融资渠道、政府扶持缺失。开封企业融资困难的原因主要为缺乏融资渠道、银行数量少，这说明集聚区对入驻企业的融资服务和金融支持还有待改善。周口企业融资困难的原因主要是利率太高、缺乏融资渠道、缺乏担保，这可能是集聚区的投融资优惠政策还未真正落到实处（见表 4 - 23、表 4 - 24）。

表 4 - 23　企业对豫东集聚区在融资方面是否存在困难评价

单位：家，%

地区	企业在融资方面是否存在困难					
	很困难	较困难	一般	不太困难	没有困难	认为困难占比
开封	8	24	28	15	4	40.51
商丘	10	12	42	0	1	33.85
周口	62	110	132	22	34	47.78
合计	80	146	202	37	39	44.84

表 4 - 24　企业对豫东集聚区融资困难的主要原因评价及构成

单位：家

地区	融资困难的主要原因是								
	利率太高	缺乏融资渠道	政府扶持缺失	银行数量少	与银行关系不好	缺乏担保	企业规模小	企业寿命短	其他
开封	0	21	8	16	4	8	4	2	1
商丘	12	11	11	3	1	9	5	1	0
周口	81	76	41	24	27	55	19	1	3

目前豫东产业集聚区企业最主要的融资方式就是向银行贷款，因此我们重点关注向银行获得贷款的难度。企业认为从银行获得贷款很困难和较难的合计为50.83%，其中商丘企业从银行获取贷款的难度最大，达到52.31%。获取银行贷款的难点主要在于手续烦琐、审批时间长、缺乏担保，一些县域产业集聚区投融资平台规模较小，经营运作能力不强，导致审批时间长、手续烦琐，中小企业担保服务体系不够健全（见表4-25、表4-26）。

表4-25　企业对豫东集聚区从银行获取贷款难度的评价

单位：家，%

地区	企业觉得从银行获取贷款难吗					
	很困难	较难	一般	容易	很容易	认为困难占比
开封	10	26	37	3	1	46.75
商丘	11	23	30	1	0	52.31
周口	65	111	142	9	15	51.46
合计	86	160	209	13	16	50.83

表4-26　企业对从豫东集聚区获取银行贷款的难点的评价

单位：家

地区	获取银行贷款的难点在于							
	缺乏担保	抵押物不足	手续烦琐	中介费高	利率较高	拒绝率高	审批时间长	其他
开封	7	10	17	5	13	3	22	0
商丘	11	6	19	7	4	4	10	0
周口	80	56	108	30	49	25	64	3

（二）豫南

豫南产业集聚区有融资需要的企业占比为79.64%，低于豫东产业集聚区。南阳和信阳有融资需要的企业占比分别为76.86%和80%，可能原因是南阳和信阳以劳动密集型企业为主，对资金要求不高，而驻马店以技术密集型产业为主，对资金依赖度稍大（见表4-27）。

豫南集聚区的企业融资主要来自银行贷款、担保贷款，通过风险投资和保险融资进行直接融资的数量较少。大部分企业在融资思想观念上，

表4-27 企业对豫南集聚区是否有融资需要评价及构成

单位：家，%

评价指标	地区	是	否	总和	有需要占比
是否有融资需要	驻马店	245	60	305	80.33
	南阳	176	53	229	76.86
	信阳	64	16	80	80.00
	合计	266	68	334	79.64

还是以"等""靠"为主，很少主动谋求信贷支持，目前驻马店、南阳已有部分企业谋求资本市场上市挂牌，但总量仍然很少（见表4-28）。

表4-28 企业对豫南集聚区采取何种方式融资评价及构成

单位：家

地区	采取何种方式								
	银行贷款	民间拆借	担保贷款	风险投资	保险融资	上市融资	政府扶持性融资	无形资产抵押	其他
驻马店	197	19	39	1	3	21	35	15	0
南阳	171	30	56	1	2	14	17	6	2
信阳	55	5	18	1	0	5	14	4	0

豫南集聚区企业在融资方面存在困难的比例约为47.91%，很多企业缺乏融资手段，融资困难，资金短缺，致使一些有市场效益、有发展潜力的项目无法及时实施，错过了发展良机。豫南地区企业融资困难的前三个重要原因为缺乏融资渠道、利率太高、缺乏担保（见表4-29、表4-30）。

表4-29 企业对豫南集聚区在融资方面是否存在困难评价

单位：家，%

地区	企业在融资方面是否存在困难					认为困难占比
	很困难	较困难	一般	不太困难	没有困难	
驻马店	43	76	95	34	24	43.75
南阳	28	86	60	40	17	49.35
信阳	12	30	18	5	6	59.15
合计	83	192	173	79	47	47.91

表4-30 企业对豫南集聚区融资困难的主要原因评价及构成

单位：家

地区	融资困难的主要原因是								
	利率太高	缺乏融资渠道	政府扶持缺失	银行数量少	与银行关系不好	缺乏担保	企业规模小	企业寿命短	其他
驻马店	39	48	44	33	12	39	15	0	3
南阳	63	64	29	28	10	61	35	0	2
信阳	22	25	16	1	1	11	6	0	1

豫南产业集聚区有53.16%认为从银行取得贷款有困难，其中，信阳65.22%的企业认为取得银行信贷支持有困难，南阳48.66%的企业认为获得银行贷款难。而豫南地区这种融资方式的重要难点在于担保难、抵押难和手续烦琐、审批时间长。担保难可能是由于成长型企业刚刚起步，社会信任度不高，发展资金上主要靠自我积累，银行为控制风险会降低对中小企业的贷款额度（见表4-31、表4-32）。

表4-31 企业对豫南集聚区从银行获取贷款难度的评价

单位：家，%

地区	企业觉得从银行获取贷款难吗					
	很困难	较难	一般	容易	很容易	认为困难占比
驻马店	44	96	106	10	4	53.85
南阳	28	81	101	6	8	48.66
信阳	12	33	20	3	1	65.22
合计	84	210	227	19	13	53.16

表4-32 企业对豫南集聚区获取银行贷款的难点的评价

单位：家

地区	获取银行贷款的难点在于							
	缺乏担保	抵押物不足	手续烦琐	中介费高	利率较高	拒绝率高	审批时间长	其他
驻马店	57	54	75	25	25	15	41	1
南阳	25	42	49	15	25	12	66	0
信阳	15	19	18	11	13	12	14	0

(三) 豫西

豫西产业集聚区有融资需要的企业占比为 79.64% (见表 4 - 33), 与豫南地区无异, 相比豫东地区, 融资需求不算强烈。其中平顶山集聚区企业融资需求最为强烈, 达到 83.91%, 三门峡有 78.57% 的企业有融资需要。平顶山和洛阳的企业融资渠道单一, 绝大多数企业都采用银行贷款的方式进行融资, 而三门峡集聚区企业融资路径相对更多, 部分企业采用民间拆借和担保贷款的方式进行融资 (见表 4 - 34)。豫西地区采用风险投资、保险融资方式的企业少之又少, 可能是大部分中小型企业对于新型融资方式、合作经营模式了解不够, 特别是新三板、战略新兴板、PPP 合作模式等。

表 4 - 33　企业对豫西集聚区是否有融资需要评价及构成

单位: 家, %

评价指标	地区	是	否	总和	有需要占比
是否有融资需要	平顶山	73	14	87	83.91
	洛阳	138	34	172	80.23
	三门峡	165	45	210	78.57
	合计	266	68	334	79.64

表 4 - 34　企业对豫西集聚区采取何种方式融资评价及构成

单位: 家

地区	采取何种方式								
	银行贷款	民间拆借	担保贷款	风险投资	保险融资	上市融资	政府扶持性融资	无形资产抵押	其他
平顶山	64	3	12	1	1	6	4	3	1
洛阳	1715	6	19	4	2	12	22	6	1
三门峡	144	38	32	5	3	2	21	6	1

豫西地区 56.25% 在融资方面存在困难, 一些优秀项目由于投入大、风险大, 融资出现困难, 难以突破资金瓶颈。其中平顶山集聚区有 62.34% 的企业存在融资困难, 三门峡有 53.65% 的企业存在融资困难 (见表 4 - 35)。平顶山集聚区多为新兴产业集聚区, 新建企业较多, 前期厂房、机器设备投资较多, 对资金需求较大, 而以煤炭为主导的企业的资金回流明显减弱, 因此大部分企业存在融资苦、融资难问题。

表 4 - 35　企业对豫西集聚区在融资方面是否存在困难评价

单位：家，%

地区	企业在融资方面是否存在困难					
	很困难	较困难	一般	不太困难	没有困难	认为困难占比
平顶山	24	24	20	5	4	62.34
洛阳	28	64	43	18	10	56.44
三门峡	36	67	64	22	3	53.65
合计	88	155	127	45	17	56.25

在这些地区，融资困难的主要困难是缺乏融资渠道、利率太高、缺乏担保，多元的投资体制和市场化运作机制尚未完全形成，政府财力有限导致扶持政策缺失，使得产业集聚区金融支持明显滞后于经济发展的资金需求（见表 4 - 36）。

表 4 - 36　企业对豫西集聚区融资困难的主要原因评价及构成

单位：家

地区	融资困难的主要原因是								
	利率太高	缺乏融资渠道	政府扶持缺失	银行数量少	与银行关系不好	缺乏担保	企业规模小	企业寿命短	其他
平顶山	21	21	11	3	3	14	6	0	0
洛阳	55	52	27	3	10	39	9	1	0
三门峡	34	60	30	16	19	41	22	2	0

豫西产业集聚区 58.05% 的企业觉得从银行获取贷款有困难，其中平顶山 64.94% 的企业认为从银行获取贷款有难度。平顶山、洛阳和三门峡企业的前两个难点都在于手续烦琐和审批时间长（见表 4 - 37、表 4 - 38）。

表 4 - 37　企业对豫西集聚区从银行获取贷款难度的评价

单位：家，%

地区	企业觉得从银行获取贷款难吗					
	很困难	较难	一般	容易	很容易	认为困难占比
平顶山	23	27	24	3	0	64.94
洛阳	27	57	57	5	2	56.76
三门峡	38	66	74	6	1	56.22
合计	88	150	155	14	3	58.05

企业发展所需资金大多依赖银行信贷，一方面将集聚区的风险集中在银行体系之内，不利于银行风险的控制；另一方面，银行的可贷资金有限，这也是造成获取银行贷款手续烦琐和审批时间长的重要原因。

表 4 – 38　企业对豫西集聚区获取银行贷款的难点的评价

单位：家

地区	获取银行贷款的难点在于							
	缺乏担保	抵押物不足	手续烦琐	中介费高	利率较高	拒绝率高	审批时间长	其他
平顶山	10	9	24	16	17	12	19	1
洛阳	37	30	59	22	35	16	40	1
三门峡	34	24	55	13	29	22	44	1

（四）豫北

豫北产业集聚区有融资需要的企业占比为79.54%，鹤壁和濮阳有融资需要的企业占比最高，分别为86.67%和89.23%，安阳和新乡有融资需要的企业占比较低，分别为72.92%和71.83%。其中绝大多数地区依赖银行存款进行融资，鉴于濮阳有融资需要的企业占比最高，需求最强烈，因此濮阳的部分企业采用了保险融资和上市融资的方式，鹤壁和濮阳的企业还有一定的政府扶持性融资渠道（见表4 – 39、表4 – 40）。

表 4 – 39　企业对豫北集聚区是否有融资需要评价及构成

单位：家，%

评价指标	地区	是	否	总和	有需要占比
是否有融资需要	安阳	35	13	48	72.92
	鹤壁	52	8	60	86.67
	濮阳	58	7	65	89.23
	新乡	51	20	71	71.83
	焦作	43	10	53	81.13
	济源	37	13	50	74.00
	合计	276	71	347	79.54

表 4 – 40   企业对豫北集聚区采取何种方式融资评价及构成

单位：家

地区	采取何种方式								
	银行贷款	民间拆借	担保贷款	风险投资	保险融资	上市融资	政府扶持性融资	无形资产抵押	其他
安阳	31	3	6	2	4	4	5	2	11
鹤壁	46	3	6	0	0	2	10	2	0
濮阳	50	6	18	11	11	17	11	3	1
新乡	42	3	2	0	0	1	0	1	1
焦作	38	3	7	1	0	3	4	0	1
济源	32	4	5	0	0	0	1	0	0

豫北地区 53.1% 的企业认为在融资方面存在困难，其中濮阳地区 59.02% 的企业有融资方面的困难，这与濮阳 89.23% 的企业有融资需要是密不可分的。新乡有 45% 的企业有融资方面的困难，这与新乡只有 71.83% 的企业有融资需要也是密不可分的（见表 4 – 41）。

表 4 – 41   企业对豫北集聚区在融资方面是否存在困难评价

单位：家，%

地区	企业在融资方面是否存在困难					
	很困难	较困难	一般	不太困难	没有困难	认为困难占比
安阳	14	20	9	10	12	52.31
鹤壁	9	26	22	0	4	57.38
濮阳	19	17	15	4	6	59.02
新乡	8	19	20	5	8	45.00
焦作	9	16	14	6	4	51.02
济源	8	15	13	4	3	53.49
合计	67	113	93	29	37	53.10

豫北产业集聚区的企业融资困难的原因较为分散，安阳、新乡、焦作的企业主要是由于利率太高、缺乏融资渠道，鹤壁主要就是由于渠道缺乏而难以融资，濮阳除了渠道缺乏之外，缺乏担保也是重要原因，济源的政府扶持缺失也是不可忽视的原因。集聚区内缺乏专门为中小企业提供融资服务的区域性金融机构，尽管曾经出现，但为了规避金融风险和谋求更高的收益，其信贷方

向渐渐转向大型企业。虽然有地方性商业银行、城市商业银行和信用社等中小型金融机构为中小型企业提供信贷服务,但中小型金融机构受自身规模的限制,其贷款能力往往不能满足众多中小企业的贷款需求(见表4-42)。

表4-42 企业对豫北集聚区融资困难的主要原因评价及构成

单位:家

地区	融资困难的主要原因是								
	利率太高	缺乏融资渠道	政府扶持缺失	银行数量少	与银行关系不好	缺乏担保	企业规模小	企业寿命短	其他
安阳	11	12	10	7	6	9	3	0	0
鹤壁	7	16	9	2	6	7	1	0	1
濮阳	7	29	10	16	4	23	2	1	0
新乡	16	11	10	1	1	8	4	0	0
焦作	9	9	6	2	1	8	0	0	0
济源	7	9	10	3	4	5	1	1	0

豫北产业集聚区55.41%的企业认为从银行取得贷款有困难,其中,鹤壁62.9%的企业认为取得银行信贷支持有困难,安阳46.94%的企业认为获得银行贷款难。大部分地区的难点都在于缺乏担保、手续烦琐和审批时间长。濮阳获得贷款的一个很大难点是抵押物不足。受工业用地指标限制,土地手续办理周期长,很多成长型企业都是"先上车后买票",这些企业完成固定资产投资后,土地、设备和厂房无法抵押变现,流动资金相当紧张,导致企业处于停产或半停产状态,迟迟无法达产(见表4-43、表4-44)。

表4-43 企业对豫北集聚区从银行获取贷款难度的评价

单位:家,%

地区	企业觉得从银行获取贷款难吗					
	很困难	较难	一般	容易	很容易	认为困难占比
安阳	9	14	13	6	7	46.94
鹤壁	11	28	21	1	1	62.90
濮阳	25	10	26	1	0	56.45
新乡	12	19	22	2	0	56.36
焦作	10	13	19	3	1	50.00
济源	7	16	16	0	1	57.50
合计	74	100	117	13	10	55.41

表 4 - 44　企业对豫北集聚区获取银行贷款的难点的评价

单位：家

地区	获取银行贷款的难点在于							
	缺乏担保	抵押物不足	手续烦琐	中介费高	利率较高	拒绝率高	审批时间长	其他
安阳	18	8	19	8	8	4	17	21
鹤壁	12	6	17	1	4	7	14	0
濮阳	24	26	28	5	13	4	9	1
新乡	8	8	9	2	5	0	3	0
焦作	11	5	11	4	8	4	9	1
济源	11	3	11	0	11	2	5	2

（五）豫中

豫中产业集聚区有融资需要的企业占比为 72.6%，许昌有融资需要的企业占比最高，达到 82.42%，漯河和郑州有融资需要的企业占比较低，分别为 65.91% 和 66.32%。其中绝大多数地区均是依赖银行存款进行融资，许昌有融资需要的企业占比最高，需求最强烈，因此许昌的部分企业采用了银行贷款、担保贷款和政府扶持性融资的方式，漯河民间拆借和上市融资的比例也不容小觑（见表 4 - 45、表 4 - 46）。

表 4 - 45　企业对豫中集聚区是否有融资需要评价及构成

单位：家，%

评价指标	地区	是	否	总和	有需要占比
是否有融资需要	漯河	29	15	44	65.91
	许昌	75	16	91	82.42
	郑州	63	32	95	66.32
	合计	167	63	230	72.60

表 4 - 46　企业对豫中集聚区采取何种方式融资评价及构成

单位：家

地区	采取何种方式								
	银行贷款	民间拆借	担保贷款	风险投资	保险融资	上市融资	政府扶持性融资	无形资产抵押	其他
漯河	25	10	0	0	3	10	7	4	1
许昌	61	12	15	2	1	2	11	3	0
郑州	53	7	10	1	0	6	7	3	2

豫中产业集聚区 46.86% 的企业认为在融资方面存在困难,其中许昌地区 60.47% 的企业有融资方面的困难,这与许昌 82.42% 的企业有融资需要有一定关系。郑州和漯河分别只有 35.8% 和 40% 的企业有融资方面的困难,这与郑州、漯河不高的融资需要相一致(见表 4 - 47)。

表 4 - 47 企业对豫中集聚区在融资方面是否存在困难评价

单位:家,%

地区	企业在融资方面是否存在困难					
	很困难	较困难	一般	不太困难	没有困难	认为困难占比
漯河	0	16	15	3	6	40.00
许昌	21	31	21	11	2	60.47
郑州	7	22	30	13	9	35.80
合计	28	69	66	27	17	46.86

漯河的融资困难原因主要在于缺乏融资渠道和与银行关系不好,许昌的困难原因是缺乏融资渠道和缺乏担保,郑州则是由于利率太高难以融资(见表 4 - 48)。可见银行融资渠道的缺失是豫中产业集聚区的企业融资的很大阻碍。由于各种原因,企业会对经营过程中的信息进行保密,中小企业隐蔽性更强,银行等金融机构和融资渠道难以获得企业准确的经营信息,在信息不对称的情况下也就更容易造成融资渠道的缺乏。

表 4 - 48 企业对豫中集聚区融资困难的主要原因评价及构成

单位:家

地区	融资困难的主要原因是								
	利率太高	缺乏融资渠道	政府扶持缺失	银行数量少	与银行关系不好	缺乏担保	企业规模小	企业寿命短	其他
漯河	12	22	11	5	13	7	10	5	4
许昌	11	25	17	8	6	21	5	2	0
郑州	21	17	16	1	2	7	5	0	1

豫中产业集聚区 49.36% 的企业觉得从银行获取贷款有难度,许昌的企业认为银行贷款有难度的比重最大,达到 64.2%,而漯河只有 28.99%

的企业认为银行贷款难（见表 4-49）。这也与许昌 82.42% 的企业有融资需要，而漯河只有 65.91% 的企业有融资需要也有一定关系。

表 4-49　企业对豫中集聚区从银行获取贷款难度的评价

单位：家，%

地区	企业觉得从银行获取贷款难吗					
	很困难	较难	一般	容易	很容易	认为困难占比
漯河	2	18	29	12	8	28.99
许昌	23	29	27	1	1	64.20
郑州	11	33	33	7	1	51.76
合计	36	80	89	20	10	49.36

豫中产业集聚区企业获得银行贷款的难点主要在于手续烦琐和审批时间长（见表 4-50）。集聚区内的企业融资仍存在担保难的问题，少数几个担保公司的资产规模较小，且服务费用高昂，既不能很好地满足集聚区内企业的担保需求，又不能很好地分散银行信贷的风险，制约了企业的融资。

表 4-50　企业对豫中集聚区获取银行贷款的难点的评价

单位：家

地区	获取银行贷款的难点在于							
	缺乏担保	抵押物不足	手续烦琐	中介费高	利率较高	拒绝率高	审批时间长	其他
漯河	10	9	15	10	9	4	23	11
许昌	16	10	27	6	11	8	17	1
郑州	12	14	27	8	17	3	13	2

总体来说，豫东集聚区企业的融资需要最大，豫西集聚区的企业有最多的融资困难，相对来说，豫中集聚区企业融资方面存在问题较小，其他地区差异不大。河南省产业集聚区大部分企业融资还是依赖银行贷款、政府扶持性融资、民间拆借等方式，利用资本市场融资的企业还是极少数，融资的困难主要还是融资渠道狭窄，缺乏专业的金融服务机构。就银行贷款这一重要的融资渠道而言，许多企业也苦于利率太高、手续烦琐、审批时间长，只能望而却步。

　　具体比较而言，豫东地区有融资需要的企业占比达 83.82%，对于有融资需求的企业来说，银行贷款是主要的融资方式，担保贷款、政府扶持性融资也较普遍。豫东地区企业认为在融资方面存在困难的占比为44.84%，周口的企业融资困难程度最高，为 47.78%。豫东产业集聚区企业最主要的融资方式就是向银行贷款。豫南地区有融资需要的企业占比为79.64%，低于豫东产业集聚区。豫南集聚区的企业融资主要来自银行贷款、担保贷款，通过风险投资和保险融资进行直接融资的数量较少。在融资方面存在困难的比例约为 47.91%，有 53.16% 认为从银行取得贷款有困难。豫西产业集聚区有融资需要的企业占比为 79.64%，与豫南地区无异，相比豫东地区，融资需求不算强烈。豫北产业集聚区有融资需要的企业占比为 79.54%，55.41% 的企业认为从银行取得贷款有困难。豫中产业集聚区有融资需要的企业占比为 72.6%，49.36% 的企业觉得从银行获取贷款有难度。

第二节　集聚区企业的内生成长动力

　　企业的成长与成熟发展离不开内部环境的内源性支持，其中企业的正常与高效运行是目的，有效的内部治理是手段，制度建设则是实现企业高效成长的基础环境。企业运行机制包括投入运行过程的基本要素以及要素结合发挥的机能，要素包括劳动力、物资、资金以及信息等。企业治理是一套影响企业内部利益相关人士多目标关系的程序与政策，良好的公司治理不仅有助于降低代理成本，还有助于公司股权结构的合理化以及实现财务目标，是决定企业成长与发展质量的重要条件。企业的内部制度环境主要是指内控制度，一般包括内部环境管理、风险评估制度、内部监督制度以及内部激励制度等，良好的内部制度有利于提高企业经营管理水平和风险防范能力，促进企业可持续发展。

一　企业运行

　　企业的正常运行意味着企业处于经营有序的竞争环境之中，而且企业的原材料供应、产品生产、渠道以及内部组织管理能够保障企业处于相对盈利的水平。为了对河南省集聚区的企业运行进行评价，本研究通过实地问卷调查，从要素结构以及经营绩效两个指标对其运行情况进行评价。

（一）豫东

根据劳动力、资本和技术三种生产要素在各产业中的相对密集度，企业可以分为劳动密集型、资本密集型和技术密集型。资本和技术密集型企业在某一地区所占比重的大小反映了该地区的经济发达程度，一般情况下资本和技术密集型企业所占比重越高，则该地区经济发达程度越高。豫东集聚区劳动密集型与技术密集型占比较大。其中，商丘、周口以劳动密集型企业为主，开封以技术密集型企业为主（见表4－51）。

表4－51　豫东集聚区融企业类型的构成

单位：家

地区	企业类型		
	资本密集型	劳动密集型	技术密集型
开封	5	37	40
商丘	7	56	13
周口	37	248	114

从被调查企业入区后的盈利情况来看，"基本达到预期"的占比最高，"比预期好"的占比次之。其中，商丘有3%的企业严重亏损，比例较高；商丘、周口分别有25.8%、26.8%的企业盈利比预期好，比例较高（见表4－52）。

表4－52　豫东企业入区后的盈利情况

单位：%

地区	企业入区后的盈利情况				
	比预期好	基本达到预期	和预期一致	有些亏损	严重亏损
开封	16.5	58.2	10.1	13.9	1.3
商丘	25.8	51.5	6.1	13.6	3.0
周口	26.8	51.8	10.9	9.3	1.3

（二）豫南

豫南集聚区劳动密集型与技术密集型占比较大，相较于豫东，劳动密集型和技术密集型企业数量更多。其中,南阳、信阳以劳动密集型企业为主,驻马店以技术密集型企业为主(见表4-53)。

表4-53 豫南集聚区融企业类型的构成

单位:家

地区	企业类型		
	资本密集型	劳动密集型	技术密集型
驻马店	28	113	119
南阳	21	125	105
信阳	9	40	34

从被调查企业入区后的盈利情况来看,"基本达到预期"的占比最高,"比预期好"的占比次之。其中,驻马店有4.4%的企业严重亏损,比例在豫南三个城市中最高;南阳、信阳盈利比预期好的企业所占比都是21.3%,比例较高。相较于其他两个城市,信阳只有6.3%的企业在入区后的盈利状况和预期一致,明显少于驻马店和南阳(见表4-54)。

表4-54 豫南企业入区后的盈利情况

单位:%

地区	企业入区后的盈利情况				
	比预期好	基本达到预期	和预期一致	有些亏损	严重亏损
驻马店	31.2	42.0	13.2	9.1	4.4
南阳	21.3	46.0	19.2	10.5	2.9
信阳	21.3	46.3	6.3	23.8	2.5

(三) 豫西

豫西集聚区劳动密集型与技术密集型占比较大,相较于豫南,劳动密集型和技术密集型企业数量偏少。其中,三门峡以劳动密集型企业为主,但技术密集型和资本密集型与劳动密集型差距不大,三种企业发展较为均衡。洛阳以劳动密集型和技术密集型企业为主,并且劳动密集型和技术密集型企业数量相同。而平顶山则以技术密集型为主,资本密集型企业在三个城市中最少,只有7个(见表4-55)。

表 4 - 55   豫西集聚区融企业类型的构成

单位：家

地区	企业类型		
	资本密集型	劳动密集型	技术密集型
平顶山	7	35	40
洛阳	19	77	77
三门峡	46	75	65

从被调查企业入区后的盈利情况来看，"基本达到预期"的占比还是最高。其中，平顶山有 28% 的企业有些亏损，有 8.5% 的企业严重亏损，即有 36.5% 的企业处于亏损状态，比例在豫西三个城市中最高；洛阳、三门峡盈利比预期好的企业所占比分别是 7.5% 和 11%，比例相对较高（见表 4 - 56）。

表 4 - 56   豫西企业入区后的盈利情况

单位：%

地区	企业入区后的盈利情况				
	比预期好	基本达到预期	和预期一致	有些亏损	严重亏损
平顶山	3.7	43.9	15.9	28.0	8.5
洛阳	7.5	47.4	23.1	16.8	5.2
三门峡	11.0	37.3	30.6	18.2	2.9

（四）豫北

豫北集聚区劳动密集型与技术密集型占比较大。其中，安阳以劳动密集型企业为主，以技术密集型企业为辅，资本密集型企业数量有限，濮阳、新乡、焦作情况同安阳类似。而济源以技术密集型企业为主，以劳动密集型企业为辅。鹤壁以技术密集型企业为主，劳动密集型企业与技术密集型企业数量差距不大，并且资本密集型企业相较于同区其他城市明显更多，达到 12 个（见表 4 - 57）。

从被调查企业入区后的盈利情况来看，"基本达到预期"的占比还是最高，"和预期一致"次之。其中，安阳、鹤壁、濮阳虽然都有一定数量企业有亏损，但这三个城市的企业没有出现严重亏损的企业。新乡企业入区后的盈利情况"基本达到预期"最多，"和预期一致"次之，"比预期好"

表 4 – 57　豫北集聚区融企业类型的构成

单位：家

地区	企业类型		
	资本密集型	劳动密集型	技术密集型
安阳	6	38	28
鹤壁	12	26	30
濮阳	5	35	30
新乡	6	32	27
焦作	5	50	24
济源	4	17	26

再次之。济源企业入区后的盈利情况"基本达到预期"最多，"有些亏损"
次之，"和预期一致"再次之。焦作企业入区后的盈利情况不容乐观，有
32.7%的企业有些亏损，有7.3%的企业严重亏损，是豫北区域内企业亏损
最严重的城市。区域内五个城市盈利比预期好的企业所占比例差距不大（见
表4 – 58）。

表 4 – 58　豫北企业入区后的盈利情况

单位：%

地区	企业入区后的盈利情况				
	比预期好	基本达到预期	和预期一致	有些亏损	严重亏损
安阳	11.0	52.1	16.4	20.5	0.0
鹤壁	12.1	46.6	25.9	15.5	0.0
濮阳	14.3	52.4	22.2	11.1	0.0
新乡	12.9	54.8	19.4	11.3	1.6
焦作	10.9	40.0	9.1	32.7	7.3
济源	10.0	46.0	18.0	24.0	2.0

（五）豫中

豫中集聚区除许昌外，同样是劳动密集型与技术密集型占比较大。其
中，许昌资本密集型企业最多，劳动密集型企业次之，技术密集型企业最
少，这可能与当地投资环境和投资政策有关。郑州以劳动密集型企业为
主。漯河以劳动密集型企业为主，技术密集型企业与劳动密集型企业数量
差距不大，资本密集型企业最少（见表4 – 59）。

表 4-59 豫中集聚区融企业类型的构成

单位：家

地区	企业类型		
	资本密集型	劳动密集型	技术密集型
漯河	5	32	29
许昌	50	35	18
郑州	15	50	37

从被调查企业入区后的盈利情况来看，"基本达到预期"的占比最高。其中，漯河有 4.1% 的企业严重亏损，比例较高；许昌、郑州分别有 14.7%、16.3% 的企业盈利比预期好，比例相对较高（见表 4-60）。

表 4-60 豫中企业入区后的盈利情况

单位：%

地区	企业入区后的盈利情况				
	比预期好	基本达到预期	和预期一致	有些亏损	严重亏损
漯河	9.6	53.4	17.8	15.1	4.1
许昌	14.7	35.3	28.4	18.6	2.9
郑州	16.3	55.1	13.3	12.2	3.1

总体来看，包括豫东、豫西、豫南、豫北以及豫中在内的企业均以劳动密集型以及技术密集型为主，资本密集型企业相对较少，这表明在人口大省河南，劳动生产要素供应依然相对充足，但金融环境建设依然相对滞后，亟待改善。此外，绝大多数的集聚区企业的经营绩效与盈利情况达到预期，反映了处于工业化中期的河南省，集聚区所带来的空间外部效应以及劳动蓄池效应给地方经济发展提供了源源不断的动力。

具体比较而言，豫东集聚区主要是劳动密集型与技术密集型。其中，商丘、周口以劳动密集型企业为主，开封以技术密集型企业为主。从被调查企业入区后的盈利情况来看，商丘有 3% 的企业严重亏损，比例较高。豫南集聚区同样主要是劳动密集型与技术密集型企业，相较于豫东，劳动密集型和技术密集型企业数量更多。驻马店有 4.4% 的企业严重亏损，比例在豫南三个城市中最高。豫西集聚区劳动密集型与技术密集型占比较大，相较于豫南，劳动密集型和技术密集型企业数量偏少。平顶山有

36.5%的企业处于亏损状态，比例在豫西三个城市中最高。豫北集聚区劳动密集型与技术密集型占比较大。豫中集聚区劳动密集型与技术密集型占比较大。漯河有4.1%的企业严重亏损，比例较高。

二　生产衔接

任何企业在正常的企业经营活动中，都不可能脱离与其他企业的联系而孤立发展。产业关联效应是指在产业链条中，某产业的技术、结构调整，不仅会带动上下游产业相关配套产业的变化发展，也对生产链条外的其他产业产生相应的经济影响。

目前，河南省承接转移的产业主要集中在一些具有一定比较优势的行业，而且这些产业的发展变化也进一步带动了关联性较强的配套产业发展，形成了大规模的产业集聚区。在集聚区内进行企业生产时，如果区域内缺少配套产品的生产厂家，无法进行生产衔接，将会使企业间生产协作变差，产品成本增加，市场竞争力变差。由此，我们对河南省集聚区的生产衔接状况进行分析。

（一）豫东

豫东集聚区企业在原料及配件来源方面，主要立足于东部地区、本省及本市，来源于本省的占比为32.77%（见表4-61），对中部地区、西部地区、本产业集聚区、国外进口和其他的依托程度较小。就各市的集聚区而言，开封企业的原料及配件来源主要为本省，商丘、周口企业主要依托于东部地区、本省。各产业集聚区的差异缘于其主导产业结构的不同。

产业集聚区企业经济活动的联系方向与原料及配件来源有关。开封市产业集聚区的企业入区后经济活动（如采购、销售等）的主要联系方向是与"本地企业"及"周边企业"联系相对紧密，与"集聚区企业"及"迁出地企业"的联系并不是太紧密。商丘市产业集聚区的企业入区后经济活动的主要联系方向是与"本地企业"及"周边企业"联系相对紧密，与"集聚区企业"及"境外企业"的联系并不是太紧密。周口市产业集聚区的企业入区后经济活动的主要联系方向是与"集聚区企业"及"周边企业"联系相对紧密，与"境外企业"的联系并不是太紧密。总体上说，豫东集聚区内企业之间联系有限，集聚区的集聚效应不明显。

此外，在与区内其他企业的分工协作方面，42.34%的企业认为与区内其他企业的分工协作情况一般；其中，商丘市集聚区的企业认为分工协作情况非常紧密、较紧密的占比最高，为50.75%。总体上说，豫东产业集聚区的企业之间分工协作并不紧密，这是大多产业集聚区面临的共性问题。

表 4-61　豫东企业的生产原料与环节及前后向联系渠道占比

单位：%

环节	联系渠道	开封	商丘	周口	合计
原料及配件来源	本产业集聚区	3.36	8.57	4.62	4.80
	本市	12.61	15.71	8.67	10.03
	本省	35.29	18.57	34.10	32.77
	东部地区	17.65	22.86	18.50	18.79
	中部地区	9.24	12.86	14.07	13.14
	西部地区	10.08	10.00	6.94	7.77
	国外进口	10.92	7.14	8.67	8.90
	其他	0.84	4.29	4.43	3.81
经济活动的联系方向	与迁出地企业紧密联系	9.28	15.58	10.71	11.08
	与集聚区企业紧密联系	7.22	7.79	19.96	16.62
	与本地企业紧密联系	16.49	16.88	14.50	15.08
	与周边地区企业紧密联系	37.11	18.18	33.19	32.00
	与境外企业紧密联系	11.34	7.79	5.25	6.46
	上述情况均有	18.56	33.77	16.39	18.77
与其他企业的分工协作	非常紧密	2.56	4.48	7.69	6.57
	较紧密	20.51	46.27	23.82	26.09
	一般	44.87	28.36	44.17	42.34
	不太紧密	21.79	5.97	16.63	16.06
	基本无联系	10.26	14.93	7.69	8.94

（二）豫南

　　豫南集聚区企业的原料及配件主要来源于本省、本市、东部地区和中部地区，其中本省来源占比最多，为25.68%（见表4-62）；豫南对本产业集聚区、西部地区、国外进口和其他的依赖程度相对较小。从豫南范围的城市集聚区来看，驻马店市企业在原料及配件来源方面主要依赖本省和本市，南阳市企业主要依赖本省和东部地区，信阳市企业主要依赖东部地区和本市。豫南和豫东产业集聚区的差异和豫南内部各产业集聚区间的差异也因与其相对应的主导产业结构的不同而不同。

　　驻马店市产业集聚区的企业入区后经济活动主要的联系方向是与"周边企业"、"本地企业"及"集聚区企业"联系相对紧密,与"迁出地企业"和"境外企业"的联系不及与前述三项区域企业紧密。南阳市产业集聚区的企业入区后经济活动的主要联系方向是与"周边企业"及"本地企业"联系紧密,与"集聚区企业"、"境外企业"及"迁出地企业"的联系不太紧密。信阳市产业集聚区的企业入区后经济活动的主要联系方向与南阳市大体类似,其与"本地企业"及"周边企业"联系紧密,与"集聚区企业"、"境外企业"及"迁出地企业"的联系不太紧密。从统计数据大致可以得出,豫南集聚区内企业之间联系不明显,集聚区的集聚效应有限。

　　另外,从与区内其他企业的分工协作方面来看,认为与区内其他企业的分工协作情况一般的企业占比最多,达39.59%。其中,信阳市集聚区的企业认为分工协作情况非常紧密、较紧密的占比最高,为42.50%。总的来说,豫南产业集聚区的企业之间分工协作紧密度一般,产业集聚区的规模经济和范围经济效应无法充分发挥出来。

表4-62　豫南企业的生产原料与环节及前后向联系渠道占比

单位:%

环节	联系渠道	驻马店	南阳	信阳	合计
原料及 配件来源	本产业集聚区	5.33	11.72	7.21	7.86
	本市	25.91	14.14	20.72	21.01
	本省	27.85	26.55	15.32	25.68
	东部地区	16.22	17.24	24.32	17.69
	中部地区	10.41	14.83	16.22	12.78
	西部地区	8.47	7.24	5.41	7.62
	国外进口	4.12	4.48	7.21	4.67
	其他	1.69	3.79	3.60	2.70
经济活动的 联系方向	与迁出地企业紧密联系	10.25	7.89	10.99	9.44
	与集聚区企业紧密联系	20.50	12.19	8.79	15.87
	与本地企业紧密联系	20.50	19.35	23.08	20.38
	与周边地区企业紧密联系	31.02	34.05	21.98	31.05
	与境外企业紧密联系	8.03	7.89	8.79	8.07
	上述情况均有	9.70	18.64	26.37	15.18

续表

环节	联系渠道	驻马店	南阳	信阳	合计
与其他企业的分工协作	非常紧密	11.36	13.15	10.00	11.89
	较紧密	24.68	24.70	32.50	25.67
	一般	45.13	35.06	32.50	39.59
	不太紧密	9.74	16.73	12.50	12.83
	基本无联系	9.09	10.36	12.50	10.02

(三) 豫西

豫西集聚区企业的原料及配件主要来源于本省、本市、东部地区，其中本省来源占比最多，为27.29%（见表4-63）；对本产业集聚区、中部地区、西部地区、国外进口和其他的依赖程度相对较小，这一点与豫东类似。从豫西具体的城市集聚区来看，平顶山市企业在原料及配件来源方面主要依赖本省、东部地区和本市，洛阳市企业同平顶山企业类似，三门峡市企业在原料及配件来源方面主要依赖本省、本市和本产业集聚区。

平顶山市产业集聚区的企业入区后经济活动主要的联系方向是与"周边企业"、"本地企业"及"集聚区企业"联系相对紧密，与"迁出地企业"和"境外企业"的联系不及与前述三项区域企业紧密，这点与驻马店市类似。洛阳市和三门峡市产业集聚区的企业入区后经济活动的主要联系方向都和平顶山市类似，即与"周边企业"、"本地企业"及"集聚区企业"联系相对紧密，与"迁出地企业"和"境外企业"的联系较弱。从总体上来看，豫西集聚区的集聚效应也不是很明显。

表4-63 豫西企业的生产原料与环节及前后向联系渠道占比

单位：%

环节	联系渠道	平顶山	洛阳	三门峡	合计
原料及配件来源	本产业集聚区	3.96	7.26	15.45	10.04
	本市	17.82	19.66	24.89	21.48
	本省	31.68	25.21	27.47	27.29
	东部地区	20.79	19.66	11.16	16.37
	中部地区	12.87	12.39	8.58	10.92
	西部地区	10.89	6.41	6.01	7.04
	国外进口	0.00	3.85	3.43	2.99
	其他	1.98	5.56	3.00	3.87

续表

环节	联系渠道	平顶山	洛阳	三门峡	合计
经济活动的 联系方向	与迁出地企业紧密联系	6.59	7.25	2.65	5.15
	与集聚区企业紧密联系	13.19	13.53	21.68	16.98
	与本地企业紧密联系	21.98	20.77	26.55	23.47
	与周边地区企业紧密联系	31.87	29.95	31.42	30.92
	与境外企业紧密联系	4.40	7.25	5.31	5.92
	上述情况均有	21.98	21.26	12.39	17.56
与其他企业的 分工协作	非常紧密	2.35	5.81	9.91	7.10
	较紧密	32.94	21.51	20.72	23.17
	一般	28.24	44.77	46.40	42.59
	不太紧密	24.71	18.02	14.86	17.75
	基本无联系	11.76	9.88	8.11	9.39

同样，从与区内其他企业的分工协作方面来看，其中认为与区内其他企业的分工协作情况一般的企业占比最多，达42.59%。其中，平顶山市集聚区的企业认为分工协作情况非常紧密、较紧密的占比最高，为35.29%。如此看来，豫西产业集聚区的企业之间分工协作紧密度也不理想。

（四）豫北

豫北统计的城市相较于豫南和豫西更多。豫北集聚区企业的原料及配件主要来源于本省、本市、东部地区和中部地区，其中本省来源占比最多，为31.62%（见表4-64）；豫北对本产业集聚区、西部地区、国外进口和其他的依赖程度相对较小。从豫北范围的城市集聚区来看，安阳市企业在原料及配件来源方面主要依赖本省、东部地区、本市和中部地区，其中本市和中部地区占比相同，为17.12%。鹤壁市企业主要依赖本省、本市和东部地区，其中本市和东部地区占比相同为15.07%。濮阳市企业主要依赖本省、本市和中部地区。新乡市企业主要依赖本省、本市和东部地区。焦作市企业主要依赖本省、东部地区和本市。济源市企业主要依赖本市、本省、中部地区和东部地区。可以从统计中看出豫北企业对本省的原料及配件更加依赖。

安阳市产业集聚区的企业入区后经济活动主要的联系方向是与"周边企业""本地企业"联系相对紧密，与"迁出地企业"、"区内企业"和"境外企业"的联系不及与前述两项区域企业紧密。鹤壁市产业集聚区的

企业入区后经济活动的主要联系方向是与"周边企业"、"本地企业"和
"集聚区企业"联系更紧密,其中与"本地企业"和"集聚区企业"联系
度相同,为 17.65%,与"境外企业"及"迁出地企业"的联系不紧密。濮
阳市产业集聚区的企业入区后经济活动的主要联系方向与"周边企业"、"集
聚区企业"和"本地企业"的联系紧密,与"境外企业"及"迁出地企业"
的联系不紧密。新乡市产业集聚区的企业入区后经济活动的主要联系方向与
"周边企业"和"本地企业"联系密切,与"集聚区企业"、"境外企业"及
"迁出地企业"联系不紧密,其中与"境外企业"联系为零。焦作市产业集
聚区的企业入区后经济活动的主要联系方向与"周边企业"和"本地企业"
联系密切,与"集聚区企业"、"境外企业"及"迁出地企业"联系不紧
密。济源市产业集聚区的企业入区后经济活动的主要联系方向与焦作市类
似,即与"周边企业"和"本地企业"联系密切,与"集聚区企业"、
"境外企业"及"迁出地企业"联系不紧密。豫北集聚区内企业之间联系
除了鹤壁市的以外,其他城市的都不明显,集聚区的集聚效应依然不高。

从与区内其他企业的分工协作方面来看,认为与区内其他企业的分工
协作情况一般的企业占比也最多,达 40.15%。其中,鹤壁市集聚区的企
业认为分工协作情况非常紧密、较紧密的占比最高,为 40.99%。结合鹤
壁市产业集聚区的企业入区后经济活动的主要联系方向是与"集聚区企
业"联系更紧密的情况来看,鹤壁市集聚区的集聚效应具有一定规模。总
的来说,豫北产业集聚区的企业之间分工协作紧密度一般,产业集聚区的
规模经济和范围经济效应不高。

表 4 - 64　豫北企业的生产原料与环节及前后向联系渠道占比

单位:%

环节	联系渠道	安阳	鹤壁	濮阳	新乡	焦作	济源	合计
原料及 配件来源	本产业集聚区	1.80	10.96	11.43	1.47	3.09	3.85	5.53
	本市	17.12	15.07	19.05	19.12	13.40	28.85	17.98
	本省	24.32	42.47	23.81	35.29	41.24	25.00	31.62
	东部地区	18.92	15.07	13.33	14.71	16.49	15.38	15.81
	中部地区	17.12	9.59	16.19	8.82	10.31	17.31	13.44
	西部地区	9.01	5.48	9.52	2.94	8.25	1.92	6.92
	国外进口	7.21	0.00	3.81	1.47	4.12	0.00	3.36
	其他	4.50	1.37	2.86	16.18	3.09	7.69	5.34

续表

环节	联系渠道	安阳	鹤壁	濮阳	新乡	焦作	济源	合计
经济活动的 联系方向	与迁出地企业紧密联系	2.38	7.35	3.66	8.33	11.32	4.26	5.84
	与集聚区企业紧密联系	9.52	17.65	13.41	3.33	5.66	8.51	10.15
	与本地企业紧密联系	22.62	17.65	12.20	20.00	20.75	17.02	18.27
	与周边地区企业紧密联系	28.57	25.00	30.49	36.67	26.42	36.17	30.20
	与境外企业紧密联系	10.71	4.41	6.10	0.00	5.66	6.38	5.84
	上述情况均有	26.19	27.94	34.15	31.67	30.19	27.66	29.70
与其他企业的 分工协作	非常紧密	6.58	8.20	18.46	2.94	30.26	0.00	11.87
	较紧密	15.79	32.79	13.85	22.06	6.58	12.00	16.92
	一般	36.84	39.34	40.00	38.24	36.84	54.00	40.15
	不太紧密	28.95	11.48	16.92	17.65	14.47	20.00	18.43
	基本无联系	11.84	8.20	10.77	19.12	11.84	14.00	12.63

（五）豫中

豫中集聚区企业的原料及配件主要来源于本省、本市、东部地区和中部地区，其中本省来源占比最多，为29.71%（见表4-65）；豫中对本产业集聚区、西部地区、国外进口和其他的依赖程度相对较小。从豫中范围的城市集聚区来看，开封市企业在原料及配件来源方面主要依赖本省、中部地区、东部地区和本市。商丘市企业主要依赖本省、本市和本产业集聚区，且本省和本市占比相同，为26.61%，其中对本产业集聚区的原料及配件来源的依赖度达到13.71%，相较于开封市和周口市企业对本产业集聚区的原料及配件来源依赖度有明显提升。周口市企业主要依赖本省、本市、东部地区和中部地区。

开封市产业集聚区的企业入区后经济活动主要的联系方向是与"周边企业"、"本地企业"及"集聚区企业"联系相对紧密，尤其是与"周边企业"、"本地企业"联系更为紧密，而与"迁出地企业"和"境外企业"的联系不及与前述三项区域企业紧密。商丘市和周口市产业集聚区的企业入区后经济活动主要的联系方向大体与开封市相似。同样的，豫中集聚区内企业之间联系也不是十分紧密。

此外，从与区内其他企业的分工协作方面来看，认为与区内其他企业的分工协作情况一般的企业占比最多，达42.07%。其中，开封市集聚区的企业认为分工协作情况非常紧密、较紧密的占比最高，为28.17%。显然豫中企业集聚区效应也没有突出亮点。

表4－65　豫中企业的生产原料与环节及前后向联系渠道占比

单位：%

环节	联系渠道	开封	商丘	周口	合计
原料及 配件来源	本产业集聚区	6.02	13.71	4.51	8.24
	本市	15.66	26.61	16.54	20.00
	本省	25.30	26.61	35.34	29.71
	东部地区	16.87	9.68	13.53	12.94
	中部地区	21.69	7.26	11.28	12.35
	西部地区	6.02	8.06	5.26	6.47
	国外进口	6.02	3.23	6.02	5.00
	其他	2.41	4.84	7.52	5.29
经济活动的 联系方向	与迁出地企业紧密联系	5.00	9.76	6.50	7.36
	与集聚区企业紧密联系	11.25	13.01	12.20	12.27
	与本地企业紧密联系	18.75	24.39	21.14	21.78
	与周边地区企业紧密联系	43.75	30.89	29.27	33.44
	与境外企业紧密联系	3.75	8.13	5.69	6.13
	上述情况均有	17.50	13.82	25.20	19.02
与其他企业的 分工协作	非常紧密	2.82	5.94	4.04	4.43
	较紧密	25.35	18.81	19.19	20.66
	一般	36.62	38.61	49.49	42.07
	不太紧密	16.90	23.76	19.19	20.30
	基本无联系	18.31	12.87	8.08	12.55

总体来说，河南省企业数量很多，涉及领域较广，产业种类丰富，而且，河南省在建筑建材、食品加工、纺织、机械制造等产业上形成了自己的产业规模，发展成为具有一定突出优势的支柱产业。但是，在集聚区企业生产衔接方面还存在着不少问题。企业之间经济活动的联系较少，很少进行配套生产和分工合作，而且集聚区内无法提供足够的企业生产的原材料，使得企业可能进行远途采购、运输，增加了企业成本，甚至可能抵消集聚效益。所以这方面河南省集聚区有待加强。

三　内部治理

企业的内部治理核心在于处理内部利益相关人士和企业治理多目标之间的关系。企业的主要利益相关人包括公司股东与管理人员，还包括供应商、顾客、政府以及社区等。

技术人员、公司职工与管理人员的结构比例反映了公司内部治理利益相关人的利益分配关系，有效的公司治理离不开公司管理人员的合理比例，有效的公司治理才能够有效避免"内部控制人"所带来的潜在的公司治理腐败现象。企业的研发能力是反映企业创新能力的核心，既可以通过自主投入，也可以通过外部购买来提升企业的研发能力。自主研发与外部购买的比例反映了公司财务预算对创新能力培育的支持度，也是公司内部治理能力的重要体现。研究将以公司员工结构与技术来源两个指标对公司内部治理的水平进行评价。

（一）豫东

2012～2014年，职工人数均呈现上升的趋势，技术人员数量增加趋势较为明显，管理人员数在一定程度上也有所增加。其中，周口地区职工数较多，企业规模较大，数量较多，增长较快，技术人员和管理人员的增长速度相近；而开封、商丘技术人员的增长高于管理人员的增长（见表4-66）。

表4-66 豫东企业的职工人数

单位：人

地区	职工人数			技术人员			管理人员		
	2012年	2013年	2014年	2012年	2013年	2014年	2012年	2013年	2014年
开封	13012	16526	20963	1568	2128	2561	1302	1493	1764
商丘	9174	11818	16766	1193	1497	1922	546	735	940
周口	78397	94054	113549	7821	8924	10289	8288	9735	11137

在企业的主要技术来源方面，主要还是依靠企业自身具有的独立研发能力。其中，开封主要依赖独立研发、与高校合作开发；商丘主要依赖独立研发、企业合作开发，与高校合作开发的占比较低；周口主要依赖独立研发、技术引进（见表4-67）。

表4-67 豫东企业的主要技术来源

单位：%

地区	企业主要的技术来源			
	独立研发	企业合作开发	与高校合作开发	技术引进
开封	42.0	20.0	23.0	15.0
商丘	46.3	25.4	4.5	23.9
周口	39.9	20.7	15.2	24.2

（二）豫南

2012~2014 年，职工人数整体呈现上升的趋势，技术人员数量增加趋势较为明显，管理人员数除驻马店外均在一定程度上有所增加。其中，南阳地区职工数较多，企业规模较大，数量较多，增长较快，技术人员和管理人员的增长速度相近；而驻马店管理人员在 2013 年出现负增长；信阳技术人员的增长高于管理人员的增长（见表 4 – 68）。

表 4 – 68　豫南企业的职工人数

单位：人

地区	职工人数			技术人员			管理人员		
	2012 年	2013 年	2014 年	2012 年	2013 年	2014 年	2012 年	2013 年	2014 年
驻马店	24788	41958	49853	12476	4178	5008	4313	3256	4022
南阳	54578	59653	67941	7753	9209	10742	4895	5429	6080
信阳	20427	21884	25905	1988	2272	2949	1589	1712	2266

在企业的主要技术来源方面，主要还是依靠企业自身具有的独立研发能力。其中，驻马店主要依赖独立研发、技术引进、与高校合作开发；南阳主要依赖独立研发、技术引进、与高校合作开发，与企业合作开发较低；信阳主要依赖独立研发、技术引进（见表 4 – 69）。

表 4 – 69　豫南企业的主要技术来源

单位：%

地区	企业主要的技术来源			
	独立研发	企业合作开发	与高校合作开发	技术引进
驻马店	44.9	11.6	21.6	21.9
南阳	34.3	15.1	21.0	29.5
信阳	42.4	15.2	17.2	25.3

（三）豫西

2012~2014 年，职工人数均呈现上升的趋势，技术人员数量增加趋势较为明显，管理人员数在一定程度上也有所增加。其中，洛阳地区职工数较多，企业规模较大，数量较多，增长较快，技术人员和管理人员的增长速度相差不大；而开封、商丘技术人员的增长高于管理人员的增长（见表 4 – 70）。

表 4 - 70 豫西企业的职工人数

单位：人

地区	职工人数			技术人员			管理人员		
	2012 年	2013 年	2014 年	2012 年	2013 年	2014 年	2012 年	2013 年	2014 年
平顶山	20991	25141	29875	2479	2906	3332	1900	2308	2894
洛阳	35120	35470	39852	3795	3824	4201	4099	4114	4219
三门峡	23721	31625	39821	3094	3694	4544	2580	2871	3395

在企业的主要技术来源方面，主要还是依靠企业自身具有的独立研发能力。其中，平顶山主要依赖独立研发、技术引进；洛阳主要依赖独立研发、与高校合作开发、技术引进，企业合作开发的占比较低；三门峡主要依赖技术引进、独立研发（见表 4 - 71）。

表 4 - 71 豫西企业的主要技术来源

单位：%

地区	企业主要的技术来源			
	独立研发	企业合作开发	与高校合作开发	技术引进
平顶山	47.4	12.6	14.7	25.3
洛阳	50.7	11.9	19.6	17.8
三门峡	30.6	21.2	17.1	31.2

（四）豫北

2012 ~ 2014 年，职工人数除焦作外均呈现上升的趋势，技术人员数量增加趋势较为明显，管理人员数除安阳外都在一定程度上有所增加。其中，濮阳和济源地区职工数较多，企业规模较大，数量较多，增长较快，技术人员和管理人员的增长速度相差不大；而安阳管理人员于 2013 年出现负增长（见表 4 - 72）。

在企业的主要技术来源方面，主要还是依靠企业自身具有的独立研发能力。其中，安阳主要依赖独立研发、与高校合作开发；鹤壁主要依赖独立研发、技术引进、与高校合作开发；而濮阳主要依赖与高校合作开发、独立研发，企业合作开发的占比较低；新乡主要依赖独立研发、技术引进，与企业合作开发的占比较低；焦作主要依赖独立研发、技术引进、与高校合作开发；济源主要依赖独立研发、与高校合作开发（见表 4 - 73）。

表 4 - 72   豫北企业的职工人数

单位：人

地区	职工人数			技术人员			管理人员		
	2012 年	2013 年	2014 年	2012 年	2013 年	2014 年	2012 年	2013 年	2014 年
安阳	24472	27007	28616	2357	2999	3460	2087	2009	2236
鹤壁	15185	18814	21222	1371	1823	2194	650	757	974
濮阳	6887	7450	8890	794	981	1165	680	766	952
新乡	20093	21653	25878	956	1019	1428	1007	1008	1348
焦作	21160	14287	22680	966	1060	1239	806	834	1110
济源	6931	6982	7224	812	989	1002	494	504	600

表 4 - 73   豫北企业的主要技术来源

单位：%

地区	企业主要的技术来源			
	独立研发	企业合作开发	与高校合作开发	技术引进
安阳	47.7	15.4	21.5	15.4
鹤壁	32.0	12.0	26.7	29.3
濮阳	32.5	6.3	42.5	18.8
新乡	55.4	9.2	13.8	21.5
焦作	51.6	11.3	17.7	19.4
济源	41.2	17.6	27.5	13.7

（五）豫中

2012～2014 年，职工人数均呈现上升的趋势，技术人员数量增加趋势较为明显，管理人员数在一定程度上也有所增加。其中，许昌地区职工数较多，企业规模较大，数量较多，增长较快，技术人员和管理人员的增长速度相近，尤其是在 2014 年迎来爆发式增长；而漯河、郑州管理人员的增长高于技术人员的增长（见表 4 - 74）。

表 4 - 74   豫中企业的职工人数

单位：人

地区	职工人数			技术人员			管理人员		
	2012 年	2013 年	2014 年	2012 年	2013 年	2014 年	2012 年	2013 年	2014 年
漯河	11286	14197	15675	948	992	1313	951	1004	1343
许昌	35218	36663	63722	5282	5444	9734	791	820	1521
郑州	197914	230242	294235	13744	14096	24447	13531	19101	24850

在企业的主要技术来源方面，主要还是依靠企业自身具有的独立研发能力。其中，漯河主要依赖独立研发、企业合作开发；许昌主要依赖独立研发、技术引进、企业合作开发；郑州主要依赖独立研发、与高校合作开发（见表4-75）。

表4-75　豫中企业的主要技术来源

单位：%

地区	企业主要的技术来源			
	独立研发	企业合作开发	与高校合作开发	技术引进
漯河	40.0	23.3	20.0	16.7
许昌	36.4	20.8	16.9	26.0
郑州	51.2	11.6	20.7	16.5

总体来看，河南省集聚区总体技术人员、管理人员都有增加的趋势，这表明集聚区的综合投入与产出水平有所提高。其中，技术人员的增加比例要高于普通员工以及公司管理层的增加比例，这与集聚区内企业的技术密集型特征相符，这表明在新常态下，集聚区通过鼓励创新，激发企业经营活力的努力已经初见成效。另外，企业的技术来源还是以自主投入研发为主，技术引进以及与周边科研院所的合作力度还不够，未来应该进一步深化与高校或其他企业的技术合作，充分发挥集聚区的规模效应，实现企业的创新驱动与高效增长。

四　制度建设

党的十八届三中全会通过的《中共中央关于全面深化改革若干重大问题的决定》指出："公有制经济和非公有制经济都是社会主义市场经济的重要组成部分，都是我国经济社会发展的重要基础。""非公有制经济在支撑增长、促进创新、扩大就业、增加税收等方面具有重要作用。"可见非公有制经济的成长与发展壮大对市场化进程起巨大推动作用。

（一）豫东

通过对企业的所有制类型进行统计可以看出，豫东地区总共有457家私营企业，所占比重为82.49%；有65家企业的所有制类型为国内股份制企业，所占比重为11.73%；其余企业的所有制类型分别为国有企业、外资（合资）企业和集体企业，所占比重依次为 1.81%、2.71%、1.26%（见表 4 - 76）。

其中，开封集聚区国企、外资（合资）企业占比较高，周口集聚区企业数量远远超过开封与商丘，地区差异较大。

表 4 - 76　豫东所有制类型分布及其占比

单位：%

地区	国有企业	集体企业	私营企业	外资(合资)企业	国内股份制企业
开封	6.41	0.00	64.10	7.69	21.79
商丘	0.00	1.41	74.65	2.82	21.13
周口	1.23	1.48	87.41	1.73	8.15
合计	1.81	1.26	82.49	2.71	11.73

（二）豫南

通过对企业的所有制类型进行统计可以看出，豫南地区总共有 413 家私营企业，所占比重为 70.72%；有 96 家企业的所有制类型为外资（合资）企业，所占比重为 16.44%；其余企业的所有制类型分别为国有企业、集体企业和国内股份制企业，所占比重依次为 2.05%、1.20%、9.59%（见表 4 - 77）。

其中，南阳集聚区私营企业占比最高、数量最多，信阳集聚区企业数量远远低于开封与商丘，地区差异较大，但小于豫东地区。

表 4 - 77　豫南所有制类型分布及其占比

单位：%

地区	国有企业	集体企业	私营企业	外资(合资)企业	国内股份制企业
驻马店	0.00	0.74	60.89	29.52	8.86
南阳	3.46	2.16	82.68	4.33	7.36
信阳	4.88	0.00	69.51	7.32	18.29
合计	2.05	1.20	70.72	16.44	9.59

（三）豫西

通过对企业的所有制类型进行统计可以看出，豫西地区总共有 349 家私营企业，所占比重为 74.41%；有 52 家企业的所有制类型为国内股份制企业，所占比重为 11.09%；其余企业的所有制类型分别为国有企业、外资（合资）企业和集体企业，所占比重依次为 5.54%、6.40%、2.56%（见表 4 - 78）。

其中，洛阳、三门峡集聚区企业数量较多，地区差异性较小。

表 4 - 78 豫西所有制类型分布及其占比

单位：%

地区	国有企业	集体企业	私营企业	外资（合资）企业	国内股份制企业
平顶山	7.32	2.44	71.95	7.32	10.98
洛阳	5.23	1.74	76.74	2.91	13.37
三门峡	5.12	3.26	73.49	8.84	9.30
合计	5.54	2.56	74.41	6.40	11.09

（四）豫北

通过对企业的所有制类型进行统计可以看出，豫北地区总共有 315 家私营企业，所占比重为 79.75%；有 51 家企业的所有制类型为国内股份制企业，所占比重为 12.91%；其余企业的所有制类型分别为国有企业、外资（合资）企业和集体企业，所占总体的比重依次为 3.04%、3.04%、1.27%（见表 4 - 79）。

其中，各地区集聚区企业数量基本相同，占比相差很小，地区差异很小。

表 4 - 79 豫北所有制类型分布及其占比

单位：%

地区	国有企业	集体企业	私营企业	外资（合资）企业	国内股份制企业
安阳	2.60	0.00	85.71	1.30	10.39
鹤壁	4.84	1.61	80.65	3.23	9.68
濮阳	4.69	1.56	76.56	3.13	14.06
新乡	1.45	0.00	71.01	7.25	20.29
焦作	1.35	0.00	89.19	1.35	8.11
济源	4.08	6.12	71.43	2.04	16.33
合计	3.04	1.27	79.75	3.04	12.91

（五）豫中

通过对企业的所有制类型进行统计可以看出，豫中地区总共有180家私营企业，所占比重为65.93%；有57家企业的所有制类型为国内股份制企业，所占比重为20.88%；其余企业的所有制类型分别为国有企业、外资（合资）企业和集体企业，所占比重依次为4.40%、8.06%、0.73%（见表4-80）。

其中，各地区集聚区企业数量基本相同，占比相差很小，地区差异很小，但略大于豫北地区。

表4-80　豫中所有制类型分布及其占比

单位：%

地区	国有企业	集体企业	私营企业	外资（合资）企业	国内股份制企业
漯河	2.94	0.00	72.06	2.94	22.06
许昌	4.85	0.00	63.11	12.62	19.42
郑州	4.90	1.96	64.71	6.86	21.57
合计	4.40	0.73	65.93	8.06	20.88

总体来看，改革开放以来，河南省非公有制经济发展较快。2004～2013年，非公有制经济从原来的14%增长到61%。集聚区内非公有制经济占比也较高。豫东地区私营企业所占比重为82.49%，国内股份制企业所占比重为11.73%，其余企业的所有制类型分别为国有企业、外资（合资）企业和集体企业，所占比重依次为1.81%、2.71%、1.26%。豫南地区私营企业所占比重为70.72%，国有企业、集体企业和国内股份制企业所占比重依次为2.05%、1.20%、9.59%。豫西地区私营企业所占比重为74.41%，国有企业、外资（合资）企业和集体企业所占比重依次为5.54%、6.40%、2.56%。豫北地区私营企业所占比重为79.75%，国有企业、外资（合资）企业和集体企业所占比重依次为3.04%、3.04%、1.27%。豫中地区私营企业所占比重为65.93%。在非公有制经济快速发展的前提下，我们也注重非公有制经济的发展质量，重视思想解放不彻底、政策不够到位、工作不够得力、环境不够宽松等问题。

第三节　集聚区企业的发展问题与改善空间

一　河南省产业集聚区的企业发展问题

河南省产业集聚区企业发展过程中面临着一系列的问题，不利于企业未来发展空间的拓展。按照地理区位划分，本研究对豫东、豫南、豫西、豫北与豫中等地面临的发展问题进行了总结，具体如下。

（一）公共设施建设滞后，综合配套保障不足

公共基础设施的建设是否完备，关系到企业生存发展的硬件环境。从目前河南省集聚区总体基础设施建设的环境来看，虽然河南省在投资建设力度方面已经取得了长足的进步，在综合配套能力方面，产业集聚区基础设施框架已经初步形成，道路、水电气等基本公共服务能够满足项目落地需要，但适应现代产业需求的配套服务发展还不充分，现代物流、科技研发、咨询服务、信息、金融等生产性服务业发展滞后，对产业集群化发展的支撑能力还不强。开封市面临着产城分离与基础设施建设不健全的问题。一方面，产业集聚区附近缺少商店、学校、邮局、银行及医院等必要的生活服务设施，造成了产业集聚区与其他功能区在空间上不能衔接，也不能和城市的发展相结合。另一方面，基础设施不健全。部分集聚区存在给排水困难（下雨天积水严重，生活和工业用水无法保障）、污水处理能力不足等问题。而且集聚区缺乏一个由企业为了共同利益而形成的具有自我约束、自我发展能力和提供集聚区企业共同需求的服务产品的组织机构。安阳市发展空间与发展环境有待优化。在安阳市，除安阳高新区外，其他集聚区或多或少存在交通不便（公交车不通）、商业不旺、医疗教育缺乏、公租房少等社会配套服务不足的问题。周口市的发展与城镇建设缺乏互动。集聚区内产业工人的就业和安置是一个亟待解决的重要问题，并且集聚区内的工人多数在市区或附近城镇居住，难以有效推动集聚区服务业的发展，同时对交通通勤的需求也在持续增加。

（二）主导产业同质性较强，集聚区的企业"群"而不"聚"，产业关联度偏低

不同地区产业集聚区产业趋同现象比较严重，导致产业分工与衔接不

133

畅；企业在地理上形成地理集中但是功能上无法实现匹配，严重影响了集聚区企业的可持续发展。豫东地区产业集聚区入驻企业产业关联度较低，企业产品生产的上下游关联度比较弱，一些产业集聚区主导产业还不突出，没有形成完整的产业链条，协作配套不到位，集聚效应不明显，离产业集群发展还有不小距离。南阳市产业集聚区发展仍存在较强的产业同构性，各个集聚区差异化、互补性仍偏低。南阳市主导产业涉及机械制造、装备制造和机电制造的产业集聚区有 10 个，占产业集聚区总数的 76.9%。在产业集聚区发展初期，主管部门往往容易重"项目"轻"产业"、重"大块头企业"轻"小体格配套企业"、重"生产制造环节"轻"服务增值环节"，导致产业链条环节缺失，产业发展缺乏配套，产业集群以"堆"代"链"，集群效应发挥不足。平顶山市产业集聚区对河南省经济发展的贡献度普遍不高，2012 年的固定资产投资在总量上和均量上都没有取得优势地位，龙头带动效应不明显。多数集聚区虽然已经有明确的主导产业，但产业链状发展不足。如安阳市高新区虽然高新企业较多且以装备制造为主，但分工协同效应较差，链状发展态势还没有形成。许昌市各产业集聚区已有的产业多是依托一两个较大的龙头企业发展起来的，多数产业尚未发展成为真正意义上的产业集群，或者说还处于产业集群的初期阶段，带动相关产业的能力不强。从总体上看，河南省产业集聚区普遍存在产业链条不完整、原材料的本地供给率偏低、主导产业周边产品结合度不高等问题，其产业链整合难度也较大。

（三）主导产业特色不突出，难以形成示范引领作用

总体上而言，主要产业集聚区主导产业特色并不突出，没有形成完整的产业链条，协作配套不到位，集聚效应不明显，离产业集群发展还有不小距离。周口市注重本地产业升级改造，以产业集聚区为载体，结合主导产业培育，着力促进产业向集群化方向发展，但是依然缺乏支撑本地经济增长的主导产业。三门峡市产业集聚区中诸多关联度不高的产业集聚在一起。一些产业集聚区主导产业的定位与实际入区企业所属产业不符。企业产品同质化程度高，行业准入门槛较低。企业无核心竞争力便无长远发展。2014 年 1~10 月，平顶山市 9 个产业集聚区主导产业占集聚区规模以上工业增加值比重大于 50% 的仅有 4 个。而且在郑州市，规模以上工业完成主营业务收入超过 1000 亿元的产业集聚区仅有航空港经济实验区。漯河市 6 个产业集聚区中主导产业涉及食品产业的有 4 个，而且主要集中在饮料和休闲食品方面，有 2 个产业集聚区的主导产业同时涉及医药产业和商贸物流产业，各个集聚区差异化、互补性偏低。

（四）技术创新能力不足，创新平台开发滞后

新常态下，我国经济发展面临进一步下行的压力，对于农业大省河南而言，产业转型以及结构升级的压力更大。因此，依托河南省产业集聚区的空间外部性，实现以点带面，创新驱动发展成为促进经济增长的重要动力。但河南省产业集聚区技术创新能力不足，创新平台的开发也相对滞后。例如，周口市在技术创新驱动方面，产业集聚区公共创新研发平台不完善，创新投入不足，高层次科技人才匮乏，缺乏拥有自主知识产权的技术和产品。南阳市产业集聚区内企业创新意识和能力较弱，在技术、信息及人才等生产要素积累方面普遍比较薄弱，特别是在科研投入和科技创新方面更为薄弱。2013 年，周口市 13 个产业集聚区 R&D 经费支出仅为 18.23 亿元，只占产业集聚区规模以上工业增加值的 3.64%，远远低于经济发达地区的水平。在豫西产业集聚区中，平顶山市产业集聚区缺乏创新机制、创新网络、研发机构、研发队伍、各方面人才的教育和培训体系，2014 年 R&D 经费支出占增加值比重不足 1%。在高层次的创新研发人才方面，由于河南省不属于发达地区，即使待遇高也难以吸引高层次的人才长期定居河南省，引进人才困难重重。豫北新乡市产业集聚区多以劳动密集型产业为主，如辉县市产业集聚区纺织业，这些劳动密集型产业多是由于市场需求和资源优势而自发形成的，产品科技含量不高、产品附加值低、产业层次较低、创新能力薄弱。濮阳市当前大多数产业集聚区依然延续着基于投资驱动和规模扩张的传统产业发展模式，在项目建设上，新兴产业、新型项目的"双新"色彩不明显，产业结构中高新技术产业占比仍然偏低，在发展路径上，仍是过多依赖低端产业、低小散企业，低成本劳动力、资源要素消耗和传统商业模式。

（五）劳动力、土地以及资本供给不足，要素短缺问题严重

1. 劳动力供给不足

随着我国劳动人口红利的逐渐消失，用工短缺现象更加普遍。豫东商丘市产业集聚区存在不同程度的人员短缺及招工难现象，而且一线操作工以及技术工人的招工难现象较市场营销人员、技术研发人员、管理人员等高层次人才的招工难现象更为普遍，可能与低层次一线员工的用工量大、工作条件差以及待遇不优厚有关。由于环境治理压力不断增强，环境评价越来越严苛，很多企业的资金、技术、设备、人力投入不足，环境评价难以达标。豫北三门峡市高端人才的缺乏最为典型。三门峡市产业集聚区缺乏创新机制、创新网络、研发机构、研发队伍、各方面人才的教育和培训体系，2014 年 R&D 经费支出占增加值的比重不足 1%。在高层次的创新研发人才方面，由于河南省不属于发达地区，即使待遇高也难以吸引到高层次的人才长期定居河南省，引进人才困难重重。安阳市产业集聚区多以钢铁、煤炭、装备制造为主导产业，集聚区内企业高层次人才引进比较困难，部分企业出现高端人才流失现象，严重影响了企业的发展。焦作市产业集聚区企业用工矛盾突出，甚至有部分企业认为存在的最大问题就是招工困难。用工矛盾突出主要表现在两个方面：一是年轻职工流动性较大；二是高新技术人才与管理人才缺乏。许昌市也对劳动密集型产业的依赖性较大，低廉的劳动力需求大于供给。

2. 土地供给不足

土地供应是集聚区企业发展的最基本生产要素，但土地的粗放利用、地方政府盲目招商引资、给引进企业土地租金优惠，导致一些项目占地过大，批而未用现象仍然存在，单位土地投入产出强度偏低。如豫东地区周口市沈丘县产业集聚区，可提供的土地十分有限，面对前来投资的客商出现无地可供的局面。开封市还面临土地指标受限、资金来源不足等瓶颈。同时，也有部分企业规模小、效益差，导致部分土地的低效利用。如豫东集聚区、豫西三门峡市的土地市场仍垄断在地方政府手中，而且受到中央和省级政府的严格指标管控。诸多产业集聚区土地利用报批难，征地矛盾突出。豫北濮阳市的土地资源也相对紧张。但现实中，谁也不敢越国家规定的"18 亿亩"耕地红线的雷池半步。有的项目迟迟不落地，其中最主要的原因就是征地手续没有办理。土地问题已成为影响濮阳市产业集聚区发展的瓶颈。

3. 资本供给不足

集聚区融资渠道不畅，缺乏有效的中小企业融资平台，是制约产业集聚区发展的重要因素。资本的短缺不利于企业硬件与软件环境的建设，对企业的生产以及创新活动产生制约。具体而言，豫东周口市产业集聚区投融资平台规模较小，经营运作能力较低，资金保障能力弱，中小企业担保服务体系不够健全。豫南信阳市企业融资难问题也比较突出，信阳市产业集聚区以中小企业为主，资金不足现象普遍。数据显示，信阳市产业集聚区约80%的企业有融资需求，17.4%和47.8%的企业认为从银行贷款"很困难"或"较难"。面对企业普遍存在的融资难问题，南阳市集聚区政府如何发挥作用，破解融资难问题，是集聚区下一步工作内容之一。南阳市受信贷政策和融资平台限制，产业集聚区大部分企业缺乏融资手段，融资困难，资金短缺，集聚区企业的生产性投资以自有资金、政府资金和银行贷款为主，风险投资和从资本市场、证券市场进行的直接融资数量较少。在融资方面，造成豫北新乡市产业集聚区企业项目被搁置的原因主要为融资成本高、融资体系不完善以及融资渠道不通畅。而对焦作市的调查表明，有将近1/3的企业认为资金缺口较大，尤其是面临节能降耗的传统型工业企业，在转型过程中急需大量资金，大部分企业由于资金不足而搁置了生产技术改造。资本市场不完善，融资渠道亟待拓宽。近年来，漯河市产业集聚区投资本年到位资金增速一直低于同期投资增速。

（六）产业集聚区行政管理体制机制问题突出，关系亟待理顺

理顺产业集聚区管理体制是提高管理效率的关键，一些产业集聚区的管理体制没有理顺，管委会与职能部门管辖权限交叉分割、相互掣肘，导致效率低下。豫东开封市政府的引导与服务职能有待加强，政府在行政管理、社会服务职能、审批权限等方面的多重管理，导致企业办理手续程序复杂、周期长。而且集聚区中长期发展规划模糊，政府在产业集聚区发展之初，把产业集聚区建设作为推动经济发展的主要手段，确立主导产业有些随意，依靠土地经营和各种政策优惠措施圈地招商，企业之间的关联度小，缺乏产业链上下游的产业配套结构，一旦低成本优势丧失，将给企业和集聚区带来不可弥补的损失。豫南驻马店市行政审批冗余，政府与企业关系亟待理顺。在企业投资报批过程中，审批程序复杂、矛盾协调难度高，成了拖延项目报批进度的重要因素。产业集聚区发展过程中政府该向企业提供什么范围和深度的服务与政策仍然不清。豫西洛阳市、三门峡市以及平顶山市面临体制机制管理的共同难题，地方政府对企业发展的政策制定存在"九龙治水"的情况，如一个县市，同时出现了两个管理工业的职能部门——集聚区管委会和原地方工业管理职能部门。管委会与职能部门管辖权限交叉分割、相互掣肘，导致效率低下。豫北新乡市联审联批渠道不畅，政府提出的联审联批制度仅仅停留在口号上，办事程序不但未简化，反而成了项目报批的制约因素。同样，河南省省会郑州市也面临着体制性障碍，存在职能交叉、协调不力、效能不高等问题，产业集聚区的管理体制有待进一步理顺。

二 河南省产业集聚区拓展企业发展空间的对策

（一）优化产业布局，以科学规划引领产业集聚区可持续发展

首先，牢牢把握新常态下产业结构升级与转型的特点，做好产业集聚区规划。根据当地企业经营模式和产业集聚区发展态势，以科学发展观为指导，遵循市场规律、掌握企业需求，坚持实事求是、因地制宜，力求制定的产业集聚区规划具有良好的前瞻性、地方特色和可操作性。依据河南省人民政府出台的《关于加快产业集聚区提质转型创新发展的若干意见》（豫政〔2015〕42号，以下简称《意见》），把产业集聚区建设的意义提升到"是全面建成小康社会的主导支撑，是全面深化改革的'试验田'，是全面依法治省的示范区，是全面从严治党的'试金石'"的重要高度。《意见》强调，要"更好发挥政府作用，完善体制机制，构建现代创新体系，提升产业技术创新能力，破解资金、人才、土地等要素瓶颈制约，创新招商方式和招商模式，推动绿色发展，理顺行政管理体制，激发产业集聚区发展动力、活力。"

其次，应该遵循产业集聚区形成、演进、升级的内在规律，结合区域优势和特色，科学规划。主导产业的选择应该体现动态比较优势，既要发挥地区资源禀赋和优势，又要考虑未来发展趋势和潜力。在产业集聚区发展初中期，以市场的原则来培育一家或数家有竞争优势的细分产业企业，这个过程中的竞争必须是良性竞争，大力引进和扶持龙头企业，培育名牌产品，创造地区品牌，增强主导产业的带动能力，加大对高技术含量、高附加值、有市场潜力的名牌企业的扶持。当优势企业发展起来之后，更应依照市场化配置资源原则打造良好服务环境，引导其他相关企业进入产业集聚区。例如，对于豫东汴东产业集聚区，以上海申华和华晨宝马两大企业为依托，将重心由工业向现代商贸流通转移。

再次，大力推进产业转型升级。围绕品种质量、节能降耗、生态环境、安全生产等重点，积极引导企业充分利用高新技术、云计算、物联网等信息技术对产业生产流程、工艺和产品层次进行提升改造；围绕产业研

发新产品、新技术、新工艺，延长产业链，向产业价值高端发展，提升传统产业市场竞争力，大力推进产业改造转型升级。强力推动产业集聚区装备制造、金属冶炼、化学工业、农副产品加工、纺织服装、光学电子等战略支撑产业技术改造升级，强化相同产业的空间整合，加快发展集中度高、关联度大、竞争力强的主导产业群。

最后，强化战略新兴产业自主创新。把加快培育和发展战略性新兴产业放在产业创新驱动转型的突出位置，统筹技术开发、产业化示范、市场应用等创新环节，组织实施战略性新兴产业重大创新工程和示范园区建设，着力培育具有核心技术的龙头企业和产业集群。加大高新技术产业项目招商引资力度，积极发展电子信息、新能源、生物医药、新材料等高新技术新兴产业和战略性先导产业，提高产业层次，构建新型现代产业体系，促进节能环保、高端装备制造产业成为新的增长点，把南阳市打造成河南省重要的战略性新兴产业基地。

（二）进一步加强基础设施建设，完善集聚区制度环境

产业集聚区基础设施与制度环境的"软硬件"，是企业生存与发展的基本依托。

1. 加强基础设施建设

在加强基础设施建设方面，应结合企业的评价及诉求，大力改善产业集聚区配套服务环境、电气水供应服务、交通设施以及医疗卫生服务，切实提高邮政电信服务水平，有针对性地改善社会治安与居住环境状况。与此同时，基础设施建设应实现向综合产业开发转变，即通过土地、房产的产业入股等方式，将土地、房产与产业开发结合起来。

2. 完善制度环境

在完善集聚区制度环境方面，应进一步发挥政府在人才培训和引进、融资服务、企业迁移、市场拓展、技术创新、品牌塑造等方面的积极作用；大力规范与完善产业集聚区法治环境，针对企业反映的问题，加强司法队伍建设，加快司法程序的规范化与信息化进程，保证司法办案的公开与公正。

3. 完善服务配套体系

完善水、电、天然气、污染处理等基础设施以及配套的社会生活服务设施；从资金、技术、政策和服务等多方面创造产业链上下配套的产业环境，包括建立健全产业链，形成产业互动；搭建长效的技术引进研发以及投融资平台等。

（三）加大创新投入，完善创新平台建设，激发集聚区增长活力

1. 积极推动技术创新

健全完善政府科技投入引导机制，引导社会资源和创新要素向企业集聚，不断提高企业自主创新能力。大力培育以大学科技园为核心的集群模式，促进产、学、研紧密结合，加速集群产品产业化，增强企业技术创新能力。企业要充分利用当地研究机构和企业研发力量，发挥当地的专业性人力资本的优势，加强自主创新，掌握产业核心技术，发展技术含量高的新兴产业，把产业集群不仅建成产品加工基地，更要建成产品创新基地。

2. 发展壮大高新技术产业

要培育壮大特色主导产业，坚持高端引领、创新驱动、重点突破、集群发展，以高新技术产业化为主线，加快培育战略性新兴产业，继续推进高新技术改造，提升传统产业，力争尽快见到实效。

3. 加快建设创新载体

要加快在产业集聚区布局建设工程技术研究中心、企业技术中心等研发机构；依托高等院校、科研机构和其他有条件的企事业单位，加强重点实验室、工程实验室、高校重点实验室、院士工作站、博士后科研工作站建设，进一步改善科技创新条件。

4. 促进商业模式创新

要将商业模式创新置于与科技创新、管理创新、品牌创新同等重要的地位，引导制造业紧跟国内外商业模式创新步伐，通过上下延伸、左右拓展，加快从生产加工向产品研发、市场营销、客户管理等方向拓展，从卖产品向卖设计、卖服务等高端环节延伸，增创竞争新优势。

5. 加强创新人才队伍建设

要加快制定出台优惠政策，坚持培养和引进相结合，加强对高水平领军人才、青年科技人才的培养。

（四）提高产城融合度，明确产业集聚区在产城互动中的重要地位

1. 积极引导载体联动发展，促进产城融合

鼓励、引导产业集聚区和商务中心区、特色商业区开展多层次全方位合作，努力实现联动发展。建立集聚区之间的信息共享平台；支持集聚区

建立合作关系，鼓励同类产业集聚区立足产业链、创新链、资金链及人才链，开展上下游经济联系，鼓励工业园区、科技园区、物流园区、出口加工区等不同类型集聚区依托专业功能开展业务合作；在具体合作方式上，尝试"飞地"式的集聚区合作、集聚区协调下的企业合作对接、产学研金协同式的创新合作以及集聚区引导下的科技金融结合等形态。同时，应当把产业集聚区建设与加快新型城镇化紧密结合起来，以产兴城、以城促产，逐步推进以人为核心的城镇化，进一步完善城市功能，加强城市基础设施建设，大力发展服务业，增强综合承载能力，为产业集聚提供更好的服务。

2. 明确产业集聚区在产城互动中的重要地位

产业集聚区是产城融合的空间载体，是一种产业与城市融合发展的区域开发模式。产业集聚区发展必须坚持产业与城市同步发展、双轮驱动的原则，摒弃片面强调产业功能或城市功能的传统发展思路，避免产业集聚区孤岛式开发。既要立足于国内外产业发展趋势、区域比较竞争优势、现有工业企业基础、东南沿海产业转移契机，培育、引进一批产业关联度大、带动能力强、集聚效应明显的项目，以先进制造业驱动产业集聚区发展；又要注重产业集聚区的城市功能，为务工人员提供必要的基础设施、就业岗位、医疗保健、子女上学、职业培训、公共交通等服务，完善生活性配套服务建设，防止产业集聚区发展"空心化"。科学统筹产业功能和城市功能，采取"造城"与"引入产业"并行的平衡发展模式，有序推动产业集聚区建设。

（五）培育主导产业，加强产业关联度

1. 培育主导产业

主导产业是产业集聚区发展的内在"动力源"，主导产业的健康发展关系到集聚区产业升级进程。培育主导产业，要求从以下方面着手。

一是制定科学合理的主导产业甄选规划。应由市发改委牵头，相关职能部门配合，组织政产学研各界人员组建工作组，制定科学合理的主导产业甄选规划。通过规范化的组织制度运行，保证主导产业的确立符合主体功能区定位，兼具新兴产业发展潜力与本土转化的生态适应性，切实在产业集聚区发展中发挥引领带动作用。

二是精准制定主导产业项目招商引资标准。结合产业集聚区发展规划，甄选战略新兴产业中的强势企业；依据产业集聚区主旨与文化内涵，优选本土社会经济融入度高的潜力企业；通过整合产业集聚区资源，建立招商引资质量管理体系。

三是完善主导产业发展服务体系。首先，要构建主导产业发展政策服务体系，通过构建一站式政务服务平台、设立创业投资发展基金、强化信息服务支持及加大政策优惠力度等形式，创优主导产业发展环境；其次，要完善主导产业发展专业服务体系，加快发展科技金融服务、融资担保、投资评估、法律咨询、财经传媒、资信调查等新兴行业，集成优化专业服务职能。

四是要严控企业引入。通过政府的政策导向，合理引进主导产业和相关配套产业。产业集聚区也要根据自身的特点来制定合理的长期规划，并要认真贯彻落实所制定的各项政策。

五是建立科学的产业集聚区考评体系。不仅要对产业集聚区的总产值进行考评，还要对它的产业链进行科学评估，促使其形成良好的分工机制，使其真正发挥产业集聚区的效应。

2. 突出产业集群，以主导产业带动发展

产业集聚区的核心特征是产业集群发展。产业集聚区与产业集群实现"两集"融合，是集聚区发展的客观要求，是集聚区发展的必然趋势。每个集聚区要集中精力在主导产业上实现突破，打造产业集群，形成上下有连接、左右能配套的产业支撑体系。要加强对集聚区的协调指导，促集聚创特色，尽量避免无序竞争、杂乱发展，逐步解决无关联企业扎堆的问题。要围绕主导产业，实施产业集群培育工程，突出龙头带动、市场带动、配套带动、技术带动，加快主导产业发展，引导同类企业集中布局，市县联动，重点突破。

（六）破解劳动、土地与资本要素积累难题，以要素集聚加速发展

1. 打破要素瓶颈，增强资源供给可持续性

整合政府政策性培训项目，加大政府资金投入，引导、支持企业提高人力资源开发培养投入力度，加强职工岗位技能培训和工程技术管理人员继续教育，培育产业技术工人；鼓励外出务工人员回乡就业，抓住春节期间返乡探亲时机，做好宣传介绍、定向定点培训工作，增强回乡就业信心，解决一线操作工短缺问题。改善投融资环境，拓宽融资渠道、途径，构建间接融资和直接融资于一体的多元融资体系；重点支持企业间接融

资，建立政府、企业、银行三方联席会议机制和重点项目、重点企业融资推介制度，推动中小企业信用担保体系建设，争取政策性金融机构资金支持力度，保障各类型企业、项目获得稳定、可靠、充足的资金来源；鼓励有条件的骨干、龙头企业发行企业债券、股票，争取上市直接融资。探索土地节约集约使用的长效机制，强化土地总体规划与年度计划管理，调整、优化土地资源结构布局，集中建设多层标准厂房，提高土地利用效率，开展废弃地复垦利用，确保耕地总量动态平衡，缓解土地供需矛盾。

2. 破解土地困境，解决项目落地难问题

完善土地收储供应制度，确保土地储备中心有足够的资金，资金可以从财政和投融资平台上筹措，切实解决项目难落地的现实问题。在具体的供地环节上，确保用地企业拿到净地，产业集聚区和国土资源管理部门要做好协调工作。可以开辟针对产业集聚区企业土地审批的绿色通道，简化审批手续，重大或重要项目可以由国土资源部门向上级部门积极协调。

3. 因地制宜解决人才需求，准确定位吸纳对口人才

夯实人力资源基础，是产业集聚区发展保持持久动力的关键。可以通过因地制宜解决人才需求，准确把握产业集聚区在宏观经济体制中的定位，吸纳对口人才。具体措施如下。一是由地方政府主导，采取多元化融资渠道，建设职业技能培训基地，加大农村劳动力培训力度，确保农村劳动力数量和质量同步提高，积极引进人才，出台相关政策，进一步鼓励包括大学毕业生在内的各类优秀人才服务产业集聚区建设，既破解大学生就业难题，又为产业集聚区发展提供强大智力援助。二是要制定符合本地人习惯和传统的用工政策。制定具有吸引力的政策来吸引本地的农民以满足一线的操作工的岗位需求。农民工主要在农忙时节及主要的传统节日请假，面对这一情况，企业应合理制定在此期间的休假制度和轮换班制度。企业要定期对农民工进行培训，促使农民工转化为技能型产业工人，以满足日益增长的技能型人才的需要。三是产业集聚区要加强基础设施和配套设施的建设以及社保体系的建设，以良好的软硬件环境来吸引人才。四是适度提高工资并加强企业文化认同感教育。

4. 完善产业集聚区发展资金支持

鼓励金融机构创新，积极推进创业投资发展，充分利用市场资源，发

挥政府资金的放大效应，引导社会资金投资。一是要加快产业集聚区层面投融资机制建设力度。在具体措施上，可将产业集聚区内实物资产划入产业集聚区投融资机构统一管理，增强产业集聚区投融资机构的融资实力，如暂时难以建立投融资机构，可鼓励产业集聚区外投融资机构为产业集聚区开展投融资服务，政府可采用补贴或奖励的办法，支持产业集聚区投融资机构建设。二是要加快产业集聚区外面投融资机构建设。如通过投资补贴、贴息和建立融资担保风险补偿制度等办法，支持企业成立风险投融资机构、中小企业融资担保机构，以满足产业集聚区企业的融资需求。三是政府可对经营效益好、获得金融贷款多、外资吸引力强、财政投入放大效应突出的企业，在安排资金上采取以奖代补的方法，给予重点倾斜，以鼓励产业集聚区加大投融资业发展。四是对于符合条件的基础设施及服务于整个产业集聚区公共项目，可以探索 PPP 模式。以此推进新规划调整区域的道路、管网建设，以及供热、污水处理等基础设施建设，加强与原规划区和市城区公共设施的全面对接，不断提升集聚区承载能力，进一步满足职工的生活需求。

（七）深化行政管理体制机制改革，提高政府办事效率

1. 创新政策扶持机制

建立扶持政策动态调整机制，在规划衔接、财税支持、要素保障等方面形成既适应阶段性特征又相对稳定可预期的扶持政策。要发挥好财政资金的引导作用，鼓励各地创新投融资模式，积极探索公私合作伙伴关系（PPP）等融资新模式，吸引社会资本参与产业集聚区建设。

2. 创新管理和开发体制

加快集聚区管委会与所在区域行政机构套合，理顺产业集聚区与职能部门关系，进一步完善条块结合、精干高效、动态管理的工作机制；深化行政审批制度改革，落实统一的市场准入制度，积极试行"负面清单"管理模式，提高行政效率。在具备条件的地方探索采取投资主体多元化公司制的产业集聚区开发和管理模式。

3. 完善评价考核机制

在继续贯彻落实现行产业集聚区考核办法的同时，要进一步完善产业集聚区星级管理机制，强化节能减排、安全生产、廉政建设等工作，对产业发展方向不明确、配套基础设施建设滞后、管理体制机制不顺、投入产出效益差，以及对生态环境造成严重污染的集聚区重点进行清理整顿、限期整改，整改达不到要求的要进行清理。

4. 完善信息审批制度

整合各职能部门市场准入行政审批事项，建立跨部门审批管理机制和审批信息流转机制，开设政务大厅，集中办公，实现市场准入所有审批事项一次性、一体办结。一体审批可概括为"四个一"。一表填报：合并各部门各类核准事项申报材料信息，系统依据申报事项生成一个表格，一次填报。一口受理：一次性向综合服务窗口提交申请材料，综合服务窗口对材料是否齐全进行初审、登记、录入、分流。一体审批：初审材料经内部分流至各部门，能同时审批的，启动同时审批工作；有先后顺序的，依次启动审批工作。一并发证：准予许可的，证、照集中统一发放。

理论上，产业集聚区的发展离不开宏观经济环境的约束，随着我国进入"稳增长，调结构，促转型"的经济发展新常态，依托产业结构的转型升级、创新驱动以及实现绿色共享的发展是激发新一轮经济增长活力以及提升经济增长质量的重要内容。产业集聚区的政策环境保障依赖政府的支持，但与此同时，企业内部与外部的经营环境对企业的发展也将产生深刻的影响。从微观层面来看，企业生产的劳动力、技术与资本等要素供应决定了企业产品生产的成本与未来产品的销售潜力，企业内部的技术研发与投入决定了企业未来发展的高度，企业内部公司治理以及制度建设水平决定了企业未来的可持续发展水平。因此，对于微观层面企业的成长机制的探讨，需要从外部基础设施、政策、市场与融资环境切入，并据此深入企业内部，对企业运行状况、企业生产衔接、内部治理以及制度建设进行系统管理，这是培育企业高效成长机制的关键。本章从微观层面关注了河南省产业集聚区的企业成长环境与成长机制，对集聚区企业成长的外部环境、内部环境以及企业未来发展的空间进行了系统的描述。

首先，企业运行的微观外部环境，包括基础设施建设、政策环境、市场环境与融资环境等多方面。基础设施建设方面。河南省集聚区基础设施环境的总体评价良好，豫东地区基础设施环境总体评价最好，豫中地区基础设施环境总体评价最低。但是，供电、供气、供水服务状况，交通设施状况，邮政电信服务状况，社会治安状况，居住环境状况，医疗卫生状况均存在着一定的问题，并没有完全满足企业的要求，不利于企业的长期持续发展。政策环境方面。不同产业集聚区对政策环境的满意度水平均比较高，但不同地区有所差异。对豫西地区政策环境的评价低于豫东集聚区，但高于豫南集聚区。企业对豫北集聚区政策环境的满意程度很高，对豫北地区政策环境的评价仅次于豫东集聚区，高于豫南、豫西、豫中集聚区。企业对豫中集聚区政策环境的评价不算高，对豫中地区政策环境的评价均低于豫东、豫南、豫西、豫北集聚区。市场环境方面。豫中产业集聚区对其所在地区市场环境评价最低，豫东产业集聚区对其所在地区市场环境评价最高，每个地区普遍存在的市场秩序方面的突出问题都是恶性竞争和销售货款拖欠问题。融资环境方面。豫东集聚区企业的融资需要最大，豫西集聚区的企业有最多的融资困难，相对来说，豫中集聚区企业融资方面存在问题较小，其他地区差异不大。河南省产业集聚区大部分企业融资还是依赖银行贷款、政府扶持性融资、民间拆借等方式，利用资本市场融资的企业还是极少数，融资的困难主要还是融资渠道狭窄，缺乏专业的金融服务机构。就银行贷款这一重要的融资渠道而言，许多企业也因利率太高、手续烦琐、审批时间长只能望而却步。

其次，企业的微观内部环境，包括企业运行状况、企业生产衔接、内部治理以及制度建设等。企业运行方面。包括豫东、豫西、豫南、豫北以及豫中在内的企业均以劳动密集型以及技术密集型为主，资本密集型企业相对较少，劳动生产要素供应依然相对充足，但金融环境建设依然相对滞后，亟待改善。企业生产衔接方面。河南省企业数量很多，涉及领域较广，产业种类丰富，而且，河南省在建筑建材、食品加工、纺织、机械制造等产业上形成了自己的产业规模，发展成为具有一定突出优势的支柱产业。但是，在集聚区企业生产衔接方面还存在着不少问题：企业之间经济活动的联系较少，很少进行配套生产和分工合作，而且集聚区内无法提供足够的企业生产的原材料，使得企业可能进行远途采购运输，增加了企业成本，甚至可能抵消集聚效益。企业内部治理方面。集聚区技术人员增加比例要高于普通员工以及公司管理层增加比例，这与集聚区内企业的技术密集型特征不谋而合，新常态下，集聚区通过鼓励创新，激发企业经营活力的努力已经初见成效。另外，主要企业的技术来源还是以自主投入研发为主，技术引进以及与周边科研院所的合作力度还不够，未来应该进一步深化与高校或其他企业的技术合作。企业制度建设方面。集聚区非公有制经济发展较快，非公有制经济从 2004 年的 14％ 增长到 2013 年的 61％，非公有制经济有利于充分发挥市场竞争机制作用，提高资源配置效率，增强企业经营的活力。

第五章
河南省产业集聚区发展现状

本章基于对全省 18 个地市 180 家产业集聚区 2431 家企业的大数据调研，分析了河南省产业集聚区的总体情况，集聚区企业总体生存和发展状况，并以此为基础，从问题导向和理论视角对各产业集聚区的未来发展提出若干对策建议，以便使政府各级管理部门对河南省企业的发展有一个总体把握，为政府决策提供参考依据。

第一节 河南省产业集聚区总体情况

产业集聚区在河南这个人口大省的生长发育，不仅仅体现了一种发展方式的转变，更是一种发展理念的嬗变。从 2008 年河南省委、省政府作出规划建设产业集聚区的重大战略决策，到 2009 年边规划边推进，到 2010 年河南省全面推进产业集聚区建设，到 2012 年决定规划建设商务中心区和特色商业区（街），再到 2013 年把城市新区统一明确为城乡一体化示范区，科学发展载体形成了体系，覆盖了各个方面，发展态势越来越好。

2016 年，河南省产业集聚区的投入资金占全省投资规模的 50%，就业人数占全省新增就业人数的一半以上，产值超过 100 亿元的产业集群达到 133 个，这些产业集群的核心竞争力强，产业优势明显，构成了河南省工业的"脊梁"。2016 年上半年，全省产业集聚区工业增加值占全省工业增加值的比重达到 60.3%，对全省工业增长的贡献率达到 77.7%。产业集聚区已经成为推动河南省经济发展最有活力、最有竞争力、最有带动力的平台和引擎。公开的资料显示，河南省近 180 个产业集聚区有近 120 个布局于县域，这些产业集聚区成为县域经济的核心引擎。产业集聚区的大力发展，给周围县（市、区）创造了就业机会，产业集聚区规模以上工业从业人员已占全省规模以上工业从业人员的一半以上。

实践证明，河南省委、省政府规划建设产业集聚区科学发展载体，符合工业化、城镇化发展规律，充分体现了产业集聚、人口集中、土地集约的内在要求，符合河南省情，产业集聚区已成为河南省经济增长的主力军、产业升级的主战场、改革开放的试验田、创新驱动的动力源、转移就业的容纳器，不但对河南省经济社会发展、民生改善、产业转型升级起了支柱和引导作用，而且为河南省长远发展奠定了坚实基础。

河南是农业大省，工业化发展是河南省经济社会发展的一部重头戏，工业化发展的基础在于企业，河南省企业发展身居何处？河南省企业发展的总体状况，直接关系到河南省工业化发展进程。河南省产业集聚区产业优势明显，企业发展强劲，2016 年上半年其工业增加值占全省工业增加值的比重达 60.3%，对全省工业增长的贡献率达 77.7%，已构成了河南省工业发展的"脊梁"，产业集聚区企业发展对于河南省工业发展影响巨大，其企业生存和发展状况基本上反映了河南省企业发展的现实，直接影响河南省工业化发展的进程。研究河南省产业集聚区企业生存与发展状况具有典型意义。

一　产业集聚区企业生存基本情况

1. 企业分布情况

信息化经济时代，财富处于点状分布状态，为凸显规模经济效应，河南省工业发展采用产业集聚区集中布局的模式，产业集聚区的企业发展具有代表性。本次调研对象是河南省 18 个地市 180 家产业集聚区区内 2431 家企业，有效样本 2424 家，其中周口所占的比例较大（占比 17%），其次为驻马店（占比 13%）、南阳（占比 11%），整体企业调研分布基本合理（见图 5 - 1）。

2. 企业所属行业分布情况

从调研企业所属的行业分布情况看，在调查的 2424 个企业中，工业、

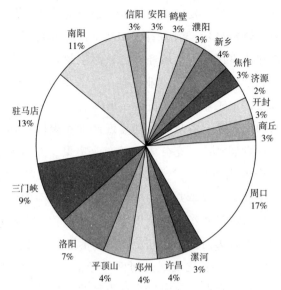

图 5-1　河南省产业集聚区各地市企业调研样本所占比例

农林牧渔业、建筑业所占比例较大，其中工业为 1729 个，所占比例为 75.17%，农林牧渔业为 82 个，所占比例为 3.57%，建筑业 80 个，所占比例为 3.48%。在工业企业中，专业设备制造企业为工业企业的 9.3%，金属制品企业占工业企业的 8.7%，食品制造企业所占比重为 7.1%，农副食品加工企业所占比重为 6.48%。从总体上说，河南省产业集聚区主要以工业、农林牧渔业和建筑业为主导产业，在工业中占据重要地位的是专业设备制造、金属制品、食品制造和农副产品加工业（见表 5-1）。

表 5-1　河南省产业集聚区企业随机调研样本所属行业分布情况

单位：家，%

指标	农林牧渔业	工业	建筑业	批发业	零售业	交通运输业	仓储业	邮政业
企业数量	82	1729	80	32	42	38	30	3
所占比例	3.57	75.17	3.48	1.39	1.83	1.65	1.30	0.13

指标	住宿业	餐饮业	信息传输业	软件和信息技术服务业	房地产	物业管理	租赁和商务服务业	其他
企业数量	12	14	8	22	40	33	17	118
所占比例	0.52	0.61	0.35	0.96	1.74	1.43	0.74	5.13

注：部分地市的部分企业行业数据缺失，样本整理有效数据 2300 家企业。

3. 所有制类型分布状况

从表 5 - 2 可以看出，在调查的 2424 家的有效数据中，有 1714 家企业属于私营企业，占总调查企业的 75.11%；其次是外资（合资）企业和国内股份制企业，分别为 175 家和 281 家，占比分别是 7.67% 和 12.31%，其中，国内股份制企业中最大股东平均持股比例为 41.31%；国有企业和集体企业占比只有 3.16% 和 1.45%。随机调研结果显示，私营企业是河南省产业集聚区发展的主力军。

表 5 - 2　企业所有制类型

单位：家，%

指标	国有企业	集体企业	私营企业	外资（合资）企业	国内股份制企业	其他
企业数量	72	33	1714	175	281	7
所占比例	3.16	1.45	75.11	7.67	12.31	0.31

4. 企业的生产要素分类状况

企业按照生产要素主要分为三种：资本密集型、劳动密集型和技术密集型。从表 5 - 3 可以看出，在调查的 2424 家企业中，有 1121 家企业属于劳动密集型企业，占比 49.51%；其次是技术密集型和资本密集型企业，占比分别为 37.81% 和 12.68%。这说明河南省产业集聚区未来应向资本密集型和技术密集型发展。

表 5 - 3　企业的生产要素分类情况

单位：家，%

指标	资本密集型	劳动密集型	技术密集型
企业数量	287	1121	856
所占比例	12.68	49.51	37.81

5. 企业发展阶段

企业的发展阶段可以分为初始期、成长期、成熟期、衰退期和二次创业期。调研数据显示，在调查的 2424 家企业中，处于成长期的企业有 1224 家，占比 50.66%；其次是处于成熟期和初始期的企业，占比分别为 26.03% 和 15.89%；而处于衰退期和二次创业阶段的企业占比分别为 3.89% 和 3.52% （见表 5 - 4）。这说明河南省产业集聚区的多数企业成长空间较大，对于后面两类企业，当地政府可鼓励其寻求新的成长机遇。

表 5 - 4　企业各发展阶段中企业数量及占比

单位：家，%

指标	初始期	成长期	成熟期	衰退期	二次创业阶段
企业数量	384	1224	629	94	85
所占比例	15.89	50.66	26.03	3.89	3.52

6. 高新技术企业认定状况

企业作为产业集聚区发展的载体，高新技术企业的规模和数量，决定了未来产业集聚区发展的能量和潜力。从表 5 - 5 可以看出，在河南省产业集聚区高新技术企业认定情况中，有 1310 家企业属于未认定的企业，占比 64.92%；市级认定的高新技术企业，占比 11.35%；而国家级和省级认定的高新技术企业所占额比例分别是 8.33% 和 15.41%。高新技术企业所占比例偏小，因此，企业技术创新、政产学研用协同创新应是河南省产业集聚区发展更加关注的重点。

表 5 - 5　高新技术企业认定情况

单位：家，%

指标	国家级	省级	市级	未认定
企业数量	168	311	229	1310
所占比例	8.33	15.41	11.35	64.92

7. 企业主要产品销售区域状况

企业产品的销售区域主要包括本地销售、国内销售和国外销售。从表 5 - 6 可以看出，河南省产业集聚区企业的销售区域以国内为主，占比 60.64%；其次是国外市场和本地市场，分别为 17.42% 和 21.94%。这说明河南省产业集聚区企业的本地市场所占比例偏小，国外市场需进一步开拓。

表 5 - 6　企业主要产品销售区域情况

单位：家，%

指标	本地	国内	国外
企业数量	587	1622	466
所占比例	21.94	60.64	17.42

8. 主要品牌生产类型

企业的品牌生产类型主要有自主品牌生产、贴牌生产和两者兼有。从表5 - 7 中可以看出，在调查的 2000 多家企业中，拥有自主品牌的企业有 1259 家，贴牌生产和两者兼有的企业分别为 286 家和 367 家，拥有自主品牌的企业比重达到 65.85%。这说明产业集聚区区内企业大多拥有自己的品牌。

表 5 - 7　主要品牌生产类型

单位：家，%

指标	自主品牌生产	贴牌生产	两者兼有
企业数量	1259	286	367
所占比例	65.85	14.96	19.19

9. 企业人员结构状况

从表5 - 8 可以看出，河南省产业集聚区企业职工人数的数量在逐年上升，管理人员的数量基本稳定，但略有下降，技术人员数量在 2013 年有所下降，但到 2014 年又逐渐上升，但是技术人员和管理人员占职工人数的比例整体在下降。可见，人才问题仍然是河南省产业集聚区发展的瓶颈。

表 5 - 8　2012～2014 年企业人员结构

单位：人，%

指标	职工人数			技术人员			管理人员		
年份	2012 年	2013 年	2014 年	2012 年	2013 年	2014 年	2012 年	2013 年	2014 年
人数	619354	715424	892667	69397	68035	91530	50509	58456	71651
技术人员、管理人员分别在职工人数中所占比重	—			11.2	9.5	10.25	8.2	8.2	8.03

10. 企业税后利润、主营业务收入、产销率情况

从表 5-9 可以看出，河南省产业集聚区企业的税后利润 2012~2014 年总体呈下降趋势，其中 2013 年有所回升；主营业务收入、产销率呈上升趋势。

表 5-9 企业税后利润、主营业务收入、产销率

单位：万元，%

税后利润		
2012 年	2013 年	2014 年
-12367192.25	-12334469.57	-159993917.9
主营业务收入		
2012 年	2013 年	2014 年
238734939.7	248546277.1	1042799599
产销率		
2012 年	2013 年	2014 年
84.76719	85.41489	87.04555

11. 企业总资产、总负债状况

从表 5-10 可以看出，河南省产业集聚区企业总资产、总负债在 2013 年有所下降，2014 年上升；河南省产业集聚区企业的平均资产负债率有波动。

表 5-10 企业总资产、总负债

单位：万元，%

总资产		
2012 年	2013 年	2014 年
450300143.9	423612335.8	560017306.4
总负债		
2012 年	2013 年	2014 年
339401857.9	330401108.5	344803225.2
总负债/总资产（平均）		
2012 年	2013 年	2014 年
75.37	78	61.57

12. 企业产能过剩状况及成因

产能过剩问题直接影响到产业集聚区的企业生存和河南省产业集聚区的可

持续发展。企业产能过剩的情况可以分为即期过剩、预期过剩。从表5-11中的数据可以看出，在调查的2424家企业中，有1191家企业不存在产能过剩，占比54.04%；有571家企业存在预期过剩，占比25.91%；有442家企业存在即期过剩，占比20.05%。河南省产业集聚区企业产能过剩问题突出。

表5-11　企业主要产品产能过剩情况

单位：家，%

指标	存在，即期过剩	存在，预期过剩	不存在
企业数量	442	571	1191
所占比例	20.05	25.91	54.04

调研数据表5-12显示，在存在产能过剩的原因中，位于第一位的是国内外市场需求变化，占比35.43%；其次是产品同质化程度高、行业准入门槛较低，占比分别是34.32%和20.27%；最后是过多政策优惠吸引，只有9.98%。这意味着政府政策的吸引在其中所占的比重不大，更多的是由市场导致的。

表5-12　可能产能过剩的原因

单位：家，%

指标	产品同质化程度高	过多政策优惠吸引	行业准入门槛较低	国内外市场需求变化
企业数量	557	162	329	575
所占比例	34.32	9.98	20.27	35.43

13. 企业所属行业的市场竞争情况

由市场所导致的企业产能过剩主要体现为行业竞争和企业之间的竞争。行业竞争分为完全竞争、垄断竞争和寡头垄断。从河南省产业集聚区企业所属行业的市场竞争状况看，有71.20%的企业属于完全竞争行业；垄断竞争和寡头垄断所占的比例比较小，分别只有19.70%和9.10%（见表5-13）。河南省产业集聚区企业间的竞争比较激烈，河南省产业集聚区企业所属的行业市场竞争格局从理论上讲基本合理。企业之间的竞争所导致的企业产能过剩，需要通过企业自身的产品转型来解决，政府所需开展的工作是提供政策支持和引导，帮助企业实现华丽转身。

表 5 – 13   企业所属行业的市场竞争情况

单位：家，%

指标	完全竞争	垄断竞争	寡头垄断
企业数量	1619	448	207
所占比例	71.20	19.70	9.10

二   产业集聚区企业发展环境

1. 对产业集聚区总体环境进行评价

从表 5 – 14 到表 5 – 20 中可以看出，在对所在产业集聚区政策环境的总体评价中，集聚区发展规划、政策法规的制定，集聚区企业基础设施环境，集聚区金融支持与配套服务，集聚区社会公共服务，集聚区政策落实程度和执行效率，政府政务公开程度等方面，有一半以上的企业认为很好，较差和很差占的比例较少。这说明河南省产业集聚区整体发展环境良好。

表 5 – 14   对所在集聚区政策环境的总体评价

单位：家，%

指标	很好	较好	一般	较差	很差
企业数量	1614	563	130	8	41
所占比例	69.6	23.9	5.5	0.03	1.7

表 5 – 15   集聚区发展规划、政策法规的制定

单位：家，%

指标	很好	较好	一般	较差	很差
企业数量	1462	663	149	14	39
所占比例	63	28	6	0.6	1.7

表 5 – 16   集聚区企业基础设施环境

单位：家，%

指标	很好	较好	一般	较差	很差
企业数量	1368	648	240	26	41
所占比例	59	28	10	1	2

表 5 - 17　集聚区金融支持与配套服务

单位：家，%

指标	很好	较好	一般	较差	很差
企业数量	1227	680	329	53	42
所占比例	53	29	14	2	2

表 5 - 18　集聚区社会公共服务

单位：家，%

指标	很好	较好	一般	较差	很差
企业数量	1293	634	315	38	40
所占比例	56	27	14	1.6	1.7

表 5 - 19　集聚区政策落实程度和执行效率

单位：家，%

指标	很好	较好	一般	较差	很差
企业数量	1402	679	189	22	45
所占比例	60	29	8	0.9	1.9

表 5 - 20　政府政务公开程度

单位：家，%

指标	很好	较好	一般	较差	很差
企业数量	1431	654	186	16	24
所占比例	62	28	8	0.1	1

2. 集聚区政府对企业发展的帮助

从表 5 - 21 可知，有 94% 的企业认为产业集聚区政府对企业是有帮助的。认为政府的帮助主要在人才方面的占 22%、融资方面的占 18%、市场扩展方面的占 18%，技术创新、品牌塑造和企业迁移，所占的比例都是 13%。这说明产业集聚区的发展离不开政府的支持，政府对企业的发展具有一定的助推力。

3. 产业集聚区法治环境存在的主要问题

产业集聚区法治环境存在的问题，主要是办案程序不规范（20%）、地方保护主义（15%）、司法人员水平低（11%）、法院判决结果不能有效执行（11%）（见表 5 - 22）。

表5-21　集聚区政府对贵企业发展是否有帮助

单位：家，%

指标	是	否	如果有,是什么样的帮助(多选)						
			融资	技术创新	人才	市场拓展	品牌塑造	企业迁移	其他
企业数量	2085	133	690	480	831	678	501	474	80
所占比例	94	6	18	13	22	18	13	13	2

表5-22　您认为所在产业集聚区法治环境存在的主要问题

单位：家，%

指标	不依法办案	地方保护主义	投诉无门	司法人员水平低	办案程序不规范	贪污腐化	地方政府领导干预办案	法院判决结果不能有效执行	其他
企业数量	71	202	85	143	269	45	70	153	306
所占比例	5	15	6	11	20	3	5	11	23

4. 企业急需的法律服务

从表5-23中可以看出，企业最急需的法律服务是政府的优惠政策，所占比例为23%；其次是金融资本和产业政策，所占的比例分别是20%和19%；再次是经营风险防范、行业法规解读和用工指导。这说明企业优先考虑的是政府制定的各种优惠政策、产业政策和金融资本情况。

表5-23　您认为哪些方面的法律服务是企业急需的（多选）

单位：家，%

指标	产业政策	金融资本	行业法规解读	用工指导	经营风险防范	进出口法律法规	优惠政策	其他
企业数量	1034	1089	451	441	771	312	1246	33
所占比例	19	20	8	8	14	6	23	1

5. 促使本企业在产业集聚区投资的最大动力

表5-24数据显示，促使本企业在产业集聚区投资的最大动力是政策优惠，所占的比例为19%；其次是基础设施完善、生态环境好、劳动力成本低、资源丰富。从中可以发现，政府的政策措施在产业集聚区发展中所起的作用很大，企业往往会受到政府制定的政策优惠的吸引。

表 5 - 24 促使您在本产业集聚区投资的最大动力是什么（可多选）

单位：家，%

指标	资源丰富	生态环境好	市场广阔	基础设施完善	劳动力成本低	融资便利	公共服务完善	政策优惠	其他
企业数量	833	886	694	1226	818	237	919	1331	43
所占比例	12	13	10	18	12	3	13	19	1

6. 企业入区的方式

企业进入产业集聚区的方式有本园区新创立、本地企业迁入、省内其他地区迁入、中部迁入、东部迁入、西部迁入等。表 5 - 25 数据显示，河南省产业集聚区的企业有 50.54% 的企业是本园区新创立的企业；其次是本地企业迁入，占比例为 35.36%；再次是东部迁入、省内其他地区迁入和中部迁入的企业。

表 5 - 25 贵企业的入区方式

单位：家，%

指标	本园区新创立	本地企业迁入	省内其他地区迁入	中部迁入	东部迁入	西部迁入
企业数量	1165	815	128	42	140	15
所占比例	50.54	35.36	5.55	1.82	6.07	0.65

7. 迁入企业的转移方式

表 5 - 26 数据显示，对于迁入的企业来说，有 39.47% 的企业属于扩大再生产，有 38.85% 的企业属于整体搬迁，其余的是拓展业务（占 11.31%）、核心业务入园（占 8.42%）、非核心业务入园（占 1.95%）。

表 5 - 26 企业的转移方式

单位：家，%

指标	整体搬迁	扩大再生产	核心业务入园	非核心业务入园	拓展业务
企业数量	498	506	108	25	145
所占比例	38.85	39.47	8.42	1.95	11.31

8. 企业入区的动机

表 5-27 数据显示，企业入区的动机主要是政策导向和成本导向，占比分别为 29.54% 和 24.59%；其次是资源导向、市场导向和行政导向，占比分别为 19.47%、14.60% 和 11.02%。这说明企业进入园区的主要出于政策和成本导向的考虑，其次是市场导向、资源导向和行政导向。

表 5-27 企业入区的动机

单位：家，%

指标	成本导向	市场导向	资源导向	政策导向	行政导向	其他
企业数量	884	525	700	1062	396	28
所占比例	24.59	14.60	19.47	29.54	11.02	0.78

9. 企业入区后的盈利情况

表 5-28 数据显示，企业进入园区后，有 46.9% 的企业盈利状况基本达到预期，有 18.59% 的企业盈利状况比预期状况要好，和预期一致的企业比例是 17.01%，有些亏损和严重亏损的企业所占的比例分别为 14.51% 和 2.99%。从总体上看，企业进入园区之后盈利状况达到预期的企业所占比例为 82.50%，有些亏损和严重亏损的企业占比例为 17.50%，企业整体运营状况良好。

表 5-28 企业入区后的盈利情况

单位：家，%

指标	比预期好	基本达到预期	和预期一致	有些亏损	严重亏损
企业数量	423	1067	387	330	68
所占比例	18.59	46.90	17.01	14.51	2.99

10. 企业入区后经济活动的主要联系方向

从表 5-29 中数据可以看出，企业迁入园区后，与周边企业有联系的企业占了 31.43%，与本地企业有关联的企业占 19.54%，与园区企业有关联的占 14.97%，与迁出企业和境外企业有关联的分别是 8.19% 和 6.67%，与上述情况都有关联的占 19.20%。这说明产业集聚区企业经济活动关联度最高的是与周边企业的关联，易于形成产业关联。

表 5 - 29　企业入区后经济活动（采购销售等）的主要联系方向

单位：家，%

指标	与迁出地企业	与园区企业	与本地企业	与周边企业	与境外企业	上述情况都有
企业数量	215	393	513	825	175	504
所占比例	8.19	14.97	19.54	31.43	6.67	19.20

11. 企业生产所需的原材料或零配件的来源

从表 5 - 30 中数据可以看出，企业生产所需的原材料或零配件的主要来源地是本省，所占比例为 29.19%，其次是本市 17.81%、东部地区 16.8%、中部地区 12.6%，再次是西部地区 7.29%、本产业集聚区 7.19%、国外 5.18%。这说明河南省产业集聚区企业原材料和零配件的来源主要集中于本省、本市东部和中部，西部和国外所占比例不高，这和河南省是资源大省相匹配。

表 5 - 30　企业生产所需的原材料或零配件主要来源地

单位：家，%

指标	本产业集聚区	本市	本省	东部地区	中部地区	西部地区	国外	其他
企业数量	211	523	857	494	369	214	152	116
所占比例	7.19	17.81	29.19	16.8	12.6	7.29	5.18	3.95

12. 企业产品主要销售地

从表 5 - 31 中数据可以看出，产业集聚区企业的主要销售地是本省，所占比例为 23.84%，其次是中部地区 18.42%、东部地区 17.66%、本市 11.66%、国外 10.20% 和西部地区 10.06%。这说明企业的主要市场是国内，尤其是本省的市场，虽有国外市场，但所占比例不大。

表 5 - 31　企业产品主要销售地

单位：家，%

指标	本产业集聚区	本市	本省	东部地区	中部地区	西部地区	国外	其他
企业数量	121	430	879	651	679	371	376	180
所占比例	3.28	11.66	23.84	17.66	18.42	10.06	10.20	4.88

13. 企业与区内企业的分工协作和业务关联

企业与园区内企业之间的分工协作和业务关联的情况，从表 5 - 32 中可以看出，较紧密和非常紧密的占31.98%，一般的占41.23%，不太紧密的占16.42%，基本无联系的占10.37%。由此可以发现，产业集聚区企业之间的关联程度不高，还没有形成一个完整的产业链。

表5-32 与区内其他企业的分工协作和业务关联情况

单位：家，%

指标	非常紧密	较紧密	一般	不太紧密	基本无联系
企业数量	205	541	962	383	242
所占比例	8.79	23.19	41.23	16.42	10.37

14. 集聚区内资本市场成熟度

从表5-33中可以看出，有49.42%的企业认为集聚区内资本市场成熟度一般，较成熟的占28.57%，不成熟的占10.56%，很成熟的占6.83%，认为基本没有成熟的企业占4.61%。这说明产业集聚区资本市场的成熟度不高，还有待发展和完善。

表5-33 集聚区内资本市场成熟度

单位：家，%

指标	很成熟	较成熟	一般	不成熟	基本没有
企业数量	154	644	1114	238	104
所占比例	6.83	28.57	49.42	10.56	4.61

15. 产业集聚区内企业守信守约程度

从表5-34中可知，集聚区内企业守信守约程度为比较好的占53.54%，很好的占25%，一般的占20.53%，比较差和很差的情况较少。从总体上说，产业集聚区内企业的守信守约情况较好。

16. 对于园区内基础设施的满意度

园区内基础设施包括园区内配套服务环境，供电、供气、供水服务，交通设施，邮政电信服务，社会治安，居住环境，医疗卫生等。

从总体上看，企业对于园区内配套服务环境的总体评价以很满意和满意为主，两者所占比例为88%，不满意和很不满意所占的比例很小，两者所占比例为2%（见表5-35）。

表 5 - 34　集聚区内企业守信守约程度

单位：家，%

指标	很好	比较好	一般	比较差	很差
企业数量	565	1210	464	13	8
所占比例	25.00	53.54	20.53	0.58	0.35

表 5 - 35　配套服务环境的总体评价

单位：家，%

指标	很满意	满意	一般	不满意	很不满意
企业数量	1134	902	255	13	29
所占比例	49	39	11	1	1

从各个细分指标中可以看出，企业对于园区的供水、供电、供气服务状况，交通设施状况，邮政电信服务状况，社会治安状况，居住环境状况和医疗卫生状况的评价大都很满意和满意，这说明企业对于园区的配套服务环境总体评价较好；很不满意和不满意的状况占比较低，这说明产业集聚区还应继续完善集聚区内部的基础设施，为企业成长创造更加良好的外部环境（见表 5 - 36 到表 5 - 41）。

表 5 - 36　供电、供气、供水服务状况

单位：家，%

指标	很满意	满意	一般	不满意	很不满意
企业数量	1005	870	328	70	49
所占比例	43	37	14	3	2

表 5 - 37　交通设施状况

单位：家，%

指标	很满意	满意	一般	不满意	很不满意
企业数量	1077	841	307	53	47
所占比例	46	36	13	2	2

表 5 - 38　邮政电信服务状况

单位：家，%

指标	很满意	满意	一般	不满意	很不满意
企业数量	911	865	427	79	39
所占比例	39	37	18	3	2

表 5-39　社会治安状况

单位：家，%

指标	很满意	满意	一般	不满意	很不满意
企业数量	1055	956	239	25	31
所占比例	46	41	10	1	1

表 5-40　居住环境状况

单位：家，%

指标	很满意	满意	一般	不满意	很不满意
企业数量	933	938	393	49	31
所占比例	40	40	17	2	1

表 5-41　医疗卫生状况

单位：家，%

指标	很满意	满意	一般	不满意	很不满意
企业数量	818	825	546	81	20
所占比例	36	36	24	4	1

17. 企业所在产业集聚区建设存在的最主要问题

表 5-42 数据显示，企业所在产业集聚区建设存在的最主要问题是配套设施不完善和资金缺口较大，所占比例均为 24%，其次是项目招商难占 17%、用地矛盾突出占 16%、用工矛盾突出占 15%，其他所占比例较小。

表 5-42　目前产业集聚区建设存在的最主要问题

单位：家，%

指标	配套设施不完善	资金缺口较大	用地矛盾突出	用工矛盾突出	项目招商难	其他(请说明)
企业数量	681	698	456	425	489	107
所占比例	24	24	16	15	17	4

18. 配套服务方面对企业影响较大的问题

从表 5-43 中数据可以看出，产业集聚区配套服务对企业影响最大的是融资难，所占据的比例达 44%；其次是中介不健全占 16%、仓储等供给不足占 15%、零部件配套难占 11%、水、电等供给不足占 11%。因此，对于产业集聚区来说，最迫切的任务应该是解决企业融资困难问题，其次是完善其他相应的配套设施。

表5－43　配套服务方面对企业影响较大的问题

单位：家，%

指标	中介不健全	融资难	零部件配套难	水、电等供给不足	仓储等供给不足	其他（请说明）
企业数量	426	1190	306	299	398	78
所占比例	16	44	11	11	15	3

19. 企业不合理负担情况

企业不合理负担必然会导致企业成本的增加，从表5－44中数据可以看出，对于产业集聚区企业来说，有40%的企业认为企业负担一般，31%的企业认为无负担，22%的企业认为企业负担较轻，只有1%的企业认为企业负担非常严重。从整体来看，产业集聚区企业的负担处于较轻的程度。

表5－44　企业不合理负担总体情况

单位：家，%

指标	非常严重	严重	一般	较轻	无负担
企业数量	14	134	931	515	724
所占比例	1	6	40	22	31

20. 目前企业额外负担

从表5－45中数据可以看出，企业目前的额外负担主要是乱检查，所占的比例为18%；其次是其他负担，所占比例为15%；接着是垄断性中介费用12%、乱参展评比11%、乱收费9%、各种摊派8%、政府项目拖欠款8%、乱培训7%；大家较为关注的乱罚款所占比例为6%。这说明目前企业的额外负担比较分散，尽管所占比例均不高，但整体额外负担会制约企业更好地成长。

21. 企业额外负担的来源

企业额外负担的来源有中介机构、行业协会、政府部门和其他来源。从表5－46中可以看出，所调查的企业的额外负担来源主要是中介机构，

表 5 - 45   目前企业的额外负担

单位：家，%

指标	各种摊派	乱收费	乱罚款	乱检查	乱培训	乱参展评比	强拉赞助	政府项目拖欠款	垄断性中介费用	其他（请注明）
企业数量	119	126	89	262	107	152	82	110	169	222
所占比例	8	9	6	18	7	11	6	8	12	15

所占的比例为36%；其次是政府部门，所占比例为23%；再次是其他的额外负担，所占比例为21%；行业协会所占比例为20%。由此可以看出，企业额外负担的来源里中介机构最多，政府部门、行业协会和其他负担来源所占比例都为20%左右。

表 5 - 46   贵企业额外负担的主要来源

单位：家，%

指标	中介机构	行业协会	政府部门	其他（请注明）
企业数量	414	224	263	237
所占比例	36	20	23	21

22. 产业集聚区需要改进的方向

产业集聚区需要改进的方向主要集中在明确主导产业、基础设施、公共服务、审批程序和其他方面。从表5 - 47中可以看出，在企业认为产业集聚区应当改进的方向中，公共服务所占的比例较高为30%，其次是审批程序28%、基础设施27%，明确主导产业和其他方面所占的比例较低。

表 5 - 47   贵企业认为集聚区建设需要改进的地方

单位：家，%

指标	明确主导产业	基础设施	公共服务	审批程序	其他
企业数量	403	920	1011	947	109
所占比例	12	27	30	28	3

23. 对于产业集聚区未来发展的建议

从表5 - 48中可以看出，对于产业集聚区未来的发展建议位于首位的是加大政策优惠,所占的比例为40%;其次是改善基础设施,所占的比例为25%;再次是扩大规模占12%、加强园区企业分工协作占11%、完善行业协会占11%;其他所占的比例较小,为1%。这说明企业对于产业集聚区未来的发展建议,主要集中在产业集聚区的政策优惠和产业集聚区的基础设施完善方面。在访谈中,大多数企业都希望产业集聚区应加强企业之间的联系,建立协同效应,促进企业自身的发展。

表 5 – 48　对产业集聚区未来发展有何建议（多选）

单位：家，%

指标	扩大规模	加大政策优惠	改善基础设施	加强园区企业分工协作	完善行业协会	其他
企业数量	532	1746	1088	496	474	57
所占比例	12	40	25	11	11	1

三　产业集聚区企业发展情况

（一）生产经营状况

企业生产经营涉及的范围很宽,其基本生产经营状况在本节第一和第二部分已有部分反映,该调研主要是想了解企业生产过程中的主要问题,主要问题的反映情况在后面具体展开,目前,集聚区企业生产经营过程中最关心的问题是节能减排和生产技术改造,因此,本部分主要围绕该问题进行调研分析。

1. 企业涉及的生产环节

区内企业涉及的生产环节包括原料生产、研发设计、零配件生产、产品组装和销售及售后。由表 5 – 49 可知,区内企业涉及的生产环节中,销售及售后所占比例最大,为29.88%,其次是研发设计和原料生产,分别为21.59%和21.02%,最后是产品组装和零配件生产。

表 5 – 49　企业涉及的生产环节（多选）

单位：家，%

指标	原料生产	研发设计	零配件生产	产品组装	销售及售后
企业数量	1055	1084	541	840	1500
所占比例	21.02	21.59	10.78	16.73	29.88

2. 企业生产过程中的主要问题

由表 5 - 50 可知，企业生产过程中面临的主要问题有：招工困难、交通不便、物流不便、配套设施不健全、缺乏相关产业支持、投融资困难以及其他问题。在调查的 2000 余家企业中，有 968 家企业生产过程中面临的主要问题是投融资困难，所占比例 30.84%；其次是招工困难，占 21.44%，缺乏相关企业支持占 18.64%；接下来是配套设施不健全、物流不便及交通不便。

表 5 - 50　企业生产过程中面临的主要问题（多选）

单位：家，%

指标	招工困难	交通不便	物流不便	配套设施不健全	缺乏相关产业支持	投融资困难	其他
企业数量	673	197	294	326	585	968	96
所占比例	21.44	6.28	9.37	10.39	18.64	30.84	3.06

3. 环境保护意识

保护环境包括主动保护和被动保护。由表 5 - 51 可知，其中的 2123 家企业都是主动采取措施，只有 193 家企业是被动进行，采取主动环境保护措施的企业占比达到 91.67%。这说明，大部分企业愿意积极承担社会责任。

表 5 - 51　保护环境

单位：家，%

指标	主动	被动
企业数量	2123	193
所占比例	91.67	8.33

4. 企业节能减排的专职人员安排

对于企业"是否有节能减排的专职人员"问题，由表 5 - 52 可知，有 1773 家企业拥有节能减排的专职人员，占 79.33%，有 462 家企业没有，占 20.67%。这说明有部分企业没有设置专职人员来进行节能减排。

表 5 - 52 是否有节能减排的专职人员

单位：家，%

指标	有	没有
企业数量	1773	462
所占比例	79.33	20.67

5. 近两年内企业的生产技术改造

由表 5 - 53 可知，有 1668 家企业近两年进行了生产技术改造，占 76.16%，259 家企业因故搁置，占 11.83%，有 263 家企业没有进行任何的生产技术改造，占 12.01%。这说明近两年大部分的企业都进行了生产技术的改进。

表 5 - 53 近两年内是否进行生产技术改造

单位：家，%

指标	是	因故搁置	否
企业数量	1668	259	263
所占比例	76.16	11.83	12.01

企业生产技术改造因故搁置的原因大致分为：资金不足、增加成本、政府未强制要求、设备或技术困难以及其他原因。从表 5 - 54 中可以看出，有 57.57% 的企业因故搁置的原因是资金不足，23.44% 的企业是因为增加成本，其次是设备或技术困难、其他和政府未强制要求。大部分企业搁置生产技术的改造主要是因为资金不足和成本增加。

表 5 - 54 如因故搁置，主要原因

单位：家，%

指标	资金不足	增加成本	政府未强制要求	设备或技术困难	其他
企业数量	194	79	12	35	17
所占比例	57.57	23.44	3.56	10.39	5.04

6. 企业节能减排投入情况

被调查企业在节能减排方面的投入情况如表 5 - 55 所示，已经投入的总额有 2006446 万元，平均额为 111469.22 万元；计划再投入的总额有 1602904 万元，平均额为 89050.22 万元。

表 5-55　企业节能减排投入情况

单位：万元

指标	节能方面已投入金额	计划再投入
总　额	2006446	1602904
平均额	111469.22	89050.22

7. 节能减排资金的投入方向

节能减排资金的投入方向包括购买新设备、改造旧设备、优化生产工艺、加强企业管理、人员配置以及缴纳罚金。从表 5-56 中可以看出，在优化生产工艺方面投入的企业所占比重为 29.44%，其次是购买新设备占 24.85%，接着是加强企业管理占 20.98%，改造旧设备占 18.15%，最后是人员配置和缴纳罚金，分别占 6.16% 和 0.41%。节能减排资金的主要投入方向是优化生产工艺、购买新设备、加强企业管理和改造旧设备。

表 5-56　节能减排资金的投入方向（多选）

单位：家，%

指标	购买新设备	改造旧设备	优化生产工艺	加强企业管理	人员配置	缴纳罚金
企业数量	1198	875	1419	1011	297	20
所占比例	24.85	18.15	29.44	20.98	6.16	0.41

8. 影响节能减排工作的主要原因

影响节能减排工作的主要原因包括能源价格上涨、节能收益大于成本、容易取得政策或贷款优惠、上级要求以及社会责任。从表 5-57 中可以看出，在影响节能减排工作的主要原因中，节能收益大于成本的占 29.00%，能源价格上涨的占 28.35%，社会责任占 27.66%，接着就是容易取得政策或贷款优惠，占 9.09%，上级要求占 5.91%。这说明影响节能减排的主要原因是能源价格上涨、节能收益大于成本以及社会责任。

表 5 - 57　影响节能减排工作的主要原因（存在多选情况）

单位：家，%

指标	能源价格上涨	节能收益大于成本	容易取得政策或贷款优惠	上级要求	社会责任
企业数量	864	884	277	180	843
所占比例	28.35	29.00	9.09	5.91	27.66

9. 节能降耗工作面临的问题

由表 5 - 58 可知，节能降耗工作面临的问题主要有：不具备技术资金条件、不了解相关政策、不了解新技术、节能产品良莠不齐、资金不足以及其他问题。其中，资金不足所占比重最大，占 25.22%，其次是不具备技术资金条件、不了解新技术、节能产品良莠不齐，各占 19.73%、18.34%、17.12%，最后是不了解相关政策和其他，分别占 13.00% 和 6.59%。这说明资金和技术问题是节能降耗面临的主要问题。

表 5 - 58　节能降耗工作面临的问题（多选）

单位：家，%

指标	不具备技术资金条件	不了解相关政策	不了解新技术	节能产品良莠不齐	资金不足	其他
企业数量	680	448	632	590	869	227
所占比例	19.73	13.00	18.34	17.12	25.22	6.59

10. 做好环保工作最有效的措施

做好环保工作最有效的措施主要有：完善环保标准、加大监督力度、淘汰落后生产能力、健全政策体系、加大研发。从表 5 - 59 中可以看出，在各项措施中，企业选择的结果是：完善环保标准占 23.35%，淘汰落后生产能力占 22.00%，加大研发占 19.44%，加大监督力度占 18.25%，健全政策体系占 16.96%。从所占比重来看，这些措施之间的差别并不大，可以同时采取。

表 5 - 59　哪些措施对做好环保工作最有效（多选）

单位：家，%

指标	完善环保标准	加大监督力度	淘汰落后生产能力	健全政策体系	加大研发
企业数量	1338	1046	1261	972	1114
所占比例	23.35	18.25	22.00	16.96	19.44

（二）市场状况

对于产业集聚区的市场状况，我们主要围绕集聚区的市场环境和企业在创市场的过程中如何打造自身品牌展开调研，集聚区的市场环境反映了企业生存和发展的外部驱动力，品牌建设反映了企业的市场开拓能力，也反映了集聚区未来发展的潜力。

1. 产业集聚区的市场环境

对于"您认为产业集聚区的市场环境如何"，从表5-60中可以看出，在评价的五个标准——很好、较好、一般、不好、很不好中，较好所占比重最大，占44.85%，其次是很好，占30.49%，然后是一般，占22.59%，不好与很不好的比重为1.14%和0.93%。这说明绝大部分的企业对产业集聚区市场环境评价在很好、较好和一般三者之中，企业对集聚区的市场环境还是比较满意的。

表5-60　您认为所在产业集聚区的市场环境如何

单位：家，%

指标	很好	较好	一般	不好	很不好
企业数量	722	1062	535	27	22
所占比例	30.49	44.85	22.59	1.14	0.93

2. 政府的市场监督情况

对于"您对政府的市场监督情况的评价"，由表5-61可知，在评价的五个标准——很满意、基本满意、一般、不满意、很不满意中，基本满意所占比重最大，占47.36%，其次是很满意，占39.54%，然后是一般，占11.66%，不满意与很不满意的比重为1.18%和0.25%。这说明绝大部分企业对政府的市场监督情况的评价在很满意、基本满意和一般三者之中，企业对政府的市场监督情况的评价较高。

表5-61　您对政府的市场监督情况的评价

单位：家，%

指标	很满意	基本满意	一般	不满意	很不满意
企业数量	936	1121	276	28	6
所占比例	39.54	47.36	11.66	1.18	0.25

3. 市场秩序方面存在的突出问题

对于"在市场秩序方面存在的突出问题",由表5－62可知,在所列的几大问题——假冒伪劣商品太多、恶性竞争、不讲信用、销售货款拖欠以及其他问题中,所占比例较高的是销售货款拖欠以及恶性竞争,分别占36.60%、35.99%,其次就是假冒伪劣商品太多、不讲信用以及其他问题,所占比例分别为13.67%、11.05%、2.69%。由此可以看出,在市场秩序方面,销售货款的拖欠以及恶性竞争问题比较突出。

表5－62 在市场秩序方面存在的突出问题

单位:家,%

指标	假冒伪劣商品太多	恶性竞争	不讲信用	销售货款拖欠	其他(请注明)
企业数量	376	990	304	1007	74
所占比例	13.67	35.99	11.05	36.60	2.69

4. 企业产品或服务品牌状况

企业产品或服务的品牌包括自有品牌、贴牌生产、自有或贴牌生产、连锁加盟以及其他。从表5－63可以看出,在调查的2424家企业中,自有品牌占69.85%,自有或贴牌生产占14.49%,贴牌生产占7.42%,其他占5.02%,连锁加盟占3.23%。可见,河南省产业集聚区大部分的企业都拥有自有品牌。

表5－63 企业产品或服务的品牌情况

单位:家,%

指标	自有品牌	贴牌生产	自有或贴牌生产	连锁加盟	其他
企业数量	1601	170	332	74	115
所占比例	69.85	7.42	14.49	3.23	5.02

5. 企业品牌归属情况

我们进一步将品牌类别划分为没有品牌、当地品牌、区域品牌、全国品牌以及世界品牌。从表5－64可以看出,在调查的2424家企业中,全国品牌占34.68%,当地品牌占25.02%,区域品牌占22.37%,没有品牌占

12.85%，世界品牌占 5.08%。全国品牌所占比重相对较大，没有品牌所占比重却也不小，应当引起重视，世界品牌所占比重更小。

表 5 - 64　企业品牌归属情况

单位：家，%

指标	没有品牌	当地品牌	区域品牌	全国品牌	世界品牌
企业数量	286	557	498	772	113
所占比例	12.85	25.02	22.37	34.68	5.08

6. 企业产品品牌的打造

在调研数据中，对于"您打算未来如何打造企业产品品牌"问题，表 5 - 65 中所列的措施主要体现为：增加广告投放、提高产品质量、加强品牌文化内涵、短期内没有打算以及其他。其中：提高产品质量占 49.61%，加强品牌文化内涵占 28.94%，增加广告投放占 13.82%，短期内没有打算以及其他分别占 6.66% 和 0.98%。这说明大部分企业会通过提高产品质量、加强品牌文化内涵和增加广告投入来打造企业产品品牌。

表 5 - 65　企业打算未来如何打造企业产品品牌问题

单位：家，%

指标	增加广告投放	提高产品质量	加强品牌文化内涵	短期内没有打算	其他（请注明）
企业数量	438	1572	917	211	31
所占比例	13.82	49.61	28.94	6.66	0.98

（三）企业人力资源状况

企业人力资源是企业核心竞争力的一个重要体现，该项调查主要围绕企业人才需求、用工状况展开调研。

1. 企业发展最需要的人才状况

对于"当前企业发展最需要的人才"，由表 5 - 66 可知，企业发展所需的人才分为财务管理人才、科技管理人才、科技研发人才、市场营销人才、公共关系人才、高端国际化人才以及其他人才。其中，科技研发人才占 32.95%，市场营销人才占 29.78%，科技管理人才占 15.30%，财务管理人才、公共关系人才及高端国际化人才占比重分别为 9.06% 、5.73% 、5.70% ，其他人才占 1.49% 。大部分企业普遍所需的是科技研发人才、市场营销人才和科技管理人才。

表 5 - 66　当前企业发展最需要的人才情况（存在多选情况）

单位：家，%

指标	财务管理人才	科技管理人才	科技研发人才	市场营销人才	公共关系人才	高端国际化人才	其他人才
企业数量	329	556	1197	1082	208	207	54
所占比例	9.06	15.30	32.95	29.78	5.73	5.70	1.49

2. 企业招工情况

对于"是否存在招工难现象，最难招工的岗位是哪些"，由表 5 - 67 可知，存在招工难现象的企业有 1269 家，不存在招工难现象的有 1037 家，分别占 55.03% 和 44.97% 。存在招工难现象的企业中，技术工人占 29.25% ，一线操作工人占 25.27% ，技术研发人员占 20.15% ，市场营销人员占 16.87% ，管理人员占 8.46% 。可见，企业招工难的岗位普遍为技术工人、一线操作工、技术研发人员和市场营销人员。

表 5 - 67　企业是否存在招工难现象，最难招工的岗位情况

单位：家，%

指标	是否存在招工难现象		如存在,最难招工的岗位是				
	不存在	存在	一线操作工	技术工人	市场营销人员	技术研发人员	管理人员
企业数量	1037	1269	508	588	339	405	170
所占比例	44.97	55.03	25.27	29.25	16.87	20.15	8.46

3. 企业招工难的原因

由表 5 - 68 可知，企业招工难的原因主要有以下几个方面：用工需求增加、外来工人减少、企业待遇偏低、岗位供需不一致以及政府引导不够。其中，企业待遇偏低占 30.46% ，岗位供需不一致占 28.67% ，用工需求增加占 21.87% ，外来工人减少与政府引导不够分别占了 12.21% 、6.80% 。

表 5 - 68   您认为企业招工难的原因是

单位：家，%

指标	用工需求增加	外来工人减少	企业待遇偏低	岗位供需不一致	政府引导不够
企业数量	489	273	681	641	152
所占比例	21.87	12.21	30.46	28.67	6.80

4. 企业用工成本的变化

企业用工成本的变化分为增加很大、略有增加、变化不大、略有减少和减少很大。由表 5 - 69 可知，略有增加占 48.56%，增加很大占 36.23%，变化不大占 12.71%，略有减少和减少很大分别占 1.90% 和 0.60%。这说明绝大部分企业近几年的用工成本都呈增加趋势。

表 5 - 69   企业用工成本有何变化

单位：家，%

指标	增加很大	略有增加	变化不大	略有减少	减少很大
企业数量	841	1127	295	44	14
所占比例	36.23	48.56	12.71	1.90	0.60

5. 企业员工流动性

由表 5 - 70 可知，在近几年员工流动性中，流动性一般的占 51.95%，所占比重最大，其次是较高的，占 24.93%，接着是较低的，占 12.36%，很高和很低的分别占 6.41% 和 4.36%。这说明近几年大部分企业的员工流动并不明显。

表 5 - 70   近几年企业员工流动性

单位：家，%

指标	很高	较高	一般	较低	很低
企业数量	150	583	1215	289	102
所占比例	6.41	24.93	51.95	12.36	4.36

6. 企业留住人才的方式

企业留住人才的方式分为：企业文化、施展才华的平台、高薪酬、美好的职业前景、福利与股权等以及其他。由表 5 - 71 可知，企业以施展才华的平台方式留住人才的占 26.81%，高薪酬占 23.51%，企业文化占 19.12%，美好的职业前景占 18.44%，福利与股权等及其他分别占 10.47% 和 1.66%。

表 5 - 71　企业以哪种方式留住人才

单位：家，%

指标	企业文化	施展才华的平台	高薪酬	美好的职业前景	福利与股权等	其他
企业数量	736	1032	905	710	403	64
所占比例	19.12	26.81	23.51	18.44	10.47	1.66

7. 企业员工培训

该项调查主要是了解企业是否对员工进行培训及主要对哪些员工进行培训。由表 5 - 72 可知，有 2139 家企业对员工进行培训，占 93.77%，只有 142 家企业不对员工进行培训，占比较低，只有 6.23%。进行培训的企业主要对一线操作工、技术工人、市场营销人员、管理人员和技术研发人员进行培训。其中一线操作工占 30.94%，所占比重最大，其次是技术工人，占 22.99%，接着是管理人员和市场营销人员，分别占 18.42%、16.07%，最后是技术研发人员，占 11.58%。

表 5 - 72　企业员工培训

单位：家，%

指标	企业是否对员工进行培训		如果是，主要对哪些员工进行培训（存在多选情况）				
	是	否	一线操作工	技术工人	市场营销人员	管理人员	技术研发人员
企业数量	2139	142	1517	1127	788	903	568
所占比例	93.77	6.23	30.94	22.99	16.07	18.42	11.58

8. 企业人才培育相关政策存在的主要问题

由表 5 - 73 可知，企业人才培育相关政策存在的主要问题有：政策已过时、政策分散、政策未落实、政策吸引力不强、手续烦琐以及其他问题。其中，政策吸引力不强占 39.95%，其次是政策分散、政策未落实以及手续烦琐，分别占 17.02%、16.85%、15.34%，最后是政策已过时和其他，分别占 6.51%、4.33%。这说明加强人才培育相关政策的吸引力是很有必要的。

表 5 - 73　人才培育的相关政策存在的主要问题（多选）

单位：家，%

指标	政策已过时	政策分散	政策未落实	政策吸引力不强	手续烦琐	其他
企业数量	194	507	502	1190	457	129
所占比例	6.51	17.02	16.85	39.95	15.34	4.33

9. 企业在人才培育上需要政府怎样支持

由表 5 - 74 可知，在"企业在人才培育上，需要政府怎样的支持"的选项中，完善人才服务体系、增加资金扶持需求分别占 21.70% 和 21.53%，完善社保体系与建立区域人才信息系统分别占 17.68% 和 17.15%，其他占 12.71%，完善人才评价体制占 9.24%。这说明政府可以从完善人才服务体系、增加资金扶持、完善社保体系与建立区域人才信息系统出发来提供支持。

表 5 - 74　企业在人才培育上，需要政府怎样的支持（多选）

单位：家，%

指标	完善人才评价体制	完善人才服务体系	增加资金扶持需求	完善社保体系	建立区域人才信息系统	其他
企业数量	528	1240	1230	1010	980	726
所占比例	9.24	21.70	21.53	17.68	17.15	12.71

（四）企业融资状况

1. 企业融资需求

对于"企业是否有融资需要？是，采取哪种方式？否，不需要融资的原因？"，由表 5 - 75 和表 5 - 76 可知，有 1738 家企业需要融资，占 78.86%，21.14% 的企业不需要融资。在需要融资的企业中，采用的方式有银行贷款、民间拆借、担保贷款、风险投资、保险融资、上市融资、政府扶持性融资、无形资产抵押以及其他，其中，银行贷款所占比重最大，占 75.23%，其次是担保贷款占 7.40%，这说明大部分企业还是通过银行来融资。在不需要融资的企业中，企业已稳定发展的占41.51%，自有资金充足和其他资金支持的占比均为27.12%，其他占4.52%，这说明企业发展不需要融资，大部分是因为企业自有或其他资金充足或已经稳定发展不需要融资。

表5-75 企业融资需要及融资方式

单位：家，%

指标	企业是否有融资需要										
	是	采取何种方式（存在多选情况）									
		银行贷款	民间拆借	担保贷款	风险投资	保险融资	上市融资	政府扶持性融资	无形资产抵押	其他	请注明
企业数量	1738	3101	192	305	34	37	114	231	78	27	3
所占比例	78.86	75.23	4.66	7.40	0.82	0.90	2.77	5.60	1.89	0.66	0.07

表5-76 企业融资需要及不需要融资的原因

单位：家，%

指标	企业是否有融资需要				
	否	企业不需要融资是因为			
		自有资金充足	企业已稳定发展	有其他资金支持	其他
企业数量	466	115	176	115	18
所占比例	21.14	27.12	41.51	27.12	4.25

2. 企业融资需求的希望额度

对于企业融资需求的希望额度，由于各家企业存在较大差异，我们对此进行了加总和平均。由表5-77可知，调查的2000余家企业，融资总额度为29004639.06万元，平均额度为1933642.60万元。

表5-77 企业融资需求的希望额度

单位：万元

如有融资需求，希望的额度是
29004639.06（总额度）
1933642.60（平均额度）

3. 企业融资难情况及融资难的主要原因

对于企业在融资方面的困难及融资困难的主要原因，由表5-78可知，企业在融资方面的困难，较困难和一般的所占比重较大，分别占了32.83%和32.15%，很困难的占16.83%，不太困难和没有困难的占10.55%和7.64%。这说明大部分企业在融资方面有困难。在融资困难的原因中，缺乏融资渠道的占24.79%，利率太高占20.09%，缺乏担保占17.46%，政府扶持缺失占14.84%，银行数量少、企业规模小、与银行关系不好、企业寿命短以及其他分别占8.08%、7.14%、6.10%、0.75%、0.75%。企业融资困难的主要原因是渠道、利率、担保、政府扶持问题。

表5-78　企业融资难度及融资难的主要原因

单位：家，%

	企业在融资方面是否存在困难				
指标	很困难	较困难	一般	不太困难	没有困难
企业数量	346	675	661	217	157
所占比例	16.83	32.83	32.15	10.55	7.64

	融资困难的主要原因是								
指标	利率太高	缺乏融资渠道	政府扶持缺失	银行数量少	与银行关系不好	缺乏担保	企业规模小	企业寿命短	其他
企业数量	428	528	316	172	130	372	152	16	16
所占比例	20.09	24.79	14.84	8.08	6.10	17.46	7.14	0.75	0.75

4. 企业用资周期

企业用资周期分为：1个月内、1~3个月、3~6个月、6~12个月、1年以上。由表5-79可知，被调查企业中，有765家企业用资周期在6~12个月，占36.50%，其次是1年以上，占31.20%，接着就是3~6个月，占18.94%，1~3个月占10.83%，1个月以内占2.53%。我们可以看出，大部分企业用资周期在3个月以上。

表5-79　企业用资周期

单位：家，%

指标	1个月以内	1~3个月	3~6个月	6~12个月	1年以上
企业数量	53	227	397	765	654
所占比例	2.53	10.83	18.94	36.50	31.20

5. 企业融资资金用途

由表5-80可知，企业将融资资金主要用于流动资金、建厂房、设备更新和技术改造以及偿还贷款。其中，流动资金占比重最大，占46.38%，设备更新和技术改造占34.74%，其次是建厂房12.51%和偿还贷款6.37%。这说明企业大部分的融资资金用在了流动资金、设备更新和技术改造上。

表5-80　企业将融资资金主要用于（存在多选情况）

单位：家，%

指标	流动资金	建厂房	设备更新和技术改造	偿还贷款
企业数量	1216	328	911	167
所占比例	46.38	12.51	34.74	6.37

6. 2014年企业已向银行申请贷款次数

由表5-81可知，在2014年企业向银行申请贷款的次数中，1次所占比重较大，占39.37%，2次占23.91%，3次占18.32%，5次占7.15%，5次以上占11.24%。这说明大部分企业2014年申请贷款的次数在3次以下。

表5-81　2014年企业已向银行申请贷款次数

单位：家，%

指标	1次	2次	3次	5次	5次以上
企业数量	578	351	269	105	165
所占比例	39.37	23.91	18.32	7.15	11.24

7. 2014年企业是否获得过贷款

由表5-82可知，在调查的2000余家企业中，2014年有1051家企业获得过贷款，占60.33%，691家企业没有获得过贷款，占39.67%。由于各家企业贷款次数不一，我们进行了加总和平均，2014年企业获得贷款总次数是2021次，平均每家企业获得贷款次数不足1次，平均年利率在6.47%。

表 5 - 82　2014 年企业是否获得过贷款

是	否	有几次	如有,年均利率
1051 家	691 家		
60.33%	39.67%	2021(总次数)	6.47%(平均年利率)

8. 企业从银行获取贷款的难易程度及难点

对于"企业觉得从银行获取贷款难吗?难点在于?"问题,由表5-83可知,企业认为从银行获取贷款难易程度一般的占39.93%,其次是较难,占35.07%,很困难,占18.44%,容易和很容易分别占3.96%和2.61%。这说明企业从银行获取贷款有一定难度。难点主要有以下几点:缺乏担保、抵押物不足、手续烦琐、中介费高、利率较高、拒绝率高、审批时间长、其他等。手续烦琐占23.93%、审批时间长占17.50%、缺乏担保占16.20%、抵押物不足占13.80%、利率较高占12.05%、中介费高占7.65%和拒绝率高占6.39%。这说明影响企业贷款的因素较多。

表 5 - 83　企业从银行获取贷款的难易程度及难点

单位:家,%

企业觉得从银行获取贷款难吗				
指标	很困难	较难	一般	容易	很容易
企业数量	368	700	797	79	52
所占比例	18.44	35.07	39.93	3.96	2.61

获取贷款的难点在于(存在多选情况)								
指标	缺乏担保	抵押物不足	手续烦琐	中介费高	利率较高	拒绝率高	审批时间长	其他	请注明
企业数量	398	339	588	188	296	157	430	46	15
所占比例	16.20	13.80	23.93	7.65	12.05	6.39	17.50	1.87	0.61

9. 集聚区政府在帮助企业融资上应强化的工作重点

对于"集聚区政府在融资上应加强哪方面工作"的问题,由表5-84可知,集聚区政府在帮助企业融资上应加强的工作,占比重最大的是成立专项基金23.63%,有1031家企业选择,其次是建立信用担保机构占

21.91%，贷款贴息占 16.66%，提供信息交流渠道占 14.07%，信用体系建设占 12.08%，协助企业境外上市、增设金融机构以及其他分别占4.58%、6.32%、0.76%。这说明集聚区政府主要通过建立信用担保机构、成立专项基金、贷款贴息、提供信息交流渠道以及信用体系建设来加强融资方面的建设工作。

表5-84　集聚区政府在融资上应加强哪方面工作（多选）

单位：家，%

指标	建立信用担保机构	成立专项基金	贷款贴息	信用体系建设	协助企业境外上市	增设金融机构	提供信息交流渠道	其他
企业数量	956	1031	727	527	200	276	614	33
所占比例	21.91	23.63	16.66	12.08	4.58	6.32	14.07	0.76

（五）企业技术创新状况

1. 企业生产装备技术水平

企业生产装备技术水平分为国际先进水平、国内先进水平、国内平均水平和国内落后水平。由表5-85可知，2000多家企业中，国内先进水平占 54.19%、国内平均水平占 33.60%、国际先进水平和国内落后水平分别占 8.16%、4.06%。所调查的大部分企业的生产装备水平处于国内先进水平和国内平均水平，这说明在集聚区建设过程中，企业技术含量是集聚区政府关注的一个重点。

表5-85　企业生产装备技术水平

单位：家，%

指标	国际先进水平	国内先进水平	国内平均水平	国内落后水平
企业数量	185	1229	762	92
所占比例	8.16	54.19	33.60	4.06

2. 企业自有专利项

由表5-86可知，被调查企业中，有921家企业拥有自有专利产权，占 41.17%，有1316家企业没有自有专利产权，占 58.83%，有一半以上的企业没有自有专利产权。

表 5 - 86　企业有无自有专利产权

有	无	若有,发明专利几项	实用新型专利几项	外观设计专利几项
921 家	1316 家	2744 项(总数)	5758 项(总数)	1066 项(总数)
41.17%	58.83%	161 项(平均数)	339 项(平均数)	63 项(平均数)

3. 企业主要技术来源

企业主要的技术来源有:独立研发、企业合作开发、与高校合作开发、技术引进及其他。由表 5 - 87 可知,有 1026 家企业独立研发,占 40.63%,其次是技术引进,占 22.22%,与高校合作开发以及企业合作开发分别占 18.93% 和 15.25%,其他占 2.97%。企业主要的技术来源为独立研发、技术引进、企业合作开发、与高校合作开发。

表 5 - 87　企业主要的技术来源 (存在多选情况)

单位:家,%

指标	独立研发	企业合作开发	与高校合作开发	技术引进	其他
企业数量	1026	385	478	561	75
所占比例	40.63	15.25	18.93	22.22	2.97

4. 企业寻求技术合作伙伴的渠道

对于"企业通过哪些渠道寻求技术合作伙伴",由表 5 - 88 可知,企业寻求技术合作伙伴的途径主要有技术成果展示会,占 30.88%,院校推介,占 18.66%,朋友介绍,占 17.35%,政府推介,占 17.12%,中介机构推介,占 11.76%。通过中介机构推介是企业寻求合作伙伴的最主要途径。

表 5 - 88　企业通过哪些渠道寻求技术合作伙伴 (存在多选情况)

单位:家,%

指标	政府推介	中介机构推介	院校推介	技术成果展示会	朋友介绍	其他
企业数量	444	305	484	801	450	110
所占比例	17.12	11.76	18.66	30.88	17.35	4.24

5. 企业产学研主要合作模式

由表 5 - 89 可知,在企业产学研主要合作模式中,占比重最大的是合作开发43.95%，其次是技术转让，占14.81%，共建研究机构、委托开发分别占13.62%、10.26%，共同组织招标与共建经济实体分别占6.91%、5.20%。

表5-89 企业产学研主要合作模式

单位：家，%

指标	技术转让	委托开发	合作开发	共建研究机构	共建经济实体	共同组织招标	其他
企业数量	313	217	929	288	110	146	111
所占比例	14.81	10.26	43.95	13.62	5.20	6.91	5.25

6. 制约产学研相结合的主要原因

对于制约企业产学研相结合的主要原因，根据表5-90中原因排序，缺乏人才、设备等占38.75%，企业主动权太小占21.66%，高校技术不成熟占15.84%，积极性不高占15.11%，利益分配不合理占6.51%，其他占2.13%。因此，制约产学研相结合的主要原因是缺乏人才、设备，高校技术不成熟，积极性不高。

表5-90 您认为制约产学研相结合的主要原因是（多选）

单位：家，%

指标	高校技术不成熟	积极性不高	企业主动权太小	利益分配不合理	缺乏人才、设备等	其他（请注明）
企业数量	416	397	569	171	1018	56
所占比例	15.84	15.11	21.66	6.51	38.75	2.13

7. 目前面向企业技术创新服务体系存在的主要问题

目前面向企业技术创新服务体系存在的主要问题，根据表5-91中数据，按重要性排序分别是：体系不健全、宣传不够、服务能力有限、市场秩序不良、其他、服务品种少、收费不合理、服务效率低、存在欺诈行为、服务态度不佳。

8. 企业与高校及科研院所合作情况及合作形式

对于"企业与高校及科研院所是否有合作？如有，采用哪种形式？"，由表5-92可知，892家企业同高校及科研所有合作，占44.96%，1092

表 5 – 91 您认为目前面向企业技术创新服务体系存在的问题（多选）

单位：家，%

指标	体系不健全	市场秩序不良	收费不合理	存在欺诈行为	服务能力有限	服务品种少	服务态度不佳	服务效率低	宣传不够	其他
企业数量	957	524	332	123	667	464	84	264	726	479
所占比例	20.71	11.34	7.19	2.66	14.44	10.04	1.82	5.71	15.71	10.37

家企业与高校及科研所没有合作，占 55.04%，同高校及科研所合作的企业不到一半。按合作形式的重要性排序：开展项目合作 26.84%、共建研究中心 15.49%、定期培训 14.84%、聘请高校顾问 14.28%、举办交流会 11.29%、共同申请专利 8.86%、成立创新联盟 6.38%、其他 2.03%。

表 5 – 92 企业与高校及科研院所合作情况及合作形式

单位：家，%

指标	企业与高校及科研院所是否有合作		如有,采取哪种形式（多选）							
	有	没有	举办交流会	开展项目合作	共建研究中心	共同申请专利	定期培训	聘请高校顾问	成立创新联盟	其他
企业数量	892	1092	223	530	306	175	293	282	126	40
所占比例	44.96	55.04	11.29	26.84	15.49	8.86	14.84	14.28	6.38	2.03

9. 对高校及科研院所提供技术指导的满意度

对于"对高校及科研所提供的技术指导是否满意"，由表 5 – 93 可知，701 家企业对所提供的技术指导满意，占 47.95%，一般占 34.34%，非常满意占 14.43%，不满意和非常不满意分别占 3.01% 和 0.27%。这说明大部分企业对高校及科研院所提供的技术指导满意度较高。

表 5 – 93 对高校及科研院所提供的技术指导是否满意

单位：家，%

指标	非常满意	满意	一般	不满意	非常不满意
企业数量	211	701	502	44	4
所占比例	14.43	47.95	34.34	3.01	0.27

第二节 河南省18地市产业集聚区发展报告

本节对河南省18地市的180个产业集聚区进行了分区研究,通过问卷调查、座谈、实地考察、走访等形式报告了各地产业集聚区发展中存在的主要问题和治理建议。

一 豫东(商丘、周口、开封)产业集聚区发展报告

(一) 商丘市产业集聚区发展报告

本部分根据河南财经政法大学商丘市调查组的张建杰、赵园园、崔少瑞、陈海霞、江东、张改清提供的研究报告汇集整理而成。调查对象涉及商丘市10个产业集聚区。调查采用总体情况调研、重点企业问卷调查、座谈会、走访相结合的方式,问卷调研重点选取民权、睢县、虞城产业集聚区的70家企业。通过对调研资料的整理、分析形成研究报告。

商丘市10个产业集聚区规划面积223.38平方公里,2014年底已建成100.46平方公里。2014年,商丘市产业集聚区固定资产投资达到112.68亿元,其中工业项目投资占了77.69%,基础设施投资达19.56亿元。2014年商丘市产业集聚区入驻的"四上"企业达876个,规模以上工业企业数535个,2015年第一季度,"四上"企业达998个,规模以上工业企业数达627个。2014年产业集聚区企业主营业收入达1819.40亿元,同比增长49.6%,其中,规模以上工业企业实现主营业收入1325.5亿元,同比增长29.9%,高于河南省14.9%的平均增速。2015年第一季度,商丘市10个产业集聚区规模以上工业增加值达到77.88亿元,同比增长16.2%,增速在河南省排列第二,占商丘市规模以上工业增加值的比重达74.3%。商丘市产业集聚区的特色产业主要有:梁园的健康产业、夏邑和睢阳的服装业、民权的制冷与食品、柘城的金刚石微粉、虞城的钢卷尺与五金工具等。其中,虞城钢卷尺的市场占有率高达85%,年生产的10亿只中就有7亿只出口;商丘经济技术产业集聚区的环保设备制造与电动车的市场占有率分别为44%、33%,其中年生产环保设备制造的1100套中就有700套出口。为了推进集聚区提质增速,商丘市集聚区在发展特色产业的基础上,规划未来15年达千亿元营业收入的项目主要集中在食品制

造、纺织服装和装备制造上。

1. 问题总结

从本次调查结果来看，商丘市产业集聚区企业发展中普遍存在企业人力资源结构性失衡、融资瓶颈、技术创新后劲不足、企业负担不合理等问题。

（1）企业人力资源结构性失衡

产业集聚区企业人力资源结构性失衡主要表现为招工难、用工成本高且有较大的流动性、人才培育与引进人才政策不到位等。

首先，人才需求难以满足。调研数据显示，产业集聚区企业对财务管理、科技管理、技术研发、市场营销、公共关系、高端国际化人才有需求，其中对财务管理、技术研发、市场营销类人才有需求的企业占比较高。产业集聚区存在不同程度的招工难现象，并且一线操作工以及技术工人的招工难现象较市场营销人员、技术研发人员、管理人员等高层次人才更为普遍，这可能与低层次一线员工的用工量大、工作条件差以及待遇不优厚有关。大多数企业认为，招工难现象缘于用工需求增加以及工人来源减少，一些企业认为招工难现象缘于岗位供需偏差及工资福利偏低，很小一部分企业认为招工难现象缘于就业政策引导不力。造成各产业集聚区企业招工难现象的原因不尽相同，但均与人力资源市场供求结构变化有关。

其次，用工成本居高不下。调研数据显示，用工成本增加很大、略有增加、变化不大的企业占比分别为37.14%、57.14%、5.71%，这反映了人力资本价格变化已对企业的生产经营管理带来了冲击。

最后，员工培训结构不合理。产业集聚区内的绝大多数企业未对员工进行培训，在为数不多的提供培训机会的企业中，各类型层次的员工获得培训的机会也不均等。在接受培训的员工类型中，大部分企业对一线员工进行了培训，这与一线员工招工难、用工数量大有一定关联，一部分企业只针对技术工人、技术研发人员进行了培训，而针对管理人员及市场营销人员进行培训的企业占比较少。就各产业集聚区而言，企业针对较低层次、基层操作员工进行培训的情形居多，与其高层次人才结构性短缺的现实矛盾相异。政策性因素是造成产业集聚区企业员工培训结构性失衡的重要原因之一，主要是政策操作性差，政策惠及力低以及手续办理烦琐，政策未落实。

（2）融资困境难以摆脱

首先，融资需求难以满足。产业集聚区企业融资需求整体呈现范围广、基数大、差异强等特征。企业平均融资需求额度为 1474.07 万元，面对较大的融资需求，企业趋向于采用多种路径方式解决。对于融资难的程度，超过六成的企业认为仅存在一般性的融资难题，分别有近两成的企业认为融资很困难、较困难，仅有 1.52% 的企业认为不存在融资难题。企业融资难的成因较为复杂，仅从企业反馈结果来看，占比较高的企业缘于利率太高、缺乏融资渠道、政府扶持政策缺失，相当比例的企业受制于缺乏担保、企业规模太小，较少企业认为缺乏与银行良好的关系、企业寿命太短等原因导致融资难。

其次，正规金融机构贷款难。企业融资是解决其资金周转需要的重要调剂方式，对样本企业的调查显示，超六成的企业融资用于偿还贷款，即举新债还旧债，不足两成的企业将融资用于设备更新和技术改造，4.48% 的企业将融资用于建造厂房，仅有 1.49% 的企业以融资来补充流动资金的不足。产业集聚区企业以 1~3 个月的短期用资为主，6~12 个月的短期用资次之，再次是 1 个月以内的应急型短期用资，3~6 个月以及 1 年以上用资形式较少。整体而言，企业融资主要用来满足其短期用资需求，适应其融资资金用途结构。从贷款次数来看，大多数企业为一年 2 次，一部分企业贷款次数为 3 次、1 次，而贷款次数在 5 次及以上的企业占比较少。各产业集聚区企业的贷款次数结构，为其提供了权衡可获得性贷款与贷款交易成本的均衡选择，最终服务于企业融资目标。各产业集聚区企业存在一定程度的贷款难问题，主要缘于手续烦琐、缺乏担保、审批时间长、中间费用过高等。

（3）技术创新后劲不足

第一，技术水平低，产学研联系不紧密。技术水平先进性是企业核心竞争力的不竭源泉，从样本企业调查数据来看，62.69% 的产业集聚区企业拥有国内先进技术，26.87% 的企业拥有国内一般性技术，仅有 10.45% 的企业拥有国际先进技术。各产业集聚区企业技术水平结构层次分明，且彼此间的差异性突出。大部分企业技术首先来源于独立研发，其次是企业间合作开发，再次是技术引进，而通过与高校或科研机构合作开发获得技术的企业占比较少。各产业集聚区虽有一定差异，但技术来源的主次类型有相似性。在非主流形式的产学研模式结构中，大部分企业通过委托开发、合作开发获得技术，很少企业通过技术转让、共建研究开发机构、共建经济实体、共同组织招标或引进等形式获得技术。产学研模式未成为企业技术来源的主导形式，受多种因素的制约。大部分企业在合作中主动权太小，制约其参与产学研技术研发模式，相当比例的企业缘于缺乏转化技术的人才、设备和资金等，一定比例的企业受制于企业和院所利益分配不合理，而受制于高校、科研院所技术不成熟以及企业或者院所积极性不高等因素，未能参与产学研技术研发模式的企业较少。

第二，技术创新体系不完善。目前，集聚区企业技术体系存在的主要问题有：体系不健全、面向企业宣传不够、服务能力有限、服务效率低、市场秩序不良、服务品种少等。各产业集聚区企业技术体系既有共性问题，又有个性化问题，企业技术体系存在的诸多问题，成为企业创新发展的瓶颈。

（4）企业负担不合理

企业对集聚区的市场环境总体评价较好，但从企业认为的不合理负担上看，乱检查、强拉赞助以及垄断性中介费用等的额外费用还客观存在，且主要来自于直接服务机构、行业协会和政府部门的"例行公事"。不同集聚区企业的负担不尽相同，但市场秩序的不规范在很大程度上增加了企业的运营成本，阻碍了集聚区企业的健康发展。

2. 对策建议

产业集聚区的内涵特征要求与政府的战略部署规划，为商丘市产业集聚区的发展定位与功能优化提供了理论依据与操作构架。结合商丘市现实水平与规划目标之间的差距，其产业集聚区的发展定位与功能优化应着力于摸准家底、理清思路、定好基调等。

首先是摸准家底。商丘市产业集聚区的发展在规模、结构及效率上取得了诸多成效，也存在制度、组织、技术、市场等方面的现实难题。目前，商丘市上规模的产业集聚区发展普遍面临大而不全、不精的困境，成长进程中的产业集聚区发展又存在小而不特、不专的难题。在提质转型、创新发展的新阶段，应以新构想谋划产业集聚区跨越式发展，通过发展攻坚来突破存量瓶颈。

　　其次是梳理路径。产业的集中、集聚、集群发展必然经历由优惠政策驱动转变为技术和产业带动,形成特色产业集群,走内涵式发展道路的过程。商丘市产业集聚区发展整体处于优惠政策驱动淡出、技术和产业带动不足的"动力真空"阶段,企业自主知识产权的创新推动力不强,制约产业集聚区的可持续发展。产业集聚区"动力引擎"转换,不仅要立足内部挖潜,还要谋划外联协作与嫁接引进并举,强力打造以研发中心、研发型产业、科技服务业为主体的研发型产业集聚区。

　　最后是定好基调。结合国际与国内发展经验,产业集聚区应由功能单一的产业区向现代化综合城市转型。商丘市产业集聚区发展应把握好三步。第一步要做足底子。在承接产业转移的同时,更要立足本地资源优势,引进培育涉农产业链优势企业,凸显粮食主体功能区核心价值。第二步要做紧链子。大力发展现代生产型与生活型服务业,整合现有产业链,组织资源,打造强强联合的优势供应链组织,整体提升产业集聚区企业核心竞争力。第三步做大摊子。商丘市产业集聚区是区域产业发展的制高点、经济增长潜力点、功能集成示范点,重点应围绕主导产业发展,做好配套延伸产业培育;倾斜发展技术密集型企业,挖潜经济增长潜力;在产业集聚地定位基础上,复合定位人气集聚区、文化扩散区、资本融通区,实现囊括配套服务的各种商业服务、金融信息服务、管理服务、医疗服务、娱乐休闲服务等综合功能集成,做大做强产业集聚区。

　　为此,我们提出如下对策建议。

　　(1)合理定位发展目标,优化产业集聚区功能

　　科学定位发展目标、优化产业集聚区功能,关键在于依据其内涵特征,实现企业集中布局、产业集群发展、资源集约利用、功能集合构建子目标集的有机融合。为此,亟须在以下几个方面进行完善。一是产业要内在关联。产业集聚区发展既要求企业在空间上集聚发展,又要求区内有特色主导产业,并围绕主导、骨干企业形成有机联系、有机组合的产业集群及企业集团。二是企业要有序集中。企业集中的目标就是要实现基础设施的共享,促进资源集约利用,污染物和废弃物的集中治理和综合利用,以及社会服务职能的综合化。三是转型发展要集约。解决发展与资源环境的矛盾,提高投资强度,实现土地、资金、人才、信息、装备和服务设施集约高效利用,引领发展方式转变,充分体现"节约、循环、复合、紧凑"

191

理念，实现集约化发展。四是功能要系统集成。主要以产业的集聚发展实现人口的集中，为城市化提供基础支持，又以城市的服务功能为产业发展、人口集中创造条件。产业集聚区发展旨在实现产业的链接、产城的融合、城乡的统筹。

（2）加强基础设施建设，完善集聚区制度环境

产业集聚区基础设施与制度环境的"软硬件"，是企业生存与发展的基本依托，在加强基础设施建设方面，应结合企业的评价及诉求，大力改善产业集聚区配套服务环境、电气水供应服务、交通设施配套以及医疗卫生服务，切实提高邮政电信服务水平，有针对性地改善社会治安与居住环境状况。与此同时，基础设施建设应实现向综合产业开发的转变，即通过土地、房产的产业入股等方式，将土地、房产与产业开发结合起来。

在完善集聚区制度环境方面，应进一步发挥政府在人才培训和引进、融资服务、企业迁移、市场拓展、技术创新、品牌塑造等方面的积极作用；大力规范与完善产业集聚区法治环境，针对企业提出的问题，加强司法人员队伍建设，加快司法程序的规范化与信息化进程，保证司法办案的公开与公正。

（3）强化信息平台建设，拓展集聚区市场功能

信息化建设贯穿产业集聚区发展全局，是企业"软实力"的重要源泉。针对商丘市产业集聚区信息化建设水平低、市场拓展能力不强的状况，应在构建组织运行基础、制定信息化解决方案、做实制度机制保障上下功夫。一是构建组织运行基础。集聚区管委会、电信运营商及系统软件开发商、集聚区企业是产业集聚区信息化建设的核心主体依托，依据商丘市的发展阶段与信息化运营内在规律，宜采取集聚区管委会将信息系统的建设和经营以招标、外包等方式交给电信运营商或系统软件开发商运作，并向集聚区企业提供多模式的信息外包服务，而集聚区企业向运营商或开发商购买个性化服务的信息化解决方案。二是制定信息化解决方案。依托统一规范的信息传输、存储和共享标准以及安全高效的后台信息网络支持系统，构建集聚区门户网站、政务服务平台、商务服务平台、集聚区企业信息化公共服务平台，以产业链全覆盖的信息应用体系，为产业集聚区量身定做系统优化的信息化解决方案。三是做实制度机制保障。构建信息化制度机制保障，应由市政府牵头，集聚区管委会执行，着重解决信息化建

设投入、运行、维护等制度规则与运行机制的问题。在战略层面上，市政府应将集聚区信息化建设纳入政府目标管理体系，编制集聚区信息化规划，推进产业集聚区信息化建设的常态化。在操作实施层面上，由集聚区管委会统筹信息化建设方案，依据信息化服务的公共物品属性分类推进。

（4）突出主导产业优势，拉动集聚区产业升级

主导产业是产业集聚区发展的内在"动力源"，主导产业的健康发展关系到集聚区产业升级进程。针对商丘市基于静态视角"唯规模"确定主导产业的方法论缺陷，应创新地开展以下工作。一是制定科学合理的主导产业甄选规划。应由市发改委牵头，相关职能部门配合，组织政产学研各界人员组建工作组，制定科学合理的主导产业甄选规划，通过规范化的组织运行制度，保证主导产业的确立符合主体功能区定位，兼具新兴产业发展潜力与本土转化的生态适应性，切实在产业集聚区发展中发挥引领带动作用。二是精准制定主导产业项目招商引资标准。结合产业集聚区发展规划，甄选战略新兴产业中的强势企业；依据产业集聚区主旨与文化内涵，优选本土社会经济融入度高的潜力企业；通过整合产业集聚区资源，建立招商引资质量管理体系。三是完善主导产业发展服务体系。首先要构建主导产业发展的政策服务体系，通过构建一站式政务服务平台、设立创业投资发展基金、强化信息服务支持及加大政策优惠力度等形式，创优主导产业发展环境；其次要完善主导产业发展专业服务体系，加快发展科技金融服务、融资担保、投资评估、法律咨询、财经传媒、资信调查等新兴行业，集成、优化专业服务职能。

（5）增强创新驱动能力，推进集聚区合作共赢

在增强创新驱动能力基础上，通过关联企业间的分工协作，实现供应链组织整体竞争力优势，是产业集聚区可持续发展的必由之路。鉴于商丘市产业集聚区存在企业技术先进性不高、产学研技术研发模式不广泛、企业技术体系不健全且服务能力有限等诸多问题，应采取以下措施。一是推进以企业技术中心为核心的技术创新体系建设，打造以研发中心、研发型产业、科技服务型企业为主体的研发型产业集聚区，大力提升技术创新能力和技术转化效率。二是构建多形式的产学研合作模式，鼓励和支持企业与高等院校及科研院所采取协办、联办等方式在产业集聚区创办科技企业孵化器，培育产业集聚技术项目（产品）和产业集聚技术企业；采取多形

式的人才教育外包形式，由高等院校及科研院培养紧缺型人才、应用型人才，强化技术创新工程的人才储备；通过深化产学研协同共建，优化创新创业环境，倾力打造务真求实、崇尚创新的企业文化氛围。

（6）完善考核评价体系，激励集聚区高效运营

产业集聚区的晋级依据考核评价体系来完成，2014 年 1 月，河南省政府第三次调整集聚区考评办法，集中从经济总量、集群发展、节约集约三大方面进行考评，并颁布星级考核晋级标准，虽然指标体系较之前有较大的完善，但仍不能较好地激发集聚区及企业的内涵式发展，为此，在考核内容上，要扭转仅注重考评建设，忽视考核运营情况的现状，不仅要注重集聚区规模的扩张，还要考虑其在运营过程中的产业形态、产业组织以及商业模式等是否创新，是否拉动周边产业的发展等；在考核模式上，除运用现有的考核方式外，辅以利用网络平台，采取大众参与的投票方式，避免暗箱操作，同时，对晋级的集聚区应有相应的配套支持，对降级的集聚区及企业也要建立退出机制。科学的考核机制，严格的门槛管理，能够有效激发企业集聚的创新能力和市场竞争力，能够将政府的优惠政策真正惠及有潜力的企业，进而形成良性的激励机制。

（二）周口市产业集聚区发展报告

本部分根据河南省信息中心牵头的周口市调查组的郝鹏、韩毅、楚贺娟、韩璐提供的研究报告汇集整理而成。调查对象涉及沈丘、西华、淮阳、太康、商水、郸城、项城等 11 个产业集聚区的 417 家企业。调查采用问卷调查、座谈会、走访相结合的方式。通过对调研资料的整理、分析形成研究报告。

周口市（含鹿邑）共有 11 个产业集聚区，规划面积 190.7 平方公里，建成区面积达到 105 平方公里。2010~2014 年，11 个产业集聚区累计入驻企业 813 家，完成投资 2113.8 亿元，年均增长 41.2%；规模以上企业实现主营业务收入 5751 亿元，年均增长 44.7%。在 2014 年全省 180 个产业集聚区考核评价中，沈丘县产业集聚区获河南省先进产业集聚区称号，并晋升为二星级产业集聚区，西华、淮阳、太康、商水、经开、郸城、项城等 7 个产业集聚区被评定为一星级产业集聚区。

1. 问题总结

从周口市 11 个产业集聚区的调研结果来看，虽然周口市产业集聚区发

展成效显著，但发展结构仍不平衡，还存在一些突出问题和薄弱环节，主要表现在以下几个方面。

第一，在主导产业发展方面，一些产业集聚区主导产业还不突出，没有形成完整的产业链条，协作配套不到位，集聚效应不明显，离产业集群发展还有不小距离。

第二，在综合配套能力方面，虽然产业集聚区基础设施框架已经初步形成，道路、水电气等基本公共服务能够满足项目落地需要，但适应现代产业需求的配套服务发展还不充分，现代物流、科技研发、咨询服务、信息、金融等生产性服务业发展滞后，对产业集群化发展的支撑能力还不强。

第三，在技术创新驱动方面，产业集聚区公共创新研发平台不完善，创新投入不足，高层次科技人才匮乏，缺乏拥有自主知识产权的技术和产品，高新技术产业规模不大，引领作用不强。

第四，在要素保障方面，一些县域产业集聚区投融资平台规模较小，经营运作能力较低，资金保障能力弱，中小企业担保服务体系不够健全；一些集聚区土地供给程序烦琐、审批周期过长，影响了项目从落地到开工投产的时效；一些集聚区企业反映招工难，尤其是新生代农民工自主意识较强，流动性比较大，就业稳定性不足，导致用工需求难以保障。

第五，在集约节约发展方面，用地粗放和用地紧张的状况并存，一些项目占地过大，批而未用现象仍然存在，单位土地投入产出效能偏低。

第六，在完善体制机制方面，一些产业集聚区的管理体制没有理顺，管委会与职能部门管辖权限交叉分割、相互掣肘，导致效率低下；同时，一些产业集聚区的工作方式方法还不满足形势发展的要求。

2. 发展思路

针对调研结果，我们对以下几个突出问题进行了一些理论思考和政策探索，以期为集聚区发展政策的制定提供思路。

（1）集聚区的分型管理

从现有考核指标中不难发现，无论是"考核晋级"还是"年度评价"，都把总量规模（增加值、人口）、创收能力（税收）和社会效益（就业、能耗、环保）作为重点。对所有地区和所有集聚区均实施一套考评标准。但现实情况是，各个产业集聚区在所处的区位、拥有的资源、基础设施配套、产业结构、产业转型升级压力、面临的制约因素和发展前景等各方面均存在较大差异，因此，目前对全省180个产业集聚区实行的无差别管理显然失之偏颇。

建议按照产业集聚区在区位优势、产业发展状况、发展规模、主导产业竞争力等方面的实际情况，将其分型归类为起步型、发展型、成熟型三种类别（见表5-94），不同类别采用不同的考评指标。

表5-94 产业集聚区分型标准

类别	区位优势	主导产业占比	基础设施	资源存量	产业链	劳动力
起步型	较弱	不足30%	较差	余量较多	关联度低	有大量剩余
发展型	一般	30%~60%	一般	一般	一般	有一定剩余
成熟型	较强	60%以上	较好	余量紧张	关联度高	劳动力不足

对起步型集聚区可重点考核其投资效率、对当地 GDP 和工业的拉动作用、配套设施建设、带动居民就业等；对发展型集聚区可重点考核其主导产业发展、产业链完善度、对居民收入的带动作用、创造税收等；对成熟型集聚区可重点考核其创新能力、人才培育、对第一和第三产业的拉动、省（境）外贸易等。

（2）调整"三化"协调、"四化"同步的政策单元

河南省提出的不以牺牲农业和粮食、生态和环境为代价的新型城镇化、新型工业化和新型农业现代化"三化"协调科学发展的理念，使河南省找到了天下粮仓与工业化、城镇化之间的均衡点，形成了国家使命、区域担当、中原情怀之间的契合点，但"三化"协调发展应该是就河南省整体而言，不能作为每一个县（区）追求的目标。如果要求每一个县（区）都要实现"三化"协调发展，都要在短期内大力推进工业化和城镇化，都要把产业集聚区搞出显著成绩，这对相当一部分县（区）来说是有很大难度的，不仅会干扰、影响当地的粮食生产，还有可能影响全省"三化"协调目标的实现，使河南省承担的维护国家粮食安全的使命无法落实。要真正实现河南省的"三化"协调、"四化"同步发展，必须按照《国家主体功能区规划》的要求，完善并创新区域政策，缩小政策单元，实行分区域考核和分类考核并举，提高区域政策精准性，加强省内区域间的分工协作。

（3）优化集聚区的管理体制

在产业集聚区发展中，政府一直处于主导位置，从主导产业、空间布局到基础建设，政府都是设计者、决策者、举办者和推动者。这样的集聚区管理体制在发展前期有利于集中优势"兵力"，通过行政手段快速推进经济社会发展，但在产业集聚区发展到一定规模时，如果仍过多地依靠政府主导，可能会产生新的矛盾和风险。新的发展形势需要政府转角色、转职能，充分发挥市场的主体作用和政府的宏观调控职能。据此，我们提出以下三点建议：一是变管理者为服务者，充分发挥市场的主体作用；二是变决策者为协调者，加强区域合作；三是变建设者为提升者，构建人才支撑系统。

（4）调整人力资源结构

随着河南省加快调整工业产业结构，积极淘汰落后产能，大力推进"机器换人"等政策的实施，各产业集聚区的劳动生产率稳步提高，企业用工需求趋于稳定，尤其是对低技能的普通劳动力需求有逐步降低的趋势。此外，随着全省经济结构调整和产业转型升级加快，企业对技能人才的需求增加，技能人才供求缺口有进一步扩大的趋势，技能人才资源的短缺不仅体现在总量上，行业、职业等结构性矛盾更为明显。随着河南省人口发展进入新常态，人口年龄结构带来的"人口红利"正在逐渐消失。推进经济转型升级，从人口的角度来看，除了要通过实施户籍制度改革延缓"人口红利"消失的速度，以及引进领军人才以外，更重要的是通过深化教育，加强职业技能培训，从人力资本方面创造经济增长新源泉的"第二次人口红利"。

3. 对策建议

（1）强化产业升级，发挥产业集聚区在结构调整中的带动作用

产业集聚区作为工业及相关服务业发展的主要载体，其产业结构状况对全省的产业结构具有决定性影响。一要着力扩充优质增量，把好项目准入关，着力引进龙头型、基地型企业和延链、补链、强链项目，进一步提升集群发展水平。二要加快优化、提升存量，产业集聚区内传统产业仍占有相当比重，要通过改造提升、腾笼换鸟、兼并重组等方法对这部分存量进行优化。

（2）强化创新驱动，发挥产业集聚区在创新发展中的引领作用

周口市要实现从传统比较优势向新的竞争优势转换，创新是根本出路，可以说，抓创新就是抓产业集聚区的未来，必须把提升创新能力作为产业集聚区发展的头等大事来抓，切实提升产业集聚区创新驱动发展水平。一要积极推动技术创新，健全完善政府科技投入引导机制，引导社会资源和创新要素向企业集聚，不断提高企业自主创新能力。二要发展壮大高新技术产业，要围绕培育壮大特色主导产业，坚持高端引领、创新驱动、重点突破、集群发展，以高新技术产业化为主线，加快培育战略性新兴产业，继续推进高新技术改造提升传统产业，力争尽快见到实效。三要加快建设创新载体，要加快在产业集聚区布局建设工程技术研究中心、企业技术中心等研发机构，依托高等院校、科研机构和其他有条件的企事业单位，加强重点实验室、工程实验室、高校重点实验室、院士工作站、博士后科研工作站建设，进一步改善科技创新条件。四要促进商业模式创新，要将商业模式创新置于与科技创新、管理创新、品牌创新同等重要的地位，引导制造业紧跟国内外商业模式创新步伐，通过上下延伸、左右拓展，加快从生产加工向产品研发、市场营销、客户管理等方向拓展，从卖产品向卖设计、卖服务等高端环节延伸，增创竞争新优势。五要加强创新人才队伍建设，要加快制定出台优惠政策，坚持培养和引进相结合，加强对高水平领军人才、青年科技人才的培养使用。

（3）强化融合发展，发挥产业集聚区在产业发展和产城互动中的促进作用

一要推动集聚区内第二、第三产业融合，要围绕产业集聚区主导产业发展，着力提升物流、信息、金融产业支撑服务能力，为制造业转型升级助力加油。二要推动产城融合发展，要积极推动城区公交、邮政、金融等服务功能向产业集聚区延伸，加快学校、医院、商贸、餐饮等配套服务设施建设，满足集聚区居民基本生活需要。

（4）强化节约集约，发挥产业集聚区在发展方式转变中的表率作用

一要高效利用土地资源，继续实行差别化用地政策，新增建设用地优先保障重大产业项目、多层标准厂房、公租房和公共服务平台项目；着力提高土地投资强度，凡适合入驻标准厂房的产业项目，一律不再单独供地；对空闲和低效使用的土地要依法收回；要研究出台产业集聚区落后产能用地退出的政策措施，推动土地资源优化配置。二要强化环境保护，严

格环保准入门槛，加快污水垃圾处理设施建设，建立产业集聚区建设项目环评审批与污水处理厂、集中供热设施建设进度挂钩机制，对建设滞后的，要暂缓审批其增加环境容量的工业项目。三要大力发展循环经济，要在产业集聚区抓紧实施一批供水、供电、照明、建筑和环保等基础设施绿色化改造项目，加快建设一批循环经济重点项目和节能工程，进一步提高资源利用水平；选择一批以冶金、化工、食品、建材为主导产业的集聚区，加快推进循环经济示范园区建设。

（5）强化体制创新，发挥产业集聚区在深化改革中的示范作用

一要创新政策扶持机制，建立扶持政策动态调整机制，在规划衔接、财税支持、要素保障等方面形成既适应阶段性特征又相对稳定可预期的扶持政策；要发挥好财政资金的引导作用，鼓励各地创新投融资模式，积极探索公私合作伙伴关系（PPP）等融资新模式，吸引社会资本参与产业集聚区建设。二要创新管理和开发体制，加快集聚区管委会与所在区域行政机构套合，理顺产业集聚区与职能部门关系，进一步完善条块结合、精干高效、动态管理的工作机制；深化行政审批制度改革，落实统一的市场准入制度，积极试行"负面清单"管理模式，提高行政效率，在具备条件的地方探索采取投资主体多元化公司制的产业集聚区开发和管理模式。三要完善评价考核机制，在继续贯彻落实现行产业集聚区考核办法的同时，要进一步完善产业集聚区星级管理机制，强化节能减排、安全生产、廉政建设等工作，对产业发展方向不明确、基础设施建设配套滞后、管理体制机制不顺、投入产出效益差，以及对生态环境造成严重污染的集聚区重点进行清理整顿、限期整改，整改达不到要求的要进行清理。

（三）开封市产业集聚区发展报告

本部分根据河南大学开封市调查组的鲁丰先、周鹏超、周生辉、彭宝玉、翟石艳、任世鑫、王立国、王国璞、张婧茹提供的研究报告汇集整理而成。调研范围为开封市8个产业集聚区。本次调研采取发放调查问卷与企业实地访谈相结合的方式，企业实地访谈记录和有效问卷各79份，本次调查的79家企业涵盖不同行业、不同规模，具有较好的代表性。

开封市共有8个产业集聚区，其中市区3个，即汴西产业集聚区、精细化工产业集聚区和汴东产业集聚区；所辖5县各有1个，即兰考县产业集聚区、尉氏县产业集聚区、杞县产业集聚区、通许县产业集聚区和黄龙产业

集聚区。全市 8 个产业集聚区总规划面积 191 平方公里，建成区面积累计 90 平方公里。截至 2014 年底，开封市 8 个产业集聚区已经累计完成基础设施投资 443.7 亿元，完成固定资产投资 729.4 亿元，增长 19%；实现主营业务收入 1650 亿元，增长 13.5%；规模以上工业企业 447 户，占全市规模以上企业 46%，完成规模以上工业增加值 306.5 亿元，增长 11.7%。

1. 问题总结

（1）内部环境仍有较大改进空间

首先，产业集群发展不显著。产业集聚区定位缺乏特色，主导产业重复较多，多个产业集聚区都涉及食品加工、机械制造、化工、纺织服装等；产业结构不合理，企业简单扎堆，多而不强，处于产业链低端，难以配套龙头企业形成特色突出、耦合性好、竞争力强的发展格局。

其次，公共设施建设不完善。产城分离，产业集聚区附近缺少商业、学校、邮局、银行及医院等必要的生活服务设施，造成了产业集聚区与其他功能区在空间上不能衔接，也不能和城市的发展相结合；基础设施不健全，部分集聚区存在给排水困难（下雨天积水严重，生活和工业用水无法保障）、污水处理能力不足等问题。

最后，公共服务平台建设不够。市场服务平台不完善，集聚区缺乏以企业为核心，联合区内各中介服务机构的专业化、社会化、系列化和市场化的为产业集聚区内企业服务的网络，无法为企业提供高效的金融、商业、人才、社会保障等服务；缺乏行业协会服务平台，集聚区缺乏一个由企业为了共同利益目标而形成的具有自我约束、自我发展能力和提供集聚区企业共同需求服务产品的组织机构，不能以企业需求为方向，给企业提供所需要的各种服务，并且帮助企业提高自身能力，促进企业间的联系，从而在整体上促进产业集聚区的发展；公共技术服务平台不健全，产业集聚区的竞争优势主要突出表现在土地、劳动力、资源等生产要素的低成本、低价格上，大多数产业集聚区缺乏核心竞争力，集聚区内企业规模较小，科研力量较弱甚至没有研发力量。

（2）外部环境约束日益加剧

首先，环境治理压力增强。环境评价越来越严苛，很多企业的资金、技术、设备、人力投入不足，环境评价难以达标。以精细化工产业集聚区为例，集聚区内大多是化工企业，存在较大安全隐患，环境评价压力巨大。此外，资金、技术、设备的投入也难以负担。

其次，土地、资本等要素供给不足。土地指标受限，资金来源不足，是多数企业进一步发展的瓶颈，同时，也有部分企业规模小、效益差，导致部分土地的低效利用。

最后，经济"新常态"带来新挑战。由于劳动力和生产成本上升，市场需求下降，不少产业集聚区企业面临严峻的市场竞争压力。

（3）政府引导与服务职能有待加强

首先，体制机制有待创新。市区产业集聚区（汴东、汴西、精细化工）缺乏独立行政职能，在行政管理、社会服务职能、审批权限等方面受到市政府的多重管理，这导致企业办理手续程序复杂、周期长。

其次，政策模糊，资源分配不均衡。通许县产业集聚区，目前省市还没有出台扶持电动车产业发展的具体政策，在入户上牌、上路行驶、保险理赔等方面缺乏政策支持，影响企业的发展规划效益；开封市的政策、资源分配偏向汴西产业集聚区，对其他集聚区支持较小。

最后，集聚区中长期发展规划模糊。政府在产业集聚区发展之初，把产业集聚区建设作为推动经济发展的主要手段，确立主导产业有些随意、依靠土地经营和各种政策优惠措施圈地招商，企业之间的关联度小，缺乏产业链上下游的产业配套结构，一旦低成本优势丧失，将给企业和集聚区带来不可弥补的损失。

2. 发展对策建议

（1）合理规划布局，明确产业定位

遵循产业集聚区形成、演进、升级的内在规律，结合区域优势和特色，科学规划，协调发展；主导产业的选择应该体现动态比较优势，既要发挥地区资源禀赋和优势，还要考虑未来发展趋势和潜力。

（2）不断完善服务配套体系

完善水、电、天然气、污染处理等基础设施以及配套的社会生活服务设施；从资金、技术、政策和服务等多方面创造产业链上下配套的产业环境，包括建立健全产业链，形成产业互动，搭建长效的技术引进研发以及投融资平台等。

（3）增强政府的支持力度

首先，树立为企业服务的观念，为产业集聚区的发展创造优良环境；

其次，应重视引进和发展先进技术，搭建企业和大学、科研院所相互之间进行技术开发和创新的平台，为企业提供技术服务；最后，加大政策支持力度，包括税收、财政、科技支持、出口优惠等政策。

（4）完善管理体制和运行机制

建立集聚区与省、市管理部门"直通车"制度，并妥善解决集聚区与所在区域政府的职能交叉问题；探索创新集聚区管理模式，打造更具吸引力的软硬件环境，为企业提供"一站式"审批和"一条龙"服务；建立准出机制，对发展不良、效益不好的企业，要求其退出产业集聚区，这有助于优化产业结构、合理配置资源，提高土地集约节约利用。

（5）要产业集聚，更要人才集聚

人才集聚对集聚区快速发展尤为重要，但是由于大多数产业集聚区处于县、乡地区，整体发展水平直接制约了高级人才的进入，市政府、产业园区以及企业应从人才引进机制、优惠政策、企业文化、科研环境以及配套生活服务设施等方面营造有利于人才集聚的机制和环境。

二 豫南（信阳、南阳、驻马店）产业集聚区发展报告

（一）信阳市产业集聚区发展报告

本部分根据信阳师范学院信阳市调查组的徐孝新、郑云、杜辉、邱海洋、高琪提供的研究报告汇集整理而成，调研范围为信阳市13个产业集聚区。在明确调研对象、调研目标、调研内容、资料收集等事宜基础上，课题组首先与信阳市发展和改革委员会举行了座谈，详细了解了信阳市产业集聚区的发展历程、发展现状、管理体制、制约因素、存在问题等，并进行了讨论。随后，调查组以不同方式对全市13个产业集聚区进行调研，在对特定产业集聚区进行调研时，基本上按与产业集聚区管理委员会进行座谈、企业参观、访谈、座谈、问卷调查的顺序开展。本次重点调研了有代表性的规模以上工业企业，发放问卷110份，回收有效问卷84份，回收率76.3%，通过对调研资料的整理、分析形成研究报告。

信阳市有13个产业集聚区，截至2014年底，信阳市产业集聚区全部建成面积87.8平方公里，13个产业集聚区规模以上工业企业491家，实现主营业务收入1446.5亿元，同比增长17.9%，占全市的77.3%，对全市规模以上工业主营业务收入增长的贡献率为92.2%；全市产业集聚区规

模以上工业增加值 343.7 亿元，同比增长 15.3%，占全市的 77.2%，完成固定资产投资 850.2 亿元，同比增长 26.3%，占全市的 56.6%，主导产业完成投资 343.5 亿元，主导产业营业收入占比超 50% 的产业集聚区达 7个，利用省外资金新建项目 232 个，合同利用省外资金 1230 亿元，实际到位省外资金 213.2 亿元。

1. 问题总结

（1）基础设施及配套服务有待完善

产业集聚区内管网尚未实现全覆盖，临时停水、停电现象时有发生，生活垃圾、污水无害化处理设施建设相对滞后，仓储物流、教育培训、检验检测、中介服务、医疗保健等配套服务尚未同步。作为产业集聚区运行的载体，基础设施及配套服务的发展程度、服务功能直接影响产业集聚区的竞争力和吸引力。

（2）产业协作配套程度不高

产业集聚区内多数产业链条不完整，产业链延伸长度不够，产业体系不配套，企业间经济联系不够紧密、关联度小，产业链、企业之间相互依存的专业化分工协作体系尚未形成，本地配套率低，集聚效应未能全面发挥，加大了集聚内企业发展的综合配套成本，制约企业市场竞争力的提升。

（3）要素瓶颈日益凸显

产业集聚区用地矛盾已经显现，土地粗放经营与有项目无土地现象并存，存在着用地不批、批地不建情况；资金供应不足，资本市场不够成熟，融资方式、渠道单一，中小企业资金获取困难；高端科技研发、管理、营销人才缺乏，熟练工、一线操作工用工缺口大。

（4）自主创新能力薄弱

产业集聚区多以劳动密集型产业为主，企业基本上以生产、加工为主，较少开展研发、设计活动；研发主体缺失，企业以完成订单为主要任务，与高校、科研院所联系不够紧密；自主创新投入相对不足，自主创新愿望较低。

2. 对策建议

（1）产城融合双轮驱动

产业集聚区是产城融合的空间载体，是产业与城市融合发展的区域开发模式，产业集聚区发展必须坚持产业与城市同步发展、双轮驱动的原则，摒弃片面强调产业功能或城市功能的传统发展思路，避免产业集聚区孤岛式开发。既要立足于国内外产业发展趋势、区域比较竞争优势、现有工业企业基础、东南沿海产业转移契机，培育、引进一批产业关联度大、带动能力强、集聚效应明显的项目，以先进制造业驱动产业集聚区发展，又要注重产业集聚区的城市功能，为务工人员提供必要的基础设施、就业岗位、医疗保健、子女上学、职业培训、公共交通等服务，完善生活性配套服务建设，防止产业集聚区发展"空心化"。

（2）引入社会资本，完善基础设施建设

供水、供气、道路、污水处理、垃圾处理以及园林绿化等基础设施具有不同的经济属性，应采取不同的投融资模式；供水、供气、污水处理管网传输环节，受资产专用性强、投资沉淀成本高、投资回收期长等要素影响，私人企业参与积极性不高，政府应成为投资建设主体，而管网日常维护、检修环节应采取管理合同、服务承包合同方式引入社会资本；生产环节如自来水生产、燃气制储、污水处理等，投资成本较低，投资风险相对可控，经营性较强，可采取特许权经营模式引入社会资本；集聚区道路、园林绿化是典型的公共物品，无法设计出可操作性的收费模式，属于非经营性项目，政府作为投资主体直接参与投资建设是主流模式，但其建设、管理、维护业务可以通过公开招投标方式，交由私人企业经营；垃圾无害化处理属于经营性项目，同样可以采用运用广泛的特许权经营模式。

（3）克服要素瓶颈，增强资源供给可持续性

整合政府政策性培训项目，加大政府资金投入，引导、支持企业提高人力资源开发培养投入力度，加强职工岗位技能培训和工程技术管理人员继续教育，培育产业技术工人；鼓励外出务工人员回乡就业，抓住春节期间返乡探亲时机，做好宣传介绍、政策优惠、定向定点培训工作，增强回乡就业信心，解决一线操作工短缺问题；改善投融资环境，拓宽融资渠道、途径，构建集间接融资和直接融资于一体的多元融资体系；重点支持企业间接融资，建立政府、企业、银行三方联席会议机制和重点项目、重点企业融资推介制度，推动中小企业信用担保体系建设，争取政策性金融机构资金支持力度，保障各类型企业和项目获得稳定、可靠、充足的资金来源；鼓励有条件的骨干、龙头企业发行企业债券、股票，争取上市融

资；探索土地节约集约使用的长效机制，强化土地总体规划与年度计划管理，调整、优化土地资源结构布局，集中建设多层标准厂房，提高土地利用效率，开展废弃地复垦利用，确保耕地总量动态平衡，缓解土地供需矛盾。

（4）加大招商引资力度，夯实产业发展基础

根据近期优先发展的主导产业进行招商，谋划符合本集聚区实际和现代产业发展方向的大项目，加强基地型、龙头型项目的引进和培育；围绕龙头骨干企业主导产业及服务，从上下游双向延长产业链，深化分工、合作，提高分工协作水平，加强企业间纵向、横向经济联系，以形成相互依存的专业化分工协作体系；以改善集聚区综合服务功能为目的，开展研发创新、检验检测、仓储物流、教育培训、中介服务等公共服务平台以及保障性住房、商业休闲、公共交通、医疗卫生、生活保健等生活配套的招商引资工作。

（二）南阳市产业集聚区发展报告

本部分根据河南工业大学南阳市调查组的孙中叶、梁瑞华、关浩杰提供的研究报告汇集整理而成。调研范围为南阳市 14 个产业集聚区，调研组座谈、走访了 16 家企业，召开了由南阳市发改委工业处人员、14 个产业集聚区负责人和企业代表参加的座谈会，14 个产业集聚区平均发放问卷 20 份，收回有效调查问卷 254 份。通过对调研资料的整理、分析形成研究报告。

南阳市共有 14 个产业集聚区，产业集聚区建成区面积达到 182.52 平方公里。截至 2014 年底，规模以上工业企业达到 732 家，比去年新增 111 家；固定资产投资施工在建项目 960 个，累计完成固定资产投资 1275.2 亿元，同比增长 13.4%，占全市完成固定资产投资的 58.4%；实现规模以上工业总产值 2115.7 亿元，同比增长 20.2%；实现规模以上工业企业主营业务收入 2025.1 亿元，同比增长 16.8%。

1. 问题总结

（1）主导产业同质性较强，区域内产业竞争加剧

南阳市和周边地区均处在推进工业转型升级的关键时期，竞相发展、相互赶超的竞争格局日益加剧，在资源、资金、人才等方面的争夺日趋激烈，同时，南阳市工业又处于产业链前端，面临着产业延伸不足、产品附加值偏低等问题。

南阳市产业集聚区发展仍存在较强的产业同构性，各个集聚区差异

化、互补性仍偏低。南阳市产业集聚区确定的主导产业主要集中在装备制造、机械制造、机电制造、农副产业品加工、建材、纺织服装等行业，产业结构类同问题比较突出。调查结果显示，主导产业涉及机械制造、装备制造和机电制造的有 10 个产业集聚区，占产业集聚区总数的 71.4%；涉及农副产业品加工的有 7 个产业集聚区，占 50%。各集聚区在初期发展中，以规模扩张为首要目标，在项目引进、产业培育上没有充分依托本土资源优势或产业基础，普遍存在产业培育与本土优势、传统产业改造升级与战略新兴产业引进、产业链延伸与服务环节增值、龙头企业与中小配套企业等领域的割裂发展，导致各产业集聚区不仅在招商引资方面竞争激烈，而且还使企业在原材料市场和产品销售市场的竞争加剧。

（2）集聚区的企业"群"而不"聚"，产业关联度偏低

集聚区的企业产业链接度偏低，现代产业分工合作网络远未形成，从各个集聚区内部看，产业链环节不完整、本地配套率低仍是产业集群发展的主要制约；各个行业的龙头企业与中小企业的关系还处于松散型的状态，甚至有些还存在较为激烈的竞争关系，没有实现真正意义上的集聚发展和集群发展。调研的企业中高达 65% 的企业认为集聚区内专业分工不够紧密，仅有 13% 的企业的原材料和零配件是来自于本集聚区，33% 的企业认为企业发展的主要问题之一是缺乏相关产业支持；大部分产业集聚区只是实现了企业的"扎堆"，形成了群，没有形成真正的专业化分工和上下游产业"聚"的互补效应，同时也影响了对外来企业来南阳发展的吸引力和入驻南阳市集聚区后企业发展的配套需求。

（3）创新意识和能力较弱，传统产业发展模式仍在延续

由于受思想观念和环境等因素的影响，南阳市产业集聚区内企业在技术、信息及人才等生产要素积累方面普遍比较薄弱，企业高端人才相对不足，技术水平较低，技术储备不足，技术装备更新速度慢，高新技术应用程度不高，特别是在科研投入和科技创新方面差距更大。2013 年，全市 13 个产业集聚区 R&D 经费支出仅为 18.23 亿元，只占产业集聚区规模以上工业增加值的 3.64%，远远低于经济发达地区的水平。

产业集聚区内传统制造、加工企业占比仍然较大，高新技术企业和有自主知识产权的企业偏少，缺少研发机构和高素质人才，企业拥有发明专利较少、科技经费支出低、科技从业人员不足。在调研的企业中，65% 的

企业没有专利；国家级高新技术企业 16 家、省级 20 家、市级 21 家，分别占规模以上企业总量的 1.8%、2.2%、2.4%。

作为自主创新高地的南阳市高新技术产业集聚区，虽然也开始了由制造向"智造"的转型，主导产品向系统化、集成化、智能化、节能化方向的发展，但是，作为龙头企业的发展战略也多与真正意义上的智能制造、高端制造和高新技术产业的内涵和定位有所差距；把上规模放在首位，而忽视投资规模小、发展潜力大的高技术项目，有"制造"无"创造"，创新驱动的后劲不足；大多数产业集聚区依然延续着基于投资驱动和规模扩张的传统产业发展模式，项目建设上新兴产业、新型项目的"双新"色彩不明显，产业结构中高新技术产业占比仍然偏低，发展路径上仍是过多依赖低端产业、低小散企业、低成本劳动力、资源要素消耗和传统商业模式。在调研的企业中将近 50% 的企业属于劳动密集型产业，仅有 16.6% 的企业属于技术密集型产业，在生产制造过程中，调研企业中仅有 43% 的生产环节涉及研发设计。

（4）融资制约突出，融资手段和方式单一

集聚区企业的生产性投资以自有资金、政府资金和银行贷款为主，风险投资和从资本市场进行的直接融资数量较少，13 个产业集聚区仅有 3 家上市公司，在访谈中，企业对新型融资方式和合作经营模式了解不够，特别是对新三板、战略新兴板不甚了解，对 PPP 合作模式也是了解不多，一些优秀项目由于投入大、风险大，融资困难，难以突破资金瓶颈；企业在思想观念上，融资"等、靠"现象突出，期望政府能给予支持和从银行获得信贷支持；融资难、融资贵不只是中小企业的问题，大企业也经常遇到这一困难，目前已有部分企业谋求资本市场上市挂牌，但总量仍然很少，各种股权投资基金、风险投资机构的缺乏，将会制约中小企业的快速成长。

（5）传统要素投入较多，驱动创新要素亟待增强

环境资源约束日益增强。当前，南阳市处于工业化、城市化快速发展的新阶段，既要加快发展进程，又要降低资源、能源的消耗，产业集聚区建设作为推动南阳市经济跨越式发展的强力引擎，也面临着资源和环境的双重压力；另外，普遍存在土地制约，工业用地储备较少，土地资源有限等问题；有的项目因用地手续程序烦琐、周期长，影响及时入驻。

人力资源短缺。在调研中企业普遍认为，无论是技术人才还是一般员

工，都面临人员短缺的状况。一是流动性大，目前，成长型企业所需的专家型人才基本上靠从县外的大企业"挖"，但这些"挖"来的人才往往会因生活环境、老板素质等原因"水土不服"，坚持不了多长时间就走人；二是高薪难以承受，企业对从外地"挖"来的人才承诺的年薪都在几十万、上百万不等，对于一个刚刚升起"炉灶"的企业来说，压力很大，加上部分企业存在急功近利思想，技术研发团队不固定，导致产品研发创新不能持续；三是企业文化建设滞后，部分企业不重视文化建设和机制创新，没有形成员工核心价值观，没有建立员工保障等利益共享制度，企业缺乏凝聚力，员工缺乏事业心，技术工人培养难与流动性大的矛盾比较突出。

体制机制障碍亟待突破。目前，产业集聚区没有建立起职能明晰的管委会独立行使公共事务管理权，有的产业集聚区尽管也组建了类似的管理委员会或专门的办公部门，但工作人员由其他部门借调或兼任，人员不稳定，有的产业集聚区也建立了管理委员会，也有若干工作人员，但与所在乡（镇、街道办事处）之间存在着多头管理、职能不明、职责不清的问题，对区域范围内隶属于乡（镇、街道办事处）的各类管理事务大都只有协调权，没有决策权，难以提供企业需要的"一站式服务"。

2. 对策建议

（1）优化产业布局，以科学规划引领发展

大力推进产业转型升级，围绕传统产业转型升级，实施传统产业技术创新工程，建设一批公共创新和服务平台，打造一批创新型产业集群，发挥产业集聚区的集聚效应和规模效应；依托现有产业基础和比较优势，围绕品种质量、节能降耗、生态环境、安全生产等重点，积极引导企业充分利用高新技术、云计算、物联网等信息技术对产业生产流程、工艺和产品层次进行提升改造；围绕产业研发新产品、新技术、新工艺，拉长产业链，向产业价值高端发展，大力推进产业改造转型升级，提升传统产业市场竞争力；强力推动产业集聚区装备制造、金属冶炼、化学工业、农副产品加工、纺织服装、光学电子等战略支撑产业技术改造升级，强化相同产业的空间整合，加快发展集中度高、关联度大、竞争力强的主导产业群。

强化战略新兴产业自主创新，要加强资源整合和技术集成，充分发挥政府的引导作用，把加快培育和发展战略性新兴产业放在产业创新驱动转型的突出位置,统筹技术开发、产业化示范、市场应用等创新环节,组织实施战略性新兴产业重大创新工程和示范园区建设,着力培育具有核心技术的龙头企业和产业集群;加大高新技术产业项目招商引资力度,积极发展电子信息、新能源、生物医药、新材料等高新技术新兴产业和战略性先导产业,提高产业层次,构建新型现代产业体系,促使节能环保、高端装备制造产业成为新的增长点,把南阳市打造成河南省重要的战略性新兴产业基地。

注重新业态培育,创新商业模式。当前正是信息化新一轮发展的黄金时期,云计算、大数据、移动互联网、物联网等技术的突破,给信息技术应用模式带来了一场深刻变革,以互联网技术为代表的新技术是商业模式创新的主要动力,推动以信息技术为基础的新业态发展,对于南阳市的创新驱动、转型发展非常重要,它不仅有可能成为创新发展的新的经济增长点,而且可能开创"从制造到智造"的新技术模式,"从制造到制造+服务"的制造业、服务业相融合的新业态,"从服务到服务"的跨界融合服务新形态等。

(2)突出产业集群,以主导产业带动发展

产业集聚区的核心特征是产业集群发展,产业集聚区与产业集群实现"两集"融合,是集聚区发展的客观要求,是集聚区发展的必然趋势,每个集聚区要集中精力在主导产业上实现突破,打造产业集群,形成上下有连接、左右能配套的产业支撑体系;要加强对集聚区协调指导,促集聚创特色,尽量避免无序竞争、杂乱发展,逐步解决无关联企业扎堆的现象;要围绕主导产业,实施产业集群培育工程,突出龙头带动、市场带动、配套带动、技术带动,加快主导产业发展,引导同类企业集中布局,市县联动,重点突破;要大力培育龙头企业,对天冠、二胶、防爆、石油二机等一批成长性好的优势企业,在政策、项目、资金等方面给予倾斜,支持其做大做强。

(3)完善服务设施,以优良环境承载发展

随着宏观调控的不断深入,政策招商的时代必将逐步退出历史舞台,招商引资将开始逐步向重效益(经济与社会效益)、重质量(技术、产品与服务、产业结构)、重和谐(持续发展、民情、民意)的模式转变,因此,要引导各集聚区招商引资模式逐步向更加科学化方向发展,在软环境和硬环境上下功夫。

优化管理机制和发展环境。一是着力优化思想环境，南阳市各行政部门和集聚区要进一步统一思想，形成共识，转变工作作风，强化服务意识，增强优化招商引资环境的紧迫感，坚定不移地把招商引资工作作为促进南阳市经济发展的第一要务，牢固树立"环境就是生产力""服务效能是招商引资第一竞争力""人人都是投资环境，处处都是服务窗口"的服务理念，高起点推进招商引资环境建设，营造一个公平、安全、廉洁清正的环境，使企业能安心、放心，坚定投资信心，实现地方经济发展和企业受益的双赢格局。二是要优化服务环境，按照"精简、统一、高效"的原则，优化产业集聚区管理部门职能配置，定编、定岗，创新管理体制，提高管理人员干事创业积极性；充分授权，封闭运行，创造优质、高效的管理体制和运行机制；要服务到位，加快完善集聚区配套服务体系建设，优化发展环境；大力发展区域性物流园区、物流中心、配送中心，鼓励集聚区企业联合采购、集中管理、统一配送；建立健全资产评估、物业管理、法律服务、医疗保障、社会保障、教育卫生等机构及社会化服务体系，满足产业集聚区企业和从业人员的全方位需求。

加强载体建设，优化空间发展环境。按照"统筹推进、适度超前、突出重点"的原则，加快建设企业发展的硬环境。一是加快推进城区道路、供排水和污水管网、供电、供气、供热、通信等基础设施向集聚区延伸，扩大产业集聚区基础设施覆盖范围，完善对外联系通道和环保、供电等设施建设。二是加快区内基本生产生活性服务设施建设，抓好公共服务体系建设，进一步提升产业集聚区的服务能力和承载能力。三是加大标准化厂房建设力度，提高多层标准化厂房比例，对食品、纺织、服装、电子设备等适合多层厂房生产的工业项目，引导其入驻多层厂房。四是要牢牢把握产城融合这一原则，统筹推进城市功能区与产业集聚区建设，坚持以产业集聚创造就业岗位，促进人口集中并向城镇转移，充分考虑产业集聚区建设同城镇发展的对接，用城镇的资源、服务功能支撑产业集聚区起步，通过产业集聚区的发展带动城镇发展。

（4）加强项目带动，以优质项目支撑发展

要坚定不移地实施项目带动，大上项目、上大项目、上好项目，以项目建设的大提速推动产业集聚区大发展。一是要加大招商引资力度，充分发挥集聚区筑巢引凤功能，以突出培育产业集群为重点，搞好项目谋划和包装，实行"链条整体招商"，既注重引进龙头骨干企业，也注重引进上下游产业配套项目，以央企等国内外大型企业或企业集团为重点，加强战略合作。二是要加快重点项目建设步伐，在建项目抓进度，促其尽快建成投产，产生效益。结合南阳市"十三五"规划，做好产业集聚区建设项目服务工作，及时协调解决项目建设过程中遇到的困难和问题，促其早日开工建设。三要严格项目准入标准，按照国家产业政策和"三规合一"要求，运用土地、规划、环保、项目准入等手段，严格对入园企业的审核把关，科学合理引进，严格控制能耗高、污染重的低水平项目建设，加快淘汰现有技术落后、污染严重的企业，促进集聚区产业结构优化升级，严格限制"三类工业"项目进入产业集聚区，严格控制投资强度，对达不到投资强度的项目不允许入驻；努力实现产业"链式发展"，要加快招商引资步伐，积极转变招商引资的理念和方式，更加注重产业招商、园区招商、项目招商、技术招商，特别要注意通过招商来完善产业链条，填补产业空白，要强力推动集聚区企业从"点式扩张"向"链式发展"的转变，以"链式发展"方式打造更具竞争力的主导产业链，要坚决推动产业结构调整和布局重点向产业链下游突破，促进企业从上游初级加工向下游深加工和精加工转变升级，从分散的、单一的、互不关联的加工企业，向精深加工制造产业链的企业集聚和产业集群转变升级。

（5）破解发展瓶颈，以要素集聚加速发展

要建立完善投融资、企业担保、土地整理和开发利用、公共服务等平台，为产业集聚区发展创造条件。一是要加大整理挖潜力度，南阳市集聚区用地需求与省里每年下达的新增建设用地计划指标缺口很大，土地供需的矛盾十分突出，今后项目落地难将成为常态，引进项目在用地上坚持有限指标保重点，一般项目靠挖潜原则，加大建设用地单位投资强度，健全完善用地监督管理机制，坚决遏制粗放用地行为，努力实现土地利用效益最大化；充分盘活存量土地，提高投资强度，严把项目入驻关，总投资1亿元以下的项目不再单独供地，一律进驻标准化厂房；探索建立公益性基础设施和商业性基础设施开发相结合的长效机制，运用市场化手段盘活土地资源；放宽非耕地用地限制，西峡产业集聚区等集聚区规划区内75%以上的土地都是荒山、丘陵、非耕地的，建议在使用非耕地时，取消或放宽分配指标的限制，鼓励利用非耕地发展产业；对利用平山填沟、利用非耕地用地成本较高的产业集聚区加大资金补贴。二要加强融资平台建设，除了争取银行贷款外，要多运用市场化手段运作，加强中小企业信用担保体系建设，规范发展民间投资担保机构，壮大担保平台实力，多渠道解决集聚区内中小企业资金困难问题。三要充分发挥人力资源优势，南阳市要充分发挥教育、人社等部门职能以及职业技术院校的作用，积极开展政府、院校、企业三方互动合作，加强针对性人才培训，支持学校将实训基地放在集聚区企业，把生产过程作为学习项目和教育内容，大规模培养职业技能型工人；加快培养引进一批高级经营管理人才，积极推进企业经营管理人才的市场化和职业化，提高集聚区管理水平。四要加强创新平台建设，依托骨干企业，开展多形式"产学研"合作，引进或突破一批制约区域特色产业发展的关键性技术，组织实施一批重大科技专项，着力破解制约产业链关键环节的技术瓶颈，以技术进步壮大产业集群规模。

（6）推行负面清单，以服务优化促进发展

一是按照《河南省人民政府关于促进全省产业集聚区持续健康快速发展的若干意见》，"鼓励采取'人员派驻制、流程内部化'的模式，推动规划、国土资源、住房城乡建设、环保、统计、质监等职能部门向产业集聚区派驻人员，受派出单位和产业集聚区管委会双重领导，相关行政审批和工作事项由派出人员按内部流程办理或授权直接办理，实现产业集聚区与市级职能部门的'直通车'制度"的精神，建议产业集聚区对区域内的经济、行政和社会事务统一领导、统一规划、统一管理，同时市直国土资源、规划、工商等部门在产业集聚区设立分支机构，涉及产业集聚区范围内的审批、管理、执法权交由在产业集聚区设立的分支机构行使。二是整合各职能部门市场准入行政审批事项，建立跨部门审批管理机制和审批信息流转机制，开设政务大厅，集中办公，实现市场准入所有审批事项一次性、一体办结。一体审批可概括为"四个一"。一表填报：合并各部门各类核准事项申报材料信息，系统依据申报事项生成一个表格，一次填报。一口受理：一次性向综合服务窗口提交申请材料，综合服务窗口对材料是否齐全进行初审、登记、录入、分流。一体审批：初审材料经内部分流至各部门，能同时审批的，启动同时审批工作，有先后顺序的，依次启动审批工作。一并发证：准予许可的，证、照集中统一发放。

（7）健全考评机制，以科学考核激励发展

科学的考评机制是引导产业集聚区快速发展、科学发展的重要手段。一要完善考核指标体系，要在河南省产业集聚区考核指标体系的基础上，结合南阳市自身发展实际，制定和完善南阳市产业集聚区考核指标体系，加强监测考核；要从引导产业集聚区发展主导产业、提高产业集聚区发展效益的角度出发，制定重点考核产业集聚区主导产业的考核指标体系，从主导产业的发展规模、发展速度、发展质量等方面进行考核，促使各产业集聚区围绕主导产业引进高质量项目，逐步壮大主导产业集群。二要加大奖惩力度，将产业集聚区考核结果作为评价产业集聚区整体发展状况、资源配置效果的重要依据，作为政策扶持力度和领导干部提拔任用的重要参考，以确保产业集聚区建设沿着健康、科学的道路发展，真正成为加快南阳市经济发展方式转变的平台。

（三）驻马店市产业集聚区发展报告

本部分根据河南财经政法大学驻马店市调查组的关付新、曹飞、陈志锋、陈海霞、崔少瑞、张旭光、刘丹青、聂铭泉提供的研究报告汇集整理而成。调研范围为驻马店市 11 个产业集聚区，调研组共获得 300 份有效问卷。问卷主要是由各产业集聚区管委会召集区内企业代表当场填写，部分问卷带回企业填写，之后统一收回。除了问卷调查，调查组还进行了实地走访，与当地领导干部及企业职工进行了交流。在此基础上形成研究报告。

驻马店市有 11 个产业集聚区（因为新蔡县被确定为省直管县，所以新蔡县产业集聚区本次未计入驻马店市产业集聚区统计中），经过几年发展，驻马店市形成了以驻马店市煤化工和医药产业、机械装备产业及农副产品加工、机械制造、上蔡轻化工粮食加工、正阳食品加工轻纺化工、汝南食品加工装备制造、遂平农副食品、西平机械制造、平舆食品工业医药化工、泌阳农副食品及石材、确山建筑材料与机械电子等具有各自特色的 11 个产业集聚区。在 2014 年河南省 180 个产业集聚区的考核晋级中，驻马店 11 个产业集聚区中中心城区的驻马店市产业集聚区、平舆县产业集聚区、泌阳县产业集聚区达到了一星级标准，其余 8 个产业集聚区未达到产业集聚区门槛。

1. 问题总结

（1）管理机构整合力度不够，机构不健全和各自为政现象存在

部分产业集聚区管理体制没有得到良好的理顺，产业集聚区机构设置相对于乡镇政府、街道办事处来说不健全，许多促进产业集聚区发展的核心部门在产业集聚区管理部门中并无相关岗位人员，这部分岗位编制职能在其他乡镇、街道办等基层政府那里。同时，有的在岗的工作人员编制不确定，从各单位抽调的临时人员，管理职能存在交叉、缺失，在这种情况下，很多产业集聚区的工作缺乏稳定性，在诸如土地征收、劳动力安置等问题上工作协调难度很大。产业集聚区管理机构和乡镇政府机构没有实现行政机构套合，因此诸多事务管理中的问题往往不能顺利地得到解决，这不仅对企业投资生产造成了影响，也对相关住户的生活生产活动造成了很大的影响。

（2）资金要素方面的制约问题

诸多产业集聚区招商进来的企业存在落地难、开工难问题，虽然一些地方是因为基础设施、土地等原因，但多个产业集聚区认为资金因素仍然是其中的一个重要原因。一方面，产业集聚区管委会积极组织各商业银行进行银企洽接，鼓励银行对企业进行信贷支持；但另一方面，商业银行出于风险控制和各种严格的管理机制，审慎放贷。因此，企业的资金需求一直难以得到及时充分的满足。

（3）行政管理及审批方面的问题

产业集聚区企业投资建设涉及诸多的政府单位和相关事项，如土地审批、环评、城建、文物、规划、人防等，因此，政府提供的服务环境相当关键，企业在投资报批过程中进行程序式行政审批时，存在审批程序复杂、矛盾协调难度高问题，这些问题成了项目报批进度的重要制约因素。比如，市里的产业集聚区项目投资报批，很多是在市政府下边的各局委办进行上报，而这些局委办在执行审批的时候往往审批滞后和设置一系列烦琐的前置条件等，相关的局委办中只有主管部门为发改委的审批才会较快通过。

（4）土地供需矛盾

土地问题仍然是制约项目报批的重要因素。相对于资金要素、劳动力要素、技术创新等其他生产要素市场，土地市场仍垄断在地方政府手中，而且受到中央和省级政府的严格指标管控。诸多产业集聚区存在土地利用

报批难，征地矛盾突出问题，尤其是项目前期，土地手续涉及的部门很多，办理周期太长，影响了一些较大的投资项目的顺利开展。调研中我们还发现虽然存在着审批难现象，但产业集聚区的土地利用仍然存在着粗放利用、低效利用等情况，一些企业存在着囤地的现象。另外，国家的工业用地标准如何良好执行问题、企业经营不善退出后的土地再利用问题均非常突出，这与高度管控、严格审批的土地管理工作格格不入。因此，破解土地要素方面的难题，不仅要促进产业集聚区发展、企业发展，更要顾及相关农村集体、农民的利益和长远可持续发展的需要。

（5）企业用工及农村劳动力安置等问题

在征地拆迁过程中许多失地农民的安排问题：一是就业，二是住房。这两个关键问题中还存在着很多有待解决的矛盾。如政府承诺的安置房如期到位难，农民拿着政府补助在租房的过程中持续等待；各产业集聚区用工时并不能就地较好解决失地农民的就业问题，企业本着成本低、效益高的原则选择劳动力，而农民则根据收入来判定自己的去留，因此，大部分农民仍然选择了外出务工以增加自己的收入，换句话说，产业集聚区的发展在促进城乡一体发展、新农村建设、新型城镇化方面还有较长的路要走。

（6）招商引资中政府与企业关系问题

面对企业投资项目的开展和政府的互动及企业经营中存在的诸多难处，地方政府也做出了诸多优化服务环境、提供政策优惠等的承诺并采取了诸多行动，企业也在这方面反复提出要求，政府的服务和帮忙究竟该以什么形式提供给企业？提供的深度是什么？提供的广度是什么？在诸多的产业集聚区访谈中，管委会和相关政府机关的负责人也反复提到，地方政府和管委会通过种种努力提供了各种程度的便利、各方面的优惠，但企业的生产运营问题仍然很多，毫无疑问，这些问题同立项、产品、市场、技术、要素、管理等各个方面高度相关，实际上，企业在政府提供了最基本的服务后如何良性发展并持续做强，以及企业在前期、产品、市场、研发、管理方面的优势都是政府无法给予的。因此，在促进产业集聚区壮大发展的同时，须进一步梳理招商引资政策和解决企业提出的一些不适合科学发展、不适合经济新常态下地方工业化、城镇化的问题，积极引导、合理地介入而不是一味地让利给企业，这是下一步地方政府招商引资工作和产业集聚区发展过程中必须要面对的一个问题。

（7）产业集聚区主导产业问题

从调研中我们也发现，一些产业集聚区存在着主导产业不明显，产业链条衔接度不够高等问题，有的项目处于停产或濒临停产状态，而有的项目资源闲置利用情况突出，通过和其他地方政府产业集聚区管委会和调研组的沟通得知，这些问题不仅仅存在于驻马店的产业集聚区，在全省各地市都有一定程度的存在，共性的问题说明有共同存在的制度原因，不能简单地归结为各个地方资源禀赋的差异。虽然省政府对各个地方的产业集聚区主导产业进行了总体定位，但地方政府招商引资的实际情况总与预期情况有所出入，相对于传统的工业园区，产业集聚区强调了产业链条的衔接，强调企业间的优势互补，强调行业产业及企业与当地或省内资源禀赋的有效对接，这些因素与上文中提到的政府与企业经营的关系类似。产业集聚和产业布局需不需要政府进行强制性的规定，如果需要，该如何进行规定，规定的深度和广度为何，如何规定才能促进产业集聚区产业和企业真正有效的集聚，政府对产业集聚区主导产业的规定是否过细，政府出台的对产业集聚区产业集聚的考核等问题均需要进一步探讨。

2. 对策建议

（1）准确合理定位，科学规划引导

对于各县（市、区）产业集聚区发展中出现的企业经营困难、产业链条不紧凑、主导产业不明显问题，必须进一步明确和查找政府产业规划在产业集聚区发展中的作用和不足，这个过程中，不仅政府部门要加强引导，更要鼓励政府以外的社会部门、行业部门、企业部门积极参与，保障规划的科学性，既要避免规划事无巨细而干预了市场机制，又要避免过于宏观的规划起不到引导作用，科学合理的规划必须是细微处和宏观处结合得更好的规划。对于驻马店市各产业集聚区来说，粮食工业、食品加工工业、农副食品加工工业等多个产业集聚区出现如何协调和良性竞争问题。各个地区的产业规划对接非常关键，这当然有赖于上级政府的协调，更有赖于本级政府做好科学规划。

（2）大力培育龙头企业，逐渐形成有主导优势的细分产业

之所以强调政府的科学合理规划及地方政府间规划的对接，主要是

为了防止地方政府的过度竞争，地方政府的过度竞争不仅造成了要素资源的低效率配置，而且造成了产能过剩和资源浪费。在按照市场和资源禀赋原则科学地确定了主导产业后，政府在招商引资中必须从优惠政策的竞争中退出来，按照国家的政策法规在税收、土地、环保、用工等方面进行招商引资，确保不会为了一味地竞争而出现恶性争夺企业落地的现象。以市场的原则来培育一家或几家有竞争优势的细分产业企业，这个过程中的竞争必须是良性竞争，大力引进和扶持龙头企业，培育名牌产品，创造地区品牌，增强主导产业的带动能力；加大对高技术含量、高附加值、有市场潜力的名牌企业的扶持，否则，后续的产业链条配套也将陷入不良竞争当中；当优势企业发展起来之后，更应依照市场化配置资源原则打造良好的服务环境引导其他相关企业进入产业集聚区，这样，由龙头企业带动的企业联动必将慢慢形成产业集聚，而过度的规划和权力介入将适得其反。

（3）以市场化手段解决要素市场中政府失灵问题

产业集聚区中企业用地存在着多占地少用地、违法用地、用地效率低和闲置用地、囤地等问题，政府对这些现象有了解，但地方国土管理部门却无力监管并有效制止，国家的土地管理制度往往在产业集聚区中流于形式，这个问题也是政府过度征地的间接诱因。因此，在产业集聚区发展过程中，必须恪守市场化配置资源的原则，即使在培育龙头企业的过程中，也要尽量以市场化原则来进行土地资源配置，虽然国家制定了集约多种用地的指标，但这种指标并不能执行，关键原因不是政府监管无力，而是政府以非市场化原则配置土地要素，这不仅突破了相关指标和相关规划，更有些突破了国家的法律法规。因此，在土地利用方面，应着手于市场化配置资源制度的严格执行而非对集约节约政策实施的严格监管。

至于资金问题，不少地方和产业集聚区积极开展投融资平台建设，但这种融资平台建设一定坚持风险和收益基本平衡的原则，否则不仅不利于地方政府财政收支和债务问题的解决，也势必会为企业和产业集聚区的良性发展埋下重大隐患；政策性的融资平台需要在资金来源、合理的抵押品确定、风险管控机制的建立等几个方面做好扎实工作。需要指出的是，融资平台既然是政策性的，当然有别于商业银行，但这种政策性的融资平台必须同上述产业规划和以市场配置资源为基础作用的原则相匹配。

劳动力问题，分为两个方面：企业的用工问题、企业经理人员的工作生活问题。对于前者，当然还是以市场化原则为导向，目前大部分的本地民工仍选择外地务工而非本地工作当然有其原因，政府和企业不必刻意为之，农民工的城镇化和劳动力流动总的来说是个市场问题；但对与校企对接的劳动力和本企业工作的劳动力及经理层来说，必须考虑实现产业集聚区和新型城镇化的融合要求，将这部分劳动力逐步稳固下来，使其成为本地市民，这个过程中必然要有相关的生活设施和生产场地的对接，相关公共服务的配套。

（4）打造服务型政府

政府工作的核心转到提供适量高质的保障房、道路、污水处理、环境整治、商业环境、法治配套等，在既有的政府职能基础上，创新和拓展服务内涵和外延，提升产业集聚区的企业服务水平，对于企业投资生产过程中的基础设施和相关配套设施，政府须及时完善，如绿化、供水、供电、广播电视网络、通信设施等，降低企业的生产成本，为企业提供良好的外部生产经营环境，让投资者有良好的投资印象，使他们能够把项目投资留下来。此外，不仅政府进行竞争要良性可持续，政府也要引导企业进行良性可持续公平的竞争。

审视基于市场原则和重点培养原则的相关政策有没有良好落实，高效联合审批制度应该积极推广展开，驻马店市委、市政府仅仅召开联席会议还解决不了问题，这种运动式的治理方式只解决临时问题，因此，要在法律法规和市场原则的指引下，组织财政、税务、国土、环保、建设等部门，将相关的法律法规政策进行系统梳理，优化审批程序，减少不合理的审批节点，提高审批效率，政府的优惠政策也必须基于上述原则展开，否则将不利于企业和产业集聚区的发展，也不利于审批部门工作的开展，须逐渐做到前期服务高效一条龙，中期服务全面周到，后期服务持续跟进。

（5）实施创新驱动发展战略

企业创新是国家创新体系中最关键的一环，但政府在国家创新体系中的政策支持角色也非常关键。因此，要支持省内农业高校、农工学科相关科研机构、大学等在粮食机械设备、装备制造业、粮食食品产业加工等相关领域组建产业技术联盟、校企技术研发联盟，支持在产业集聚区设立国家农业设施设备、机械设备、粮食深加工及农业高科技等相关的国家工程中心和实验室，并使之和企业成为联合创新的核心载体，在基础研究和重要应用研究上有所突破；在工作推进当中，政府必须要从各个方面加大资金、人力资源的投资力度，并且强化技术研发和投资生产盈利的联系，搭建创业者、投资者和研发者合作交流共赢的平台，创新合作供应的新机制；出台相关的人力资源政策，积极引导农业类、农业机械类、食品加工类的毕业生在传统农业主产区的产业集聚区发展，省内相关单位应积极培养相关的研究型人才，而本地高校更多培养和企业对接的应用型人才，尤其是相关职业技术教育要紧密跟进，实现校企合作和校企对接。

（6）制定有针对性的考核方式和考核体系

在对各地方政府和各产业集聚区的考核中要提高环保、节能、创新科技所占的比重，对能形成潜在主导产业的管委会实行差异化考核制度，以长远目光制定考核政策而非短期运动式的考核政策，树立并强化地方政府经济政策制定者的长期发展、健康发展、持续发展的观念，弱化产业集聚区生产总值、税收总规模、企业数量和投资规模等数量型指标，如果地方政府在龙头企业服务、主导产业培养、产城融合发展、产业链条协同等方面有所作为，则应出台积极的激励政策，尤其要加大对创新技术投入、产学研联合、新产品产值、就业岗位提供等这些较为具体的方面的综合考核力度，不断增强产业集聚区的增长后劲，为促进产业集聚区的长远发展奠定基础。

（7）推动相关行政管理体制改革

必须大力推动产业集聚区和乡镇行政区域管理套合机制的实现，将上一级政府中的经济强才任命于产业集聚区的关键性岗位，并在相关乡镇政府中兼任主要领导职务；注重产业集聚区系统和乡镇政府系统的整体性和高效率，既要避免产业集聚区和乡镇政府简单的叠加，造成相互推诿扯皮的现象，又要避免过分追求机构的统一，导致职能分工结构不合理，工作重点不突出的现象；合理分解套合后的机构的相关职能，产业集聚区管委会可主要负责产业规划的实施、招商引资、项目推进、企业服务等综合经济管理职能，而其他社会事务、公共管理事务则由所套合的乡镇政府统一负责，同时，推动有关县（市）区采取"人员派驻制、流程内部化"模式，实现县级职能部门向集聚区派驻人员，减少中间环节，简化审批流程，提高办事效率。

三 豫西（洛阳、三门峡、平顶山）产业集聚区发展报告

（一）洛阳市产业集聚区发展报告

本部分根据河南财经政法大学洛阳市调查组的曲峰庚、刘玲、苏东卫、陈慧慧、张斌、张佳提供的研究报告汇集整理而成。调研范围为洛阳市17个产业集聚区，调研采取座谈会与实地调研相结合的方式。首先，调研组与洛阳市产业集聚区联席办公室沟通交流，邀请各个产业集聚区负责人到联席办公室参与座谈会，通过座谈交流的方式了解各个产业集聚区的基本情况；其次，调研组有针对性地与产业集聚区管委会开展座谈会，具体了解产业集聚区的企业发展情况和管委会的工作开展情况；最后，调研组对标的企业展开了问卷调查与实地调研，了解一些特色企业的具体发展情况和问题，以及企业对产业集聚区管委会的满意程度。本次调研发放问卷235份，共获得180份有效问卷，占企业总数的76.6%。尽管调研针对17个集聚区，但是宜阳和孟津集聚区调研效果不理想，故在最终的问卷中仅包含了15个产业集聚区的问卷。问卷主要是通过三种方式发放：由各产业集聚区管委会召集区内企业代表当场填写，实地调研企业当场填写，以及部分问卷带回企业填写，之后统一收回。在上述基础上形成研究报告。

2012年，洛阳市全市已形成12个规模以上企业主营业务收入超100亿元的产业集聚区，其中超500亿元的3个，即洛阳市石化产业集聚区、洛阳市先进制造业集聚区和新安县产业集聚区。2013年9月，洛阳市先进制造业集聚区被评为新型工业化示范集聚区；洛阳高新技术产业集聚区被评为环境友好型示范集聚区，成为全省首批专业示范产业集聚区。2015年5月，省产业集聚区发展联席会议办公室通报了2014年度产业集聚区动态调整情况，洛阳市17个产业集聚区考核全数通过，其中，洛阳高新技术产业集聚区、洛阳市先进制造业集聚区入围二星级产业集聚区，洛阳市石化产业集聚区、洛阳市洛新产业集聚区、宜阳县产业集聚区、新安县产业集聚区、偃师市产业集聚区、孟津县华阳产业集聚区、洛阳市洛龙产业集聚区被评为一星级产业集聚区。同时，洛阳市的空港产业园区晋升为省级产业集聚区，并被命名为空港产业集聚区。由此，洛阳市的产业集聚区达到

了 18 个，数量居全省首位。

1. 问题总结

（1）发展规模小

洛阳市产业集聚区总体上还处于起步阶段，实现的总产值和从业人员规模较小，竞争力水平不高，经济辐射能力较弱，无法通过专业化分工获得外部规模经济，还没有形成带动区域发展的能力。

（2）发育程度低

洛阳市产业集聚区内部企业产业链不完整，上下游企业衔接不紧密，核心产业不完整、产业链条过短，供应链的各个环节衔接不紧密，产品生产配套能力不强，产业集中度较低，市场销售较为分散，主导产业和名牌产品较少，上下游和外围服务企业配套不紧密，整体市场竞争优势不突出，而且，企业之间行业关联度不高，群内企业之间的创新与合作意识淡漠。

（3）人才、技术、资金实力偏弱

洛阳市很多产业集聚区是依托农村或小城镇发展而成的，主要集中于一些技术含量不高的劳动密集型行业，这些企业以个体、家庭企业为主，起点低、规模小，在人才、资金、技术等方面实力不足。

（4）服务体系不够健全

大多数产业集群，只注重发展核心产业本身，金融、研发、营销、广告等外围服务业发展严重滞后，整个集聚区发展服务的基础设施不完善、不配套。

（5）可持续发展能力不足

洛阳市的产业集聚区缺乏创新机制和创新网络，普遍缺乏研发机构和研发队伍，缺乏各方面人才的教育和培训体系，产品销售收入中用于科技创新的费用比重较低，企业管理人才缺乏，企业间缺乏交流和互动，创新机制影响了产业集聚区自身的产业升级和可持续发展能力。

2. 发展思路

第一，洛阳市是国家城镇化试点城市，应努力寻求产业新城发展模式，加快城镇化与产业集聚区协同发展。

城镇化是一个国家在工业化、现代化发展过程中社会经济变迁的一个反映，当经济快速增长的时候城镇化会加速，反过来城镇化也会促进经济社会发展。在过去几年中，各地都进行着不同的尝试，我们注意到有一种新的做法叫"产业新城"，并已在多个地方有了实践，能够为中国城镇化的发展带来有益的思考。

城镇化靠市场力量驱动资本，然后不断地实现这种资本、产业的集聚和集中，形成一定的经济增长极，这是很重要的基础。这个产业集聚的过程实际上就是在工业化和市场化的驱动下，把工业化和城市化跟人、跟文化、跟文明结合在一起，共同实现城镇化的一个过程。这种城镇化方式借助了企业的力量，或者说借助了市场的力量，借助了资本的力量，实现了一个新的"产业集聚、资本集中，包括各种配套"的城镇化，更重要的是以市场力量驱动的方式，恰恰跟很多地区渴望通过园区去启动县域经济和区域经济的愿望自然地结合在一起，两个积极性的调动，为城镇化开辟了很广阔的道路。

城镇化中有三个问题很重要，其一，一定以产业为基础，城镇化必须以产业为支撑；其二，得有人气，中国的园区现在最大的问题就是有的产业集聚区缺乏人气，原因非常简单，就是重视物质生产，忽视生活；其三，城市是现代文明的载体，现代文明不仅仅表现在创造多少利润、多少产值，更多的是形成多少品牌，形成什么样的生活方式。产业新城，提倡产城融合，塑造城市品牌，提倡可持续发展，能很好地解决城镇化进程中的问题，是不错的尝试，具有很多可研究和借鉴的方面。

产业新城集合了两大趋势，一个是工业化，一个是城镇化，二者整合在一起，解决了工业化和城镇化脱节的问题。为什么产业新城比园区更重要？因为新城可以给特定的区域特定政策优惠，然后赋予它一些特定的功能，使其能够集聚相应的要素，通过要素的集聚、产业结构的调整实现发展，从另一个角度来看，产业新城摆脱了过去工业化和城镇化脱节的矛盾。

城镇化有其主动的地位，它通过集聚的作用把要素集聚起来，可以产生很多新的思想、新的文化和新的理念。城镇化的本质是从过去农村面朝黄土背朝天的生活到城市的生活，其背后折射出社会生产方式和生活方式的变革。所以，城镇化一定要有产业支撑，产业新城应该是工业园区或者开发区模式的升级版，或者说它进一步拓展了工业园区和开发区的内涵，现在提出产业新城，就是以产业带动城镇的发展，以城镇促进产业的协同发展。

第二，洛阳是国家重工业基地，有着较为雄厚的制造能力和研发能力，产业集聚区的发展应充分利用本地的资源优势与产业转型升级的契机，使产业集聚区成为产业转型升级的龙头与引力源泉，吸引制造能力与研发能力向产业集聚区自由流动。

第三，洛阳是十三朝古都，产业集群发展应充分利用此项优势。做好古都文化产业集群的发展，既能保护古都的资源，又能够传承古都文化，形成古都文化产业集群。同时，洛阳拥有得天独厚的自然资源条件，利用自然资源优势形成新的产业集聚，既能够保护自然资源，又创造了新的经济增长点，实现环境、经济与社会的可持续发展。

第四，探索与完善产业集聚区体制机制创新。首先，以产业集聚区为载体，通过产业发展增加就业岗位，吸引农村剩余劳动力转移，在职业转变的基础上，解决进城农民的户籍、住房、就业、养老、医疗、教育等社会身份和社会保障问题，使他们充分融入城市，真正转化为市民，围绕产业集聚区建设城市公共基础设施，发展配套服务，将产业集聚区打造成新城区的增长内核。其次，加大对城中村、城边村、产业集聚区涵盖的村和其他有产业支撑区域的村的城镇化改造力度，实现整村城镇化，推动符合条件的企业向产业集聚区集中，使同类相关产业高度集聚，形成规模，做大做强，选择竞争力较强、能够形成规模优势和带动能力的产业作为产业集聚区的主导产业，在政策、资金、项目等方面给予倾斜，扶持龙头企业，做好产业关联配套，按照专业化分工协作和规模经济发展的要求，拉长产业链条，提高配套和集聚能力，形成集中度高、关联性强、集约化水平高的产业集群；提升产业层次，依托高新技术提升现有传统产业，同时积极吸引一批技术含量高、市场竞争力强、具有自主知识产权的高科技项目入驻，开发出稳定、持续、超强的竞争优势。再次，强化节约集约发展导向，提高土地利用率，加快资源利用方式转变，提高土地综合利用率是推动产业集聚区快速发展的基础和关键，积极引导高效益、高产出、低能耗、低污染、占地少的工业项目入驻集聚区。最后，构筑创新体系，提升核心竞争力，加大产业技术研发的投入力度，解决集聚区主导产业发展的共性和关键技术，促进产业升级和产业链条延伸，完善科技创新机制，鼓励兴办科技型企业，创办产学研基地、科研成果转化基地和培训基地，支持产业集聚区重点企业引进高层次人才。

223

3. 对策建议

(1) 壮大产业集聚区规模，加强区内企业的分工与协作

一要扩大产业规模，加强基础设施建设，积极推动城市化进程，加快生产要素和产业链集聚，增强区域产业自身实力和辐射强度，进一步加速产业集聚，实现规模经济。二要突出地域特色，走具有竞争力的本地特色产业之路，充分利用当地特有的专业技术、人文与体制环境及基础条件，真正形成产业集群自身的特色产业和品牌。三要实行专业化分工与合作，拉长产业链条，促进企业间的技术经济联系，建立既有专业化分工又相互促进的产业网络体系，提高合作效率，使企业获得双赢，通过规模经济效应带动区域内相关产业的发展，推动整个区域经济持续发展。

(2) 构建产业集群的创新体系，推动产业升级

大力培育以大学科技园为核心的集群模式，促进产、学、研紧密结合，加速集群产品产业化，增强企业技术创新能力。企业要充分利用当地研究机构和企业研发力量，发挥当地的专业性人力资本的优势，增强自主创新能力，掌握产业核心技术，发展技术含量高的新兴产业，不仅把产业集聚区建成产品加工基地，更要建成产品创新基地。

(3) 依托洛阳老工业基地，促进产业集聚区的形成和发展

依靠洛阳老工业基地的优势，培育一批配套能力强、集聚效应明显、特色突出、竞争力强的产业集群，各类产业集群要根据自身条件和产业规划目标，培育区位优势，优化政策环境，促进区内中间产品市场和生产要素市场的形成，促进区内企业的衍生，鼓励引导企业之间建立垂直或水平的技术关联，加快专业化分工和协作以形成有效的创新集群。

(4) 扶持龙头企业，培育名牌产品

首先，扶持龙头企业，带动产业集聚，积极引进和培育关联性大、带动性强的大企业大集团，发挥其辐射、示范、信息扩散和销售网络的产业龙头作用，引导社会资源向龙头企业集聚，提高龙头企业的核心竞争力，鼓励龙头企业将一些配套件及特定的生产工艺分离出来，形成一批专业化配套企业，提高龙头企业的省内配套率，发挥龙头企业的集聚带动作用，逐步衍生或吸引更多相关企业集聚，通过企业之间的集聚效应降低综合成本，增强竞争优势；其次，创造地区品牌，引导产业集聚，大力实施品牌战略，重点扶持高技术含量、高附加值、有市场潜力的名牌产品企业，积

极培育名牌产品，鼓励名牌产品企业迅速扩大品牌经营规模，加大名牌推介力度，以名牌企业、名牌产品为依托，着力提升企业、产品的国内外知名度、美誉度。

（5）完善服务体系，创造良好的外部环境

加强基础设施建设，营造利于集群形成发展的硬环境，为本地企业家的创业和外地企业家的投资创造良好的环境；创造合理的制度环境和良好的政策环境，积极研究制定促进产业集群发展的法律法规、产权保护、金融等公共政策，引导企业、机构集聚，促进产业集群发展；完善社会服务体系，强化服务创新；加快专业市场、现代物流体系、金融服务体系、人力资源体系和信息服务体系建设，提供完善的产业配套环境；发展行业协会，促进行业良性发展、协调企业与政府的关系、协助企业参与国际竞争。

（6）坚持科学规划，发挥政府的引导作用

一要用科学发展观做好产业集群规划，根据当地企业经营模式和产业集群发展态势，以科学发展观为指导，遵循市场规律，掌握企业需求，坚持实事求是，因地制宜，力求制定的产业集群规划具有良好的前瞻性、地方特色和可操作性；二要出台支持产业集群发展的优惠措施，依据河南省人民政府出台的《关于加快产业集聚区提质转型创新发展的若干意见》（豫政〔2015〕42号），将河南省发展产业集群的重要性和迫切性提到应有的高度，对发展产业集群和建立特色工业园区的布局规划、土地使用、税费减免、信贷支持、资金引导等方面进行倾斜，市、县两级政府也应根据地方实际，积极出台支持产业集群发展的优惠政策；三要鼓励风险投资和中小企业信用担保业积极介入产业集群发展，积极引导资金、技术、劳力、管理等要素向产业集群发展集聚。

（二）三门峡市产业集聚区发展报告

本部分根据河南财经政法大学三门峡市调查组的樊明、姚瑞瑞、宋媚婷、田志浩、吴天艺、刘梦瑶提供的研究报告汇集整理而成。调研范围为三门峡市7个产业集聚区，三门峡市7个产业集聚区共有企业266家，调查组此次调研共获得228份有效问卷，占企业总数的85%。问卷主要是由各产业集聚区管委会召集区内企业代表当场填写，部分问卷带回企业填写，之后统一收回。除了问卷调查，调查组还进行了实地走访，和当地领导干部和企业职工进行了交流。在此基础上形成研究报告。

三门峡市 7 个产业集聚区原规划总面积 114.74 平方公里，2014 年三门峡市产业集聚区完成固定资产投资 620.18 亿元，同比增长 25.4%，对全市投资增长的贡献率达 58.5%，其中，工业投资完成 534 亿元，同比增长 24.5%，规模以上企业实现主营业务收入 1866.33 亿元，占全市的比重达 52.7%，对全市工业主营业务收入增长的贡献率达 61.7%，实现利润总额 81.75 亿元，同比增长 40.1%，对全市工业利润总额增长的贡献率达 60.3%，实现税收收入 32.3 亿元，同比增长 23.7%，占全市税收比重达 53.9%。在未来 5 年，三门峡市集聚区计划投资 1890 亿元，实施五大千亿级产业集群重大项目 200 个，实现年新增销售收入 3500 亿元。

1. 问题总结

（1）大多产业集聚区主导产业不突出

理想的产业集聚区应是同一产业的企业集聚，这样才更容易发挥产业集聚的效益，这样的产业集聚区应存在主导产业，对三门峡市产业集聚区的调查发现，目前产业集聚区是诸多关联度不高的产业集聚在一起。

（2）产业集聚区内大多企业缺少核心竞争力

调查发现，大多企业产品同质化程度高，并且行业准入门槛较低，企业核心竞争力较弱。

（3）产业集聚区管理机构的设置和管理方式问题

集聚区管委会和原行政区域的工业管理部门的关系不明晰，调查发现，在一个行政区域，如一个县，同时出现了两个管理工业的职能部门——集聚区管委会和原地方工业管理职能部门。

（4）产业集聚区发展的动力问题

产业集聚区发展主要靠自身积累，主要靠招商引资的外力推动。

2. 发展思考

（1）产业集聚区的价值思考

产业在空间上的集聚在西方工业国家，主要是通过市场实现，少有在政府主导下完成。西方工业国家，一般不设置专门机构管理某一产业集聚区；中国式的产业集聚区管委会，接受一般地方行政部门的领导，如果一个集聚区跨越几个行政区，就可能要接受几个行政区的领导。

中国的产业集聚区，大多是在行政干预下形成的，通常不是同一产业企业的集聚，更多的是大杂烩，有的产业集聚区的主导产业并不是工业，而是房地产和商业，如果这种产业集聚区有经济意义，主要就是其城镇化经济，表现最突出的可能就是公共服务的规模经济，这是一个值得思考的问题。这个公共服务的规模经济到底表现在什么地方，有多大，是一个需要进一步研究的问题。

（2）集聚区管委会成本－收益分析

这里要进行成本－收益分析，即既要看到集聚区的企业所获得的便捷的政府就近服务，又要看到所耗费的公共资源。如果管委会能给企业带来便捷的服务，但服务的成本过高，则这种公共服务的代价就太大；如果一个产业集聚区是大管委会和小集聚区，则管委会的服务就难以避免成本过高。所谓大管委会和小集聚区是指，管委会是大编制和高规格，但集聚区的企业少，比如只有十几家中小企业。这种状况往往还导致管委会对企业的干扰太多，这在调查中不少企业私下有如此反映，我们认为这和大管委会和小集聚区有一定的关系。

如何做到既恰当地服务又不太多干扰企业从而避免管委会对企业的过度服务，是一个需要研究的问题，尤其在大管委会和小集聚区的情况下。对于那些规模不大的产业集聚区，可以适当缩减管委会的规模，提高效率，减少不必要的参展、观摩，减轻企业的接待工作，也减轻企业负担。因此，各产业集聚区管委会应明晰管委会硬件建设的费用和每年的行政开支，这样更便于进行集聚区管委会的成本－收益分析。

（3）管理机构设置

在一个行政区域，比如一个县，同时出现两个管理工业的职能部门——集聚区管委会和原地方工业管理职能部门，是一个需要反思的问题。在集聚区成立并成立管委会之前，地方有管理工业的部门，如发改委，具体执行机构是发改委下的工业处、科或股，产业集聚区建立后，在划定集聚区的范围内成立了管委会，这就形成在一个行政区域有两个独立的管理工业的部门的情况。调查中了解到，管委会通常并不由原工业管理部门派出，而是新招人马重新设立，这就产生诸多公共管理上的问题，如是否有机构重叠之嫌，工业管理机构是否过于庞大，地区产业政策能否统一，会否形成集聚区内和区外企业差别对待从而破坏市场竞争的公平性。

更值得关注的是，大多数地方的管委会和地方政府是同级，比如三门峡市 7 个产业集聚区有 6 个为处级，如果产业集聚区设在县里，就和县政府平级，这就出现一种特别的地方政府的管理结构。产业集聚区作为一个地区工业经济的一部分，配置过高的行政级别，很容易导致权力过多地参与资源的配置。可以考虑把产业集聚区管委会设为当地工业管理部门的派出机构，这样不仅可以解决产业集聚区和原地方工业管理部门的关系问题，还可以降低办公成本。

当然，在一定条件下也可以成立独立的管理委员会，这些条件应包括：产业集聚区远离原设在城市的工业管理部门；产业集聚区规模大，超过了原工业管理部门合理的管理范围；市场经济尚不完善从而导致政府管理企业的内容比较多等。这时原管理部门或管理部门的派出机构具体管理集聚区企业的效率就可能比较低，可考虑设立专门的管理部门，也就是成立独立的管委会，但一般情况下，其行政级别不应高于同行政区工业管理部门的行政级别，而应接受原工业管理部门的指导。

（4）优惠政策与公平竞争

中国的产业集聚区的发展从一开始就和各种优惠政策相联系，地方政府为了促进产业集聚区的发展，往往制定了鼓励企业进驻集聚区的优惠政策，如此，产业集聚区迅速形成甚至发展很快，但形成了区内区外企业不一致的政策环境。如果一个企业在集聚区并享受不到多少集聚的优势，但因为可享受到集聚区的优惠政策而选择进驻集聚区，就可能导致资源配置的低效率。

调查中了解到一些集聚区的抱怨，一些集聚区原来和投资方谈好引资协议，但后来政府不允许各集聚区制定的地方优惠政策，结果导致一些投资者放弃。

调查组认为，十八届三中全会提出的要让市场在资源配置中起决定性作用，就是要建立公平竞争的市场环境，这就要求经济政策在区域上的一致性，不分集聚区内还是集聚区外。因此，经济政策在区域上的一致性是基本方向，现地方政府又允许集聚区仍保留某些优惠政策，我们认为这应是一个过渡方案。高层政府应重新规定，过去在招商引资中答应的优惠政策应信守合约，但在新的招商引资中，应执行统一政策，只有这样，河南省才能建立起一个总体上更好的招商引资的大环境，各个地方政府以及产业集聚区的管委会才会把更多的注意力放在切实改善当地的招商引资的大环境上，而非放在和其竞争区域竞争地方优惠政策上。这种地方自主的优惠政策除了导致企业竞争不公平从而破坏了市场的效率外，还很容易导致地方官员的贪污腐败，这本身就会严重恶化投资环境。优良资本更喜欢投资在一个政府廉洁、政策高度透明、公平竞争的大环境中。

（5）通过大招商促进经济发展的可持续性

2008 年世界金融风暴后，东部沿海资本有加快向中西部转移劳动密集型产业的趋势，有力地促进了中西部经济的发展。在此背景下，中西部地方政府应抓住这一历史机遇，迎接东部资本向中西部的转移，但在取得招商引资成绩的同时要时刻思考，靠东部资本转移促进地方经济增长的可持续性，这是关乎产业集聚区发展的动力问题。要充分认识到，东部产业转移是一个阶段性的过程。20 世纪 70 年代末，香港、台湾劳动密集型制造企业大量迁入东部沿海地区，因而不少东部沿海地区尝到了承接产业转移的甜头，但近年来已经极少听到港台企业向内陆转移，因为这毕竟是一个阶段性的过程。东部地区的企业是有限的，它不会无限制地向中西部转移，如果我们把招商引资作为发展地区工业的一个主要力量，而不是依靠自身积累和创新，那么地方工业在招商引资的势头过去后将会面临很大的困境。所以，产业集聚区的发展乃至整个地区工业的发展不能太多地依靠招商引资，而是要加强创新，培育自身的核心竞争力。

3. 对策建议

为了更加全面地了解集聚区内企业的发展状况以及企业对集聚区的看法等，我们在进行产业集聚区问卷调查时，对不少企业进行采访，有不少企业谈到自身对于产业集聚区发展的愿望要求，我们对其进行了归纳，主要包括以下四个方面。

（1）加强对企业的指导

约有 24% 的企业希望集聚区能够对企业做出一定的指导。其中，超过10% 的企业希望集聚区能够对企业进行战略指导，对入园的企业加强甄选和监督，规范企业，引导企业升级改造，帮助企业提高知名度；9% 左右的企业希望集聚区能够解决最大的瓶颈——融资问题，针对该难题，有企业建议吸引金融机构入驻产业集聚区，并做出相应的融资政策支持；另有5% 左右的企业希望集聚区能够对企业进行分类指导，加大对龙头企业的培育和扶持力度，以形成行业中的"领头羊"。

（2）优化服务

有24%的企业希望集聚区能够提高服务水平。其中，12%的企业希望集聚区加强基础设施建设，如网络、交通、水电的建设并加强环境优化，加快发展集聚区内相关的服务业；另有12%的企业希望优化服务程序，提高服务效率，同时有一些企业提出要减少调查及接待，以使企业全身心投入生产。

（3）促进企业间的分工合作

约有12%的企业希望集聚区加强企业之间的统筹规划，引进不同类型的企业，并引导最终形成优势产业集群，同时加强企业之间的交流合作，努力使大中小企业密切配合、专业分工与协作。

（4）加大优惠力度并尽快落实

约有9%的企业希望集聚区加大政策优惠和招商引资力度；有企业建议产业集聚区政策和职权下放一些，更灵活一些；关于招商，有企业建议可以提前建好标准厂房以吸引投资商，并建议集聚区可以实行买房就落户口，以吸引并留住人才。

（三）平顶山市产业集聚区发展报告

本部分根据河南财经政法大学平顶山市调查组的王彩霞、任爱莲、马丙杰、白栩提供的研究报告汇集整理而成。调研范围主要是平顶山市9个产业集聚区，分别采用问卷调查、实地考察和企业访谈三种方法对该市9大产业集聚区内90家企业进行了实地调研。在此基础上形成研究报告。

平顶山市共有9个省级产业集聚区，包括平顶山高新技术产业集聚区、平顶山平新产业集聚区、平顶山化工产业集聚区、平顶山市石龙产业集聚区、舞钢市产业集聚区、郏县产业集聚区、叶县产业集聚区、宝丰县产业集聚区、鲁山县产业集聚区。其中，平顶山高新技术产业集聚区为国家级高新区。平顶山市依托9个河南省级产业集聚区和市级产业园区，规划建设了15个专业园区，打造了3个超千亿元和2个超700亿元的支柱产业集群；实施了585个与优势主导产业关联度高、竞争力强、成长性好的亿元以上重大项目；重点培育平煤神马、国网平高、圣光医用制品、平煤机械、天瑞水泥、隆鑫机车、宝隆不锈钢、银龙纺织、方圆炭素等15个集群龙头企业；打造尼龙化工、现代煤化工、高压电气装备、矿山设备、摩托机车、特种钢材加工等 10 个特色产业链，形成了一批主营业务收入超百亿元的特色产业集群。

1. 问题总结

（1）产业集聚区的集群效应不明显

平顶山市产业集聚区数量虽多，但规模普遍较小。目前，几个县域产业集聚区规模过小，导致产业集聚区带动力小、经济效益不高、竞争力不强。从统计数据看，平顶山市产业集聚区对河南省经济发展的贡献度普遍不高，2012 年的固定资产投资仅占全省产业集聚区完成投资额的 1/10，在总量上和均量上都没有取得优势地位，龙头带动效应不明显。2013 年，全市 9 个产业集聚区，入驻"四上"及房地产企业 248 家，平均 28 家，较全省平均单位数（63 家）少 35 家；2014 年全市 9 个产业集聚区"四上"企业预计完成增加值为 224.6 亿元，平均每个产业集聚区为 25 亿元，全省预计平均为 50 亿元，全市低于全省平均值 25 亿元，是全省平均水平的 50%。从固定资产投资看，2014 年全市产业集聚区预计完成投资 598 亿元，平均每个产业集聚区投资 66.4 亿元，而全省预计平均投资 90 亿元，全市为全省的 73.8%；从 2014 年 1～10 月实际完成投资看，高新技术产业集聚区、平新产业集聚区、化工产业集聚区和鲁山产业集聚区完成投资增速均不足 15%，同时，由于平顶山市的产业集聚区中有部分产业集聚区是依托原有的煤炭行业建立的，近年来，由于煤炭市场萧条，煤炭产业链上的诸多企业的发展受到较大影响，工业投资下滑，重点项目建设进展速度减缓，平顶山部分集聚区发展后劲明显不足。

（2）产业集聚区发展不平衡

一些产业集聚区依托原有的产业园区，基础较好，发展较快，而一些新规划的产业集聚区则由于起步晚，缺乏产业基础、配套不完善，开工项目和完成投资偏少，入驻项目较少，标准化厂房部分闲置。同时，个别产业集聚区的发展是以煤炭产业为主导产业，而煤炭产业由于世界能源结构调整和国内经济下行，整个产业集聚区的发展受到约束，但是，一些产业集聚区的企业非常具有成长性，集聚区的发展势头和发展趋势很好。另外，根据《河南省产业集聚区考核评价试行办法》，2013 年全市无产业集聚区晋级一星及以上标准，有 7 个产业集聚区达到门槛标准，尚有 2 家产业集聚区没有达到门槛标准。

（3）主导产业带动能力不强

平顶山市产业集聚区中，一部分集聚区在主导产业选择上基本有了明确定位，并取得了较快发展，但是，还有部分集聚区的主导产业发展还处于起步阶段，仅仅是确立一两个龙头企业，尚未形成明显的主导产业，布局分散，主导产业的带动作用不强。2014年1~10月，平顶山市9个产业集聚区主导产业占集聚区规模以上工业增加值比重预计大于50%的有4个，而化工产业集聚区、平新产业集聚区、宝丰县产业集聚区主导产业比重分别为8.6%、21.9%和37.2%，3个产业集聚区主导产业固定资产投资比重分别为9.9%、26.9%和8.4%，也明显偏低。

（4）创新驱动力不足

产业集聚区内个别企业的发明专利高达200多项，但是全市大多数产业集聚区还处于初始发展阶段，产业发展起点低、规模小，在人才、资金、技术等方面实力不足。产业集聚区大多没有与科技服务产业相关联，缺乏创新机制和创新网络，缺乏研发机构和研发队伍，缺乏各方面人才的教育和培训体系，用于科技创新的费用比重低，2014年全市产业集聚区年R&D经费支出6.1亿元，占增加值的比重为2.7%，化工产业集聚区、郏县产业集聚区、叶县产业集聚区和宝丰县产业集聚区R&D经费支出占增加值比重不足1%。集聚区企业规模普遍偏小，在企业实力不足和外部体制机制不完善的现实条件下，有能力斥巨资进行高科技项目开发和投产的企业寥寥无几。对企业的技术研发人员的调研数据显示，技术研发人员是样本企业发展中最急需的，占样本总数的36%，其次是市场营销人员、科技管理人员和财务人员，分别占样本总数的25%、21%和10%，企业对于技术研发、科技管理人才的需求量还是很大。因此，在推动产业转型升级以及新兴产业的培育中，研发投入强度低，创新能力明显不足，支柱产业高端人才缺乏，技术水平较低，技术储备不足，技术装备更新速度慢，高新技术应用程度不高，新产品少，高附加值产品比重不高等高端生产要素积累薄弱问题将直接导致产业集聚区经济发展后劲不足。

（5）企业资金流转困难

平顶山市在原有工业园区基础上发展起来的产业集聚区，其产业多是煤炭产业链上的企业，近年来，由于世界能源结构调整和国家整体经济形势下滑，煤炭这一资源型行业受到较大的影响，以煤炭为主导的企业的回流资金明显减弱，甚至出现早期的"三角债""以物易物"的局面，虽然有些企业积极开拓海外市场，但是市场状况不容乐观。同时，由于经济形势的调整和经济政策、金融政策的变化，企业普遍感觉资金周转困难，企业从银行融资的难度加大。产业集聚区经过招商引资，引进了一批优质、具有成长性的企业，但是，平顶山市产业集聚区多为新兴产业集聚区，新建企业较多，新建企业前期在厂房、机器设备方面投资较多，对资金的需求本来就大，同时，新建企业处于开拓市场阶段，市场开拓需求的资金也比较大，资金的回流也处于不稳定的状态。

（6）生活配套设施不完善

经过几年的努力，各个集聚区对于水、电、路、天然气和环保设施的建设，目前都比较完善，目前主要问题为与集聚区职工配套的生活设施并不健全，这一问题又突出表现在新建工业产业集聚区的建设上。新建产业集聚区为突出区位优势、交通优势，其选址多邻近高速路口，偏离主城区，目前，新建产业集聚区多处于建设或刚成立阶段，对周围人群、商业的吸引力是有限的，会在一定程度上影响员工生活，减弱园区对员工的吸引力。

（7）劳动力层次与结构问题

产业集聚区对各个层次的劳动力需求都面临困难。在高层次的创新研发人才方面，由于河南省不属于发达地区，平顶山市也不具备区位优势，即使待遇高也难以吸引高层次的人才长期定居河南省，高层次人才的缺乏影响企业的持续竞争力和产业的根植性。目前，各集聚区在一线工人的招工方面，基本上不存在招工困难，但存在另两方面的问题。一方面对于学校、专门技工单位培训的劳动力，由于要缴纳三金，企业普遍反映用工成本高，而县区的企业由于产品的附加值本身不高，企业更感觉用工成本高，企业不愿意从专门的技工培训单位招收工人；另一方面，劳动密集型企业多就近招收工厂附近的务工人员，由于企业离家比较近，农村人情世故多，员工频繁请假的事情较为普遍，同时企业员工的流动性也比较大，员工流动量大，企业需增加员工储备量，增加企业的用工成本。

（8）职能部门的垂直管理模式与地方政府管理的冲突

省定工业产业集聚区年度考核评价体系涵盖经济总量、集群发展、节约集约3个方面，共10项考核评价指标，同时采用"锦标赛"式的排序考核方式。平顶山市发改委包括各个产业集聚区的管委会都把招商选资纳入产业集聚区的综合目标考核中，实施"一把手工程"，实行"一票肯定"，组建专门的招商团队，明确招商任务，奖优罚劣；围绕主导产业，突出关联配套，多次奔赴长三角、珠三角，进行定向招商工作；同时，实行县级和市级领导包企业、包职能部门全方位服务，招商单位一条龙和监督部门进行长期跟踪服务等制度，对入驻企业实行"五个一"、履行"三个零"服务承诺，开通企业服务"110"电话，落实"有事来找我，我为您服务"承诺，真正做到"墙内事情企业办、墙外事情政府管"，全力为企业和项目排忧解难。

在"锦标赛"的考核体系和一系列招商引资的激励制度安排下，各集聚区的领导都希望早到园区的企业早日开工生产，希望企业边建边办手续，加快企业的开工、投产速度。但是，新环保法规定有关开发利用规划、建设对环境有影响的项目，应当依法进行环境影响评价，未依法进行环境影响评价的开发利用规划，不得组织实施；未进行环境影响评价的建设项目不得开工建设。新环保法的推行，使得企业环评扎堆，环评时间拉长，拉长企业工期，加大企业新建成本。如何实现经济发展、节约企业成本、推进工期、保护环境的和谐统一，是目前困扰产业集聚区发展的主要问题之一，也是被调研企业反映较多的问题。

2. 对策建议

（1）建立合理的项目督导机制

一是采取定量、可实施的措施对招商引资和在建项目序时进度进行监测考评，以项目建设合同为蓝本，以投资总额、建设周期、建设进度等为主要指标，以厂房面积、建筑总量、设备投入为参考指标，每季度对在建项目进行一次考评，以合同约定序时进度和实际序时进度之比考核得分，与招商责任单位大目标奖罚挂钩，并对企业提出表扬或警示，避免虚假招商引资。二是实施土地利用闲置预警制度，对恶意圈地闲置项目进行预警，依照法律规定征收土地闲置费或依法收回闲置土地；对在建项目参考序时进度监测考评结果及时做出预警评估；对建成项目、对完不成合同约定投资的项目进行预警，按合同约定征收土地出让金或收回闲置用地，但这些政策在实施中应灵活，否则会造成政府为招商而招商、不围绕主导产业招商。三是实施企业项目清盘退出制度，重点对假项目、恶意圈地项目、长期停产项目实施清盘退出机制。

（2）加大招商力度，引导产业集聚

招商引资活动应围绕产业集聚区的主导产业展开，提升产业集群发展水平。首先，要继续招大招强，提高龙头企业的带动能力。产业集聚区应大力开展专业招商，力争每个产业集聚区新引进2个以上行业龙头企业或投资5亿元以上的重大项目；加快重大项目建设，选择100个以上符合产业集聚区主导产业定位、带动能力强的亿元以上重大产业项目，纳入市级重点项目管理范围，加快项目建设进度；依托产业集聚区，重点培育能源、化工、装备制造、冶金建材、轻工食品五大支柱产业集群，各县（市、区）重点培育超百亿元特色产业集群；扶持龙头企业，促进平煤神马集团、平高集团、舞钢公司、圣光集团等优势骨干企业做大做强。其次，针对主导产业进行延链、补链、强链的招商，不仅要招大招强，提高龙头企业的产业带动能力，还要引进一些小规模企业，建立健康的产业链生态群，发挥产业集聚区的集聚效应。要完善产业生态链，提高产业效率，还有重要的工作是引导企业实施"退城进园"，企业"退城进园"是一项复杂的系统工程，必须高度负责、周密协调，通过中小企业进园与大企业形成配套产业链，提高产业链效率，降低企业成本，提升产业集聚区的集聚效能。最后，要根据经济形势适时变换调整主导产业。由于经济形势的变化，国际产业结构的调整，某些原定的主导产业可能会遭受严重的限制，而且这种限制将是一种难以改变的长期趋势，产业集聚区就应该调整主导产业，调整为竞争力强、成长性强、投资强度高、税收贡献度高、人员就业率高、行业知名度大的产业或企业，避免稀缺的生产要素浪费。

招商形式多样化，提高招商引资效率。目前，新建产业集聚区普遍存在招商不足，入驻企业少的现象，政府应提高招商引资的激励强度，鼓励工作人员强力开展招商选资活动，构建多种招商平台，采取上门推介、产业招商、园区招商、项目招商、联合招商等模式，同时应采取分产业、分企业的差异化招商策略，特别要通过完善产业链条来增强企业间的合作，增强产业链条的吸引力，增强企业根植性。

（3）完善产业集聚区的功能要素

产业集聚区不同于工业园区，它是构建现代产业、现代城镇和自主创新"三大体系"的载体，其目标是形成具有较强科技创新能力、现代产业集聚、循环经济全面发展的主体区域，成为产城融合、充分体现人与自然和谐发展的宜业宜居新城区，其核心的支撑能力是产业集聚能力、产业承载能力。因此，首先要培育产业集聚区的产业集聚能力，培育产业集聚区的产业集聚能力，主要是通过招大招强、完善配套中小企业，建设和谐健康的产业生态链。其次，应加快完善集聚区为制造环节服务的配套产业，这样既可拓展产业领域，又可提高生产制造环节效率，因此，应大力发展区域性物流园区、物流中心、配送中心，积极发展第三方物流，鼓励集聚区企业联合采购、集中管理、统一配送；建立健全资产评估、物业管理、法律服务等中介服务机构，满足集聚区在科技、劳动力、培训、信息、市场等方面的服务需求，对医疗、就业、养老保险等所有服务性事项全部实行社会化服务；推行联合审批和定期联合办公制度，提高行政服务效能。最后，应完善集聚区的生活服务功能要素，增强集聚区员工的生活便利性，增强环境对员工的吸引力，其主要的实现路径是产城互动的发展模式，以村庄迁并为重点，加快产业集聚区内村庄城市化改造步伐，加快新型城镇化进程；完善基础和配套设施建设，加快主城区至产业集聚区、县城至产业集聚区的快速通道建设，重点推进宝石、平叶、平郏、平鲁快速通道及神马大道东延、新南环路东延等工程建设；启动产业集聚区电网专项规划编制工作，加快产业集聚区移动通信基站等通信基础设施建设；完善产业集聚区生活设施，力争实现公交、邮政、金融等市政服务的全覆盖；统筹规划建设与产业集聚区发展配套的优质学校、优质医院（社区卫生服务中心）、商贸、餐饮等生活设施。

（4）继续推广多元化的厂房投资模式

产业集聚区发挥其规模经济效应的前提是产业链的上下游企业集聚于某一区域。目前，河南省的产业集聚区在进园上都设置一定的资金标准等诸多门槛限制，导致小企业无法集聚到产业集聚区内，在筹建产业集聚区的初期，这一问题比较显著，目前，这一状况有所改观。尤其是县区的产业集聚区为小企业进驻产业集聚区提供了诸多便利条件，这突出表现在标准厂房的营销形式上，传统的标准化厂房的建设是由生产企业自己买地、自己建设。目前，在标准化厂房建设上，有些标准化厂房由政府投资兴建，有些由政府吸纳社会资本建设（为吸纳社会资本建设标准化厂房，地方政府在厂房租赁给企业之前，由政府向投资兴建标准化厂房的企业支付一定数额的租金）。总之，标准化厂房的建设方式已实现多样化。同时，厂房的销售方式也很灵活，可以租用厂房、购买厂房、先租后买、定制厂房，厂房可以整体出租也可以分割出租，形式非常灵活。标准化厂房建设和灵活的出租方式一定程度上维护了产业集聚区的整体形象，同时又兼顾企业的个性化需求，这样的灵活方式，大大减少了企业同各方协调的成本，同时还可节省了工程设计、监控等繁杂建厂流程，大大缩短了企业的开工时间，更为重要的是，这样的方式能降低企业前期建厂的资金压力，能最大限度地吸引中小企业进园，增加产业园区的配套性，发挥产业集聚区的产业集聚效应。

（5）继续推进环保设施集中建设

产业集聚区是发展循环经济的主要载体，在以前分散生产的情况下，环保设备都是企业单独采购、使用，由于企业的生产规模小，不能分摊巨额的环保设备费用，同时由于单个企业的废物生产量小，废物处理并不能实现规模经济效应，拉高了企业废物处理成本，导致企业不愿意采购，即使采购环保设备也不愿意使用环保设备，导致企业想尽办法逃避环境规制，以隐蔽的方式排污，加大了环境执法机构的执法难度。目前，在产业集聚区的发展模式下，企业生产领域集中，可以根据废物处理是否具有共同性，在企业生产用地的批复时把具备废物处理共同性的企业就近安排，然后由产业集聚区集中建立统一的环保设施，实现环保处理的规模化经营，这样既节约企业的污水处理成本、环评工作的处理成本，又将提高环保部门的工作效率，这一做法值得推广。

（6）提升资源节约集约利用水平

在坚守耕地红线，发展培育生态产业链的理念下，产业集聚区的生产承载力必将上升，在园区土地有限的情况下，应坚持资源集约和绿色发展，以提高土地利用效率等为重点，提升节约集约发展水平。要坚持"向存量要增量、向空间要车间"，建议各产业集聚区出台政策鼓励用地企业树立立体用地观，保障建设用地需求，实行差别化用地政策，大力推进三层及以上标准厂房建设，也可以建设更高的厂房，并不一定要局限于标准厂房，以土地节约为最终的宗旨；企业要树立向上要空间的理念，提高仓库等空间的立体使用率以节约生产空间，这方面做得非常突出的是郏县圣光医用制品有限公司的自动化立体仓库。同时，集中提供标准厂房、职工宿舍、餐饮等配套设施，不仅完善园区功能，还从源头上杜绝集聚区内企业重复建设职工宿舍、职工食堂等造成土地浪费的现象；对产业集聚区建设的区中园，用地规模超过 600 亩的工业项目，实行整体规划，分年度报批用地，对产业集聚区新建区中园和分期建设项目，一律实行整体规划，分期分批供地。

（7）推进机制创新，提升综合服务水平

如果说产业集聚为企业发展优化了环境，那么机制创新就是为产业发展优化了环境。在产业集聚区的管理上，要按照小机构、大服务和精简、统一、高效的原则，优化职能配置，创新管理体制，提高管理水平。目前，大部分县域产业集聚区党委和管委会仅相当于一个政府部门，个别产业集聚区甚至没有设立管委会，职责与权限不明晰，规格级别参差不齐，处于当地相关行政区域管辖的夹缝中，受到原有体制的多方制约，难以有效地开展工作。建议各地创新管理体制，探索符合实际的产业集聚区高效管理体制，引导产业集聚区快速发展。

（8）保持金融政策稳健

在国家经济整体下滑阶段，低端制造业不断外流，振兴国内中小企业，复苏国内产业是当务之急，金融政策的稳定性和企业融资的稳定性对于企业发展具有重要意义。平顶山市产业集聚区多为新兴产业集聚区，新建企业较多，新建企业对资金的需求更大，更祈求资金的稳定性。对于新建企业、具有成长性的企业，政府和银行机构应设定一定年限的保护期，应保证在保护期内的企业获取稳定的发展资金。平顶山市原有产业多为煤炭产业链的上下游企业，但近年来国际煤炭市场剧烈变化，煤炭产业链上的诸多产业普遍遭遇国际市场过冷、企业之间欠款增多、资金回流减慢的问题。因此，政府、银行对煤炭产业链上的企业融资也应保持其稳定性，以支持其产业转型或多元化发展。

集聚区政府在对企业的融资帮扶上，以前的做法是：将产业集聚区内实物资产划入产业集聚区投融资机构统一管理，增强产业集聚区投融资机构的融资实力；暂时建立投融资机构，鼓励产业集聚区外投融资机构为产业集聚区开展投融资服务；通过投资补贴、贴息和建立融资担保风险补偿制度等办法，支持企业成立风险投融机构、中小企业融资担保机构，以满足产业集聚区企业的融资需求。课题组建议，政府只能是为企业的融资提供一定的帮助，但是不能过多地渗透企业的融资活动，否则，将违背市场经济的发展规律。

（9）优化人力资源结构，保障产业工人供需平衡

积极引进高层次人才，实施多样化高层次人才引用措施，高端人才的引进是企业长久发展的核心力量。平顶山市地处中原，经济略显落后，缺少吸引高层次人才的区位优势，为了产业集聚区的持续发展，产业集聚区和企业一方面应齐心加大对高层次人才的吸引力度，为愿意到集聚区工作的家属的子女上学提供方便，为高层次人才落户河南省解决后顾之忧，吸引更多的高层次人才扎根集聚区。对于已经到企业工作的中层，应该经常对其进行培训，提高其技能。采取措施稳定一线的工人数量，减少其流动性。目前，各集聚区在招工方面基本上不存在困难，但是平顶山市的产业集聚区多为新建产业集聚区，新建企业数量庞大，在未来几年中，随着新建企业的开工，企业对当地员工的需求量必将加大，政府应多鼓励员工就近就业，强化家庭观念、本土观念、回报家乡和家乡创业的理念，稳定本地企业的劳动力。以培养和提高一线工人的产业技能为目标，大规模开展职业技能培训，积极同省内外的职业技术学院建立战略联盟，让职业技术学院为企业定向培养人才，企业也可以为职业技术学院提供教育实习基地，通过战略联盟增强学生与企业的亲近感，稳定企业的招生渠道，持续提高工人的生产技能。定期公布急需、紧缺职工（工种）人才需要情况，定期组织针对产业集聚区的专场人才招聘会，方便企业招工和劳动力求职。

四 豫北（安阳、新乡、焦作、濮阳、鹤壁、济源）产业集聚区发展报告

（一）安阳市产业集聚区发展报告

本部分根据河南农业大学安阳市调查组的何泽军、郑伟程、吕春蕾、毛会敏、郑博阳、李莹、张塬塬、于莹莹提供的研究报告汇集整理而成。调研范围主要是安阳市的汤阴县、高新区、龙安区、林州市、内黄县、安

阳县 6 个产业集聚区。调研分为两部分：一是填写问卷，共发出问卷 95 份，回收问卷 77 份，全部为有效问卷；二是对部分企业进行座谈，深入了解企业发展状况与困境，以及对产业集聚区发展的对策建议。

安阳市共有 8 个省级产业集聚区，其中市区 4 个、县（市）4 个，总规划面积 138.68 平方公里，涵盖冶金建材、煤化工、装备制造、食品医药 4 大主导产业和纺织服装、电子信息、新能源 3 大基础优势产业。2014 年完成固定资产投资 552.6 亿元，同比增长 35.5%，高于全市投资增速 17 个百分点，对全市投资增长贡献率达到 64.1%；规模以上工业企业实现主营业务收入 1425.5 亿元，同比增长 9.95%，对全市主营业务收入增长贡献率达到 42.2%；全市集聚区增加值 328.7 亿元，同比增长 18.4%，已成为拉动全市经济增长的主要力量。

1. 问题总结

从对安阳市 6 个产业集聚区进行的实地调查、访谈及问卷调查结果看，各个集聚区的发展方式、发展状况有所不同，总体发展情况良好，但也存在一些问题，特别是在国内经济发展新常态下，各集聚区及区内企业都面临一些发展中的问题。

（1）绝大多数集聚区内没有形成明晰的产业链

安阳市产业集聚区中只有较少集聚区形成了明晰的产业链，例如，汤阴县产业集聚区目前已初步形成了"玉米、大豆—饲料—养殖—生猪屠宰、肉鸡分割—物流运销"产业链条；林州市产业集聚区在钢铁、装备制造等主导产业周围形成一定的配套产业，产业链状发展的态势相对较好，而其他大部分产业集聚区仍然处于发展的初期阶段，还没有能做到集集聚约发展，对区域经济发展的促进作用还有待进一步挖掘。具体表现在以下方面。一是主导产业初步形成，但与主导产业配套的其他产业发展不充分，如安阳市高新技术产业开发区内高新技术企业虽然较多，但企业之间没有形成产业链上下游经济联系。二是企业虽然初步集中在一片区域，但企业之间的学习效应较弱。如龙安区产业集聚区的岷山集团，主要是有色金属的冶炼与提纯，产品主要有白银、黄金、铅、铜等有色金属；该产业集聚区内还有其他冶炼企业，但调查发现企业之间沟通较少，导致企业之间学习效应很低，不利于企业的技术创新。三是部分县对产业集聚区主导产业发展不够重视，受"不能把鸡蛋放在一个篮子"思想以及税收收入属地化政策的影响，部分产业集聚区吸取了安阳市产业发展"一股独大"的"教训"，在企业入驻上把关不严，导致主导产业不突出，产业集聚区规划中存在产业相同、产品趋同的问题，产品互补性低，不利于产业产品功能化、专业化分工。四是龙头骨干企业偏少，由于产业集聚区产业链接度并不高，产业链整合难度较大，真正具有行业核心竞争力、引导中小企业进行配套生产、进行产业链式发展的龙头型和基地型企业偏少。

（2）基础设施建设有待加强

安阳市产业集聚区基础设施建设规划不足，部分集聚区承载能力不足，集约发展效应有待提高。具体表现在以下方面。一是部分产业集聚区缺乏发展空间。如安阳市高新技术产业集聚区位于安阳市南郊，城市的快速扩张，使得周边几乎没有可以扩展利用的土地，很多企业受土地制约而不能成长壮大。二是部分产业集聚区空间规划不够紧促，土地利用粗放。如龙安区产业集聚区规划面积比较大，但现有企业之间的空间距离较远，甚至看不出"集中"，更谈不上集约利用土地资源；同样，林州市产业集聚区虽然集中在一起，但相关企业之间没有连成一片，土地集约效应也有待提升。三是部分集聚区道路、绿化、环保设施建设有待提升。如内黄县产业集聚区陶瓷产业发展较好，但对环境尤其是土地资源造成不可修复的侵害。四是部分集聚区在环境整治方面尚存在问题，污水集中处理、中水回用等资源循环利用不足，虽然各集聚区管理方和区内企业的环保意识有所加强，但绝大多数集聚区尚未从园区整体发展的高度来制定环境友好型发展的长远性规划与布局。

（3）公共服务水平有待改进

公共服务是集聚区发展的一个重要考量指标，能否产城融合发展决定着集聚区能否留住人才。持续发展"产城融合"的目标是"以人为核心，以产兴城、以城促产、产城相容"，其关键是基础设施和公共服务设施的配套发展。安阳市产业集聚区公共服务平台建设总体比较滞后，表现在以下几个方面。一是产业集聚区内较少有研发设计中心、检测检验中心、展览销售中心、咨询培训中心、信息服务中心等服务平台。二是建设资金缺乏导致集聚区管委会无钱投资建设公共服务平台。集聚区建设需要大量的资金投入，现有财政收入可用于投资基础设施建设与公共服务平台建设的比例较小，一些投融资平台融资能力受当前形势影响，融资额度有限，PPP 模式还处于探索阶段，导致公共服务平台建设资金严重缺乏。三是社会服务不足，相当多的集聚区存在交通不便（公交车不通）、商业不旺、医疗教育缺乏、公租房少等问题，造成了园区人气不旺、下班即走、留不住人的现象，这些问题严重影响了区内企业对高端人才的吸引力，人才流失，特别是高端人才跳槽现象频发，一些企业为吸引并留住人才，不得不在郑州等大城市投巨资购买住房、建立研究院等，增加了企业的负担。

（4）企业产品大多处于产业链中低端

安阳市产业集聚区企业产品大多处于价值链微笑曲线的低端，附加值较低。一是大部分企业产品类别较为单一，产品以中、低端为主，被调查企业中49.6%的企业属于劳动密集型，70.1%的企业所属的行业是完全市场竞争行业，27.3%的企业所属行业存在即期产能过剩问题，35.1%存在预期产能过剩问题。二是主导产业处于成熟行业，目前陷入改造困境，安阳地区部分产业集聚区内传统的主导产业如电解铝、钢铁、煤炭等处在产业链前端和价值链的低端，在当今经济形势下，存在需求疲软和产能过剩之间的尖锐矛盾，纷纷陷入困境。

（5）企业技术创新能力有待提升

技术创新能力决定着企业能否转型升级，安阳市产业集聚区大部分企业都面临产业升级、老企业技改、降耗增效的问题以及集聚区企业技术创新能力提升问题。主要表现在以下方面。一是尽管规模以上企业多设有研发中心，但广大中小企业缺乏自有技术专利产权，只是处于产业链的生产加工环节。二是企业技术创新服务体系不健全，受当前经济不景气的影响，很多企业研发投入较少，研发强度不足，企业技术创新的主体地位还没有有效确立。调查发现，只有39%的企业的主要技术来源为独立研发，约41%的企业通过与其他企业或高校合作、技术引进的方式获得主要技术。三是企业间关联不强，学习效应弱，多数集聚区内企业间关联度很低，甚至没有关联（只有6.5%的被调查企业与区内其他企业有密切的分工协作，15.6%的企业与区内其他企业的分工协作较为密切，只有2.6%的企业生产所需的原材料或零配件主要来自本区内），区内企业间相互联系很少，技术创新的溢出效应不明显。

（6）企业资金需求较为迫切

资金是企业发展的命脉，安阳市产业集聚区企业资金筹措难主要表现在以下方面。一是银行贷款少且难，受国家稳健的货币政策影响，不少银行针对实体企业的放贷规模与前几年相比有较大比例缩减，部分银行设置比较高的贷款条件，如只接受土地使用证作为抵押、抵押物作价较低等，这令广大中小企业望而生畏。尽管河南省委、省政府出台集聚区投融资平台省财政补助资金、地方金融机构支持产业集聚区贷款增量奖励资金办法，但银行对中小企业的贷款仍不积极。二是资本市场发育不健全，不少企业融资仍不通畅，尽管我国创业板近两年发展较快，不少企业通过上市融到发展资金，但一方面能够上市的是极少数，另一方面，上市受股市剧烈波动影响，融资不一定顺利。三是风险投资、融资租赁、知识产权质押等融资渠道在安阳还处于探索阶段，绝大部分企业不能从该渠道获得发展资金。

（7）高端人才极为缺乏

对于安阳市产业集聚区的大多数企业而言，高端人才较少使得实现创新发展的核心要素——知识资源严重匮乏。一是人才引进难，许多新引进产业缺乏所需的技术人才，安阳虽然处于京广铁路大动脉上，但受钢铁、煤炭整体行业低迷的影响，经济社会发展对人才的吸引力并不大，导致区内企业人才引进比较困难，科技研发人员不足，从而导致自主创新能力总体偏低。二是对企业人才的培训培养不足，政府部门能够提供的技能培训相对较少，企业因为发展不景气也往往缺乏对人才的培训培养，社会机构虽然对人才培训较多，但要么不具有针对性，要么要价太高。三是存在高端人才流失现象，高层人才对所在区域的环境要求比较苛刻，安阳整体环境对高端人才缺乏吸引力，导致一些优秀的本土人才离开企业到东南沿海发展。

2. 对策建议

（1）继续发挥政策激励作用，促进集聚区集群式发展

河南省委、省政府出台财政政策激励产业集聚区集群式发展，从2014年开始对被认定为集群式发展的集聚区进行财政补贴，补贴资金主要用于与主导产业相关的公共平台建设。该项政策对于引导产业集聚区集群式发展有较大的激励作用，建议省财政继续加强该项政策的实施执行，同时建议安阳市政府出台相应的产业支持政策，促进产业集群式发展。

（2）加强基础设施建设规划，提升集聚区集约效应

基础设施建设规划决定着产业集聚区发展的品质等级，决定着企业的入驻意愿。集聚区所在县政府应该高度重视规划的作用，高起点规划，高规格建设，促进集聚区基础设施不断升级完善，切实提升集聚区的集约效应。

（3）加强公共服务平台建设，促进集聚区升级发展

河南省委、省政府出台有"三税"收入增量奖励资金，"十强、十快、先进"产业集聚区奖励资金，提升承载能力专项补助资金等激励产业集聚区基础设施与公共服务平台建设的政策，但政策奖励资金十分有限，不足以建立一个或几个公共服务平台。建议安阳市政府出台相应激励政策，集中使用资金，或者创新融资模式，广泛采用 PPP、BT、BOT等建设模式，围绕主导产业建设一批公共服务平台，切实提升集聚区的发展层级。

（4）创新企业融资渠道与模式，缓解发展资金困扰

对于企业融资难问题，安阳市政府可以在企业和银行之间做好"润滑"的工作。一是建立信用担保机构，为集聚区的企业提供担保，同时与当地银行及时沟通，在银行审批贷款的时间和手续上给予企业帮助。二是采取分类管理方法，针对不同企业，设立不同的融资政策，如对高科技产业和朝阳产业，应给予比较大的优惠政策，成立专项的促进该产业发展的基金。三是积极做好宣传培训工作，使企业了解更多的融资方法，了解更多的新型金融衍生品，促使企业针对自身发展特点，选择适合的融资渠道与模式。

（5）大力支持企业技术创新，促进企业转型升级发展

针对安阳市产业集聚区企业技术创新问题，一是要加强政策激励，支持围绕主导产业发展建立产业技术研究院等公共研发平台，贯彻落实河南省委、省政府关于《产业集聚区科技研发服务平台以奖代补资金管理办法》，加大对公共研发平台的补助；二是鼓励企业建立研发中心，省、市、县三级财政拿出一定比例，设立技术创新奖励基金，重点奖励那些设立高层级研发中心并切实有效开展研发活动的企业；三是鼓励企业参加各种产业技术创新联盟、虚拟研究院，通过融入网络化创新组织，获取并整合利用创新资源，提升自身研发能力。

（6）制定人才引进培养优惠政策，优化人才良好发展环境

针对人才问题，安阳市产业集聚区应该积极采取措施予以应对。一是在资金扶持方面，在高端人才的安家补助、科研经费、职称待遇等方面加大资金支持和优惠力度；二是在人才服务体系建设方面，建立业务精通、服务周到、操作规范的现代化人才服务队伍，积极推行"上门服务""网络服务""电话服务"等多样化的人才服务模式，及时主动地了解企业对人才的需求状况，提高人事人才服务的针对性；三是在人才信息系统建设方面，加快专业网络引才信息平台建设，构建区域开放的人才共享平台，及时发布人才需求信息，拓展对外引才渠道；四是在社会保障方面，要妥善解决高端人才的医疗、养老等社会保障问题，不断优化人才发展环境。

（二）新乡市产业集聚区发展报告

本部分根据河南师范大学新乡市调查组的刘新同、夏会珍、毛伟琴、王雪提供的研究报告汇集整理而成。新乡市共有 12 个产业集聚区，本次实地调研选取了具有代表性的 6 家产业集聚区，产业集聚区共有企业 327 家，由于企业数量较多，调查组抽取了 6 家集聚区中有代表性的 111 家企业进行调研，共获得 89 份有效问卷，占企业总数的 80%。问卷主要由各产业集聚区管委会召集区内企业代表当场填写，部分问卷带回企业填写之后统一收回。除了问卷调查，调查组还进行了实地走访，和当地集聚区领导干部和企业职工代表进行了交流。在此基础上形成研究报告。

2014 年，新乡市 12 家产业集聚区新增规模以上工业企业 61 家，总数达到 492 家，完成固定资产投资 881 亿元，同比增长 23%，比全市投资增速高 4.8 个百分点，对全市投资增长的贡献率为 67%，拉动全市投资增长10.6%；工业总产值全部过亿元，规模以上工业增加值同比增长 15.7%，比全市工业增速高 3.7 个百分点，对全市工业增长的贡献率为 76.4%，拉动全市工业增长 9.2%；预计到 2020 年，12 家产业集聚区产业规模均超百亿元。新乡市省级产业集聚区正在努力实现"1133"的争先创优目标，即 1 家产业集聚区进入全省 10 强或 10 快，1 家产业集聚区进入全省 10 先进，3 家产业集聚区晋升为二星级标准，3 家产业集聚区达到一星级标准。

1. 问题总结

（1）产业集聚效应不够突出

新乡市 12 家省级规划产业集聚区内企业多为本地企业，并且大多数企

业按照区域就近原则落户于就近的产业集聚区,而这些企业大多从属于不同的产业。全市 12 个产业集聚区都有自身特色,但由于集聚区内部企业从事不同生产行业,集聚区内部企业之间有较少甚至无协调合作项目,出现产业集聚区产业链中断、企业关联度较低的问题。从目前的发展情况看,新乡市产业集聚区招商引资的针对性不强,项目建设和产业发展还存在"散、乱"现象,专业化分工不够细致,上游的研发和下游的市场营销、售后服务合作不够密切,产业链条发展不够完善,没有实现真正意义上的集聚发展和集群发展。

(2) 基础和配套服务体系有待提升

新乡市的产业集聚区与其他地市产业集聚区相比,基础设施和配套设施建设跟不上入驻企业建设步伐的问题尤为突出,虽然水、电、路、气等基础设施框架已经基本成形,但污水处理、垃圾集中处理等基础设施建设仍然相对薄弱,许多以制造、加工为主的产业集聚区均缺少污水处理设施。随着一些劳动密集型企业和高科技企业的快速入驻,企业急需的物流配送、职工公寓、科技服务平台等生产生活类公共服务设施明显不足,不能适应集群发展需要,亟须大力发展,还有一些产业集聚区中集办公、科研、培训为一体的综合服务区建设明显滞后,缺乏公共综合服务设施。同时,由于新乡市财政收入少、经济基础薄弱,而产业集聚区的先期开发建设主要依靠政府主导和财政投入,搭建的融资平台、担保平台、土地平台等作用发挥不够,市场机制发挥不够充分,自我滚动、自我发展、自我融资的能力不足。

(3) 企业创新能力不强

新乡市产业集聚区多以劳动密集型产业为主,如纺织服装业、粮油加工业等,这些产业多是由于市场需求和资源优势而自发形成的,所生产的产品科技含量不高、产品附加值低、产业层次较低、创新能力薄弱。具体来说,企业创新能力不强主要表现为技术匮乏导致的企业创新能力不强和管理体制创新不够两方面。一是技术匮乏导致的企业创新能力不强。经调研发现,产业集聚区内 55% 的企业生产设备技术水平处于国内平均水平,只有不足 35% 的企业处于国内先进水平,并且大部分产业集聚区企业仍处于靠大量消耗物质资源来维持发展,缺乏拥有自主知识产权的技术和产品,其中,封丘产业集聚区没有高新技术企业,卫辉、获嘉、原阳产业集聚区也仅有 1 家高新技术企业，卫辉、封丘产业集聚区仅有 1 家省级研发中心。二是管理体制创新不够导致的企业创新能力不强。当前新乡市大多数产业集聚区在管理体制、机构规格、人员编制设置上欠缺创新，未从传统的工业园区中完全脱离开来。

（4）融资平台搭建不够完善

调研中发现，新乡市招商的许多项目被搁置，落不了地、开不了工，这些项目被搁置主要受制于基础设施不完善、土地供应跟不上、配套服务功能欠缺三个因素，而这三个因素从根本上都与投融资有着直接的关系。

因融资问题造成新乡市产业集聚区企业项目被置的原因，主要表现为以下几点。一是融资成本高。大部分中小企业对内源融资的依赖程度在65％以上，如果内源融资不能得到持续有效的供给，将对企业的正常经营活动造成极大的不利影响，并且生产要素（原材料、能源购进、劳动力、日常经营和环保）成本的持续上升，使得企业成本压力加大，导致其利润空间不断缩窄，企业盈利能力下降，利润大幅缩减，为了维持生产经营，企业必须向外源性融资寻求资金支持。但是随着信贷政策的收紧，银行也同步收缩了对中小企业的信贷发放，并且国际国内经济风险的加大，以及中小企业自身抗风险能力降低，提高了对中小企业贷款的审核条件，从而导致中小企业融资时间和成本增加，进一步导致了融资成本的上升。二是融资体系不完善。提供专门融资服务的机构、信用担保制度、抵押担保体制不健全，资本市场缺陷明显，全市拥有 19 家银行业金融机构、35 家保险公司、9 家证券期货机构，这些机构虽在一定程度上解决了集聚区企业融资难的问题，但是针对企业信用担保和抵押担保的服务机构欠缺，存在着抵押物折扣率高、抵押担保登记评估手续烦琐等严重问题。三是融资渠道不通畅。存在严重依赖内源融资、外源融资不足、直接融资渠道受阻、间接融资渠道单一、融资结构单一等问题。

（5）联审联批渠道不畅

在实地调研的过程中，有多家企业反映，政府提出的联审联批制度仅仅停留在口号上，办事程序不但未简化，反而成了项目报批的制约因素。部分药业公司、生物公司反映，在新药创制方面，产品的申报、审批周期长，认证较为烦琐，严重影响了企业的创新。据各个产业集聚区和集聚区内企业反映，重点项目涉及的规划、土地、城建、环保、人防等事项，都是通过项目单位直接报审批大厅进行联审联批，审批手续烦琐，严重阻碍了企业的进一步发展，并且新乡市省定的 12 个产业集聚区除高新技术开发区和新乡工业园区外，其他的产业集聚区机构均不健全，人员编制少。

（6）发展定位和主导产业不明确

在对产业集聚区发展状况评价的实地调研过程中发现，许多产业集聚区存在着发展定位和主导产业不明确的问题，产业集聚区的主导产业大多数还属于传统产业，如新乡县古固寨机械制造产业集聚区仍属于劳动密集型产业集聚区，辉县产业集聚区、延津县产业集聚区、封丘县产业集聚区等还属于高资源能耗的产业集聚区，高新技术产业在整个新乡市产业集聚区中的比例不高。

2. 对策建议

（1）集聚区实施"弯道超车"

当前，新乡市产业集聚区总体上已进入提质增效的新阶段，正处于要素集中向要素聚合、量的扩张向质、量并重，产业集聚向产业集群转变的关键时期，各个产业集聚区都在努力实现资源的优化配置，发展产业集聚区内的主导产业，扩大产业优势，在区域合作和竞争中谋求新的发展，实现产业集聚区经济的"弯道超车"。这样的形势带给新乡市产业集聚区的不仅是新的机遇，也是新的挑战。顺势而为，推进产业集聚区持续健康的发展，成为新乡市经济发展的重要措施，由此将在营造区域发展新载体、促进经济结构调整和转型升级、承接外来产业转移、提升全省可持续发展能力中发挥作用。为了更好体现产业集聚区发展的战略定位，实现主营业务收入年增长 15%、固定资产投资年增长 20% 的发展目标，结合先进产业集聚区的成功经验，课题组认为，应采取对策，进一步提升新乡市产业集聚区的建设和发展水平。

（2）规划管理空间布局

对于新乡市来讲，应将产业集聚区规划纳入各级政府国民经济和社会发展中长期规划，并严格按照依法批准的发展规划和控制性详细规划进行有序开发，进一步强化中心城区产业集聚区与县域产业集聚区的功能区分。中心城区产业集聚区主要发展科技含量高、成长性好、环境污染小的高科技产业，控制初级加工产业发展；县域产业集聚区重点发展深加工产品和劳动密集型产业,积极承接沿海低污染、低消耗、深加工产业转移,在原有优势产业的基础上,培育特色主导产业。

产业发展空间布局是生产力各因素在一定地域空间上的布局和组合,科学的产业发展空间布局对高效配置经济资源具有十分重要的导向作用。对照新乡产业集聚区近年来的发展状况,应引导各产业集聚区将主导产业集中布局,对主导产业相似的产业集聚区进行规划建设,打破县域之间的地域限制,促进产业、人口集聚,推进工业化、城镇化进程。

(3)培育产业集群,提升竞争优势

培育特色优势产业集群是加快产业升级、促进发展转型升级、提升核心竞争力的基本途径。通过加强宏观指导,顺应河南省结构调整大方向,强化龙头带动,突出招商引资作用,深入研究其战略布局调整方向,引进一批世界知名品牌和优势企业,吸引中小企业配套跟进,形成产业集聚。发挥政府引导、市场主导、技术引领作用,进一步优化产业布局,加快培育形成一批集聚效应突出、创新驱动发展、具有较强竞争力的产业集群,使其成为带动区域经济增长和产业结构升级的重要支撑。

实施"集群培育工程",集中优势资源要素,支持高端制造、绿色食品、新型建材三大产业基地和区域性现代物流中心建设,培育壮大电子信息、绿色食品、新型建材、现代家居、现代物流、纺织服装、医药制造等主导产业集群,以物联网应用基础设施服务、集成服务、应用服务和电子商务等新兴产业为重点,发展现代新兴产业,大力支持产业集聚区培育百亿元特色产业集群,并逐步使其成为战略支撑产业。

(三)焦作市产业集聚区发展报告

本部分根据河南财经政法大学焦作市调查组的杨勇、贺原惠子、黄露露、田家耀、姚杰铭提供的研究报告汇集整理而成。调研范围为焦作市9个产业集聚区。调查组此次调研共获得83份有效问卷,占企业总数的17%。问卷主要是由各产业集聚区管委会召集区内企业代表当场填写,部分问卷带回企业填写,之后统一收回。除了问卷调查,调查组还进行了实地走访,和当地领导干部和企业职工进行了交流。在此基础上形成研究报告。

焦作市9个产业集聚区(其中焦作循环经济产业集聚区因考核未达标,降为市级专业园区),截至2014年底,入驻产业集聚区的规模以上企业达489家,占全市的41.2%;规模以上工业实现主营业务收入2910亿元，同比增长 16.4%，占全市规模以上工业主营业务收入的比重达到 61.8%；2014 年，完成固定资产投资 1063.4 亿元，同比增长 24.5%，占全市固定资产投资的 65.5%，在全市 9 个省级产业集聚区中，主营业务收入超百亿元的产业集聚区达到 8 个。

1. 问题总结

（1）主导产业重复

按照省政府的要求，每个产业集聚区必须要有自己的主导产业，从对焦作市的调研情况来看，虽然每个产业集聚区都有自己的主导产业，如武陟县产业集聚区的主导产业为装备制造、生物医药，修武县产业集聚区的主导产业为纺织、装备制造、食品及农副产品加工、电子信息企业，温县的主导产业为汽车零配件、医药、食品、制鞋，博爱县的主导产业为汽车零部件、装备制造、食品加工，但各产业集聚区主导产业重复现象较为严重，导致产业集中度较低，进而导致市场竞争不完全，出现了市内竞争压力较大，而省内甚至全国范围内竞争力不强的情况。

（2）产业集群发展成效不显著

焦作市产业集聚区产业集群效应仍较为不显著，虽然相关部门都制定了产业整体规划，但严格按照规划来招商引资的园区较少，与真正意义上的集群发展还有很大距离。主要表现在：一是企业入区后经济活动与园内其他企业的联系不紧密；二是部分园区的产业在空间布局上没有整体规划，甚至出现了不是政府部门规划用地，而是企业自己选场地的盲目用地情况。

调研发现，园内企业之间的采购销售联系与分工协作联系十分不紧密，大部分企业基本与园区内其他企业联系不大或无联系。集聚区内没有形成一个有效的资本市场，主导产业带动力不强，配套的关联企业比较少，企业之间的关联度十分低，没有形成一个高效的产业链，长久下去，主导产业必会后劲不足，产业集聚区也必然会逐渐失去竞争力。之所以出现这样的情况，一方面是因为部分园区为了完成一些硬性指标，避免摘牌降级，只重视引进企业数量和招商资金量大小，忽视了产业链接和产业关联度，只要企业投资力度达到入园要求，不管符不符合园区整体规划布局，不管与主导产业有没有关联都使其入园，并没有形成集聚区集群建设。在招商引资的实际操作中不能按照主导产业有序引进，造成了行业领域定位过宽，链条延伸过短，致使主导产业不突出，相关配套产业不足。另一方面是因为园区的企业投资规模门槛过高，致使一些配套关联产业的中小企业入园难，配套产业严重跟不上主导产业发展。区内企业大多只是空间上的集聚，只是企业的简单"堆砌"，尚未形成真正的企业集群，很难形成区域特色，也难以形成品牌效应及核心竞争力，影响产业集聚区的可持续发展。

（3）企业融资较为困难

通过问卷调查和实地走访发现，融资困难是配套服务中存在的一个较大的问题，在产业集聚区建设存在的主要问题当中，有将近1/3的企业认为是资金缺口较大，尤其是面临节能降耗的传统型工业企业，在转型过程中急需大量资金，大部分企业由于资金不足而搁置了生产技术改造，企业由于融资困难，流动资金不充足，设备更新和技术改造进程慢，产业升级改造困难，影响了企业的发展壮大。企业融资困难的主要因素包括缺乏融资渠道、利率太高、缺乏担保和政府扶持力度过小，有超一半的企业认为从银行贷款困难，主要难点集中在银行贷款手续烦琐，企业缺乏担保，银行审批时间过长。

（4）用工矛盾突出

调查结果显示，产业集聚区企业用工矛盾突出，部分企业认为企业存在的最大问题是招工困难。用工矛盾突出主要表现在两个方面：一是年轻职工流动性较大；二是高新技术人才与管理人才缺乏。对于青壮年务工人员而言，与周边邻近地级市和省会城市，甚至东部和沿海发达地区相比，县区产业集聚区内企业提供的薪酬和福利、个人发展前景，还存在不少的问题，因此，产业集聚区对于青壮年务工人员的吸引力偏弱。对于高新技术人才和优秀的管理人才，除了部分大型企业从公司总部派员进驻外，其他难以吸收高层次人才，对于本土企业来说这种情况更甚，传统行业企业，只能吸收家在本地、年龄偏大的国企退休或者即将退休的骨干技术人员，对于掌握行业最先进技术的、最具活力的青年高层次技术人员则极度缺乏吸引力。

（5）配套设施有待改善

配套设施包括基础设施和公共设施，基础设施即与所在地建设相配套的供水、供电、供热、燃气、通信、电视系统、道路、绿化等设施，而公共配套设施，包括与所在小区建设相配套的停车设施、娱乐设施及教育、商业、饮食等各种公共建筑。从对集聚区配套设施总体评价看，产业集聚区内企业对配套基础设施建设满意度较高，不存在严重的设施不健全问题，但从访谈中我们了解到，仍有一些细节问题需要改善。如一些地处城市郊区的产业集聚区，周围公交线路较少，打车不方便而且费用较高，对园内员工的日常生活造成了不便；产业集聚区内及周边的休闲娱乐设施较少，加上交通（这里主要是指公交车少）不便利，由此导致企业对人才的吸引力下降。

2. 对策建议

（1）培育具有地域特色的主导产业

在发挥地区资源禀赋和一定历史基础区位优势的基础上，利用生产成本效应和循环累积因果效应促进产业的集聚，考虑各个区位和产业的未来发展趋势与潜力，在主导产业基础上，加大对龙头企业扶持，更好地带动产业集聚；引进和培育关联性大、带动性强的大企业和大集团，发挥其辐射、示范、信息扩散和销售网络的产业龙头作用。在主导产业的形成上，一是要制定合理的政策，通过政府的政策导向，合理引进主导产业和相关配套产业，产业集聚区也要根据自身的特点来制定合理的长期规划，并认真贯彻落实；二是建立科学的产业集聚区考评体系，不仅要对产业集聚区的总产值进行考评，还要对它的产业链进行科学评估，促使其形成良好的分工机制，使其真正发挥产业集聚区的效应；三是要调节产业结构，促进现有产业转型，升级产业集聚区必须要明确定位，明确自己的主导产业，并按照主导产业的需要来合理引进关联产业，以主导产业来带动相关产业，优化配置要素资源，促进产业升级，由劳动密集型转向技术密集型，并最终形成特色突出、链条耦合性好、竞争力强的集聚发展格局。

（2）因地制宜解决人才需求，准确定位吸纳对口人才

夯实人力资源基础，是产业集聚区发展保持持久动力的关键，可以通过因地制宜解决人才需求，准确把握产业集聚区的定位，吸纳对口人才。具体措施如下。一是由地方政府主导，采取多元化融资渠道，建设职业技能培训基地，加大对农村劳动力的培训力度，确保农村劳动力数量和质量同步提高，积极引进人才，出台相关政策，进一步鼓励包括大学毕业生在内的各类优秀人才服务产业集聚区建设，从而既破解大学生就业难题，又为产业集聚区发展提供强大智力援助。二是要制定符合本地人的习惯和传

统的用工政策，制定具有吸引力的政策，吸引本地的农民来满足一线的操作工的岗位需求。农民工主要在农忙时节及主要的传统节日请假，面对这一情况，企业应合理制定在此期间的休假制度和轮换班制度，企业要定期对农民工进行培训，促使农民工转化为技能型产业工人，以满足日益增长的技能型人才的需要。三是产业集聚区要加强基础设施和配套设施的建设以及社保体系的建设，以良好的软硬件环境来吸引人才。四是适度提高工资并加强企业文化认同感教育。

（3）传统产业转型、升级，优化产业结构

发挥产业集聚区的集聚效应和规模效应，依托现有的产业基础和比较优势，强力推动集聚区装备制造、食品、纺织服装等主导产业技术改造升级，强化相同产业的空间整合，加快发展集中度高、关联度大、竞争力强的支柱产业群；在继续强化产业集聚区传统产业发展的同时，应逐步引导产业升级，淘汰资源消耗强、污染程度高的低端产业，培育发展生态型、技术型、特色型产业，不断优化产业集聚区经济结构；提高产业新型化程度，通过发展高技术和新兴产业，推进现代产业改造升级优化，发展电子信息、新能源、生物医药、新材料等战略先导产业，加大高新产业项目招商投资力度，提高产业价值链层次，构建新型化程度不断提高的现代产业体系。

（4）以产业集聚区为基础，探索"三化协调""四化同步"发展新途径

作为区域经济发展的核心，产业集聚区是新型城镇化、新型工业化和农业现代化三者最为密切的结合点，产业集聚区发展战略、路径、政策、措施的制定与实施，必须在新型工业化和城镇化快速发展的大背景下统筹考虑。产业集聚区发展过程中存在的问题具有一定的典型性，因此应避免孤立地看待产业集聚区发展中的问题和矛盾，建议选取个别经济效益、社会效益、生态效益较好的产业集聚区作为试验区，遵循试点先行、封闭运营、总结经验、逐步推广的原则，通过创新户籍制度、金融制度、行政体制、社会保障制度、公共财政制度、土地管理和使用制度等改革，积极探索"三化协调""四化同步"发展新途径。

（四）濮阳市产业集聚区发展报告

本部分根据河南财经政法大学濮阳市调查组的赵彦锋、申香华、柴玉珂、梁元昊、马田昀果、李捷提供的研究报告汇集整理而成。调研范围为

濮阳市 8 个省定产业集聚区 67 家企业。经数据汇总整理分析，在此基础上形成研究报告。

濮阳市共辖濮阳县产业集聚区、清丰县产业集聚区、南乐县产业集聚区、范县产业集聚区、台前县产业集聚区、濮东产业集聚区、濮阳经济技术产业集聚区、濮阳市产业集聚区 8 个省定产业集聚区，总规划面积118.51 平方公里。截至 2014 年底，集聚区累计施工项目 436 个，其中，亿元以上项目 315 个，新开工项目 151 个，完成固定资产投资 627 亿元，完成工业增加值 236 亿元，分别增长 25.6%、17.8%。濮阳市 8 个产业集聚区紧紧围绕特色主导产业集聚发展，濮阳县产业集聚区利用电光源传统产业优势，确定了以光电子产业为主的主导产业；清丰县产业集聚区选定家具制造为主导产业，将传统"木工之乡"的技能优势转化为产业优势，倾力打造"中部家具之都"；南乐县产业集聚区依托丰富的农副产品资源优势与独特的区位优势，将食品产业作为优先发展的主导产业；范县产业集聚区立足原有基础，规划"一区两园"，将精细化工产业及金属资源回收再利用发展为主导产业；台前县产业集聚区依托其长江以北最大的羽绒羽毛集散地优势，形成了羽绒及服装加工主导产业；濮东产业集聚区根据产城融合、功能协调的发展原则引进三大主导产业，分别为能源装备制造、电子信息高新技术、现代商贸物流；濮阳经济技术产业集聚区充分发挥全市化工产业主基地作用，积极推进石油化工、煤化工、盐化工"三化"融合发展；濮阳市经济技术产业集聚区以化工、装备制造为主导产业。

1. 问题总结

（1）产业集群发展不显著

产业集群是指在特定区域中，具有竞争与合作关系，且在地理上集中，由交互关联性的企业、专业化供应商、服务供应商、金融机构、相关产业的厂商及其他相关机构等组成的群体。从调研情况来看，濮阳市各个产业集聚区的产业集群发展还不够明显。一是企业集中度不高，主导产业企业及关联企业数量不多，产业集群规模小，产业集聚区内企业在空间上布局分散，相互之间的分工和合作程度不深；二是产业集群整体发展水平不高，入园项目不多，大型项目少，优质项目少，龙头型企业的带动支撑作用不明显，濮阳市 8 个产业集聚区都缺乏龙头型企业，龙头型企业的带动支撑作用不大，集聚区内的企业规模普遍偏小，中小型企业多而不强，大多数产业还处于刚刚起步或初期成长阶段，企业核心竞争力较弱，对整个产业的带动作用不大；三是产业集群企业关联度不高，布局分散，产业链短，产业结构不合理，上下游产业关联度较低，在拉长产业链条方面，其向终端、高端延伸的太短，没有形成科学化和有机化的分工协作关系；四是在横向配套服务方面，如研发和设计、服务性物流、投融资、包装等，各产业集聚区做的也不够完善，这些问题不仅阻碍了产业链的延伸，对产业产生集群效应也有负面影响。

（2）基础设施建设不完善

经过几年的建设，8个产业集聚区内生产性设施建设较好，各个产业集聚区都在大力推行标准化厂房，但县级财政力量有限，不能对产业集聚区基础设施建设进行大规模的投入，道路交通、供水供电、供气供暖、通信等基础设施建设依然比较薄弱，医院、学校、住宅、服务网点等公共设施建设比较滞后，生活服务设施等配套服务也不够完善。如研发、人才市场、信息、娱乐和休闲设施、物流发展滞后，不能满足区域内部员工发展、生活、娱乐的需求；有的产业集聚区在建设污水处理厂过程中，由于投资巨大，地方财力难以承担这样大型的基础配套设施建设。

（3）企业创新能力不强

按照产业类型划分，濮阳市各产业集聚区内的主导产业大多属于劳动密集型的传统制造、加工企业，高新技术企业和有自主知识产权的企业偏少，处在产业链的末端，整体产业结构层次不高，大多数产业集聚区依然延续着基于投资驱动和规模扩张的传统产业发展模式，项目建设上新兴产业、新型项目的"双新"色彩不明显，产业结构中高新技术产业占比仍然偏低，发展路径上仍是过多依赖低端产业、低小散企业、低成本劳动力、资源要素消耗和传统商业模式。在人才素质方面，员工整体知识水平和专业技能不高，大多是手工劳动作业。人才素质的低下，造成企业的创新能力较低，已不能跟上企业生产能力的发展步伐，大多数中小型民营企业更加缺乏自身的研发力量，再加上得不到外来技术政策的支持和培育，造成多数产业技术水平不高。在产业集聚区的各类企业中，特别是中小企业中，高学历、高级技工、高职称、高级管理人才严重匮乏，这种状况不仅阻碍了企业的创新，对企业未来扩大发展规模来说也是一个很大的制约因素。调查资料显示，濮阳市8个省级产业集聚区仅有省级重点实验室2个、省级孵化中心1个，尚未形成以企业为主体，企业与高校、科研院所相结合的技术创新体系，这影响并制约了企业自主创新能力的提升；另外，集聚区缺乏科学配套的人才引进机制，缺少编制，难以引进更多的专业人才和高级管理人员，因而难以满足当前产业发展的人才需要。

（4）土地资源紧张

虽然省政府明确要求各级各部门对产业集聚区所需土地予以优先安排，但现实中，谁也不敢越国家规定的"18亿亩"耕地红线的雷池一步。有的项目迟迟不落地，其中最主要的原因就是征地手续没有办理，土地问题已成为影响产业集聚区发展的重要因素；重点项目用地紧张，是目前产业集聚区快速发展的瓶颈，一些集聚区的土地利用率不高，项目开工不足，造成一些土地闲置。在迁村并居中，也存在着失地农民的补偿与就业安置问题。

（5）融资能力不足

濮阳市各县区基本都成立了投融资平台，全权负责全县各企业尤其是产业集聚区内企业的信贷工作，但像濮阳市这样经济欠发达地区里的行政县，银行对其融资行为的把关很严，要求还款的利息很高，造成贷款很困难，以至于县级投融资平台没有发挥本应该发挥的作用；部分企业自身资金不足，存在资金紧缺现象，各金融单位融资门槛较高，大多数县（市、区）财政困难，产业集聚区内多数企业融资实力薄弱，缺乏贷款抵押前置条件，规模以下企业项目获得银行信贷支持比较困难，部分企业自身资金不足，不得不向民间高息融资，实质专项借款费用不能资本化，导致期间费用增加，经营风险增大，后续生产经营增长乏力；投融资平台融资能力不足，集聚区基础设施及服务平台建设大多采用BT模式，导致融资成本高、政府负债重、还款压力大，影响了后续基础设施建设；由于不熟悉资本市场规则或者受传统观念束缚，区内企业上市融资的很少，大大限制了直接融资能力。

（6）主导产业同质性较强，区域恶性竞争现象依然存在

濮阳市产业集聚区发展仍存在较强的产业同构性，各个集聚区差异化、互补性仍偏低，濮阳市8个产业集聚区中主导产业涉及化工行业的就有4个，由于各集聚区在初期发展中，以规模扩张为首要目标，在项目引

进、产业培育上没有充分依托本土资源优势或产业基础，因而普遍存在产业培育与本土优势、传统产业改造升级与战略新兴产业引进、产业链延伸与服务环节增值、龙头企业与中小配套企业等领域的割裂发展问题，导致各地在招商引资、承接产业转移中争项目、争企业、争产业的情况时有发生，甚至陷入恶性竞争。

2. 对策建议

（1）强化主导产业培育

重点突出"产业集聚效应"，坚持"集中布局，龙头带动，链式发展，配套完善"，积极培育"龙头企业带动效应明显、中小企业配套齐全、产业链环节完整"的"龙"型产业集群，强化产业链式、配套、融合发展能力。第一，持续强化承接转移，围绕培育"百千万"亿级产业集群目标，瞄准主导产业集群缺失和薄弱环节开展针对性招商，推动终端产业产品向上游延伸，基础工业向下游延伸，着力引进一批龙头企业和龙头项目，带动关联配套产业协同转移，增强产业集聚区发展活力和动力。第二，加大主导产业招商引资力度，依托濮阳市现有特色产业和龙头企业，开展集群招商、以商招商，在抓好百亿级产业集群的同时，围绕发展千亿级产业集群，按照最佳物流半径等条件，完善区域配套体系，在市域乃至更大范围内形成以产业链为主体的产业集群和区域品牌。具体而言，一是依托濮阳市经济技术产业集聚区、濮阳市产业集聚区、台前县产业集聚区和范县产业集聚区，重点培育石油化工千亿级产业集群；二是围绕传统优势产业和主导产业，重点培育家具、食品等特色产业集群。第三，抓住"互联网＋"行动计划的政策机遇，推动移动互联网、云计算、大数据与主导产业结合，推进产业跨界融合，培育新业态、新模式，抢占发展制高点，运用新技术、新工艺，改造提升原材料性能，促进原材料深加工与终端消费品双向对接，提高在整个产业链中的竞争力。第四，建立集聚区之间信息共享平台，支持集聚区建立合作关系，鼓励同类产业集聚区立足产业链、创新链、资金链及人才链开展上下游经济联系，鼓励工业园区、科技园区、物流园区、出口加工区等不同类型集聚区依托专业功能开展业务合作。在具体合作方式上，探索尝试"飞地"式的集聚区合作、集聚区协调下的企业合作对接、产学研金协同式的创新合作以及集聚区引导下的科技金融结合等形态。

（2）强化土地集约使用

在产业集聚区建设初期，由于认识不到位，误以为拾到篮子里的都是菜，缺乏对项目入驻门槛的源头把控，造成宝贵的土地资源过早流失，导致现在可能有了好的项目却苦于"无地可施"，这需要通过明确单独供地标准、规范标准化厂房建设、建立综合预审机制等措施，推进小微企业园建设，引导推动各产业集聚区统筹规划，建设综合服务中心，实现项目集中布局和资源集约节约利用。具体建议如下。第一，调整优化布局。通过调整产业集聚区的空间布局、规划范围等，解决项目用地，加快土地整理进度，推进城乡建设用地增减挂钩，加大村庄改造力度，平稳启动迁村并点工程，尽最大努力置换土地指标。第二，提高投资强度，节约集约用地。要坚持"向存量要增量、向空间要车间"，建议全市各产业集聚区依据自身情况，核准投资规模在多少万以下的项目，原则上入驻标准厂房，不安排单独选址建厂，建议同时出台政策，鼓励用地企业树立立体用地观，建设标准化厂房，按照"政府推动、多方融资、主业开发、市场化运作"的方式进行多层标准化厂房的开发建设，容积率最低要与国土资源部的规定持平。第三，完善标准厂房配套。集中提供标准厂房、职工宿舍、餐饮等配套设施，不仅能完善园区功能，并能从源头上杜绝集聚区内企业重复建设职工宿舍、职工食堂等造成的土地浪费现象。据调研估算，仅通过建设标准厂房和完善厂房配套，集聚区就大致节约土地40%以上，达到促进发展和保护资源的双赢效果。

（3）完善产业集聚区发展资金支持

鼓励金融机构创新，积极推进创业投资发展，充分利用市场资源，发挥政府资金的放大效应，引导社会资金投资。第一，要加大产业集聚区层面投融资机制建设力度。在具体措施上，可将产业集聚区内实物资产划归产业集聚区投融资机构统一管理，增强产业集聚区投融资机构的融资实力，如暂时难以建立投融资机构，可鼓励产业集聚区外投融资机构为产业集聚区开展投融资服务，政府可采用补贴或奖励的办法，支持产业集聚区投融资机构建设。第二，要加快产业集聚区投融资机构建设。如通过投资补贴、贴息和建立融资担保风险补偿制度等办法，支持企业成立风险投融资机构、中小企业融资担保机构，以满足产业集聚区企业的融资需求。第三，政府可对经营效益好、获得金融贷款多、外资吸引力强、财政投入放大、效应突出的企业，在安排资金上采取以奖代补的方法，给予重点倾斜，以鼓励产业集聚区加快投融资业发展。第四，对于符合条件的基础设施及服务于整个产业集聚区的公共项目，可以推进 PPP 模式，以此推进新规划调整区域的道路、管网建设，以及供热、污水处理等基础设施建设，加强与原规划区和市城区公共设施的全面对接，不断提升集聚区承载能力，进一步满足职工的生活需求。

（4）强化人力资源保障，实施创新

企业发展与创新离不开人才，为此应从以下方面强化人力资源保障。第一，要积极建立人才储备库。加大人才招聘宣传力度，以政府名义举办公益性招聘会，利用现代信息手段，培育和发展网上人才市场，调查研究产业集聚区各类企业所需人才的种类、数量、层次等，建立产业集聚区人才需求信息总库，为企业和人才提供免费的用工及求职中介服务。第二，实施订单式培养。委托濮阳职业技术学院以及各县的职业技术学校根据产业集聚区发展需求，开展急需人才的订单式培养，毕业后为产业集聚区企业服务。第三，完善人才激励机制。企业之间的竞争实质上就是人才的竞争，因此，企业要完善人才激励机制，创新工资制度，积极推进分配方式的变革，通过企业股权或期权计划留住高端人才和关键人才。第四，结合产业集聚区发展需要，有针对性地引进一批专业急需人才，特别是熟悉国内外资本市场的经济管理类人才。在调研中发现，有海外业务的企业，明显缺乏熟悉套期保值业务的人才，只能被动承担汇率变动或国际油价变动的损失；整个集聚区上市企业数量有限，相关人才缺乏是重要原因，要鼓励以岗位聘任、项目合作、兼职、定期服务等多种灵活方式集聚和使用各种人才，为产业集聚区配套建设专家公寓、职工公寓等，符合条件的纳入公租房建设计划，协调有关职能部门支持产业集聚区内专家公寓、职工公寓及生活配套服务区的建设，并积极向省里争取政策和资金方面的支持；推动共性技术平台和高新技术产业化服务平台建设，加强企业技术中心、技术转移中心等技术创新载体建设，支持企业联合高校和科研院所在集聚区内建设一批国家工程中心和国家工程实验室，突破一批产业关键技术与核心技术，支持重点产业技术改造和新兴产业培育，推动产业技术协同创新，搭建创业者和投资者之间的合作交流平台。

（5）注重由考评建设向考核运营转变

考核指标引导着努力的方向，营业收入、建成面积、投资强度、税收等以数量为主的考核指标符合产业集聚区发展初期需要，但是发展到一定程度后，这种重量轻质的考核难以推动产业升级，必须转换到重质的考核指标上来，要提高创新能力、单位工业增加值能耗以及研发投入、专利量等指标的权重。当前公布并执行的《河南省产业集聚区考核评价办法》（豫办〔2015〕38号）中，数量型指标明显偏重，营业收入（20%）、税收收入（15%）、建成面积（20%）、投资强度（15%）等四项指标合计占70%，而两项环保指标各仅占5%，科技创新指标仅一项，权重为10%，也偏小。产业集聚区发展完全靠这一个考核体系，在一定程度上不利于产业结构调整、新型化程度提高及发展方式转变。因此，产业集聚区的考核办法应随着集聚区的发展而动态调整，应分阶段设定不同发展阶段的考核指标，在起步阶段之后应提高能耗和排放等质量指标、高新企业营收比重指标的权重，降低当年新增建成区面积指标的权重，同时增加一些新的指标，如高科技及新兴产业项目比重、科技创新能力的研发投入、专利数量和生产性服务业、产业链的拓展情况以及企业之间的关联度等指标，以确保产业集聚区建设沿着集中度高、关联度大、竞争力强的支柱产业群方向发展，真正成为促进经济发展方式转变的平台。2014年1月，省政府第三次调整集聚区考评办法，新颁布的《河南省产业集聚区考核评价试行办法》，从经济总量、集群发展、节约集约三大方面选取10个指标进行考评，并颁布星级考核晋级标准。纵观三次考核体系的指标构成，不难发现考核标准更注重园区建设进度、投资总额、发展规模，这也是符合产业集聚区发展初期快速建设、快出规模的阶段要求的，但是随着全国产业园区逐渐进入"2.0模式"阶段，河南省产业集聚区考核应更加注重园区运营效益的考评，注重投资收益率、单位面积经济效益以及创新发展能力等指标。

（五）鹤壁市产业集聚区发展报告

本部分根据河南财经政法大学鹤壁市调查组的罗庆、杨慧敏、樊新生、刘明月、魏凌提供的研究报告汇集整理而成。调研主要是以鹤壁市4个产业集聚区为调查对象，通过企业座谈和问卷调查的方式总结各产业集聚区建设过程在产业升级、产城融合、产业创新和管理体制等方面的成功经验，同时，运用经济学、地理学、社会学等相关理论对现有问题进行深入剖析，并提出相关的政策建议。

鹤壁市有4家省级产业集聚区，分别是浚县产业集聚区、金山产业集聚区、鹤淇产业集聚区、宝山循环经济产业集聚区，其中，截至2014年，浚县产业集聚区规划面积16.5平方公里，入驻企业96家，合同总投资130亿元，从业人员3.7万人，已经形成食品加工、家居用品制造两个主导产业；金山产业集聚区位于鹤壁市新区北部，下辖城北、金山和东杨三个工业园区，总规划面积17.99平方公里，截至2014年，已建成面积约9平方公里，入驻工业企业近400家，现已初步形成以电子信息、金属镁精深加工和节能环保为主的高新技术产业集群；鹤淇产业集聚区主要以鹤淇大道为中轴线向两侧辐射开发建设，重点发展现代装备制造（汽车及零部件和金属镁精深加工）、纺织服装两大主导产业，兼顾食品加工等传统优势产业；宝山循环经济产业集聚区位于鹤壁老城区西部浅山丘陵地带，规划区面积27平方公里，主要发展"煤、电、化、材"四大循环经济产业。

1. 问题总结

（1）产业集聚区内的龙头企业与中小企业之间的关系不够紧密

鹤壁市的4个产业集聚区在初期发展中，以规模扩张为首要目标，在项目引进、产业培育上没有充分依托本土资源优势或产业基础，普遍存在产业培育与本土优势、传统产业改造升级与战略新兴产业引进、产业链延伸与服务环节增值、龙头企业与中小配套企业等领域的割裂发展问题，导致各地在招商引资、承接产业转移中争项目、争企业、争产业的情况时有发生，甚至于陷入恶性竞争。

（2）产业链接度偏低，现代产业分工合作网络远未形成

从各个集聚区内部看，产业链环节不完整、本地配套率低仍是产业集群发展的主要制约。在产业集聚区发展初期，主管部门往往容易重"项目"轻"产业"、重"大块头企业"轻"小体格配套企业"、重"生产制造环节"轻"服务增值环节"，导致产业链条环节缺失，产业发展缺乏配套，产业集群以"堆"代"链"，集群效应发挥不足。与此同时，产业链整合难度大也较为突出，当前多个产业集聚区中，能真正充分发挥培养行业核心竞争力、引导中小企业进行配套供应生产、进行产业链式发展作用的领袖型龙头企业较少，各个行业的龙头企业与中小企业的关系还处于松散的状态，甚至有些还存在较为激烈的竞争关系。

（3）产业发展与城镇建设的互动发展有所欠缺

城镇化水平低、质量不高是河南省经济社会发展诸多矛盾的症结所在，产业集聚区恰恰为工业化与城镇化的结合提供了一个空间载体。然而，在对鹤壁市产业集聚区调研的过程中我们发现，金山产业集聚区规划范围内并不能规划居住用地，随着回流农民工数量的增加，对集聚区内产业工人的就业和安置就成为一个重要问题，并且集聚区内的工人多数在市区或附近城镇居住，对集聚区服务业的发展并不能起到有效的推动作用，同时对于交通通勤的需求也在持续增加；对于宝山循环经济产业集聚区而言，由于该集聚区重点发展煤化工产业，该产业属于中度污染行业，对周围环境会造成一定程度的污染和破坏，该区并不是很适合居住，但产业工人邻近居住或在市区居住同样不能很好地带动集聚区周边的服务业发展，并且由于距市区较远，技术工人的流失相对严重。

（4）企业用工难，工人流失现象严重

通过对鹤壁市4个产业集聚区的调研发现，集聚区存在的一个最为重要、最为关键的共性问题是企业招工困难，且工人流失现象相对较为严重。鹤壁市的4个产业集聚区中的产业多数属于劳动密集型产业，企业存在着不同程度的"用工荒"现象，并且工人流动性的不断增加对企业的稳定发展也会造成不利影响。

（5）产业集聚区的科技创新体系和创新平台建设尚不够完善

鹤壁市的4个产业集聚区中，传统的产业发展模式仍在延续。目前，集聚区内传统制造、加工企业占比仍然较大，高新技术企业和有自主知识产权的企业偏少，缺少研发机构和高素质人才，企业拥有发明专利较少、科技经费支出低、科技从业人员不足。产业结构中高新技术产业占比仍然偏低，发展路径上仍是过多依赖低端产业、低小散企业、低成本劳动力、资源要素消耗和传统商业模式。

（6）产业集聚区内的硬件、软件设施建设尚显不足

完善的基础设施是产业集聚区发展的前提条件，在基础设施建设方面，鹤壁市根据各产业集聚区的发展阶段，确定不同集聚区不同阶段的建设重点，但是在调研中发现，被调查企业中的部分企业认为物流不便，核心材料或原材料无法在当地生产和获取，直接导致生产成本的增加。此外，多数企业具有融资需要，但是融资方面存在较多的困难。

2. 对策建议

（1）积极培育"龙"型产业集群，加强龙头企业与中小企业之间的协作

积极培育"龙头企业带动效应明显、中小企业配套齐全、产业链环节完整"的"龙"型产业集群（龙头产业带动型产业集群），强化产业链式、配套、融合发展能力。持续强化承接转移，围绕培育"百千万"亿级产业集群目标，瞄准主导产业集群缺失和薄弱环节开展针对性招商，推动终端产业产品向上游延伸、基础工业向下游延伸，着力引进一批龙头企业和龙头项目，带动关联配套产业协同转移，力争依据其区域特点有针对性地发展特色产业集群。同时，在集群内部，同一产业相关的企业群居在一起，相互竞争和协作，对提高产业的竞争力有很强的促进作用。产业集群同时也是创新因素的集群和竞争能力的放大，产业在地理上的集聚，能够对产业的竞争优势产生广泛而积极的影响，从世界市场的竞争来看，那些具有国际竞争力的产品，其产业内的企业往往是群居在一起而不是分散的，因此，鹤壁市应依据其区域特色和特有的资源优势，重点发展部分精工企业，积极培育具有区域特色和竞争力优势的"龙"型产业集群。

（2）有效延长产业链，打造先进制造产业集聚区

鹤壁市 4 个产业集聚区的主导产业之间存在部分重合或重复现象，各个集聚区之间应互相协作，以招商引资为突破口，围绕集聚区的主导产业进行招商和项目引进，开展精准招商、集群招商，积极培育产业集群，创建具有竞争优势的制造业集聚区。譬如，鹤壁市的金属镁产业早在 1995 年其年生产能力已居于全国之首，金属镁精深加工产业是鹤壁市优势产业之一，同时也是世界最大的镁粉、镁屑、镁粒加工出口基地和镁牺牲阳极系列产品生产加工出口基地，中国高品质镁及镁合金系列生产加工出口基地，中国钙镁系列产品生产加工基地，中国硅热法炼镁清洁化生产及综合利用生产示范基地，因此，依托特有的金属镁资源，鹤壁市应加快创建一批先进制造业产业集聚区，并在现有的金山产业集聚区的基础上，合理规划、扩大产业发展规模，从而使该集聚区在原有基础上有所突破，使其更加具有竞争优势。鉴于此，鹤壁市应依托当地所特有的资源，因地制宜地吸引相关具有竞争优势的产业入驻园区，在合理利用资源的同时，有效推

动产业升级，延伸园区的产业链，为地区经济的发展注入活力。

（3）积极引导载体联动发展，促进产城融合

鼓励、引导产业集聚区和商务中心区、特色商业区开展多层次全方位合作，努力实现联动发展。建立集聚区之间信息共享平台，支持集聚区建立合作关系，鼓励同类产业集聚区立足产业链、创新链、资金链及人才链，开展上下游经济联系，鼓励工业园区、科技园区、物流园区、出口加工区等不同类型集聚区依托专业功能开展业务合作。在具体合作方式上，探索尝试"飞地"式的集聚区合作、集聚区协调下的企业合作对接、产学研金协同式的创新合作以及集聚区引导下的科技金融结合等形态。同时，应当把产业集聚区建设与加快新型城镇化紧密结合起来，通过发展产业创造就业岗位，通过增加就业岗位促进农业转移人口稳定就业，以产兴城、以城促产，逐步推进以人为核心的城镇化，进一步完善城市功能，加强城市基础设施建设，大力发展服务业，增强综合承载能力，为产业集聚提供更好的服务。

（4）持续推动创新平台建设，积极推动人才培育和引进

科技创新平台是区域创新体系的重要基础，是推动企业成为创新主体的重要载体，是加速转化创新成果的重要途径，是科技进步、社会发展、经济增长的重要助推器，是促进科技资源高效配置和综合利用的有效方式，是科技资源合理配置的重大举措。产业集聚区科技创新平台建设可以充分应用信息、网络等现代技术，对科技基础条件资源进行战略定位和系统优化通过建设科技创新平台，不断改善创新创业环境，优化创新资源品质，增加专业化公共服务的有效供给，降低创新创业的成本与风险，提升研究开发和产业化的能力和水平，提高科技创新资源的使用效率，营造人才脱颖而出的科技环境；推动共性技术平台和高新技术产业化服务平台建设，加强企业技术中心、技术转移中心等技术创新载体建设，支持企业联合高校和科研院所在集聚区内建设一批国家工程中心和国家工程实验室，突破一批产业关键技术与核心技术，支撑重点产业技术改造和新兴产业培育；推动产业技术协同创新，搭建创业者和投资者之间的合作交流平台；在人才引进和培育方面，逐步完善人才评价机制，建立完善的人才服务体系和区域人才信息系统，增加资金的扶持力度，通过完善的社会保障体系留住人才。

264

（5）着力强化集聚区综合服务功能，加快公共设施建设

针对集聚区内存在的基础设施建设方面的问题，应坚持"政府引导、市场运作、项目带动、多元投入"的原则，推动综合功能园区建设、提升集聚区服务质量，进一步推动配套设施升级，逐步推进基础设施平台建设，加强集聚区道路、学校、培训中心、供水－供电－供气管网、电力、通信等基础设施建设，加快研发创新、检验检测、仓储物流、实训基地等公共服务平台的建设，加快生活配套、商业文化娱乐设施的建设，整合公共租赁住房专项资金，为工人的就业提供住房保障和子女就学保障。此外，还应进一步强化集聚区信息化建设和资源的集约利用，进一步提升"云"智慧，提高资源利用效率。

（六）济源市产业集聚区发展报告

本部分根据河南财经政法大学济源市调查组的常艳丽、潘勇、库向芳、王怀武、卫苗苗提供的研究报告汇集整理而成。济源市产业集聚区调查组重点针对济源市 3 个产业集聚区的发展现状及存在的问题展开调查。济源市 3 个产业集聚区共有企业 136 家，调查组深入 3 个产业集聚区与管委会工作人员进行交流、召开企业代表座谈，共获得有效问卷 50 份。在对问卷调查、会议座谈、实地走访、资料分析整理的基础上，结合理论分析，形成研究报告。

济源市 3 个产业集聚区规划总面积 45.66 平方公里。其中虎岭产业集聚区位于济源市西南部，规划总面积 18.97 平方公里；玉川产业集聚区位于济源市中心城区以北，规划面积 11.6 平方公里；高新技术产业开发区位于济源中心城区东南部，规划面积 15.09 平方公里。2009～2014 年的统计数据显示，济源市产业集聚区规模以上企业主营业务收入由 233.4 亿元增加到 973 亿元，年均增长 33%；工业增加值由 55.5 亿元增加到 196 亿元，年均增长 28.7%；固定资产投资由 27.58 亿元增加至 254.7 亿元，年均增长 56%；实现税收收入由 6.89 亿元增加到 24.2 亿元，年均增长 28.6%；集聚区内从业人数由 1.96 万人增加到 8.32 万人，年均增长 33.2%。产业集聚区已成为济源市转型升级的突破口、招商引资的主平台、农民转移就业的主渠道、改革创新的示范区、经济发展的重要增长极。

1. 问题总结

（1）集聚区管委会管理机制和人员配置不合理

现有的管理机制使集聚区管委会虽然行政规格高，但其下派单位职权

有限，在协调相关局委开展工作中仍然不太顺畅；加之集聚区管委会承担区内村居管理的社会事务增加，而仍维持 45 名工作人员的人员编制不变，其在实际工作开展中仍面临着协调开展工作困难、多头管理等问题。

（2）集聚区管委会财力不足，区内基础设施建设还不够完善。

部分企业反映水、电、气等基础设施不完善，这部分企业主要是在企业分散、山地较多、自然条件较差的玉川产业集聚区。与集聚区管委会交流后发现，受管理机制影响，集聚区协调相关单位开展基础设施建设比较缓慢。调查中还发现，集聚区管委会在基础设施建设中投入大，同时还承担了一些村庄的搬迁费、企业的入驻优惠减免等，目前存在财力不足、负债多的问题，虽有财政金库，但收入有限，加之可抵押资产少，融资存在困难。

（3）重项目招商、轻配套服务，不利于集聚区可持续发展

目前产业集聚区的招商引资还停留在前期的推介、优惠条件的吸引方面，这种招商模式往往并不长久，一旦政策红利结束，招商引资难度就会加大，甚至部分之前招商承诺的优惠政策也难以兑现。

（4）集聚区主导产业定位突出，但区内企业集聚程度不高

园区内企业之间的分工协作紧密度反映了企业之间的集聚程度。在所调查的企业中，半数调查企业之间联系一般，12% 的企业与区内其他企业联系紧密，14% 的企业与区内其他企业基本无联系。可见，虽然产业集聚区有着鲜明的主导产业定位，但企业间分工、协作所能产生的集群效应还未充分发挥。

（5）集聚区内部分企业发展存在融资难、招工难问题

在企业发展方面，融资困难是课题组在问卷调查和企业座谈中感受比较深刻的一点。数据显示，74% 的调查企业有融资需要，而 16% 和 30% 的调查企业认为融资"很困难"和"较困难"，主要原因是"政府扶持缺失"、"缺乏融资渠道"和"利率太高"。人力资源是企业持续发展的保障因素之一。集聚区企业反映，一方面招不到符合岗位需求的员工，技术工人和市场营销人员比较缺乏；另一方面培训入职的员工流失比较多，影响了部分企业的生产，也导致用工成本增加。

（6）技术创新服务体系有待完善

对技术研发和管理人才的需求说明了集聚区企业目前普遍比较重视技术创新，企业从事技术创新活动，不能仅仅依靠自己的力量，还需要有政

府、非营利机构、职业化服务组成的技术创新服务体系大力支持。参与本次调查的企业认为，技术创新服务体系仍存在一些问题，主要是"体系不健全""宣传不够""服务能力有限""服务效率低"。

2. 对策建议

（1）完善管理体制，增强产业集聚区发展活力

成立由市级领导及相关局委、镇办职能部门负责人组成的产业集聚区发展协调领导小组，建立产业集聚区发展联席会议制度和管理机制，研究、协调、解决产业集聚区发展中的重大问题；增加管委会人员编制，加快推进产业集聚区与主体镇办套合发展，让镇办行使社会事务管理职能，集聚区集中精力推进经济发展。

（2）以精准招商和产业协作，促进产业集群发展

完善招商引资扶持政策、考核政策，引导集聚区重视产业集群发展。一方面以精准招商增强集聚区内企业之间的相关性，实现主导产业链条式发展；另一方面，引导企业重视集群协作，搭建信息平台、知识共享平台，促进企业之间的技术输出和业务协作，制定必要的奖励措施，激励企业之间的分工协作，促进产业集群效应发挥。

（3）健全配套服务体系，实现集聚区内涵式发展

制定并完善产业集聚区管理条例和扶持政策，树立服务意识，增强服务主动性，完善服务管理制度，注重由政策优惠向制度配套转变，实现招商、扶商、富商；"质""量"并重，加强政策反馈与落实监督机制，将考核重点转向集聚区创新能力、投资环境、品牌建设、运营效益等方面，引导产业集聚区实现内涵式发展。

（4）以"互联网＋"思维为指导，破解企业发展瓶颈

招商难、融资难、招工难，都是产业集聚区发展中存在的问题，尝试运用新媒体技术来完善招商引资的思路与手段，以互联网为平台进行形象、品牌宣传，加深投资者对产业集聚区的环境认同；拓宽融资渠道，探索基于互联网的金融服务形式；引导企业通过在线招聘、在线培训解决招工与培训问题；为企业提供面授或远程网络营销指导，基于网络平台拓展市场销售。

（5）企业与政府共同努力，多渠道协调解决融资难题

破解融资难题关键还在于企业自身，政府要引导企业努力提高内部管

理、加强财务管理制度建设、加强品牌建设和技术创新，以增强市场竞争力；在现有的融资平台中，政府可与企业联合建立产业集聚区信息分析与市场预警机制，定期邀请专家为企业经营提供产业发展、市场风险指导，帮助企业增强抗风险能力；加强信用体系建设和建立信用担保机构，为企业获取银行贷款提供支持。

（6）提高企业自主创新能力，实施产业升级改造

产业集聚区发展已进入重视创新驱动阶段，应重视对高新技术产业的培育，引导企业重视科研投入，关注产业技术创新动态，利用新技术提升产品附加值；抓好集聚区创业中心、研发中心、孵化中心等创新平台建设，引导企业积极参加高等院校、科技成果推介会，直接引入先进产品和先进技术，对企业的自主创新和技术输入予以奖励。

五　豫中（郑州、漯河、许昌）产业集聚区发展报告

（一）郑州市产业集聚区发展报告

本部分根据河南财经政法大学郑州市调查组的王桂堂、冯娟、李敏、刘胜男、赵艺楚提供的研究报告汇集整理而成。调研范围为郑州市 10 个产业集聚区 100 家企业。通过发放问卷、走访、座谈的形式，在资料分析整理的基础上结合理论分析，形成研究报告。

截至 2014 年，郑州市共有省级产业集聚区 14 个，其主导产业主要是电子信息、汽车部件、装备制造、食品加工、服装等。产业集聚区分布情况为：位于开发区 4 个，分别是郑州高新技术产业集聚区、郑州经济技术产业集聚区、郑州航空港产业集聚区、郑州白沙产业集聚区；位于主城区的 4 个，郑州市官渡产业集聚区、郑州市金岱工业园区、郑州国际物流中心园区、郑州上街装备产业集聚区；位于县域的 6 个，分别是巩义市豫联产业集聚区、巩义市产业集聚区、新密市产业集聚区、新郑新港产业集聚区、荥阳市产业集聚区、登封市产业集聚区。2014 年，在全省综合排序和星级评定中，郑州经济技术产业集聚区、郑州航空港产业集聚区、郑州高新技术产业集聚区被评为全省"十强"产业集聚区，连续四年位居全省"十强"前三位，新密市产业集聚区被评为全省"十快"产业集聚区；郑州经济技术产业集聚区被评为六星级，郑州航空港产业集聚区被评为五星级，充分体现了郑州市产业集聚区在全省产业集聚区建设中挑大梁、走前

头、做表率的地位。2014 年，郑州市产业集聚区重大项目建设的在建亿元以上项目 397 个，完成投资 1105.6 亿元，新开工亿元以上项目 162 个，其中，5 亿元以上项目 19 个，10 亿元以上项目 21 个，竣工投产亿元以上项目 86 个。全市省级产业集聚区规模以上工业增加值完成 1326.2 亿元，同比增长 16.9%，高出全市平均增速 5.7 个百分点；全市省级产业集聚区完成固定资产投资 1588.4 亿元，同比增长 48.3%，高出全市增速 28.2 个百分点。郑州市产业集聚区建设实现了上规模、上水平、上层次，对县域经济增长的带动作用日益增强，荥阳、新密、新郑和登封四县（市）经济社会发展水平位居全省前 10 名，带动郑州市经济社会发展综合排位居全省 18 个省辖市第一位。

1. 问题总结

（1）发展空间受限

经过多年的建设和发展，郑州市部分产业集聚区可用于发展的规模面积已不多，发展空间受限的现象开始显现。如新郑新港产业集聚区 2010 年省批复的规划面积为 12.8 平方公里，截至 2015 年 1 月，建成面积已近 8 平方公里，在建项目占地约 2.2 平方公里，规划范围内可利用土地面积不足 1.5 平方公里。

（2）项目用地十分紧张

随着产业集聚区建设步伐加快，招商引资力度的增大，企业入驻逐渐增多，项目用地供需矛盾日益突出，特别是在项目建设用地报批方面，存在手续繁、时间长等突出问题，严重影响签约项目及时落地开工建设。

（3）企业融资困难

银行对中小型企业的贷款申请较为严格，入驻企业普遍反映融资较困难，缺少资金导致达不到设计产能，部分企业贷款融资支出的利息等费用占到贷款总额的 10%~15%，且银行贷款审批程序复杂、时间长。

（4）税费减免等优惠不具有可持续性

随着国务院关于清理规范税收等优惠政策的通知、新预算法等政策排查清理工作的逐步落实，现行招商政策中的税收返还、专项资金、非税收入减免或缓缴等措施已难以为继，政策红利消失后，对集聚区招商引资乃至发展建设都带来了不小的困难和影响。

（5）设施配套滞后

与主导产业配套的生产性服务业和投融资、土地整理、人力资源、科技创新等平台建设尚未形成规模和优势，为集聚区职工服务的学校、医院、供暖等生活性服务设施建设进展缓慢，综合承载力相对不足。

2. 对策建议

（1）大力推进产业优化升级和提高产业新型化程度

郑州市应发挥产业集聚区的集聚效应和规模效应，依托现有的产业基础和比较优势，强力推动集聚区电子信息、装备制造、食品、纺织服装等战略支撑产业技术改造升级，强化相同产业的空间整合，加快发展集中度高、关联度大、竞争力强的支柱产业群。提高产业新型化程度的着力点，积极发展高技术和新兴产业，推进现代产业改造升级优化，积极发展电子信息、新能源、生物医药、新材料等战略先导产业，提高产业价值链层次，构建新型化程度不断提高的现代产业体系。

（2）努力实现从"点式扩张"向"链式发展"转变

强力推动集聚区产业及企业从"点式扩张"向"链式发展"转变，以链式发展方式打造更有竞争力的主导产业链，推动产业结构调整和布局重点向产业链下游突破，促进企业从上游初级加工向下游深加工和精加工转变升级，从分散的、单一的、互不关联的加工企业，向精深加工制造产业链的企业集聚和产业集群转变升级。

（3）根据产业集聚区的不同特点实行差别政策

针对郑州市产业集聚区建设中的问题，需要进一步实现政策创新与制度创新。各个产业集聚区所处的区位、拥有的资源、发展的阶段、面临的制约等均存在着很大的不同，需要不同的政策措施，以避免由于相互竞争降低入驻项目的质量，否则，各个产业集聚区容易陷入新一轮的恶性竞争、重复建设中。对于部分产业集聚区来说，传统产业规模比重大，产业转型升级任务更加繁重，短期内速度慢一些，但能为产业转型升级提供充足的时间与空间，长期看更能有利于经济发展方式的转变，对于这种传统产业比重大的产业集聚区，应拿出一些支持产业转型升级的资金支持与政策优惠，促进产业转型。

（4）切实转变对产业集聚区的考核方式

以营业收入、建成面积、投资强度、税收等为主的考核方式在产业集聚区建设初期是可以的，但是发展到一定阶段后，必须适时转到以质量指标为主的考核方式上来，要提高增加创新能力、单位工业增加值能耗以及研发投入、专利量等指标的权重。产业集聚区发展考核指标体系应随着集聚区建设的发展进度适时调整，应分阶段分别设定不同发展建设阶段的考核指标，在起步阶段之后应提高能耗和排放等质量指标、高新企业营收比重指标的权重，降低当年新增建成区面积指标的权重，同时补充进去一些新的指标，如高科技和新兴产业项目比重、科技创新能力的研发投入、专利量和生产性服务业等指标，以确保产业集聚区建设沿着科学发展观的正确路径展开，真正成为加快经济发展方式转变的平台。

（5）"因区制宜"，结合市情出台产业集聚区产业发展指导目录

由于传统产业发展的路径依赖和现行考核指标的导向作用，有的集聚区为达标难免会放宽对引进产业项目的选择标准，只求大，只求快，不仅造成重复建设，而且一些高能耗高排放的大项目被引入产业集聚区，这不仅挤占了已经很紧张的环境容量，增加了节能减排达标的难度，还继续加重产业结构失衡状况，影响重点发展战略性新兴产业、推进产业新型化和建立现代产业体系、转变经济发展方式目标的实现。对此，有必要根据区域比较优势与产业发展需要，尽快出台产业发展指导目录，限制低水平传统产业、高能耗高排放产业项目入驻产业集聚区，对新兴产业项目、自主创新项目、产业链延伸项目、产业升级项目给予更大的支持，引导投资方向，防止盲目投资和低水平建设。应根据区域资源优势、环境承载能力、主体功能规划、产业发展基础等情况，对不同产业集聚区的入驻项目进行审核与筛选，避免入驻项目过度低水平重复建设和过于偏离区域比较优势，进一步优化产业布局。

（6）不断完善产业功能要素和城市功能要素

增强产业集聚区的产业承载能力，必须进一步完善产业功能要素和城市功能要素。完善产业功能要素，一是生产制造产业链环节的配套完善，新投资项目应填补产业链重要环节的空白；二是构建、完善直接为生产制造环节服务的配套产业，既拓展产业领域，又提高生产制造环节效率。完善城市功能要素，一是完善集聚区的生活服务功能要素，改变集聚区的单纯工业生产功能；二是完善集聚区的经济服务功能要素，为集聚区内企业提供良好的生产经营环境。

（7）营造产业集聚的良好环境

一是积极构建良好的金融环境，应允许民营企业通过合法手段进行民

间融资，减少企业的融资成本，改善郑州的金融环境。二是要不断改善宏观经济发展环境，不同的经济背景下，集群的规模和表现形式也是不同的，应不断创造条件，通过改善产业集群的宏观经济背景，使集群向更高层次迈进。三是应创建宽松的体制环境，鼓励竞争，限制垄断，宽松的体制环境是保持集群活力的重要保证。四是要注意发展和完善中介组织，充分发挥行业协会作用，各类中介组织是产业集群发展中不可或缺的行为主体之一，也是产业集群效应充分发挥的重要条件，要鼓励并引导这些中介组织参与集群的发展。五是塑造全新的集聚区基础环境，当下应该把重点从加快区内基础设施建设转到软环境打造上来，注重运用云计算、互联网、物联网及大数据，建设智能化、信息化、网络化的智慧产业集聚区；注重节能减排、循环发展，建设集约化、绿色化的生态产业集聚区；注重塑造创业氛围、鼓励技术创新、疏通科技成果转化渠道，建设科技化、品牌化的高新技术产业集聚区。六是注重由政策优惠向制度配套转变。随着形势发展，由政府主导产业已不再适应当下产业集聚区的发展需求，应该进一步发挥市场的主导作用，政府也应该由主导转变为服务，由政策优惠转变为制度配套，注重制定并完善产业集聚区管理条例，从顶层设计上明确各个集聚区的地位、功能、特色等；制定并完善地市政府建设产业集聚区间沟通协调、利益分享等机制；重视完善集聚区管委会自身的管理制度设计，使各项效益最大化。

（8）促进技术、制度创新，增强发展动力

技术创新是加快发展产业集群的有力支撑，是加强产学研联合、推动企业技术进步的必要措施，技术创新在空间上和时间上的不均匀分布是产业集群形成的重要因素，技术创新的出现必将引起技术的扩散，而技术扩散的最终结果就是不可避免地使产业在一定区域内趋向集聚。郑州市应提高政府对通用技术的开发投入，鼓励产业集群同大学、科研院所联姻；同时，郑州市要加强政府的主导作用，作为各种法制、产权制度等正式制度的垄断供给者，政府应不断增加制度供给能力，不断完善符合市场经济规律的市场竞争机制、有效率的产权制度、高效的激励制度和组织制度，降低社会各种交易成本，提高整个经济体制的运行效率，为企业和产业集群的成长创造一个适宜的技术、制度环境。

（9）加强对外开放，促进集群外部交流

现代经济是开放的经济，加强与外部经济的往来和交流是集群保持活力的重要前提，郑州市应通过对外开放，进一步增强郑州企业的实力，促使郑州企业发挥后发优势，走出国门，大力实施国际化营销战略，主动参与全球经济竞争。

（二）漯河市产业集聚区发展报告

本部分根据河南财经政法大学漯河市调查组的刘大勇、胡星、孟辉、王儒、赵静提供的研究报告汇集整理而成。调研范围为漯河市6个产业集聚区74家企业，通过发放问卷、走访、座谈的形式，在资料分析整理的基础上结合理论分析，形成研究报告。

2014年，漯河市产业集聚区完成固定资产投资608.4亿元，同比增长25%，规模以上企业主营业务收入突破1700亿元，增长20%，从业人员达到20万人；食品工业主营业务收入达到1549亿元，占漯河市规模以上工业的60%，占全国食品产业的8%以上。国家统计局统计的22类食品行业，漯河已拥有18类50多个系列上千个品种，13家世界500强企业、45家国内500强和行业百强企业在漯河投资，国内休闲食品企业前10强全部落户漯河。2014年，漯河市规模以上电子信息、生物医药产业销售收入分别增长74.7%和63.7%，其他新兴产业加快培育，汽贸物流、医疗器械、电子商务等新兴优势产业在延链补链中不断壮大，2014年有100多家新企业入驻，主导产业主营业务收入增长150%以上。

1. 问题总结

（1）主导产业同质化严重，存在内部竞争

漯河市6个产业集聚区的主导产业涉及食品产业的有4个，而且主要集中在饮料和休闲食品方面，有2个产业集聚区主导产业同时涉及医药产业和商贸物流产业，各个集聚区差异化、互补性偏低。由于各集聚区在初期发展中，以规模扩张为首要目标，在项目引进、产业培育上没有充分依托本土资源优势或产业基础，普遍存在产业培育与本土优势、传统产业改造升级与战略新兴产业引进、产业链延伸与服务环节增值、龙头企业与中小配套企业等领域的割裂发展，这导致各地在招商引资、承接产业转移中争项目、争企业、争产业的情况时有发生，甚至于陷入恶性竞争。

（2）产业关联度偏低，集群网络尚未形成

从各个集聚区内部看，存在产业链条不完整、原材料的本地供给率偏低、主导产业周边产品结合度不高的问题。根据对问卷中企业入区后经济活动（采购销售等）的主要联系方向的统计，只有 12% 的企业与园区企业有联系，6.7% 的企业生产所需的原材料或零配件主要来自本产业集聚区。根据对与区内其他企业分工协作情况的统计，34% 的企业认为与区内其他企业联系不太紧密或者无联系，35% 的企业认为联系情况一般。在产业集聚区发展初期，管委会往往容易重"项目"轻"产业"、重"大块头企业"轻"小体格配套企业"、重"生产制造环节"轻"服务增值环节"，这导致产业链条环节缺失，产业发展缺乏配套，产业集而不群，集群效应发挥不足。与此同时，产业链整合难度也较大，当前多个产业集聚区中，能真正充分发挥培养行业核心竞争力、引导中小企业进行配套供应生产、进行链式发展的领袖型龙头企业较少，各个行业的龙头企业与中小企业的关系还处于松散的状态，甚至有些还存在较为激烈的竞争关系。

（3）自主创新能力弱，传统的产业发展模式仍在延续

目前，集聚区内传统制造、加工企业占比仍然较大，高新技术企业和有自主知识产权的企业偏少，漯河市 6 个产业集聚区中目前已经认定的市级、省级和国家级高新技术企业总共只占 36%，研发机构少，研发团队和高素质人才稀缺，企业拥有发明专利较少，科技经费支出低；大多数产业集聚区依然延续着基于投资驱动和规模扩张的传统产业发展模式，项目建设上新兴产业、新型项目的"双新"色彩不明显，产业结构中高新技术产业占比仍然偏低，发展路径上仍是过多依赖低端产业、低小散企业、低成本劳动力、资源要素消耗和传统商业模式。

（4）高科技人才短缺，供求结构不匹配，用人机制僵化

数据显示，集聚区企业人才严重缺乏，且结构不合理，高层次人才少，中、低层次人才多，涉农专业人才少，长线专业的人才多。产业集聚区在构建人才支撑体系方面的吸引人才政策不到位，导致优惠政策无法弥补地域差距；主观上纳才意识不强，政策倾斜不够，相当一部分企业在引进人才的时候投入不足，条件苛刻，官方网站对于吸引人才的优惠政策宣传程度明显不够，引才政策的落实兑现不到位，导致人才来了也留不住，同时，引才政策的制定缺乏连贯性，容易造成引进人才队伍的不稳定；缺乏有效的人才培养和管理机制以及完善的人才激励机制、流动机制，同时也缺乏依靠人力资本来提升自身价值的社会环境，更重要的是，集聚区的用人机制比较僵化，没有及时制定有效的人才吸引政策。

（5）资本市场发育不全，融资困难

近年来，产业集聚区投资当年到位资金增速一直低于同期投资增速，同时，由于市场环境发生一定变化，产业集聚区部分已建成投产的大型项目，产能未能如期释放，一些在建大型项目，投资方也有意识地放缓建设进度。资本市场发育之后，"融资难"是普遍问题，科技型企业虽然具有较大的创新活力和发展潜力，但受企业类型，以及基本上处于刚刚起步的阶段，且大多属于中小企业约束，在银行融资方式依然是中小企业融资的主要途径的条件下，银行贷款门槛高、贷款数量受限，尤其对于民营企业融资条件更加苛刻，企业面临资金瓶颈，直接导致企业技术创新步伐放缓，很多技术创新成果无法实现产业化。

2. 对策建议

（1）加快集群网络的形成，推进产业集聚区集群发展

产业集群是指在地理上邻近，并与产业相关联的公司或机构，它们同处于或相关于一个特定的产业领域，相互之间具有竞争与合作关系，是彼此关联的公司、专业化供货商、服务供应商和相关产业的企业以及政府、其他相关机构（如大学、研究机构、智囊团、职业培训机构以及行业协会等）的集聚体。产业集群侧重于观察分析集群中的企业地理集聚特征，其供应商、制造商、客商之间企业联系和规模结构以及对竞争力的影响，揭示相关企业及其支持性机构在一些地方靠近而集结成群，从而获得企业竞争优势的现象和机制。产业集群有别于产业集聚，产业集聚是指同一产业在某个特定地理区域内高度集中，相关要素在空间范围内不断汇聚的一个过程，集聚在某一共同区域发展的企业，通过共享基础设施可以节约成本，提高盈利，当产业集聚发展到一定程度可能形成产业集群，但不是所有的产业集聚都会形成产业集群，产业集聚着重同一产业内不同企业的集聚现象，而产业集群指的是不同产业的分工及合作，如果集聚的战略性新兴产业之间没有联系，就不能形成战略性新兴产业集群。因此，漯河市产业集聚区要围绕龙头企业做文章，可以通过拉长产业链条，促进产业上下延伸、侧向配套，衍生或吸引更多相关企业集聚，发挥龙头企业的集聚带动作用，逐步衍生或吸引更多相关企业集聚，实现产业集聚是达到产业集群的第一步。

企业之间的网络联系是产业集群的本质特征，产业集群内存在前向、

后向和水平的产业联系的供应商、生产商、销售代理商、顾客之间集聚到一定程度形成企业网络，集聚的资源越多，外部性就越大，随着更多的资源集聚从而形成配套网络，进而形成经济网络；经济网络的形成就会实现外部经济，降低企业生产产品的平均成本；随着政府、大学或研究机构、金融机构、中介服务组织等相关支撑体系入驻，经济网络与当地政治、文化、法律、制度等融合嵌入而形成社会网络，社会网络的形成使战略性新兴产业集群具有一定的根植性，根植性是企业对产业集聚区的归属性，集群内企业具有相同或相近的社会文化背景和制度环境，企业的行为根植于共同的文化、背景知识和交易规则，具有可靠性和可预测性，比较容易形成默契，从而既能有效地防止各种机会主义行为，又能促进知识的扩散和溢出；根植性的存在使创新知识与市场信息能够快速流动，进而形成创新网络，从经济网络到社会网络再到创新网络的形成反映了产业集群的成长从初级阶段进入高级阶段。漯河市产业集聚区只有尽快形成产业集群的经济网络、社会网络和创新网络，才能实现产业集群发展，集群网络的形成对于产业集聚区经济总量增长、产城融合、技术进步等将会产生极大的促进作用。

（2）合理规划，促进产城融合

产城融合是在我国经济转型升级的背景下相对于产城分离提出的一种发展思路，要求产业与城市功能融合、空间整合，"以产促城，以城兴产，产城融合"。城市没有产业支撑，即便再漂亮，也是"空城"；产业没有城市依托，即便再高端，也只能"空转"。城市化与产业化要有相应的匹配度，不能一快一慢，脱节分离。从产城融合角度出发，漯河市产业集聚区空间结构的规划要站在各个县区城市整体角度，充分考虑集聚区内部功能结构与周边区域的协调，除了从产城融合政策入手，产城空间的融合发展还应重点在规划技术上进行考虑，要将产城融合思想贯穿于产业集聚区规划的各个层面，产业集聚区的空间整合必须由产城融合空间规划加以规范和引导，最终落实到空间层面。该规划机制可由产业集聚区所在地政府协调机构主导，重点协调产业集聚区与城市空间的发展，产城融合规划机制应与城市总体规划、土地利用总体规划及其他相关规划相协调。在产城融合中，要形成产业发展与城市功能优化之间的相互促进关系，既要以产业发展为城市功能优化提供经济支撑，又要以城市功能优化为产业发展创造优越的要素和市场环境。

（3）建立多样化的考核指标体系，由各个产业集聚区自行选择

2014年新修订的《河南省产业集聚区考核评价试行办法》规定，考核指标体系由经济总量、集群发展、节约集约三个方面10项指标组成，从当前河南省产业集聚区考核指标体系来看，这是一个综合性指标体系，这一指标体系为各个产业集聚区指出了一个发展导向，但是这一导向在一定程度上无法全面涵盖工业加快调整产业结构、提高新型化程度、转变发展方式等内容。因此，产业集聚区发展考核指标体系应多样化，制定多种指标体系，由各个产业集聚区自行选择考核指标。比如，对高新技术企业占比较高的产业集聚区，可以鼓励它加大科技投入，发展资本密集型产业，在考核指标中可以降低从业人员数量这一指标权重，提高研发投入占比的权重；对产业集群发展较好的产业集聚区，可以降低实际利用外资指标的权重，鼓励集聚区自我发展；对于发展进入稳定期的产业集聚区，应提高能耗和排放等质量指标、高新企业营收比重指标的权重，降低当年新增建成区面积指标的权重，或者增加高科技和新兴产业项目比重、科技创新能力的研发投入、专利量和生产性服务业等指标。

（4）对集聚区内企业实行特别电价政策

随着工业化的快速发展，电力在工业生产中的重要作用突显。对于过去的手工业来说，没有电也不影响生产，但对于自动化程度日益提高的现代企业来说，所有生产设备的运转都需要电，所以，保证生产中电力的正常供应非常重要，这就要求加强电力供应部门的服务意识。一是要保证电力供应的连续性。当电力部门在运行中需要对产业集聚区企业停电时，应当提前预告，并且应当结合本产业集聚区企业生产特点对预告时间进行合理安排，使企业有足够的时间来安排和调整生产；当出现非预期停电情况的时候，电力供应部门应当及时恢复电力供应，或者建立电力应急预案，建设备用线路，保证企业正常生产。二是尽快扫除电力供应中的潜规则。比如，产业集聚区企业根据电力公司要求自购变压器，以满足本企业的用电需求，但是电力公司要对每一台变压器收取基本电费，自购变压器和收取基本电费并存为企业所诟病。尽管全省已经实现城乡各类用电同网同价，但是产业集聚区企业对于目前的电价及峰谷差别电价政策仍然难以承受，特别是对于一些污染小的企业来说，当前电价过高。因此，建议可针

对污染小、战略性新兴产业等实行特别电价政策，或者根据各个产业集聚区内企业的污水垃圾处理排放情况、是否为战略性新兴产业等进行电价补贴。

（三）许昌市产业集聚区发展报告

本部分根据许昌学院许昌市调查组的姬超、马华、马洪伟、喻琳、鲁小亚提供的研究报告汇集整理而成。调研范围为许昌市 10 个产业集聚区102 家企业。通过发放问卷、走访、座谈的形式，在资料分析整理的基础上结合理论分析，形成研究报告。

许昌市共计 10 个产业集聚区。按行政地域划分，许昌市区有 5 个，各县共有 5 个；从地理位置看，以许昌主城区为中心，可分为中心板块（包括许昌经济技术产业集聚区和东城区产业集聚区）、北部板块（包括中原电气谷核心区、许昌魏都产业集聚区、许昌尚集产业集聚区、长葛市产业集聚区、长葛大周产业集聚区）、东部板块（鄢陵县产业集聚区）、西南板块（襄城县产业集聚区）、西北板块（禹州市产业集聚区）。

1. 发展研判

（1）规模不断扩张，集聚态势初步形成

围绕产业发展规划、产业集聚要求，许昌市各县（市、区）政府抓住东部地区产业加快转移的机遇，积极开展招商活动，注重在政策、资金、土地等方面予以倾斜，促使一批块头大、科技含量高、带动能力强的项目陆续入驻，集聚区建设规模也随之持续扩展。总体上说，产业的集中布局、集聚发展态势初步形成。

许昌市产业集聚区根据各自特色和基础，采取龙头企业带动型、产业基础带动型、承接转移带动型、专业市场带动型等发展模式，依托许昌市产业优势，明确了十大产业链，编制了"许昌市十大产业链条发展计划"，不断推进产业链培育，产业呈现集群化发展态势，产业集群的主营业务收入占各自集聚区主营业务比重均达 70% 以上。

在许昌各个产业集聚区，道路、电网、变电站、供水管网、燃气管网、垃圾中转站、标准化厂房等基础设施基本实现全覆盖和互联互通，所有产业集聚区全部建设了污水处理厂，日污水处理能力累计达到 53 万吨。职工公寓、商业网点、餐饮服务、职工培训、职工娱乐等生活性服务设施在集聚区内布局规划，全部产业集聚区都实现了城市公交通达，项目吸纳能力和产业承载能力明显提升。

（2）过于依赖低端生产要素，产业关联程度较低

许昌市产业集聚区在发展之初依托自然资源、人文传统、廉价劳动力等自然禀赋优势发展了一批具有地方特色的企业和项目，并形成了一定的规模和集聚效应，但就发展阶段来说，许昌市产业集聚区里的多数产业对初级生产要素依赖性较强，如具有一定规模的发制品、纺织、服装制鞋、装备制造等产业都是劳动密集型产业，对低廉的劳动力有较高依赖性。随着各产业集聚区的发展壮大，生产要素日益成为制约产业集聚区发展的主要因素，具体表现在以下几个方面。

一是土地指标缺口大，不能保证项目落地。由于许昌市各产业集聚区均是政府引导型的产业集聚区，政府先行规划建设了特定的地理空间，再把产业项目企业逐步引入，随着产业规模的膨胀，受预先的规划所限，相关产业和项目没有土地资源可用，不能顺利进驻集聚区。

二是投入不足，部分产业集聚区公共基础设施和生产性配套设施不能满足发展扩容需求。一方面是企业缺乏资金，对自身发展的再投入不足，甚至一些中小型企业项目的启动融资都存在困难；另一方面是政府对基础设施的投入不足，许昌市产业集聚区是在原有的工业园区的基础上规范发展而来的，原有的道路、供排水、供电、供热、通信等功能性基础设施建设，不能满足未来产业扩张需要。

三是部分企业面临招工难、用工难困境，劳动力及专业实用人才的缺口较大。由于原有的产业项目多是劳动密集型企业，相对固定了一批就业群体，除了已有项目自身扩张产生的用工缺口外，新上项目企业的用工需求也不能有效满足。

许昌市产业集聚区目前发展的产业以机械制造、加工行业为主，主要面向国内市场，也有部分产业产品出口国际，但许昌市域消费群体对自身产业产品的需求量不大，即便有少量需求，需求层次也不高，不足以对现有产业的技术革新、产品升级等产生压力和影响力。

在各类已有的产业中，只有冷鲜肉、箱包、纺织品、农用车及农用机械，在许昌市域有一定的市场需求，再生金属、发制品、电梯有少量的需求，本地对电力装备、汽车零部件等的需求几乎为零。一方面许昌

市是一座新兴工业城市，虽然近年来工业形势发展迅猛，但由于许昌市一直是河南省重要的粮食生产基地，工业产业基础相对薄弱，对工业项目产品需求量不大，仅有的需求量里多数还是围绕日常生活和农业生产的一些需求。

许昌市各个产业集聚区已有的产业多是依托一两个龙头企业发展而来的，多数产业尚未发展成为真正意义上的产业集群，或者说还是处于产业集群的初期阶段，带动相关产业的能力不强。许昌市的发制品业具有较完整的产业链，该产业是在禹州市、许昌县交界处的多年人发回收集散地的基础上延伸发展而来，但是围绕发制品生产的运输、销售、服务却没有进一步向下扩散出更精细的如专业报关出口、电子商务物流等新兴产业。

众多中小型企业处于产业上游，在产业链条上各自呈点状发展，相互支撑力不强，不能形成网络优势或者链条优势。许昌市的装备制造产业，如许昌县生产传动轴等汽车零部件、禹州市生产汽车配件、魏都区生产汽车轮胎等，都有一定的规模，均属于汽车制造产业的上游企业，为整车制造提供零部件，这些已有的汽车零部件产业产品多向外地输出，没有在本地形成整车制造产业。

许昌市产业集聚区经过多年的发展，虽然产业项目企业众多，也具有了一定的产业规模，但是企业战略、企业结构及竞争环境依然不容乐观。一是企业发展目标不明确，发展战略单一。许昌市各产业企业普遍个头偏小，中小企业居多，管理水平不高，缺乏长远发展眼光。在发展战略上较多采用低成本战略，缺乏对产业环节专业化、差别化研究，科技含量不高，自主研发能力不足，易于效仿移植，同质化现象较普遍，要么同属上游环节，要么同属下游环节。二是规范管理的企业数量有限，管理方式粗放。许昌市各产业集聚区数目众多的企业是民营企业，这些企业的创立很多是采用家族式管理，管理不规范，不精细，主观因素多，企业的发展依赖于企业主个人的发展目标，同时，企业对产业的忠诚度也不够持久，有些小企业甚至一两年就转行换项目。

（3）总体上看，许昌市仍然处于产业集聚发展的初级阶段

从"地理因素"——空间集聚和"经济因素"——产业联系两个维度上对产业集聚区进行发展阶段划分，通常可将集聚区分为三个阶段：地理

集聚但未形成产业分工联系的集群发展阶段；地理集聚并形成产业分工联系的企业集群阶段；基于高度产业分工合作的空间扩展产业集群发展阶段。处于第一阶段的产业在地理空间上形成集聚但未有产业分工，这是集聚发展的初级形态：几乎所有企业生产或提供基本相同的生产或服务，这一区域类似某种产品的生产基地，区内企业间并未形成稳定的产业分工联系。

许昌所处的地理区位交通便利，这一地缘优势使许昌一方面可以获得大量资金和先进技术，另一方面也使许昌更容易接近外部市场，更易融入全国产业链分工。但是，过度依赖外商直接投资驱动的"两头在外"的外向型加工工业，其创新能力不足，制约产业集聚作用的发挥。许昌产业集聚区的特点是：外商投资带头，其他企业跟进，表现为产业集聚大都以低成本为特点的简单"扎堆"，存在着"大而不强"的隐患，集群内的企业大多没有自己的核心技术和知识产权，绝大部分企业仍处于以仿制为主的低级阶段，主要依靠低成本、低价格来维持其竞争优势。

（4）产业集聚特征不突出，具有明显的"集而不聚"现象

在许昌市各大产业集聚区内，企业的地理集中性明显强于产业聚合效应，目前许昌市大量的园区企业集中在一起共享优惠政策、基础设施，但没有形成知识创新和知识流动的氛围。从产业链条上来看，产业内的产品服务对象各异，企业之间并无明显的价值链关联；产业内部的聚合效应并不明显，产业园区内企业离散；产业集聚区内产品同质化程度高，企业间竞争大于协作，黏合度不高，只是通过"复制式"发展做大做透了产业链的一两个环节，产业集聚区目前还处于"准集群"状态，不是真正的产业集群，它们尚处在产业集聚的初级阶段，呈现"块状经济"状态。

（5）政府强力引导，集聚区的产业发展思路不够明确

我国的产业集聚区发展模式多为政府引导型，许昌市产业集聚区的发展也是如此。从最初的规划构建，到项目引进落地，再到后期的管理服务，每个环节都与政府作用密切相关，政府对产业集聚区竞争力的塑造和提升具有极其重要的作用。许昌市各产业集聚区从规划构建开始，都是在政府各职能部门的引导管理下推进的，政府部门在发展思路上的偏差直接影响着产业集聚区的产业发展指向。

一是部分县（市、区）政府和产业集聚区管委会对培育发展主导产业认识不到位。一方面是对产业集聚的科学内涵把握不够透彻，仍然将产业集聚区等同于传统的工业园区，停留在对企业和项目向园区集中的关注层面上，追求园区内企业或项目的数量和规模，规划布局产业项目缺乏科学性；另一方面是缺乏前瞻性发展思路，对主导产业带动区域发展的长远作用认识不深刻，只顾及眼前，不考虑区域整体特色。

二是历史发展基础因素。发展较早的产业集聚区大都由原开发区、工业园区、科技园区等转型而来，最初发展思路侧重于将企业和项目集中到园区，缺乏专业性研究和产业引导，客观上造成了项目和企业小而多，涉及的专业领域五花八门，相互关联度不高，主导产业不突出。

三是产业集聚区的非均衡发展。依托原有开发区、工业园区建设的产业集聚区起步较早，发展速度较快，集中规模大，投入产出比也较高；而新建的产业集聚区尚处于起步阶段，发展速度较慢，企业集聚规模不足，在普遍"大干快上"形势的影响下，相关部门贪大求快，急于抓规模，抓项目，招商引资导向不明晰，引项目、上项目随意性和盲目性大，对项目和企业有饥渴症倾向，"剜到篮里就是菜"的现象依然存在，忽视了对主导产业的引进和培育。

（6）产业集聚需要的要素保障支撑力度不够

一是土地收储利用运转水平低。由于产业集聚区现有土地存量少，对优质项目土地供应不足，加上一些集聚区对项目征用土地管控力度不足，造成个别项目征用两三年，却占而未用，加剧了土地紧张局面。这既有发展规模突破原定规划规模的原因，也有早期传统工业园区粗放浪费的原因，缺乏对原有低效项目企业用地的有效整合。

二是投融资平台比较薄弱。产业集聚区基础设施建设对财政投入依赖度大，融资能力弱，投融资平台注册资本大多不到1亿元，规模小，难以有效发挥融资功能，多数集聚区投融资平台缺少资本运营、资产经营等方面的专业人才，投融资运作经验不足，经营运作能力较弱。

三是人力资源教育培训服务不到位。随着人口红利的减退，用工成本增加，部分企业面临招工难、用工难困境；同时，由于大专院校、职业学院在专业设置上多是沿袭原有的专业设置，专业不能满足社会需求，即便专业对口，也偏重于理论教育，大多缺乏实践操作能力，需要企业或培训机构的二次培训。

（7）产业集聚区的管理体制机制不够健全

许昌产业集聚区发展在政策出台和推进管理上涉及层级多、部门多，管理部门理念滞后于产业集聚区发展，管理体制机制不够优化，缺乏对产业集聚相关问题的系统性、预见性研究，对产业项目落地、企业发展造成极大阻碍。

一是管理体制不顺畅。因产业集聚区管委会是政府的派出机构，不具有管理社会事务的职责权限，而产业集聚区与所跨行政区域乡镇无行政隶属关系，项目建设中问题协调难度大，在一定程度上影响了产业集聚区发展速度。

二是服务环境需优化。许昌市直有关职能部门还要积极解放思想、提高工作效率，真心实意为企业服务，进一步优化发展环境；产业集聚区里大都是实体经济，现有支持实体经济的优惠政策不够明朗，还不能适应形势发展的步伐。

三是行政审批周期较长。虽然各个集聚区形式上均已开通了"直通车"，但普遍反映项目前期审批时间太长，影响了项目建设的进度，特别是市直产业集聚区在规划审批上自主权较小，项目无论规模大小均要上许昌市规委会排队审批，规划手续审批时限较长，一定程度上影响了项目建设的进度。

2. 发展风险

根据上述分析，许昌产业集聚发展存在着明显的不足，比如集聚区产业过于集中、产业集聚发展不成熟、产业集群创新能力弱、集聚效益低下等。这些问题可能引起集聚区工业产业发展的竞争能力下降，进而影响许昌市经济的整体发展能力，增加了集聚区产业升级和结构转型的难度。产业集聚区因发展水平不足可能面临众多风险。

（1）集聚产业过于单一，可能面临产业生命周期带来的发展风险

许昌市已经形成了以装备制造产业为主的产业集聚，其他行业的产值比重则相对较低，并没有形成明显的产业集聚。由于制造业在许昌市产业体系中占据了绝对优势，甚至其他行业都因为制造业的集聚而发展起来。制造业对许昌市经济发展有着相当重要的作用，但这种高度依赖单一产业的集聚，使产业发展的周期性蕴含着经济波动风险。

（2）低水平集聚产业只能产生较小的集聚效益，导致产业抵抗风险的能力弱

许昌市产业集聚区在合作方式上是以土地参与为主，从价值增长上来看，巨大的出口实质上就是劳务出口；产业集聚价值链低端化、内部产业链畸形化、集群内企业离散化；产业档次低，产业集聚区缺乏内在创新力、竞争力，制成品结构单一，集聚区在全球产业链上处于低端，面对风险时规避空间狭小，企业在面对国际金融危机时无法有效降低生产流通成本、创新成本以及相应的扩散成本，应对能力不足。

（3）对产业集聚的过分依赖可能增加许昌市经济的脆弱性

首先，集聚区内的分工协作虽然提高了企业的经营效率，但也增强了企业资产的专用性，集群内拥有的专用性资产越多，企业对环境的应变能力将变得越弱，一旦产业集聚区价值链上的某一环节出现问题，很可能产生"多米诺效应"，从而威胁到整个集群的生存；地理空间的邻近使企业又有基本相似的生产技能、经营决策和运行战略，严重削弱了错位竞争优势，增加了经济的脆弱性。其次，创新僵化可能会导致集聚区的衰退，知识、信息的快速传播无疑增强了集聚区内的技术创新动力，但如果区域内模仿技术创新的成本较低，模仿创新的耗时较短，政府对专利制度的执行力度又较弱的话，经济区域，特别是传统产业的中小企业集群区域会很容易出现企业不愿自行研发，都想坐享创新外溢的好处，"搭便车"等使区域内出现产品结构趋同、技术档次较低、企业创新动力不足、传统产业难以升级的现象，使集群在低水平的生产中徘徊不前。

（4）集聚产业内企业之间过度竞争削弱产业的整体竞争力

大量的同质产品产生必然导致企业间竞争加剧，过度竞争出现，如企业互挖人才，窃取商业及技术秘密，偷工减料，产品质量退化等。此时如果没有好的组织协调，集聚产业会遇到成长极限而迅速衰退。企业在局部地理区域的过度集中产生产业发展拥挤效应，集聚使企业在生产和交易成本上得到节约，但集聚的数量如果超过最佳规模，就会产生拥挤效应，使公共物品的边际效应递减，如公共资源紧缺、要素价格上涨、交通拥挤、环境污染等问题会削弱集群的外部经济性使企业的经济效益下滑，若缺乏优惠政策的扶持和补偿，原有企业会因成本上升而撤离，引发集群走向衰退。

3. 对策建议

（1）产业集聚思路

纵观世界制造业发展史，制造中心从英国到美国，从美国到日本和亚洲四小龙，再到目前新兴的"金砖四国"，所有新兴国家都在期盼一种新的产业发展和更加符合后工业化定位的产业结构。产业集聚作为区域经济发展的强大载体，是提高区域经济竞争力的有效途径，也是工业化发展到一定阶段的必然趋势。经历三十多年工业化的许昌，产业集聚这一有效的产业空间组织形式，理应成为促进产业结构转型升级，提升全区发展能力的重要战略。顺应新的全球经济发展形势，许昌应积极打造以先进制造业和现代服务业双轮驱动的主体产业群，形成产业结构高级化、产业发展集聚化、产业布局合理化、产业竞争力高端化的现代产业体系。

许昌产业集聚区的总体发展思路是：立足许昌产业集聚发展现状，顺应产业集聚的发展演进规律，培育产业集群加培育新产业集聚的"双培育"战略。通过培育新产业集聚，推进新产业的规模化发展，创造产业规模效益，形成新产业发展的"占先优势"。通过大力促进产业集聚向产业集群的转型升级，培育产业及集群，创造产业集群的"四种发展效应"。即公共基础设施的共享效应——不同企业分享公共基础设施并伴随垂直一体化与水平一体化利润；集群创新效应——通过集群内特有的在观念、管理、技术、制度和环境等方面的知识和技术的创新和扩散机制，实现产业和产品创新；集群成本效应——集群企业分享公共基础设施并伴随垂直一体化与水平一体化利润，大大降低了生产成本，同时集群内的企业因为地域的接近而形成企业间的密切联系，形成共同的正式或非正式的行为规范和惯例，彼此之间容易建立密切的合作关系，以减少机会主义倾向，降低合作的风险和成本；集群区位品牌效应——企业通过集群，利用集群内企业的整体力量，加大广告宣传的投入力度，利用群体效应，形成"区位品牌"。

（2）产业集聚策略

"低技术＋廉价劳工"支撑不了中国制造业的未来，同样以低端产业集聚以及产业低端产业集聚也支撑不了许昌的可持续发展，许昌应当顺应全球产业转移潮流，积极推动产业结构高级化、产业发展集聚化、产业要素高端化转变，不断完善优化优势产业链，发展壮大具有国际竞争力的产业集群，吸引高端要素，积极承接国际高端产业转移，培育新的产业集聚，同时以创新促进产业集聚与集群，发展与培育生产性服务业，提升制造业产业集聚与产业集群，实现先进制造业集群和生产性服务业产业集群双轮驱动。第一，由加工制造集聚向研发制造产业集群提升，全球同步，龙头带动；研发制造，核心制胜，强化基础部件研发，谋求装备集成制造。第二，以信息化与生产性服务业为双支撑，改造提升优势传统产业集群，以信息化融合改造提升生产性服务业，推进产业重组，整合提升优势传统产业，实现优势传统产业向企业品牌与品牌共建转变，实施清洁生产，绿色制造。第三，培育新兴产业集聚区，重点在高端装备制造产业，依靠制造业基础，发挥拳头项目的集聚、辐射和带动效应；培育高端装备制造业集聚，辐射区域经济。第四，打造生产性服务业集聚区，以总部经济与功能园区形式集聚物流产业，降低区域制造业物流成本，以工业设计为突破口发展创意产业，按照综合化、大型化与国际化的要求，大力发展现代商务服务业，大力培育互联网信息服务的生产性服务业新业态。

（3）产业集聚保障

在公共服务保障方面，一是重视产业集群的更替和升级研究，建立产业集聚跟踪研究机制与政策配套体系，时刻关注产业集聚的发展动向，准确把握产业集聚的生命周期，洞察产业集聚关键技术和终端产品的市场动态，要掌握技术与市场先机，地方政府还要以高度责任感的态度为产业集聚的更替和升级做好各种先行工作，如制定政策、做好规划、优化投资环境等。二是加强公共服务建设，创造良好政策环境，提高产业集聚区的自主创新能力。产业集聚的健康成长仅靠市场是不够的，还需要依靠政府和非政府组织加强产业集聚区的平台建设。因此，政府要继续加大投入，着力增强财政资金的放大效应，完善产业集聚的公共服务体系，提高产业集聚的竞争力和可持续发展能力。三是发展风险投资，推动银企合作，规范信用担保，完善金融服务体系，鼓励行业协会维护企业权益，鼓励高等院校和科研机构为集聚区内企业提供智力服务，并推广其成功经验。四是建设一批技术创新服务中心、创业服务中心、教育培训机构、信息服务中心等，同时，加快建立产业集聚技术服务体系，加强行业共性技术和关键技术的攻关与突破。五是建立产业集聚统计服务体系，加强产业集聚动态监测。

在产业协调支撑保障方面，对于成熟的产业集聚区，中介机构对加强地方网络中各行为主体间的联系有着重要作用，众多规模较小的企业通过协会能连成一个整体。协会的自我管理和自我调整，一方面可以化解集群内企业间的种种矛盾、增进集群的凝聚力，另一方面可以通报集群内的动态信息、加强集群内部交流，从而形成内部团结、一致对外的集体观念。集聚区行业协会因是非官方组织，它还可以跟国际上其他行业协会进行交流沟通以发挥其独特的协调作用。为了加强产业集群内部的自组织，政府要帮助企业组建行业协会并制定行业规范，同时，采取政府引导、市场化运作方式，大力发展服务型的出口代理商、生产力中心、技术信息中心、质量检测控制中心、开放性行业技术中心等集群发展机构，建立法律、会计、仲裁、信息咨询等方面的中介服务机构，发展和完善社会化服务体系和自组织体系。

在区域品牌价值创造保障方面，共同打造区域品牌，树立产业集聚区的整体优势与价值。产业集聚区的品牌水平反映了产业集群的水平，因此要强化技术创新，培育一批有深厚技术创新能力的区域集群品牌，鼓励集聚区企业发展自主品牌，支持现有知名品牌做大做强，逐步形成一批具有全国乃至世界影响力的知名品牌；要加大对产业集聚区名牌产品、驰（著）名商标的宣传和知识产权保护的力度，打击仿冒，加快对引进技术的消化、吸收和创新，促进文化与产业的融合，增强企业的核心竞争力。

在创新要素支撑保障方面，一是建立多层次的区域创新平台，促进制造产业集聚向创造集聚。确立技术创新优先的方针，大力推动企业研发机构的发展，鼓励和支持大中型企业（集团）组建企业技术中心、工程中心，带动和提升产业集聚的技术创新能力，促进技术升级，提高产业集聚自主创新能力；政府要积极制定刺激研究发展的财政政策，对研究发展经费支出的税收减免，这是对研究开发活动最主要的金融支持；制定企业研发机构的优惠政策，支持高新技术战略产业和产品的研发，优化技术结构，促进产业结构调整和产业升级；引导各类企业与机构建立研发中心（技术中心）和创新服务平台，通过市场化运作，向全行业或集群产业区

287

内企业提供有偿服务，促进创新成果的交易、转移和扩散，扩大科技资源增殖效应。二是建立孵化器与吸引风险投资等创新型要素集聚，地方政府要鼓励并支持孵化器投资主体多元化、运作市场化、发展专业化，吸引国外资本与机构建立国际企业孵化器，专门孵化需要开拓海外业务的企业，同时鼓励国内外企业、社会团体及自然人等投资者以独资、合资或其他形式在许昌市设立风险投资与创投企业及分支机构。

第六章
河南省18地市产业集聚区
发展水平评价

第一节　评价体系的构建

一　构建原则

要对产业集聚区的发展水平进行评价，就必须建立一套具体的评价指标体系以方便进行定量比较。这样既能明确各地区的发展优势，又能直观地反映问题和不足。为使评价指标能较为客观、准确地反映产业集群的发展水平，在设计过程中主要遵循了以下几个基本原则。

一是科学性。评价指标要能较充分地反映产业集聚区发展水平的内在本质，尤其是对产业链的完善度和集群效应等因素应当给予重点关注，否则评价结果会偏离主题。二是全面性。影响产业集聚区发展水平的因素较多，要尽量将这些因素囊括进来，这样才有利于对产业集聚区的发展水平进行客观评价。当然，坚持全面性原则并不是面面俱到，对那些关系不甚紧密的因素应当剔除。三是简便性。指标体系不能过于繁杂，要尽量简化，否则不利于实际操作。四是可行性。指标设计要充分考虑数据来源的可得性，尽可能避免使用难以获得的数据指标。

二　构建过程

要建立一个科学合理、实用可行的评价模型，必须首先明确发展目标，然后对照发展任务进行构建。根据《2016 年河南省加快产业集聚区建设专项工作方案》，河南省产业集聚区的建设目标是：集群竞争优势更加凸显，发展质量明显提升，支撑带动能力进一步增强。其重点任务包括：推动产业产品结构升级，提升产业集群发展水平，提升创新发展水平，提升开放招商水平，增强基础支撑能力，增强要素保障能力，增强管理服务能力等。

结合河南省的实际情况，要评价各地区产业集聚区的发展水平，应当充分考虑集聚区形成的内因和外因，区内企业发展的客观现状和主观评价，以及集聚区发展的地区影响力和均衡性。按照上述分析，我们将产业集聚区发展水平的评价维度确立为发展环境、发展规模、发展效率、发展结构四个方面。如图 6 - 1 所示。

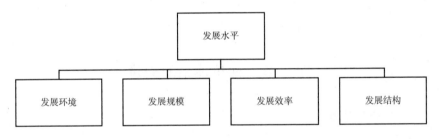

图 6 - 1　产业集聚区发展水平评价维度

构建四维度产业集聚区发展水平评价模型的基本依据是以下几个方面。

1. 发展环境是衡量产业集聚区发展水平的基本前提

产业集聚区无论在地域还是行政上都是一个城市不可分割的一部分，其发展水平无一例外地受到当地经济发展水平、社会治理程度、行政管理能力等因素的影响和制约。通过考察当地发展环境，就能了解产业集聚区发展的外因。

2. 发展规模是衡量产业集聚区发展水平的重要基础

产出规模是衡量产业集聚区发展水平的一项重要指标，是集聚区发展水平的内生因素。总的产出规模过小，说明其对各种要素的集聚能力较弱，进而限制区内企业的健康成长。

3. 发展效率是衡量产业集聚区发展水平的关键因素

效率体现了集聚区发展的外部性，是集聚区支撑拉动能力的表现。如果一个地区产业集聚区发展的效率低，则表示其并未起到应有的产业带动作用，对地区经济社会发展的贡献能力较弱，这也就失去了产业集聚区建设的根本意义。

4. 发展结构是衡量产业集聚区发展水平的具体标准

从单个集聚区发展角度上看，一个发展水平较高的产业集聚区，必须拥有较全面、完整的产业配套体系，即产业链的上游、中游、下游和其他公共服务环节均须有大量的相关企业或机构进行配套作业，形成一个较紧密的生产协作体系。从一个地区的发展角度看，其所辖的产业集聚区的发展结构应当是均衡的、互补的，如果出现规模大小不一、效益差异巨大等情况，则说明集聚区建设布局是失衡的、不合理的。

三　体系内容

由于该评价体系全面反映了各地集聚区的发展状况，因此将之命名为：产业集聚区发展水平综合评价指数，简称"综合指数"（C, Composite Index）。综合指数分为两层，即：一级指数（F, First Index）和二级指数（S, Second Index），二级指数由独立指标（I, Index）计算得出。如表 6 - 1 所示。

表 6 - 1　产业集聚区发展水平综合评价体系

	一级指标	二级指标	独立指标
综合评价指数	发展环境指数	企业满意指数	集聚区企业政策环境满意度
			集聚区企业基础设施满意度
			集聚区企业产业配套满意度
		经济增长指数	地区 GDP 增速
			地区规上工业增加值增速
		资金投入指数	地区工业投资占 GDP 比重
			地区实际利用外资占 GDP 比重
			地区财政支出占 GDP 比重
	发展规模指数	企业评价指数	集聚区企业预期盈利
			集聚区企业发展阶段
		工业发展指数	集聚区规上工业增加值增速
			集聚区规上工业投资均值
		企业营收指数	集聚区规上工业主营收均值
			集聚区规上工业利润均值
			集聚区限上批零业销售额均值
			集聚区限上住宿餐饮业营业额均值

续表

	一级指标	二级指标	独立指标
综合评价指数	发展效率指数	企业经营层次	集聚区企业产能过剩状况
			集聚区企业自有品牌率
			集聚区企业技术水平
		投资贡献指数	集聚区固定资产投资贡献率
		工业拉动指数	集聚区规上工业主营业务收入拉动
			集聚区规上工业利润拉动
	发展结构指数	产业协作指数	集聚区企业原料采购地
			集聚区企业产品销售地
			集聚区区内企业协作状况
		投资结构指数	集聚区固定资产投资分布度
		营收结构指数	集聚区主营业务收入分布度
		单位数量指数	集聚区法人单位数分布度

四 指标计算与指数合成

(一) 变量定义

首先我们将常用的变量定义如下：

C：综合指数；F：一级指数；S：二级指数；I：独立指标；

Q：问卷问题（$Q_1 \sim Q_n$，各选项）；i：地区。

(二) 独立指标的计算

1. 企业评价类指标的计算

由于此类指标均源于调查问卷，在计算上具有相似性，在此一并叙述。

集聚区企业政策环境满意度：选取调查问卷第 14 题第一项（对所在集聚区政策环境的总体评价）。各地区问卷选择各选项的比例乘以各选项的分值并求和得到该地区集聚区企业的政策环境满意度。该题各选项的分值如表 6－2 所示。

表 6－2 企业政策环境满意度问题的计分

指标	1	2	3	4	5
选项	很好	较好	一般	较差	很差
分值	3	1	0	−1	−3

政策环境满意度的计算公式为：

$$I = \frac{Q_{i1}}{Q_i} \times 3 + \frac{Q_{i2}}{Q_i} \times 1 + \frac{Q_{i3}}{Q_i} \times 0 + \frac{Q_{i4}}{Q_i} \times (-1) + \frac{Q_{i5}}{Q_i} \times (-3)$$

其中，下标 i 表示地区，Q_i 为该地区回答该题问卷数量之和，即：$Q_i = Q_{i1} + Q_{i2} + Q_{i3} + Q_{i4} + Q_{i5}$。

$Q_{i1} \sim Q_{i5}$ 分别为选择 1～5 选项的问卷数量。

集聚区企业基础设施满意度、集聚区企业产业配套满意度的计算方法与此相同。

预期盈利：选取调查问卷第 30 题（企业入区后的盈利情况）。计算方法与政策环境满意度相同。

企业发展阶段：选取调查问卷第 10 题（贵企业发展阶段）。取选择 2、3 选项的企业比例，即该地区集聚区内处在成长期和成熟期的企业比例。该题各选项的分值如表 6 - 3 所示。

表 6 - 3 企业发展阶段问题的计分

	1	2	3	4	5
选项	初始期	成长期	成熟期	衰退期	二次创业期

计算公式为：

$$I = \frac{Q_{i2} + Q_{i3}}{Q_i}$$

产能过剩：选取调查问卷第 12 题（贵企业主要产品或所属行业是否存在产能过剩）。计算方法与政策环境满意度基本相同，只是选项数量和分值略有不同。该题各选项的分值如表 6 - 4 所示。

表 6 - 4 产能过剩问题的计分

指标	1	2	3
选项	存在,即期过剩	存在,预期过剩	不存在
分值	3	1	0

该指标属于负面问题，因此在百分化时采用最小值（逆指标）百分化法。即：

$$P(I_i) = \frac{\text{Min}(I_1, I_2, I_3, \cdots, I_n)}{I_i} \times 100\%$$

$P(I_i)$ 即该指标的百分化表示。

自有品牌率：选取调查问卷第 50 题（贵企业产品或服务的品牌是）。取选择 1 或 3 选项的企业比例。即该地区产业集聚区中从事自有品牌生产的企业数量。

计算公式为：

$$I = \frac{Q_{i1} + Q_{i3}}{Q_i}$$

技术水平：选取调查问卷第 71 题（贵企业生产装备的技术水平为）。计算方法与政策环境满意度基本相同，只是选项数量和分值略有不同。该题各选项的分值如表 6 - 5 所示。

表 6 - 5   企业技术水平问题的计分

指标	1	2	3	4
选项	国际先进	国内先进	国内平均	国内落后
分值	3	1	0	- 1

计算公式为：

$$I = \frac{Q_{i1}}{Q_i} \times 3 + \frac{Q_{i2}}{Q_i} \times 1 + \frac{Q_{i3}}{Q_i} \times 0 + \frac{Q_{i4}}{Q_i} \times (-1)$$

原料采购地：选取调查问卷第 32 题（企业所需的原材料或零配件主要来自何处）。计算方法与政策环境满意度基本相同。但只取该问题前三项的企业选择比例。该题各选项的分值如表 6 - 6 所示。

表 6 - 6   企业原料采购地问题的计分

指标	1	2	3
选项	本产业集聚区	本市	本省
分值	3	2	1

计算公式为：

$$I = \frac{Q_{i1}}{Q_i} \times 3 + \frac{Q_{i2}}{Q_i} \times 2 + \frac{Q_{i3}}{Q_i} \times 1$$

产品销售地：选取调查问卷第 33 题（企业产品主要销往）。计算方法与近原料地相同。

区内企业协作：选取调查问卷第 34 题（贵企业与区内其他企业的分工协作和业务联系情况）。该题计算方法与政策环境满意度相同。该题各选项的分值如表 6-7 所示。

表 6-7 企业与区内企业协作问题的计分

指标	1	2	3	4	5
选项	非常紧密	较紧密	一般	不太紧密	基本无联系
分值	3	1	0	-1	-3

计算公式为：

$$I = \frac{Q_{i1}}{Q_i} \times 3 + \frac{Q_{i2}}{Q_i} \times 1 + \frac{Q_{i3}}{Q_i} \times 0 + \frac{Q_{i4}}{Q_i} \times (-1) + \frac{Q_{i5}}{Q_i} \times (-3)$$

由于所有地区该指标计算结果均为负值，因此需要采取倒数百分化法。即：

$$P(I_i) = \frac{\text{Max}(I_1, I_2, I_3, \cdots, I_n)}{I_i} \times 100\%$$

2. 统计指标的计算

地区工业投资占 GDP 比重，即当地工业固定资产投资占 GDP 的比重。计算公式为：

$$\text{地区工业投资占 GDP 比重} = \frac{\text{当地工业固定资产投资}}{\text{GDP}}$$

地区实际利用外资占 GDP 比重、地区财政支出占 GDP 比重计算方法与此相同。

集聚区规上工业投资均值，即当地平均每个集聚区规模以上工业企业的固定资产投资完成额。计算公式为：

$$集聚区规上工业投资均值 = \frac{当地集聚区规上工业固定资产投资完成总额}{集聚区数量}$$

集聚区规上工业主营收均值、集聚区规上工业利润均值、集聚区限上批零业销售额均值、集聚区限上住宿餐饮业营业额均值计算方法与此相同。

集聚区固定资产投资贡献率，即当地集聚区固定资产投资额对当地固定资产投资额增长的贡献率。计算公式为：

$$集聚区固定资产投资贡献率 = \frac{当地集聚区固定资产投资额较上年增量}{当地固定资产投资额较上年增量}$$

集聚区规上工业主营业务收入拉动，即当地集聚区规上工业主营业务收入对全省集聚区规上工业主营业务收入增速的拉动。计算公式为：

$$集聚区规上工业主营业务收入拉动$$

$$= \frac{当地集聚区规上工业主营业务收入较上年增量}{全省集聚区规上工业主营业务收入较上年增量}$$
$$\times 全省集聚区规上工业主营业务收入增速$$

集聚区规上工业利润拉动计算方法与此相同。

集聚区固定资产投资分布度，即在同时考虑规模和离散程度（标准差）的条件下计算得出的综合指标。计算公式为：

$$集聚区固定资产投资分布度 = \frac{当地集聚区固定资产投资完成总额}{当地集聚区固定资产投资标准差}$$

集聚区主营业务收入分布度、集聚区法人单位数分布度计算方法与此相同。

第二节　发展水平评价与比较

一　环境指数评价

（一）企业满意

在企业对集聚区的主观评判方面，商丘、濮阳、周口位列前三名，而许昌则排在最后一名。如图6-2所示。

把企业满意指数与当地集聚区工业主营业务收入和利润总额分别绘制散点图并计算其相关性。从中可以发现，企业对集聚区的主观评价与集聚

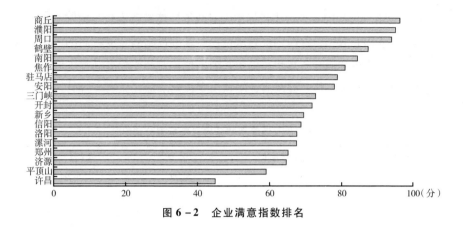

图 6 - 2　企业满意指数排名

区企业发展水平呈现一定程度上的负相关。这似乎可以解释为：企业发展水平越高则对集聚区环境的要求越苛刻。如图 6 - 3 所示。

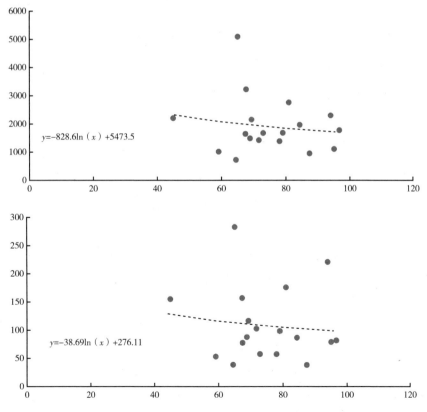

图 6 - 3　企业对集聚区的主观评价与集聚区企业发展水平的相关性

在企业满意指数的三个构成指标中，对政策环境满意度较高的三个地区分别是周口、安阳和濮阳，许昌则位列末位；对基础设施满意度较高的三个地区分别是濮阳、周口和商丘，郑州、信阳并列末位；对产业配套满意度较高的三个地区分别是商丘、焦作、驻马店，平顶山则位列末位（见表6-8）。

表6-8　企业满意指数各构成指标得分情况

地区	政策环境满意度	基础设施满意度	产业配套满意度
郑　州	17.43	8.09	1.94
开　封	17.95	10.57	1.97
洛　阳	19.10	10.84	1.17
平顶山	17.64	9.59	0.79
安　阳	22.43	12.31	1.32
鹤　壁	21.13	11.92	2.81
新　乡	18.91	9.88	1.68
焦　作	16.87	10.66	3.27
濮　阳	21.98	13.76	3.06
许　昌	8.64	9.03	1.16
漯　河	18.25	10.25	1.48
三门峡	17.60	11.46	1.95
南　阳	20.91	11.41	2.63
商　丘	21.63	12.79	3.55
信　阳	17.28	8.09	2.40
周　口	22.45	13.19	2.98
驻马店	16.64	10.50	3.11
济　源	15.62	11.78	1.30

在三个构成指标中，各地市在产业配套满意度指标上均得分较低，这说明各集聚区的产业配套能力均有待提升。

（二）经济增长

在地区经济增长指数上，郑州、开封、周口位居前三位，而三门峡则以较大劣势位列末位（见图6-4）。

在经济增长指数的两个构成指标中，只有三门峡、新乡、济源、平顶山、安阳、鹤壁六个地区低于均值。而郑州、周口则分列GDP增速和规上工业增加值增速的首位（见表6-9）。

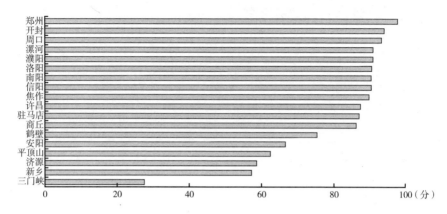

图 6 – 4　经济增长指数排名

表 6 – 9　经济增长指数各构成指标得分情况

地区	GDP 增速	规上工业增加值增速
郑　州	10.10	10.20
开　封	9.40	10.30
洛　阳	9.20	9.70
平顶山	6.70	6.10
安　阳	7.40	6.10
鹤　壁	8.00	7.50
新　乡	6.00	5.80
焦　作	8.80	10.10
濮　阳	9.50	9.30
许　昌	9.00	9.10
漯　河	9.00	10.10
三门峡	3.50	1.80
南　阳	9.10	9.80
商　丘	8.70	9.30
信　阳	8.90	10.10
周　口	9.00	10.70
驻马店	8.90	9.20
济　源	6.00	6.20

（三）资金投入

在地区资金投入指数上，鹤壁、漯河、三门峡位居前三位，而郑州则位列末位（见图 6 – 5）。

在资金投入指数的构成指标选择上，考虑到各地发展规模的不同，因此选取的是资金投入结构而非资金投入总量（见表 6 – 10）。

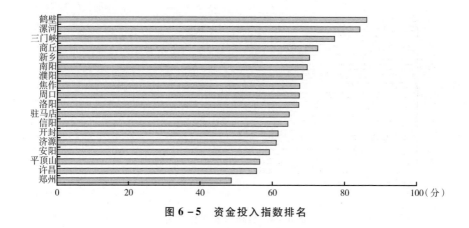

图 6 – 5　资金投入指数排名

从下列指标中可以发现，各地工业投资比重普遍较大，均值达到 50.31%，这也意味着超过半数的 GDP 为工业投资所贡献。庞大的工业投资自然可为集聚区发展注入充足活力，但在新常态下，如何避免重复投资和过剩投资，而通过有效投资为工业经济转型升级创造良好条件也是各地政府需要正视的问题。

实际利用外资方面，鹤壁较为突出，以 7.01% 位居首位。而商丘的外资利用仅占 GDP 的 1.24%，居于全省末位。

在财政支出方面，商丘、驻马店、周口投入比例最大，同时这三个地区也是全省赤字率最高的城市。通过政府投资进行基础设施建设和经济发展引导是落后地区发展的必经之路，但也需要时刻注意地方债务问题和金融安全。根据匡算，2015 年全省赤字率为 10.26%，共有 5 个地市超出全省平均水平，其中最高的周口赤字率达到 16.37%。

表 6 – 10　资金投入指数各构成指标得分情况

单位：%

地区	工业投资占 GDP 比重	实际利用外资占 GDP 比重	财政支出占 GDP 比重
郑　州	20.13	3.39	15.08
开　封	44.09	2.38	16.41
洛　阳	47.38	4.72	13.60
平顶山	43.99	1.55	15.19
安　阳	49.23	1.70	14.53
鹤　壁	58.41	7.01	16.04
新　乡	56.42	3.11	15.64
焦　作	67.42	2.63	11.13
濮　阳	54.35	2.80	15.92

续表

地区	工业投资占 GDP 比重	实际利用外资占 GDP 比重	财政支出占 GDP 比重
许 昌	49.70	2.04	11.50
漯 河	62.23	5.59	16.60
三门峡	61.24	5.19	13.59
南 阳	59.64	1.29	18.06
商 丘	55.88	1.24	21.29
信 阳	42.73	1.71	19.92
周 口	45.87	1.53	21.19
驻马店	42.20	1.32	21.26
济 源	44.70	4.18	11.94

（四）环境指数

从该指数的评分情况看，位居前列的地市间差距相对较小。工业薄弱地区的得分相对较高，这与当地迫切发展工业经济，为招商引资营造良好环境、不惜投入从而获得后发优势有一定关系（见表 6 - 11）。

周口之所以位居首位，主要原因是企业对集聚区环境的评价普遍较高，同时区域经济增长速度相对较快也为集聚区的发展提供了良好的经济环境。

三门峡位列末位的原因则主要是受近年来矿业发展减缓以及资源储量枯竭的影响，GDP 增速和规上工业增加值增速放缓。

表 6 - 11 环境指数得分

地区	环境指数	地区	环境指数
郑 州	74.27	许 昌	67.83
开 封	78.35	漯 河	83.97
洛 阳	77.98	三门峡	53.97
平顶山	59.78	南 阳	82.07
安 阳	66.35	商 丘	83.59
鹤 壁	81.59	信 阳	76.99
新 乡	64.28	周 口	84.47
焦 作	80.38	驻马店	77.69
濮 阳	83.99	济 源	60.74

二 规模指数评价

（一）企业评判

从企业对自身发展状况的评价上看，周口、商丘、驻马店三地企业最为良好，而平顶山则以较大劣势排名末位（见图 6 - 6）。

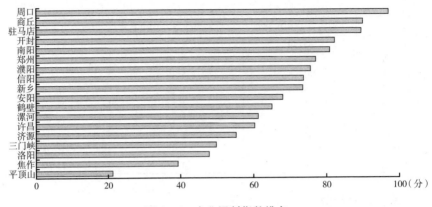

图 6-6　企业评判指数排名

在对预期盈利实现情况的评判中，周口、驻马店、商丘以较大优势位列前三。当地集聚区企业普遍实现了超预期盈利。而平顶山集聚区甚至有超过36%的企业面临亏损（见表6-12）。

在企业发展阶段的自我判断中，安阳有88%的集聚区企业处在成长期或成熟期，而平顶山的这一比例仅为60%（见表6-12）。

表 6-12　企业评判指数各构成指标得分情况

地区	预期盈利	企业发展阶段	地区	预期盈利	企业发展阶段
郑　州	0.83	0.83	许　昌	0.52	0.86
开　封	0.90	0.85	漯　河	0.55	0.85
洛　阳	0.38	0.75	三门峡	0.44	0.71
平顶山	0.01	0.60	南　阳	0.91	0.80
安　阳	0.64	0.88	商　丘	1.06	0.80
鹤　壁	0.67	0.74	信　阳	0.79	0.80
新　乡	0.77	0.81	周　口	1.19	0.79
焦　作	0.18	0.83	驻马店	1.13	0.66
濮　阳	0.84	0.76	济　源	0.46	0.82

（二）工业发展

从工业发展规模上看，有工业基础、投资力度大的地区评分靠前。而济源则因经济体量较小位居末位（见图6-7）。

其中，濮阳集聚区以超过20%的工业增速排在全省首位，济源则仅为

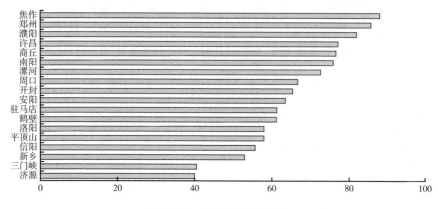

图 6-7 工业发展指数排名

3.72%。投资方面，郑州平均每个集聚区的工业投资额度达到 132.53 亿元，居全省首位，约是末位平顶山的 3 倍（见表 6-13）。

表 6-13 工业发展指数各构成指标得分情况

地区	集聚区规上工业增加值增速	集聚区规上工业平均投资
郑 州	14.69	132.53
开 封	13.34	87.39
洛 阳	9.02	95.34
平顶山	16.67	45.76
安 阳	15.35	69.32
鹤 壁	10.28	95.74
新 乡	10.52	72.70
焦 作	16.39	127.47
濮 阳	20.49	85.09
许 昌	12.35	124.72
漯 河	14.29	100.15
三门峡	1.85	95.42
南 阳	15.49	101.11
商 丘	14.16	111.47
信 阳	12.47	66.96
周 口	16.60	69.65
驻马店	14.65	67.73
济 源	3.72	82.17

（三）企业营收

集聚区的企业营收指数呈现明显的单极化趋势，郑州以81.08分遥遥领先，而平顶山、信阳、安阳等地则评分较低（见图6-8）。

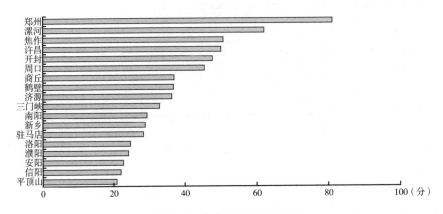

图6-8　企业营收指数排名

为兼顾公平，在指标选取上我们使用的都是集聚区平均值。郑州凭借工商业发展的巨大优势在集聚区规上工业主营收均值和集聚区限上批零业销售额均值中摘得首位。漯河集聚区则在工业利润方面遥遥领先，以26.38亿元的平均利润位居全省首位。而开封集聚区在住宿餐饮业上实现了1.11亿元的营业额，远超其他地区（见表6-14）。

在四个指标中均未能达到全省平均水平的只有平顶山、安阳、濮阳、洛阳和新乡。

表6-14　企业营收指数各构成指标得分情况

地区	规上工业主营收均值	规上工业利润均值	限上批零业销售额均值	限上住宿餐饮业营业额均值
郑　州	362.53	20.17	110.16	0.23
开　封	176.75	12.96	15.00	1.11
洛　阳	188.91	4.64	12.29	0.08
平顶山	102.32	5.60	19.78	0.12
安　阳	152.79	6.50	9.32	0.05
鹤　壁	237.38	9.57	27.00	0.02
新　乡	164.35	8.97	11.36	0.20
焦　作	305.71	19.59	4.03	0.17
濮　阳	139.27	9.82	7.32	0.00

续表

地区	规上工业 主营收均值	规上工业 利润均值	限上批零业 销售额均值	限上住宿餐饮业 营业额均值
许 昌	274.85	19.35	14.74	0.15
漯 河	273.03	26.38	20.81	0.35
三门峡	237.36	8.37	15.25	0.04
南 阳	139.04	6.10	26.22	0.38
商 丘	161.51	7.48	48.83	0.31
信 阳	98.03	5.86	23.08	0.16
周 口	207.91	20.04	16.95	0.12
驻马店	139.31	8.29	18.72	0.25
济 源	237.30	13.51	2.80	0.06

（四） 规模指数

从该指数的评分情况看，郑州以其中心城市的特殊地位，在集聚区发展规模上独占鳌头。而其余地市可大致分为三类：一是集聚区整体规模相对靠前的，包括开封、商丘、焦作、许昌、周口、漯河；二是相对居中的，包括鹤壁、驻马店、濮阳、南阳；三是规模相对较小的，包括平顶山、三门峡、洛阳、济源、信阳、安阳、新乡（见表 6 - 15）。

表 6 - 15 规模指数得分

地区	规模指数	地区	规模指数
郑 州	81.93	许 昌	61.60
开 封	60.84	漯 河	65.59
洛 阳	40.98	三门峡	39.04
平顶山	33.93	南 阳	56.02
安 阳	46.10	商 丘	61.48
鹤 壁	51.04	信 阳	44.18
新 乡	46.34	周 口	63.17
焦 作	61.52	驻马店	52.19
濮 阳	54.80	济 源	41.44

三　效率指数

（一）企业经营层次

从企业经营层次指数上看，商丘、郑州、焦作位列前三位，安阳、许昌与其他地市相比有较大差距（见图6-9）。

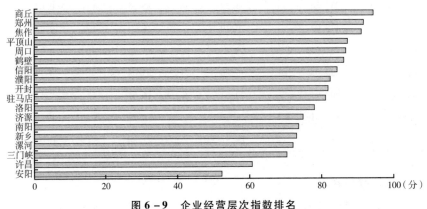

图6-9　企业经营层次指数排名

在产能过剩方面，鹤壁集聚区情况最好，有70.97%的企业认为其主要产品或所处行业当前不存在产能过剩的情况，而许昌该比例仅为28.15%。同时，许昌集聚区企业认为其主要产品或所处行业存在即期过剩的比例高达43.69%，是全省最高的（见表6-16）。

在自有品牌率方面，全省差距较小，只有漯河相对落后，只有51.14%的受访企业从事自有品牌生产。

在生产技术水平方面，全省大致可分为两个层次，一是以漯河、郑州、商丘等为代表的，其集聚区企业生产装备和技术能力普遍接近国内领先水平；二是安阳、南阳、三门峡等地，其集聚区企业生产装备和技术能力较业内平均水平高，但距离国内领先水平尚有一定差距。

表6-16　企业经营层次指数各构成指标得分情况

地区	产能过剩	自有品牌率	技术水平
郑　州	0.80	0.96	0.96
开　封	0.96	0.88	0.87
洛　阳	1.04	0.87	0.82

续表

地区	产能过剩	自有品牌率	技术水平
平顶山	0.82	0.86	0.94
安　阳	1.40	0.80	0.35
鹤　壁	0.58	0.80	0.75
新　乡	1.01	0.91	0.66
焦　作	0.64	0.80	0.93
濮　阳	1.00	0.91	0.88
许　昌	1.59	0.74	0.64
漯　河	1.10	0.51	0.97
三门峡	0.79	0.81	0.55
南　阳	0.77	0.87	0.57
商　丘	0.64	0.87	0.95
信　阳	0.78	0.80	0.88
周　口	0.61	0.84	0.76
驻马店	0.87	0.90	0.79
济　源	1.00	0.93	0.68

（二）投资贡献

从投资贡献指数上看，焦作以较大优势名列首位，而平顶山在此指数上的评分为负值，列全省末尾（见图 6 - 10）。

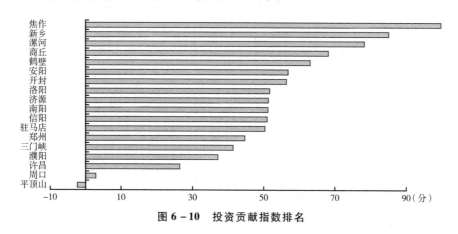

图 6 - 10　投资贡献指数排名

焦作产业集聚区在 2015 年贡献了当地 93.77% 的固定资产投资，几乎是全省平均水平（47.35%）的 2 倍。这一方面说明了集聚区对当地经济发展的重大作用，另一方面也体现了焦作经济对集聚区的依赖程度较高（见表 6 - 17）。

较全省而言，平顶山、周口的集聚区投资贡献都较低，其中平顶山集聚区在 2015 年的固定资产投资还出现了负增长。

表 6 – 17　投资贡献指数构成指标得分情况

单位：%

地区	固定资产投资贡献率	地区	固定资产投资贡献率
郑　州	41.97	许　昌	24.84
开　封	52.91	漯　河	73.40
洛　阳	48.48	三门峡	38.85
平顶山	– 7.11	南　阳	47.98
安　阳	53.27	商　丘	63.93
鹤　壁	59.14	信　阳	47.90
新　乡	79.82	周　口	2.90
焦　作	93.77	驻马店	47.20
濮　阳	34.84	济　源	48.12

（三）工业拉动

从工业拉动指数上看，郑州以绝对优势名列首位。济源、三门峡位列末尾，与其他地市差距较大（见图 6 – 11）。

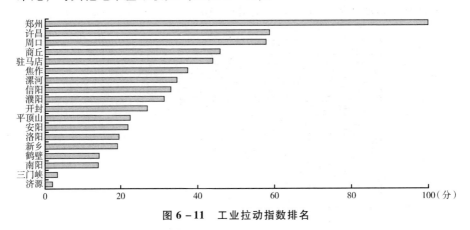

图 6 – 11　工业拉动指数排名

从构成指标上可以发现：传统工业强市在企业收入和利润方面具有较强的拉动作用，如郑州、许昌等。传统矿区则由于外部经济环境的影响，贡献度减弱，如三门峡、平顶山等。一些粮食产区或食品、纺织工业占比较多的地区往往在工业收入和利润方面落后于以重工业为主的地区，如开封、新乡、漯河等（见表 6 – 18）。

表 6 – 18 工业拉动指数各构成指标得分情况

地区	规上工业主营业务收入拉动	规上工业利润拉动	地区	规上工业主营业务收入拉动	规上工业利润拉动
郑 州	2.01	1.45	许 昌	0.77	1.15
开 封	0.45	0.46	漯 河	0.52	0.63
洛 阳	0.38	0.29	三门峡	0.42	-0.21
平顶山	0.45	0.33	南 阳	0.52	0.03
安 阳	0.67	0.15	商 丘	1.11	0.52
鹤 壁	0.38	0.14	信 阳	0.56	0.55
新 乡	0.45	0.23	周 口	0.84	1.07
焦 作	0.97	0.38	驻马店	0.78	0.71
濮 阳	0.47	0.57	济 源	0.02	0.04

（四） 效率指数

从该指数的评分情况看，郑州、焦作、商丘以较大优势位列全省前三位，平顶山、三门峡、济源则分居末尾（见表 6 – 19）。

表 6 – 19 效率指数得分

地区	效率指数	地区	效率指数
郑 州	78.55	许 昌	47.88
开 封	50.93	漯 河	59.22
洛 阳	45.35	三门峡	33.37
平顶山	28.11	南 阳	41.84
安 阳	41.65	商 丘	65.71
鹤 壁	49.30	信 阳	52.17
新 乡	55.65	周 口	45.89
焦 作	72.68	驻马店	55.43
濮 阳	46.13	济 源	37.39

四 结构指数

（一） 园区产业链

从集聚区产业链形成情况看，许昌、三门峡优势最为明显，开封则位列末位（见图 6 – 12）。

在原料采购地方面，三门峡、许昌、鹤壁位列前三。以三门峡为例，有 15.45% 的企业可在集聚区内采购原料或配件，24.89% 的企业可在当地范围内获取原料或配件，67.81%的企业无须从省外采购原料或配件（见表 6 - 20）。

在产品销售地方面，许昌、三门峡亦排名靠前。以许昌为例，有 7.69% 的企业产品可在集聚区内实现销售，26.92% 的企业在当地销售产品。

各地市在区内企业协作上都是短板，该指标评分均为负值。其中相对较好的是三门峡和新乡，而商丘则位列末位。

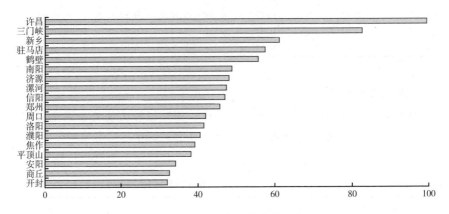

图 6 - 12　园区产业链指数排名

表 6 - 20　园区产业链指数各构成指标得分情况

地区	近原料地	近销售地	区内企业协作
郑　州	0.82	0.53	- 0.64
开　封	0.71	0.31	- 1.14
洛　阳	0.86	0.45	- 0.92
平顶山	0.79	0.40	- 0.96
安　阳	0.64	0.40	- 0.97
鹤　壁	1.05	0.59	- 0.60
新　乡	0.78	0.60	- 0.26
焦　作	0.77	0.43	- 0.86
濮　阳	0.96	0.38	- 1.14
许　昌	1.21	0.96	- 0.15
漯　河	0.75	0.65	- 0.67
三门峡	1.24	0.86	- 0.24

续表

地区	近原料地	近销售地	区内企业协作
南　阳	0.90	0.59	− 0.68
商　丘	0.76	0.32	− 1.35
信　阳	0.78	0.60	− 0.64
周　口	0.65	0.55	− 0.67
驻马店	0.96	0.68	− 0.55
济　源	0.94	0.58	− 0.85

（二）投资完成结构

从投资完成结构上看，各地市呈现较大差异，排名首位的南阳得到满分，而排名末位的济源仅有 9.10 分（见图 6 – 13）。

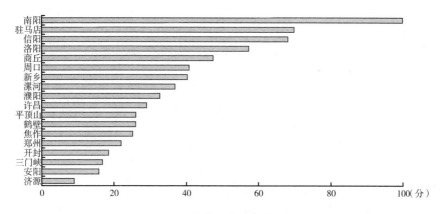

图 6 – 13　投资完成结构指数排名

单从各地产业集聚区固定资产投资的离散度（标准差）上看，郑州排在末位（标准差最大），其所辖 14 个产业集聚区 2015 年固定资产投资的标准差高达 127.78，排名首位的郑州航空港产业集聚区完成固定资产投资 457.07 亿元，是排名末位的郑州马寨产业集聚区（18.84 亿元）的 24 倍以上。驻马店在离散度指标上表现最好，其所辖的 12 个产业集聚区 2015 年固定资产投资标准差仅为 18.07。

从固定资产投资分布度上看，南阳排在首位，其所辖的 14 个产业集聚区 2015 年固定资产投资标准差为 21.22，驻马店排在全省第二位，信阳市位列全省第三（见表 6 – 21）。

济源位列末位的原因：一是仅有三个集聚区，2015 年共完成固定资产投资 246.51 亿元，居全省末位；二是其离散度居全省第 11 位，规模小，不均衡性高。

表 6-21　园区产业链指数构成指标得分情况

地区	固定资产投资分布度	地区	固定资产投资分布度
郑　州	14.71	许　昌	19.35
开　封	12.35	漯　河	24.66
洛　阳	38.31	三门峡	11.31
平顶山	17.39	南　阳	66.70
安　阳	10.65	商　丘	31.69
鹤　壁	17.34	信　阳	45.37
新　乡	26.85	周　口	27.19
焦　作	16.80	驻马店	46.62
濮　阳	21.77	济　源	6.07

（三）主营收入结构

从主营收入结构上看，各地市差异较为明显，济源、三门峡、安阳再次位列末尾（见图 6-14、表 6-22）。

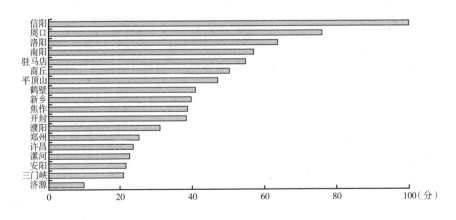

图 6-14　主营收入结构指数排名

由于企业发展阶段和规模的差异，主营业务收入的离散度（标准差）较固定资产投资更大。此项居末的仍是郑州（480.23），其所辖的郑州航空港产业集聚区 2015 年主营业务收入达 1913.16 亿元，居全省首位，而郑州市金岱产业集聚区则只有 4.77 亿元，相差 400 余倍。相较而言，离散度最小的信阳（35.02）其所辖的主营业务收入最高的信阳明港产业集聚区（152.56 亿元）不足排名末位的潢川经济技术产业集聚区（40.37 亿元）的 4 倍。

表 6-22　主营收入结构指数构成指标得分情况

地区	主营业务收入分布度	地区	主营业务收入分布度
郑　州	10.57	许　昌	9.91
开　封	16.08	漯　河	9.48
洛　阳	26.70	三门峡	8.71
平顶山	19.74	南　阳	23.91
安　阳	8.99	商　丘	21.05
鹤　壁	17.12	信　阳	41.99
新　乡	16.64	周　口	31.92
焦　作	16.24	驻马店	22.96
濮　阳	13.03	济　源	4.03

（四）法人单位结构

从法人单位结构上看，商丘以较大优势位居首位，鹤壁、开封则得分较低（见图 6-15、表 6-23）。

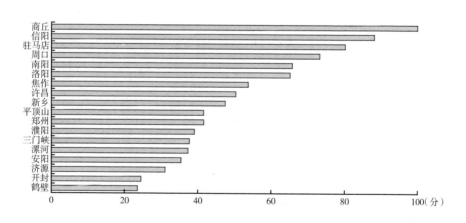

图 6-15　法人单位结构指数排名

从企业数量的分布上看，开封离散程度最高，其2014年集聚区法人单位数标准差高达112.91，企业数最多的开封汴西产业集聚区（385个）是开封市汴东产业集聚区（27个）的14倍多。

在此指数中排名首位的商丘其企业数量分布较为平均，法人数最多的商丘市梁园产业集聚区（147个）和最少的豫东综合物流产业集聚区（52个）也仅相差不到2倍。

表 6 - 23　法人单位结构指数构成指标得分情况

地区	法人单位分布度	地区	法人单位分布度
郑　州	14.74	许　昌	17.84
开　封	8.69	漯　河	13.21
洛　阳	23.13	三门峡	13.33
平顶山	14.75	南　阳	23.31
安　阳	12.55	商　丘	35.52
鹤　壁	8.30	信　阳	31.26
新　乡	16.85	周　口	25.98
焦　作	19.07	驻马店	28.44
濮　阳	13.85	济　源	11.00

（五）结构指数

在结构指数中，信阳以较大优势居首，而在规模上较为领先的郑州、漯河等地排名反而靠后。在空间分布上，整体呈现南高北低的趋势（见表6－24）。

表 6 - 24　结构指数得分

地区	效率指数	地区	效率指数
郑　州	78.55	许　昌	47.88
开　封	50.93	漯　河	59.22
洛　阳	45.35	三门峡	33.37
平顶山	28.11	南　阳	41.84
安　阳	41.65	商　丘	65.71
鹤　壁	49.30	信　阳	52.17
新　乡	55.65	周　口	45.89
焦　作	72.68	驻马店	55.43
濮　阳	46.13	济　源	37.39

五　发展水平指数

总的来看，按照综合发展水平指数得分可以将 18 个地市分为三个层次，即 60 分以上、40~60 分、40 分以下。

按此划分，产业集聚区发展水平处于前列的有郑州、商丘、焦作、驻马店四个地区。而相对落后的是平顶山、济源、三门峡。其余地区分居中游（见图 6-16）。

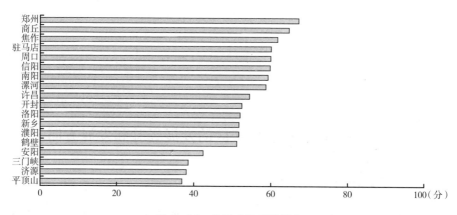

图 6-16　发展水平指数排名

第七章
河南省产业集聚区发展模式探索

第一节　河南省产业集聚区的发展经验和发展方向

一　经验总结

产业集群是指在特定领域中由一群在地理上集中且又相互关联的企业、专业化供应商、服务供应商、相关产业的厂商和相关机构构成的群体。产业集群是最重要的投资环境，是提高区域经济竞争力的亮点和有效途径。产业集群只突出一个主导产业，以地域化集聚、专业化分工、市场化联动、社会化协作、基础设施和信息共享为特征，围绕做大做强同一产业形成区域性的企业生态群落，是产业集聚区的"升级版"。

2008年，河南省委、省政府提出"一个载体、三个体系"战略，在全省原有312家工业园区的基础上，遴选180个发展态势较好的园区规划建设产业集聚区。经过不懈努力，产业集聚区建设取得了显著成效，发展规模不断壮大，产业竞争力不断提升，产城互动发展不断加快，持续发展能力不断增强，承接产业转移水平不断提高，体制机制不断完善，全局带动效应日益显现。实践证明，快速发展的产业集聚区，已成为全省区域经济的增长极、转型升级的突破口、招商引资的主平台、实现转移就业的主渠道和改革创新的示范区，其不仅在稳增长、调结构、转方式、惠民生等方面发挥了重要作用，也为全省解放思想观念、优化环境氛围、提升干部能力等事关长远的发展奠定了扎实基础，对全省经济社会发展影响深远。

1. 发展规模不断壮大，已成为全省经济持续健康发展的主要增长极

2014 年，全年产业集聚区完成固定资产投资 15999.1 亿元，是 2010 年的 3.01 倍，对同期全省投资增长的贡献率达到 79.5%；规模以上工业增加值占全省工业的比重达到 52.3%，比 2010 年提高 10 个百分点以上，对全省工业增长的贡献率超过 75%；实现工业主营收入 37968.1 亿元，是 2010 年的 3.07 倍，对同期全省主营收入增长的贡献率达到 83.3%。

2. 产业结构不断优化，已成为全省转型升级的突破口

2014 年，六大高成长性产业增加值占产业集聚区工业的比重达到 52%，高技术产业增加值占产业集聚区工业的比重超过 12%，比 2010 年提高 7 个百分点以上；全省形成规模超百亿元的特色产业集群 120 个、超千亿元产业集群 10 个、超万亿元产业集群 2 个；达到 2 星级以上的产业集聚区 30 个，其中超 500 亿元的产业集聚区达到 15 个，郑州经济技术和航空港产业集聚区超过 2000 亿元。

3. 产城互动发展不断加快，已成为全省新型城镇化助推器

四年来，全省产业集聚区累计投入基础设施建设资金近 7000 亿元，城市尤其是县城功能日益完善。2014 年，全省产业集聚区规模以上工业企业从业人员 401 万人，比 2010 年增加 200 万人以上，成为河南省农民转移就业的主渠道。在产业集聚区的助推下，全省城镇化率比 2010 年提高了 7.5 个百分点。

4. 承接产业转移水平不断提高，已成为全省开放招商的主平台

四年来，产业集聚区累计引进亿元以上工业项目超过 8000 个；实际利用省外资金超过 1.6 万亿元，占同期全省的 60% 以上，富士康、美国嘉吉等一大批行业龙头企业相继落户产业集聚区。

5. 可持续发展能力不断增强，已成为全省绿色循环低碳发展的先行区

四年来，产业集聚区累计建成、运行污水处理厂 88 个，污水集中处理率达到 85% 以上，实现集中供热的产业集聚区达到 45 个；累计建成标准厂房超过 1 亿平方米。2014 年，产业集聚区单位工业增加值能耗同比降低 11% 以上，比全省规模以上工业多降低 0.11 个百分点。在资源环境约束趋紧的大背景下，产业集聚区用较小的资源环境代价实现了较大的经济和社会效益。

6. 推进机制不断完善，已成为全省改革创新的示范区

四年来，各级各部门解放思想，开拓创新，积极探索产业集聚区科学的管理体制和运行机制，在健全政策引导、创新要素保障、完善激励约束、创新管理体制等方面先行先试、探索路子，逐步形成了较为完备的工作推进机制。

二 发展方向

未来，河南省产业集群应立足现有产业基础和比较优势，以 14 个工业重点行业为主导，以产业集聚区为载体，以集群引进、龙头带动、链式发展为主要路径，按照产业上下游有效链接、大中小企业有机结合、各类公共服务平台有力支撑的原则，科学规划，合理布局，加强引导，加快培育壮大一批特色明显、结构优化、体系完整、市场竞争力强的产业集群，做大做强工业主导产业，打造工业发展新优势，提升工业经济竞争力。

1. 推进空间结构调整，提升规划引领导向作用

巩固"三规合一"成果，加强与生态环境、区域公共服务基础设施规划的衔接，进一步完善规划体系，优化产业空间布局，推动建立统一衔接、功能互补、相互协调的空间规划体系，实现发展空间集约、高效、可持续利用。

（1）开展"五规合一"

根据永久基本农田划定和土地利用总体规划调整完善，按照部门联动、集中会商的原则，进一步优化调整产业集聚区空间规模，保障产业集聚区建设用地需求，因地制宜完善公共服务基础设施和生态环境系统，实现产业、土地、城市、生态环境和区域公共服务基础设施规划的精准对接。

（2）调整优化空间功能布局

根据集聚区发展阶段、产业特色和发展需要，统筹推进建成区、发展区、控制区功能布局调整，形成功能匹配、紧凑集约、有序开发的空间格局。改造提升建成区，建立完善闲置和低效工业用地的绩效评估退出机制，创新存量工业用地盘活利用的补偿方式，明确产业转型升级方向和功能定位，推动二次开发。对中心城区及城市拓展区内的老工业集中区，推动技术含量低、产出强度低的制造企业向外迁移，重点发展高新技术产业

和总部经济、研发试验、创意设计、商务营销、产品体验等高端服务业，打造城市功能提升和产城融合发展新亮点。推动发展区集中连片开发，以集群为导向合理布局产业，实施重点开发和优先开发，使其成为支撑主导产业发展的核心区块。规范控制区开发，严格按照相关规划确定的功能布局、产业定位，依法依规滚动开发，保障产业未来发展空间需要。

（3）统筹专业园区布局

引导各地按照"五规合一"的要求，依托具有产业基础的重点镇，有序规划布局特色专业园区，形成与产业集聚区分工协作、错位互补的发展格局。完善专业园区规划程序，实行县级申报、市级审批和省级备案，未经省备案同意的，不纳入省统计范围。依据产业集聚区考核评价试行办法，对达到门槛标准的专业园区，考核晋级为省定产业集聚区。

2. 推进产业集群提速提质，培育区域竞争优势品牌

坚持产业定位、产业规划、产业集群、产业政策"四位一体"，聚焦竞争力最强、成长性最好、关联度最高的产业领域，强化顶层设计，突出区域特色，全省重点打造万亿级优势产业集群，省辖市重点培育千亿级主导产业集群，县市形成超百亿元特色产业集群。

（1）强力打造千亿级产业集群

以省辖市为主体，加强千亿级产业集群统筹谋划，提升定位、强化整合，按照主导产业的最佳物流半径，在市域乃至更大范围形成上下游衔接的区域产业链，构建支撑配套体系，形成具有较强影响力的区域品牌。结合产业发展基础，每个省辖市优先选择2~3个发展潜力较大、近期能够实现突破的主导产业，研究制订行动计划，明确目标任务、路线图、时间表。选择产业规模大、企业集中度高、投资吸引力强的产业集聚区，通过引进整机和龙头企业，提升产业辐射带动作用和产业链引领作用，使之成为千亿级产业集群的核心载体。推动相邻产业集聚区协同发展，完善加工组装、零部件制造和产业配套服务功能，提高集群本地化配套率。

（2）推动主导产业转型升级

聚焦主导产业延链补链强链，推动产业链向中高端延伸，促进集聚区提质增效、晋星升位。实施重大项目滚动计划，将总投资5亿元以上产业项目纳入省重点项目管理，推动集聚区引进一批龙头企业和重大项目。完善集聚区主导产业链图谱，着力发展一批生命周期长、支撑作用大的产

品，形成一批具有"整机＋配套""原材料＋制成品"优势的特色产业链。发挥中介机构的专业力量和龙头企业的带动作用，打造一批以产业链为纽带的区中园，形成引进一个、带动一批的集聚效应。大力发展研发设计、信息服务、市场营销等生产性服务业，推进制造服务一体化发展。制订实施"互联网＋"行动计划，推动移动互联网、云计算、大数据、物联网与主导产业结合，培育新产业、新业态、新模式，打造集聚区转型升级、创新发展新引擎。

（3）推动产业载体联动发展

着眼构建区域产业配套体系，突出载体功能，推动产业集聚区与商务中心区和特色商业区、中心城市与县域产业集聚区、产业集聚区与专业园区互动发展，形成区域联动、资源共享、优势互补、协调发展的格局。强化商务中心区生产性服务功能，引导商务服务业集聚发展，形成支撑主导产业集群发展的综合商务服务平台。以优化特色商业区规划布局为重点，推动市场流通与生产制造互动发展，支持规划建设服务特色产业集群发展的现代专业市场。强化区域制造业协同发展，引导中心城区优势，集聚区完善高端制造、产品设计、技术孵化、物流配送功能，吸引高端产业和高端人才集聚；推动县域集聚区完善先进制造、加工组装和服务配套功能，形成劳动密集型产业优势和特色资源加工基地；依托具有产业基础的重点镇，规划布局专业园区，推动初级加工、一般零部件制造企业和非主导产业向专业园区集聚，使其成为产业集聚区发展的后续力量。按照产业集聚区考核办法，每年将达到门槛标准的专业园区升级为产业集聚区。

（4）推行专业化产业链集群式承接产业转移新模式

研究制定专项方案，针对智能手机、家具、制鞋、中高端食品、智能装备等产业链共生性强、区域配套集中度高的产业，加强顶层设计和系统谋划，破解单一企业转移难、生存难问题，推动龙头企业和配套体系全产业链转移，打造产业集群发展新亮点。找准集团化、体系化转移关键点和吸引点，选择具有较强产业整合能力的行业龙头企业和专业机构作为合作对象，有针对性地吸引产业链、相关产品、相关品牌、配套企业集聚，高起点建设百亿级产业集群。着力破解产业集群化转移中的瓶颈，创新产业基金、产业地产、供应链融资等政策工具，完善研发、制造、营销、人才等环节公共服务平台，有效降低转移企业商务成本。省级产业集群发展奖励资金，每年对集团化、体系化承接转移效果突出的产业集聚区给予重点支持。

（5）培育壮大企业群体

坚持引进与培育相结合，做大做强一批龙头骨干企业，做优做精一批配套中小企业，着力发展一批创新型企业，积极培育一批上市企业，打造具有较强市场竞争力的企业群体。实施骨干龙头企业提升发展计划，每年选择500家产业集聚区优势企业，实行动态管理，完善企业长效服务机制，优先支持企业项目建设、技术创新、战略重组，增强在产业辐射、技术示范和销售网络构建中的引领作用。实施中小企业提速发展计划，每年选择1000家产业集聚区高成长企业，强化在融资、市场开拓、公共服务等方面的支持，促进向"专精特优"发展。实施创新型企业培育发展计划，每年选择200家企业，重点支持研发平台建设、研发团队和高端人才引进、新产品开发和智能化发展。实施上市后备企业推进计划，支持具备条件的企业通过上市直接融资。

3. 推进公共平台建设，完善产业配套支撑体系

围绕完善提升产业配套功能，重点推进智慧园区、现代物流、海关监管、人力资源和综合服务平台建设，高水平构建公共服务平台体系，形成产业集聚、开放招商新的吸引点和竞争力，为产业集聚区提质转型、创新发展提供支撑。

（1）加强智慧园区平台建设

以信息技术应用为支撑，大力推进园区信息基础设施优化、开发管理精细化、功能服务专业化和产业发展智能化，建设公共信息通信网络高速泛在、精细管理高效惠企、功能应用高度集成、智慧产业高端集聚的智慧园区。依托中原云数据中心，加快构建全省统一的产业集聚区管理服务公共云平台。按照试点先行、逐步推广的原则，力争到2020年在全省产业集聚区建成100个左右智慧园区。

（2）加强现代物流平台建设

围绕服务产业集聚区主导产业，提升设施功能，创新运营模式，积极发展第三方物流和智慧物流。鼓励产业集聚区建设生产服务型、口岸服务型、综合服务型物流园区。积极推广供应链管理、连锁配送、产品零库存管理等模式，发展定制物流、咨询管理、物流金融等业务。加强与国内外知名电商企业合作，推进智慧物流网络节点建设，建设一批产业集聚区电商物流服务平台。到 2020 年，全省产业集聚区基本形成与产业集群发展相适应的物流服务体系。

（3）加强海关特殊监管平台建设

鼓励有发展需求的产业集聚区设立保税仓库、出口监管仓库、保税物流中心和综合保税区。加强产业集聚区与郑州航空口岸、铁路口岸的功能对接，充分利用郑欧班列、航空货运网络，建立产业集聚区参与全球资源配置机制。充分利用电子口岸资源及现代综合交通体系，打通产业集聚区与国外市场的连接通道。

（4）强化人力资源服务平台建设

整合各类公共就业服务资源，建设公共就业和社会保障服务平台。加快完善以中原人才网、人力资源市场网、高校毕业生就业信息网为主的网络联盟，实现产业集聚区就业信息网络互联互通。鼓励职业院校、技工院校在产业集聚区设立分校或教学点，与企业共建生产实训基地，开展定向、定岗和订单式培养。

（5）加强营商综合服务平台建设

完善"一站式""保姆式"政务服务，推动集聚区行政服务中心功能提升，集成国土资源、环境保护、工商、税务等与企业经营活动直接相关的服务职能，实现落户企业各类行政事项园区内办结，推进企业投资便捷化。积极引入中介服务组织，开展项目评估、融资担保、人力管理等业务。推进具备条件的集聚区建设公共资源交易中心，促进信息化数据、专利技术、排污额度流通交易，推动集聚区要素资源共享。

4. 推进科技创新资源集聚，建设区域创新和科技成果转化基地

围绕建设创新型产业集聚区，培育壮大创新主体、完善创新平台，大力推进以科技创新为核心的全面创新，打造区域创新和科技成果转化基地。

（1）明确产业创新导向

牢牢把握产业革命大趋势，以主导产业发展的重大需求为导向，坚持主动跟进、精心选择，围绕产业链部署创新链，把创新成果转化为实实在在的产业活动。大力破解制约高成长制造业发展的技术瓶颈，突破产业关键共性技术，引导产业集群与创新集群协同发展；围绕传统产业转型升

级，通过技术工艺创新、信息技术融合和商业模式创新，重点突破节能降耗、延伸链条、循环经济等关键环节；实施一批重大科技创新工程，形成一批拥有自主知识产权、市场潜力大的科技成果，驱动战略性新兴产业发展。推动省辖市区内产业集聚区积极布局发展新能源、生物医药、生态环保等新兴产业，打造一批百亿级新兴产业集群，形成全省战略性新兴产业发展的重要策源地和主要承载地。

（2）加快创新平台建设

实施大中型企业省级研发机构全覆盖工程，支持省内外高校、科研院所联合骨干企业组建产业技术联盟、科研创新联盟、产业技术研究院等新型创新组织，面向主导产业关键共性技术深入开展产学研协同创新。研究制定支持创新型孵化器建设的政策，鼓励行业领军企业、创业投资机构、社会组织等社会力量投资，建设一批由专业管理服务机构运营的省级以上科技企业孵化器。推动检验检测、认证等公共技术服务平台建设，支持新建一批省级以上产品检验检测中心。

（3）培育创新型企业

强化企业创新主体地位，落实研发费用加计扣除、政府采购、财政后补助等普惠政策，有效引导企业加大研发投入，重点培育一批拥有自主知识产权和持续创新能力的创新领军企业。改进政府支持技术创新项目的组织方式，加强产业技术创新战略联盟建设，鼓励创新资源向创新主体流动。为中小企业创新提供全方位服务，培育一批盈利能力强、科技含量高的科技"小巨人"。

（4）完善科技创新服务体系

大力培育为产业集聚区服务的技术咨询、技术转化、知识产权代理、创业投资、风险担保等科技服务机构，强化科技成果转化的政策激励，加快科技成果向现实生产力转化。推动科技金融紧密结合，通过设立风险投资基金、创业基金和科技成果转化引导基金，推动科技成果转化和创新型企业发展，鼓励金融机构开展科技保险、科技担保、知识产权质押等科技金融服务。利用互联网金融平台服务科技创新，完善投融资担保机制，破解科技型中小微企业融资难问题。

5. 推进产城互动发展，打造现代城乡融合示范区

坚持以产兴城、依城促产，推动产业集聚区发展与城市建设有机对

接、互促互进，提高区域公共产品与服务供给能力和水平，推动产业集聚区从单一工业制造向多功能产业区和现代化新城区转型。

（1）强化区域公共服务功能建设

因地制宜确定公共服务基础设施的布局和配置标准，距离中心城区或县城较近的集聚区，除合理配套的职工公寓、职工培训和必要的生产生活服务设施外，其余设施依托中心城区解决；规划面积较大的集聚区，可以规划建设与产业规模、就业人口相匹配的生产生活集中配套区。距离城区较远的集聚区或园区，可以依托周边区域提供基本住宿、医疗、教育、商业服务设施，并改造提升所在镇区功能。加强与区域生态环境保护规划的衔接，统筹设置集聚区生态绿地系统，合理控制工业项目用地内绿化率，加快污水处理、集中供热等环保设施建设，推动企业清洁化改造，实现产业、城市发展与自然生态系统的耦合。

（2）完善产城互动发展机制

实施"一基本两牵动三保障"，坚持产业为基、就业为本，住房和教育牵动，完善社会保障、农民权益保障、基本公共服务业保障，以农业转移人口市民化为核心，形成产业集聚与人口集中良性互动、工业化与城镇化互促互进的机制。把产业集聚区内村庄纳入城市统一规划，研究制定实施村庄整体改造方案，到2020年全面完成搬迁和城市化改造，同步推动村民成建制转为城镇户口，平等享有城镇居民的基本公共服务。支持各地制定出台促进集聚区稳定就业人员进城落户的政策措施，降低外来人口落户门槛，强化"两牵动"，落实"三保障"，明确政府、企业、社会、个人四方支出责任，形成稳定就业人员和随迁家属落户的长效激励机制。深化农业转移人口就业培训和权益维护，推进医疗卫生、社会保障、就业服务、公共文化等基本公共服务向未落户人员全覆盖。完善社会参与机制，增强外来就业人员对居住城镇和社区的认同感和归属感，使其更好地融入城镇生活。

6. 推进体制机制创新，增强发展动力活力

突出改革创新，破解资金、人才、土地等要素瓶颈，创新招商模式，推动绿色发展，理顺行政管理体制，为产业集聚区持续较快发展提供保障。

（1）创新投融资机制

综合运用信贷、股权债权、产业投资基金等融资工具，创新吸引社会

资本方式，健全支持基础设施建设、产业发展的资金保障体系。鼓励金融机构围绕打造千亿级产业集群，探索产业链、商业圈和企业群融资，深化订单和应收账款质押贷款、保理、租赁等融资业务，创新小微企业网络金融服务模式，实现物流、商流、资金流、信息流的多流合一。充分利用债务融资工具，探索发行产业集聚区专项债券和项目收益债券，支持符合条件的企业发行企业债、中期票据、短期融资券、区域集优票据和开展资产证券化等。充分利用PPP融资模式，引导社会资本参与公共服务基础设施建设和运营。以各级财政产业集聚区专项资金作为引导基金，推动省级投融资公司与金融机构合作设立规模超千亿元的省级产业集聚区产业投资基金，支持企业并购重组、招商引资和基础设施建设等。支持有条件的产业集聚区采用"基金＋基地"方式，通过设立引导基金引进募投能力强的基金管理团队，发起设立一批投资于集聚区内主导产业的创业投资和产业投资基金。有序引导社会资金在产业集聚区设立小额贷款公司、租赁公司、担保公司等。鼓励民间资本采取与产业集聚区投融资公司合资、合作或独资等形式，开发工业地产。

（2）创新用地保障机制

合理保障产业集聚区用地需求，推动土地利用差别化、精细化管理，提高土地集约节约利用水平。在年度新增建设用地指标分配中，安排一定数量专门用于产业集聚区建设，城乡建设用地增减挂钩，结余指标优先满足产业集聚区需要，保障产业集群龙头企业和重大项目用地。严格工业项目用地标准，将工业项目投资强度、容积率、建筑系数、绿地率、非生产设施占地比例等控制性指标纳入用地使用条件。鼓励建设三层以上标准厂房，采取租赁方式供企业使用。实行新增工业用地弹性出让年期制，根据产业周期和企业成长性，采取先出租后出让、在法定最高年期内实行缩短出让年期等方式出让土地，提升土地市场周转效率。加大闲置土地处置力度，推动低效用地再开发，在符合规划、不改变用途的前提下，通过厂房加层、厂区改造、内部用地整理等途径增加容积率的，经批准不增收土地价款。

（3）创新人才引进机制

支持产业集聚区依托高水平创新平台，着眼于突破产业核心关键技术瓶颈，加快引进急需的各类高水平科技人才和团队。支持协同引进高水平科技成果与人才，通过技术成果转化实现高层次创新创业人才及团队引进。引导和支持企业把"招商引资"与"招才引智"结合，拓宽引才渠道，以项目为纽带，采取咨询、讲学、兼职、项目聘用、技术合作、人才租赁等柔性流动方式引进高层次经营管理人才。鼓励团队式引进私募、公募、证券、产业等方面的高水平基金人才和投资团队。加快实行"人才服务绿卡"制度，在科研经费、工作场所、住房、落户、医疗、社保、子女入学、配偶就业、居留、出入境、职称申报、工商和税务登记等方面为引进人才提供便捷服务。

（4）创新招商引资机制

优化产业集聚区软硬环境，着力提高产业配套、要素保障和企业服务能力，培育开放招商新的吸引点和竞争力，实现由主要靠优惠政策招商向靠优质综合服务招商的战略性转变。积极创新招商方式和招商模式，着眼培育产业集群，突出企业主体地位，大力推行精准招商、以商招商、中介招商、专题招商、集群招商，提高招商引资承接产业转移的针对性和有效性。建立健全招商引资工作机制，提高重大引资项目"合同履约率、项目开工率、资金到位率"。

（5）创新绿色发展机制

严格资源节约和环境准入门槛，合理控制集聚区能源消费总量和主要污染物排放总量，推动产业集聚区绿色低碳循环发展。加快集聚区循环化改造，推进企业间废弃物交换利用、能量梯级利用、废水循环利用，实现资源高效利用和污染减排，到2020年，以化工、冶金、农副产品加工为主导产业的集聚区基本建成循环型产业园区。支持集聚区创建国家级、省级生态工业示范园区、低碳工业园区等绿色园区，鼓励有条件的集聚区建设背压型热电联产机组，加快推进集聚区污水处理厂建设，推动产业集聚区与城市环境基础设施共建共享。大力推行环境污染第三方治理模式，鼓励环境服务公司对集聚区企业污染进行集中式、专业化治理。完善合同能源管理机制，引导节能服务公司对集聚区用能单位和设施实施节能改造。

（6）创新行政管理体制机制

坚持改革创新、整合资源，加快转变政府职能，建立条块结合、权界清晰、精干高效、充满活力的产业集聚区新型行政管理体制机制。推进产业集聚区与乡镇行政区域管理套合，合理界定管理职能，强化协调配合联动，实行统一领导、以区为主、两套人马、分线负责的区镇管理套合体制。建立推行产业集聚区政府权责清单、行政审批事项清单、企业投资项目管理负面清单、行政事业性收费清单、政府性基金清单和政务服务网"五单一网"改革，强化权力运行制度监管。加强入区项目并联审批，推行审批流程网络化，实行集中受理、内部流转、限时办结、统一反馈机制，提高审批工作效率和服务质量。

第二节　河南省产业集聚区开放发展的新视野

当前我国经济已经进入新常态，市场环境和政策环境正在发生深刻变化，产业集聚区发展既面临严峻的挑战，也面临着难得的机遇。

从不利因素看。一是国内外需求依然不足。世界经济仍处在金融危机后的深度调整期，对外需的不利影响将会持续；国内产能过剩的矛盾突出，消费需求潜力释放缓慢，工业经济增速放缓态势明显，保持产业集聚区快速发展难度加大。二是区域竞争激烈，对承接产业转移带来较大压力。在承接国内外产业转移过程中，东部沿海地区利用自身的区位、资金、人才、技术优势，正在率先抢占新兴产业发展的制高点；中西部特别是中部地区也纷纷抢抓机遇，利用经济区、新区、示范区等各类发展平台，围绕市场、资金、资源、技术、人才等展开竞争，发展势头迅猛，区域竞争日趋激烈。三是政策环境和要素制约日益趋紧。国家新近出台了清理规范税收优惠政策和剥离地方投融资平台政府融资功能等文件。同时，随着产业集聚区规模的持续扩大，土地、资金和环境容量等要素的制约日益严重，低成本劳动力优势正在逐步削弱，急需加快培养技术工人和专业人才来获取新的人口红利，化解瓶颈约束不断加大的难度。

从有利因素看。一是国内外产业加速向中西部转移的趋势没有改变。受国际需求下降和生产成本上升的双重挤压，东部地区产业向中西部地区加速转移的趋势更加明显，进入规模化推进阶段，产业转移从过去的劳动密集型、资源加工型产业开始向资本、技术双密集型产业扩展，服务业和高新技术转移提前和加快；由原来单个项目、单个企业的转移转向以龙头企业和大企业为核心的组团式或产业链整体转移，为河南省专业化产业链集群式承接产业转移创造了条件。二是新一代信息技术引领的科技革命正在兴起，新兴产业发展空间巨大，河南省在有些领域具有一定优势，完全有可能抢占新一轮产业发展制高点。三是生产要素保障优势依然存在。河南省劳动人口尤其是农村富余劳动力总量仍然较大，劳动力成本相对较低，通过技能培训进一步提升劳动力素质、改善劳动力供给结构，完全可以继续保持人力资源优势。与沿海发达省份相比，河南省土地供应相对宽松。四是产业集聚区基础设施日趋完善，产业配套体系加快建立，承接产业转移和促进产业集聚发展的支撑能力明显提升，进一步拓展了产业集群发展的空间和潜力。

产业集聚区作为产业发展的载体，在区域经济社会发展中发挥了十分重要的综合带动作用，河南省应坚定不移地推进产业集聚区建设，不断提升发展水平和运行质量。但总体来看，产业集聚区发展已经到了从规模扩张向量质并重转变的阶段，需要对原有的政策措施进行总结梳理，针对当前存在的突出问题及其原因，着眼于推动产业集聚区提质增效，研究提出新一轮的产业集聚区开放发展的新视野：初步考虑，今后一个时期，要适应产业变革和产业转移新趋势，以供给侧结构性改革为主线，坚持提升存量与优化增量、整体推进与重点突破相结合，以提高承接转移质量、调整产业产品结构扩大有效供给，以加强技术改造、盘活存量资产减少低效产能，以补齐产业配套短板、增强支撑服务能力培育优势集群，以优化要素配置、创新体制机制加快动能转换，推动产业集聚区提质转型创新发展，引领带动全省先进制造业强省建设和产业结构优化升级。

（1）着力提升产出效益水平

针对现有存量，加快改造提升和重组整合，降低生产经营成本，促进企业效能充分发挥。一是推动骨干企业改造提升。引导企业建立适应消费升级和细分市场需求的研发制造体系，支持企业聚焦细分市场，实施设备更新和产品精细化改造，积极开发一批升级换代产品和高附加值产品。实施产业集聚区循环化改造示范工程，推进企业开展节能减排绿色化改造，构建产业集聚区循环型生产方式。二是积极盘活闲置资产。分类处置停产半停产企业，通过租赁、重组、合作和政府收购等方式，盘活厂房、设备、土地等闲置资产。对市场前景较好但暂时困难的企业和项目，采取协调资金、引进合作企业等方式推动企业脱困；对长期停产、资不抵债的企业，以及难以恢复建设的项目，通过租赁、兼并重组、招商转让等方式引进投资者；对环保不达标的企业和项目，督促加快环保改造，通过环保验收的可恢复生产，难以达标的予以关停。开展产业集聚区闲置土地专项治理，依法收回批而未供、已动工但无实质进展且停建时间较长的土地使用权。三是破解资金瓶颈。积极引进创业投资基金，支持设立产业发展基金、过桥基金、转贷基金、小额贷款公司，缓解企业资金压力。引导支持企业利用企业债、新三板、区域股权交易市场等多层次资本市场融资。将政府性资金的存放和 PPP 项目、政府购买服务项目合作等与银行支持实体经济发展的效果挂钩，调动金融机构积极性。四是降低企业成本。全面落实省政府降成本专项行动方案、优化企业融资服务若干政策措施，指导企业用足用活各项惠企政策。结合电力体制改革，优先支持以产业集聚区为单位组建售电公司，降低用电成本。

（2）着力提升承接产业转移水平

顺应产业转移新趋势和河南省产业发展要求，围绕扩大有效增量，推动各地明确招商重点，创新招商模式。一是理清发展重点。推动各地围绕优势产业集群培育，准确把握产业转移的规律和特点，对现有主导产业进行优化升级，选择细分领域和主导产品重点突破，注重考量引进企业的创新能力和根植性，提高招商引资的针对性和有效性，实现差异化发展，培育核心竞争优势。二是创新招商方式。大力推行以商招商、中介招商、专题招商、集群招商，充分发挥本地的比较优势，选准产业转移的对接点，做好资源对接、产业对接、企业对接，着力引进关联性强的项目，把资源优势转化为经济优势和产业优势，把主导产业集聚优势转化为专业化系列化集群优势，把骨干企业竞争优势转化为产业链整体竞争优势。三是推行精准招商。积极运用大数据开展精准招商，完善招商引资信息综合应用管理平台，精准确定招商方向、重点区域和目标企业，突出引进技术和劳动密集型产业和具有研发能力的创新型中小企业，努力扩充新的优质增量。同时，鼓励引导拥有资金、技术和管理能力的外出务工人员回乡创业，建设一批返乡创业示范园。

（3）着力提升产业集群发展水平

深入实施"百千万"亿级产业集群培育工程，构建一批产业链完善、规模效应明显、核心竞争力突出、支撑带动作用强劲的区域产业集群优势品牌。一是明确不同产业集群发展路径。围绕打造上中下游产业链接的集群，通过优化资源配置，促进上中下游企业或产业之间的链式合作，形成完整产业链条。围绕打造同类企业集群共生的集群，通过集群化引进同类企业，形成龙头企业带动、中小企业协作配套的专业化分工体系。围绕打造制造业与生产性服务业融合匹配的集群，通过完善物流、金融、贸易等服务业配套，增强对制造业企业的支撑服务能力。二是完善配套支撑体系。围绕产业集群发展需求，继续推动研发设计、创业孵化、检验检测、信息服务、人才培训等公共服务平台建设，探索政府与市场相结合的机制和模式，提升运行质量和服务水平。统筹推进产业集聚区与服务业"两区"、服务业专业园区协调联动，支持在具备条件和相应需求的产业集聚区内布局建设现代物流、电子商务等服务业专业园区。三是推进专业化园区建设。推动产业集聚区按照"区中园"模式，根据产业特点和集群发展需要，采取运营商整体开发、关联企业共同开发、龙头企业自主开发等方式，建设一批特色优势突出的专业化园区，引领带动区域集群品牌提升。

（4）着力提升创新发展水平

围绕加快产业集聚区发展动能转换，完善创新创业生态系统，最大限度集聚各类创新资源。一是推动创新创业发展。支持省辖市依托政府投资主体或采用 PPP 等方式引进社会资本，在有条件的产业集聚区规划建设区域创新创业基地。引导企业和社会资本建设各类专业孵化平台，在产业集聚区内打造一批小微创业园、创业咖啡、创客工场等低成本、便利化的众创空间。二是加快布局各类研发创新平台。优先推进产业集聚区内大中型企业研发机构全覆盖，支持重点企业建设一批省级以上研发中心和国家级创新平台。聚焦重点领域，创新运作模式，在产业集聚区布局建设一批投资主体多元、产学研紧密结合的制造业创新中心等新型研发机构。三是强化人才支撑。围绕主导产业发展，完善人才培养和引进的政策体系，支持产业集聚区依托省内外高校院所培养引进科技研发人才、应用型人才、高层次创新创业人才和领军型团队，建设专家服务基地。推动产业集聚区与职业院校合作，创新职工技能培训模式，促进技能人才培养与产业发展有效对接。

（5）着力提升产城融合发展水平

坚持产业发展与城市功能完善同步推进，按照"五规合一"的要求，支持产业集聚区根据产业发展和人口集聚规模，对空间发展规划和控制性详细规划进行适度完善，科学确定公共服务基础设施的布局和配置标准，合理配套城市服务功能，建设与产业规模、就业人口相匹配的教育、医疗、商业、文化、体育等公共服务设施，推动产业和城市融合互动发展。

（6）着力提升管理服务水平

一是加强分类指导。推动各省辖市统筹不同类型和不同层次产业集聚区建设，根据具体发展阶段、发展特色和发展需要，采取有针对性和可行性的政策措施，加强引导和协调。对综合实力较强、发展水平较高、创新要素支撑有力的产业集聚区，重点提升创新发展水平，培育集群品牌，引领带动全省产业集聚区发展。对产业基础相对良好、配套设施相对完善的产业集聚区，重点完善上下游产业链，做大集群规模，提升集群发展水平。对发展相对滞后的产业集聚区，重点完善基础和配套设施条件，加快培育壮大主导产业。二是加强运行监测分析。建立完善省市县三级联动、相关部门共同参与的运行监测和协调服务机制，加强统计监测和运行分析，强化管理服务，及时解决存在的突出问题，促进产业集聚区持续健康较快发展。三是探索企业化运营模式。支持有条件的产业集聚区设立或引进投资开发公司，探索"管委会＋公司"的开发建设模式，实施企业化运营管理。同时，要进一步推进管理体制机制创新。在全面完成产业集聚区与所在行政区域管理套合的基础上，研究规模较大的三星级以上集聚区管理体制创新以及全省集聚区考核评级办法完善等，不断提升发展活力。

第三节　河南省产业集聚区发展模式的探索

一　其他区域产业集聚区的发展经验

产业集群对于区域经济的发展至关重要，在国内外区域经济发展的实践中，集群战略已被证实是一种有效的战略模式。国际上，发达国家与后发国家和地区，涌现了大量成熟的产业集群，部分产业集群如美国的硅谷、印度的班加罗尔、意大利传统产业集群等，已成为产业集群发展的典范。国内的产业集群得益于改革开放后民营企业的大发展和大规模地承接产业转移，在地域上主要分布于以环渤海湾、长江三角洲、珠江三角洲为中心的东部沿海省份，其中，浙江、广东、江苏、山东等省的产业集群尤为引人注目。国外和沿海省份在发展产业集群过程中的一些做法和经验，非常值得河南省借鉴。

1. 浙江省

浙江省通过推动以中小企业为主的产业园区加快发展，培育和发展了产业集群，使其成为推动产业集聚发展的重要载体。一是促进产业空间集聚。强化产业园区的规划与整合，要求各类园区明晰定位，协调处理好产业带、企业集群和园区集聚的关系，推动区域相近、功能雷同的园区整合。在企业异地搬迁的两地财税问题上出台专项措施，保障企业原所在地的财政利益。二是构建公共科技平台。整合、重组和优化现有科技资源，搭建具有公益性、基础性、战略性的公共科技基础条件平台。建立由若干家有明显科技优势的科研单位、中介组织和相关机构等组成的科技创新载体，提供公共科技创新服务，增强产学研协同攻关能力，为突破一批共性关键技术创造条件。三是构筑产业集群服务体系。充分发挥市场作用，着力强化技术、培训、流通和融资等产业服务体系建设，重点培育作用面广、带动性强的现代物流、科研服务、管理咨询、工业设计、金融租赁、教育培训等现代生产性服务业。在培育强化本地区产业服务能力的同时，进一步加强与周边地区及国内外现代服务业的分工协作。

2. 江苏省

江苏省已成型的产业集群存在三种形成机制。第一种是通过上下游的扩张形成产业集群，如太仓的自行车行业，先是进入台湾一家品牌企业，然后跟进一批配套企业。第二种是一个企业做出市场，然后引来其他"分食"者，一起把市场做大，引来更多企业，形成良性循环。第三种是行业本身做不大，但依靠商会、专业市场等中介形成集群，如吴江的东方丝绸市场、丹阳的眼镜产业集群、海门三星镇的刺绣品产业集群等。江苏省的主要做法有以下几点。一是积极承接产业转移。抓住国际资本和产业向"长三角"转移的机遇，利用本地优势条件吸引外地关键性企业落户，大力发展高新技术企业，加工制造产业集群初具规模，电子信息、新材料、船舶制造、汽车及零部件产业集群优势明显，并通过进一步延伸产业链形成配套产品体系。加快搭建研发平台、物流平台和质检平台等，为企业提供优良服务。二是为民营企业发展构建公平竞争平台。出台公平税收政策。在税收征管中对民营企业和国有、集体企业一视同仁，在固定资产折旧、技术开发费用、国产设备抵免以及各项税前扣除政策上，享受同等待遇。实行公平的资源使用政策，民营企业在土地资源取得上与其他各类投资主体一视同仁，在土地依法转让、出租、抵押、折价入股等方面均按照统一标准。民营企业依法有偿取得的采矿权可以作为企业资产出资，可以依法转让。三是积极推动民营经济服务体系建设。完善中小企业信用担保体系，探索建立风险分担和代偿机制。研究提出中小企业担保机构管理办法，强化企业资金保障，实施创业辅导计划，构建创业平台，建设覆盖全省的创业辅导网络。

3. 青岛市

青岛市充分发挥政府引导作用，制定了《鼓励大企业集群发展的政策》，出台了 22 条扶持政策和措施，鼓励大企业集群发展。目前，全市已形成家电、电子、石化、造船、汽车、港口等六大产业集群，其产值占全部工业产值的比重已经达到 45%。一是以大企业大项目带动集群发展。按照"大项目—产业链—产业群—产业基地"的发展思路，加快构建以大项目为抓手、大企业为龙头、大中小企业分工有序的产业体系。积极吸引外商围绕产业基地进行组团式、生产环节连贯配套、成片成区地强投入，抓好大企业产业集聚式和技术研发式招商。吸引跨国公司建立研发基地和区域性运营中心，鼓励外商设立投资性公司，建立为全球化营销配套的生产基地。在项目落地、产业配套、技术创新等方面出台一系列支持政策，构建有利于制造业发展的政策支撑体系。二是将产业集群发展与城市功能定位相结合。在产业集群的增量项目选择时，牢牢把握城市功能定位，力避低层次竞争，立足先进制造业，占据产业链的高端，在垂直空间上实现错位发展。在战略选择上，以六大产业集群为重点，着力在技术密集、资源消耗少、环境负荷低的装备制造业上破题。在发展途径上，以循环经济、绿色能源为重点，建立现代产业体系。三是重视产业集群服务体系建设。青岛市在引进中船重工的同时，将其研究机构一并引进；在建设大炼油的同时，引进了中国石油大学；在发展钢铁产业的同时，引进了莱钢国际总部和中冶东方；借助汽车产业集群的氛围，对全国各地的汽车配套企业同步吸纳。由单一的制造业演变成上下游一体的形式，有的甚至直接甩掉了制造业，变成了高端研发平台，拉长了价值链条。

4. 湖北省

湖北省按照"规划科学、主业突出、特色明显、竞争力强"的要求，着重围绕汽车、钢铁、石化、纺织、食品和电子信息等六大支柱产业，培育配套服务的产业集群。在制定全省产业集群发展规划的基础上，主要开展以下几项工作。一是加强园区建设。将高新技术开发区、经济技术开发区、特色产业基地等作为产业集聚发展的重要载体，每个市、县重点抓好1~2个工业园区建设，使园区发展规划与产业集群规划相衔接。二是加强项目建设。以优化结构、提升素质为目标，以发展先进制造业和高新技术产业为重点，扩大对外开放，大力开展产业链招商，引进一批综合效益好、带动力强的大型项目。引导关联企业和社会资源向骨干企业集聚，延长产业链，推动骨干企业加快技术改造，提升产品优势。三是强化集群自主创新。引导产业集群加强与高等院校、科研机构的产学研合作，建立长效机制，加快创新成果转化。构建企业间技术转让的交易平台，实现技术创新在产业集群内的整体效应。四是构建公共服务平台。促进以企业为主体，以市场为导向，以资金融通、信用担保、管理咨询、信息服务、人才培训、共性技术攻关为重点的服务体系建设。重点扶持100家为集群服务的技术研发中心、服务中心、产品检测中心、人才培训中心、信息中心等公共服务平台。五是加大财政支持力度。从2008年起，省财政每年安排1亿元产业集群发展专项资金，重点支持产业集群骨干企业、公共服务平台和信息化建设以及共性技术攻关和产业链延伸。

5. 辽宁省

辽宁省坚持以工业园区为载体，引导企业集聚发展、协作配套，加快项目集中、企业集聚、产业集群，形成了一批各具特色、错位发展的县域产业集群发展格局。如瓦房店的轴承、大石桥镁产品及深加工、海城菱镁新材料、海城的服装以及开原起重设备等，县域产业集群已形成一定的规模和竞争力。全省27个重点县域产业集群实现营业收入已占到全省重点工业产业集群收入的55%以上，成为支撑县域经济的主要力量。一是强化政府的作用，通过产业园区实现产业集聚。依托各类产业园区作为载体实现产业集聚，探索与产业园区发展相适应的经济体制和运行机制，充分发挥政府引导作用。在管理体制上，政府赋予产业园区在规划、投入、收益、人财物和社会事务管理上的权限。二是将县域工业化和城镇化结合，拓宽产业集群发展空间，实行"点轴式"合作发展模式。将集群发展和城镇化结合，进一步拓宽县域产业集群发展空间。加速推进所在区域的城镇化进程，为集群发展提供配套，提高县域产业集群的集聚水平与层次。对于县域经济实力差距导致产业集群发展所需的配套服务、设施与平台等很难由单独一个县提供的现象，进一步加强相邻县域之间的合作，在县际空间建设产业园区，依托现有工业园区实行"点轴式"合作发展模式，促进跨域分工协作。三是大力培育龙头骨干企业，发展优势产品，塑造辽宁品牌。注重培育集群中的龙头骨干企业，并通过相关政策、措施引导相关中小企业加入大企业和骨干企业的产业分工协作体系，围绕龙头企业搞好相关的产业配套。

6. 意大利

意大利素有"中小企业王国"之称，工业企业平均人数仅为 4.3 人。全国 199 个产业集群的主要产品以劳动密集型的日用品为主，其中纺织品集群 69 个，鞋业 27 个，家具 39 个，机械 32 个，食品 17 个。意大利出口的产品绝大部分是由产业集群生产的。其发展产业集群的经验主要有以下几点。一是发挥行业协会的重要作用。行业协会既要赞助技术研究机构、收集发布产业信息、推广出口、开拓国际国内市场、刺激与促进基础设施发展，还要负责与政府协商谈判，争取政府对产业的政策支持。如意大利瓷砖行业协会以纽约为据点，成立了对美销售的辅助机构，成功打开了美国市场。二是重视产品设计，实施差异化战略。产业集群多数由规模较小、以合作代替结盟的企业组成，避开标准化、利润低的产品，战略上则力求满足各种客户的不同需求。从组织方式上将生产流程细分，使其更加专业化。企业高度重视工艺流程和机械设备的改进，通过应用先进技术形成差异化发展战略，避免了企业之间的恶性竞争。三是培育根植于本地的区域产业文化。集群内大多数企业由本地原来的家庭作坊转化而来，拥有共同的历史文化背景，企业之间地域接近、彼此熟悉，逐渐形成了诚实与信任的区域产业文化，对于促进创新、降低交易成本、深化专业分工与合作起到了积极的促进作用。

二　河南省产业集聚区的发展思路

近年来，河南省产业集群发展迅速，对经济增长的拉动作用日益凸显，成为推动河南省产业发展、提升国际竞争力和加速地区经济增长的主要动力。但河南省产业集群数量不多，在全国有影响力的更是屈指可数，同市场经济发达、市场机制健全、区位条件、经济基础和资源禀赋良好的沿海地区还存在不小的差距，总体上还处于起步阶段。

从主导产业看，河南省工业产业集群以传统制造业和资源依赖型产业为主。如有色金属冶炼及压延加工业、农副食品加工业、化学原料及化学制品制造业、非金属矿物制品业、黑色金属冶炼及压延加工业、通用设备制造业、纺织服装加工业等行业多属劳动密集型产业，河南省应依托资源优势，吸纳大量劳动力就业。

从地区分布情况看，各地产业集群发展不平衡，差距较大。郑州、洛阳、许昌、焦作、漯河、三门峡等市产业集群集聚度较高；从集群规模来看，各地以中小企业为主体的特色产业集群初具雏形，涉及装备制造、食品加工、纺织等众多行业。目前，还处于产业集群发展的初级阶段。

从集群发展程度看，河南省工业产业集群大多处于成长期，集群内相关企业之间建立了一定产业联系，具备一定规模，处于发展上升通道。其中，郑州航空港临空产业、郑州经开区汽车及装备制造、洛阳石化、郑州高新区电子电器、义马煤化工、济源虎岭机械加工、长葛有色金属冶炼及深加工、洛阳高端装备制造、漯河食品、孟州汽车零部件等产业集群，主营业务收入超过 500 亿元，已具相当规模和较强竞争力。

从集群形成的因素分析，河南省工业产业集群大致可分五类。一是政府推动。各级政府搭台，出台政策措施，推动工业产业集群从无到有、从小到大。二是龙头带动。发展壮大龙头企业，吸引关联中小企业按产业链分工提供配套服务，形成以龙头企业为核心的产业集群。三是资源驱动。依托自然资源优势，形成以某种资源开采及加工、销售为支撑的产业集群。四是市场拉动。借助市场力量，延伸传统工业产业链条，形成产业集群。五是转移带动。通过承接发达地区产业转移，逐步形成和壮大工业产业集群。

1. 发展思路

适应产业变革和产业转移新趋势，以供给侧结构性改革为主线，坚持调整存量与优化增量、整体推进与重点突破相结合，以提高承接产业转移质量、培育优势集群扩大有效供给，以积极稳妥处置僵尸企业、盘活存量资产减少低效产能，以补齐产业配套短板增强支撑服务能力，以创新优化要素配置激活持续发展动能，推动产业集聚区提质增效，引领带动全省产业结构优化升级。

（1）提升产业集群发展水平

围绕"百千万"亿级产业集群培育，推动各地进一步明确产业集聚区主导产业升级方向，对现有产业进行优化升级，选择细分领域和主导产品重点突破，加大精准招商力度，提升招商实效，打造更具竞争力的优势集群。探索政府与市场相结合的机制和模式，继续推动研发设计、创业孵化、检验检测、信息服务、人才培训等公共服务平台建设，在有条件、有需求的产业集聚区布局一批海关特殊监管区等对外开放平台。

（2）提高承接产业转移质量

以产业集聚区为重点，制订开放招商、承接产业转移年度行动计划，举办中国（河南）国际投资贸易洽谈会、中国（郑州）产业转移系列对接等招商活动。支持各省辖市、县（市）结合产业集群发展实际，大力实施精准招商，瞄准重点区域、重点企业和行业细分领域，组织开展专题招商活动。加强落地项目后续服务，提高招商引资项目合同履约率、项目开工率、资金到位率和竣工投产率。

（3）推进产品结构调整升级

支持产业集聚区重点企业聚焦细分市场，采用新技术、新设备、新工艺、新材料，进行设备更新换代、质量品牌提升、新型制造模式应用等技术改造，开发一批升级换代产品和高附加值产品。重点围绕装备、汽车、电子等领域，加强信息技术、智能技术的融合应用，开展电力电子、智能控制、精密基础件、精密仪器仪表等核心零部件研发生产，支撑带动工业机器人、新能源汽车、智能电网等高端整机产品创新发展。围绕冶金、建材、化工等领域，加强产业链延伸和产品精细化发展，扩大轨道特种工程塑料、交通铝型材、汽车和家电用冷轧薄板等产品规模。围绕食品、纺织服装、现代家居等消费品行业，实施"三品"专项行动，加快发展冷链食品、休闲食品、饮料、品牌服装、中高端家纺等个性化、时尚化、功能化、绿色化消费品。

（4）推动创新创业发展

依托政府投资主体、采用PPP模式或引进社会资本，支持省辖市在有条件的产业集聚区规划建设区域创新创业基地。引导企业和社会资本建设各类专业孵化平台，在产业集聚区内打造一批小微创业园、创业咖啡、创客工场等低成本、便利化的众创空间。加快研发创新平台在产业集聚区的布局，优先推进产业集聚区内大中型企业研发机构全覆盖，支持重点企业建设一批省级研发中心和国家级创新平台。探索在产业集聚区布局建设一批投资主体多元、产学研紧密结合的新型研发机构。

（5）统筹推进互动融合发展

推动产业集聚区与服务业"两区"、服务业专业园区互动发展，统筹项目布局，发挥区域各类发展载体协调联动的整体优势。在产业集群优势突出的产业集聚区，优先布局建设一批现代物流、电子商务等项目，促进制造业与生产性服务业融合对接。在开发规模较大、发展水平较高的产业集聚区，适度布局生活性服务设施，推动产城融合发展。

（6）积极处置闲置资产

分类推动产业集聚区停产、半停产企业的处置工作，通过租赁、重组、合作和政府收购等方式，盘活厂房、设备、土地等闲置资产。对长期停产、资不抵债的企业，以及难以恢复建设的项目，通过租赁、兼并重组、招商转让等方式引进投资者。对市场前景较好但暂时困难的企业和项目，采取协调资金、引进合作企业等方式推动企业脱困。对环保不达标的企业和项目，督促加快环保改造，通过环保验收的可恢复生产，难以达标的予以关停。开展产业集聚区闲置土地专项治理，依法收回批而未供、已动工但无实质进展且停建时间较长的土地使用权。

2. 河南省产业集聚区发展总思路

第一，建立推进体系。工业产业集群虽以产业集聚区为载体，但不仅限于某个产业集聚区，有的产业集群由多个产业集聚区共同构建，有的集群组成企业散于产业集聚区之外，有的甚至跨越县域、市域界线；同时，同个产业集聚区可能存在多个主导产业，而产业集群只突出一个主导产业。为此，应改变将产业集聚区简单等同于产业集群的做法，把二者的管理区分开，省、市、县从上到下建立一套完整的规划推进体系。

第二，突出全省统筹。产业集群突出产业集聚，以产业关联为纽带，建议分行业制订产业集群发展规划，相关产业集聚区和企业围绕重点产业集群发展科学定位，形成分工明确的产业体系。

第三，推动示范建设。参照产业集聚区考核评比做法，围绕做大做强工业产业集聚，深入开展"十强""十优""十快"产业集群评比活动，引导带动各地发挥主动性，创造性地引进和培育特色产业集群。

参考文献

[1] 〔德〕阿尔弗雷德·韦伯：《工业区位论》，李刚剑等译，商务印书馆，1997。

[2] 〔德〕阿尔弗雷德·韦伯：《工业区位论》，李刚剑等译，商务印书馆，2010。

[3] 〔德〕奥古斯特·勒施：《经济空间秩序》，王守礼译，商务印书馆，2010。

[4] 〔德〕J. H. Von 杜能（Von Thunen J. H.）：《孤立国同农业和国民经济的关系》，吴衡康译，商务印书馆，1997。

[5] 〔英〕马歇尔：《经济学原理》，商务印书馆，1965。

[6] 〔日〕藤田昌久等：《集聚经济学》，刘峰等译，西南财经大学出版社，2004。

[7] 白重恩、杜颖娟、陶志刚等：《地方保护主义及产业地区集中度的决定因素和变动趋势》，《经济研究》2004 年第 11 期。

[8] 白重恩、路江涌、陶志刚：《投资环境对外资企业效益的影响——来自企业层面的证据》，《经济研究》2004 年第 9 期。

[9] 包玉香、王宏艳、李玉江：《人力资本空间集聚对区域经济增长的效应分析——以山东省为例》，《人口与经济》2010 年第 3 期。

[10] 蔡敬梅：《产业集聚对劳动生产率的空间差异影响》，《当代经济科

学》2013 年第 6 期。

[11] 陈得文、苗建军:《人力资本集聚、空间溢出与区域经济增长——基于空间过滤模型分析》,《产业经济研究》2013 年第 4 期。

[12] 陈光、张超:《生产性服务业对制造业效率的影响研究》,《经济问题探索》2014 年第 2 期。

[13] 陈国亮:《新经济地理学视角下的生产性服务业集聚研究》,博士论文,浙江大学,2010。

[14] 陈建军、陈菁菁:《生产性服务业与制造业的协同定位研究——以浙江省 69 个城市和地区为例》,《中国工业经济》2011 年第 6 期。

[15] 陈洁雄:《中国城市劳动生产率差异的实证研究》,《经济学家》2010 年第 9 期。

[16] 陈良文、杨开忠、沈体雁等:《经济集聚密度与劳动生产率差异——基于北京市微观数据的实证研究》,《经济学(季刊)》2008 年第 1 期。

[17] 陈秀山、汤学兵:《新经济地理学研究新进展》,《经济学动态》2008 年第 11 期。

[18] 陈秀山、张若:《对外开放、贸易成本与中国制造业聚集》,《经济理论与经济管理》2007 年第 1 期。

[19] 陈燕芬:《港珠区域分工与产业集聚机制的实证研究》,硕士学位论文,广东外语外贸大学,2007。

[20] 代谦、别朝霞:《FDI、人力资本积累与经济增长》,《经济研究》2006 年第 4 期。

[21] 范剑勇:《产业集聚与地区间劳动生产率差异》,《经济研究》2006 年第 11 期。

[22] 范剑勇、李方文:《中国制造业空间集聚的影响:一个综述》,《南方经济》2011 年第 6 期。

[23] 范剑勇、石灵云:《产业外部性、企业竞争环境与劳动生产率》,《管理世界》2009 年第 8 期。

[24] 冯泰文:《生产性服务业的发展对制造业效率的影响——以交易成本和制造成本为中介变量》,《数量经济技术经济研究》2009 年第 3 期。

[25] 傅十和、洪俊杰：《企业规模、城市规模与集聚经济》，《经济研究》2008 年第 11 期。

[26] 高传胜、李善同：《中国生产者服务内容、发展与结构——基于中国 1987 - 2002 年投入产出表的分析》，《现代经济探讨》2007 年第 8 期。

[27] 高鸿鹰、赵娴：《提供者交易费用与制造业集聚均衡》，《财贸经济》2011 年第 9 期。

[28] 顾乃华：《生产性服务业对工业获利能力的影响和渠道——基于城市面板数据和 SFA 模型的实证研究》，《中国工业经济》2010 年第 5 期。

[29] 顾乃华、毕斗斗、任旺兵：《中国转型期生产性服务业发展与制造业竞争力关系研究》，《中国工业经济》2006 年第 9 期。

[30] 郭志仪、逯进：《教育、人力资本积累与外溢对西北地区经济增长影响的实证分析》，《中国人口科学》2006 年第 2 期。

[31] 韩宝龙、李琳：《区域产业创新驱动力的实证研究——基于隐性知识和地理邻近视角》，《科学学研究》2011 年第 2 期。

[32] 河南省产业集聚区发展报告课题组：《2014 年河南产业集聚区发展报告》，《河南日报》2015 年 2 月 4 日。

[33] 贺灿飞、潘峰华：《中国城市产业增长研究：基于动态外部性与经济转型视角》《地理研究》2009 年第 3 期

[34] 胡丹：《北京市生产性服务业与制造业互动的空间结构研究》，硕士学位论文，首都师范大学，2009。

[35] 黄玖立、李坤望：《对外贸易、地方保护和中国的产业布局》，《经济学（季刊）》2006 年第 3 期。

[36] 吉昱华、蔡跃洲、杨克泉：《中国城市集聚效益实证分析》，《管理世界》2004 年第 3 期。

[37] 江静、刘志彪、于明超：《生产者服务业发展与制造业效率提升：基于地区和行业面板数据的经验分析》，《世界经济》2007 年第 8 期。

[38] 李勇、史占中、屠梅曾：《企业集群的发展动力及其创新能力的演进》，《科学管理研究》2004 年第 4 期。

[39] 连玉君：《人力资本要素对地区经济增长差异的作用机制——兼论西

部人力资本积累策略的选择》，《财经科学》2003 年第 5 期。

[40] 梁琦：《分工、集聚与增长》，商务印书馆，2009。

[41] 梁琦、钱学锋：《外部性与集聚：一个文献综述》，《世界经济》2007 年第 30 期。

[42] 梁琦、詹亦军：《产业集聚、技术进步和产业升级：来自长三角的证据》，《产业经济评论》2005 年第 2 期。

[43] 刘恒江、陈继祥：《要素、动力机制与竞争优势：产业集群的发展逻辑》，《中国软科学》2005 年第 2 期。

[44] 刘军、李廉水、王忠：《产业聚集对区域创新能力的影响及其行业差异》，《科研管理》2010 年第 6 期。

[45] 刘永亮：《中国城市规模经济的动态分析》，《经济学动态》2009 年第 7 期。

[46] 刘志彪：《发展现代生产者服务业与调整优化制造业结构》，《南京大学学报》（哲学·人文科学·社会科学）2006 年第 5 期。

[47] 路红艳：《基于产业视角的生产性服务业发展模式研究》，《财贸经济》2008 年第 6 期。

[48] 路江涌、陶志刚：《中国制造业区域聚集及国际比较》，《经济研究》2006 年第 3 期。

[49] 罗勇、曹丽莉：《中国制造业集聚程度变动趋势实证研究》，《经济研究》2005 年第 8 期。

[50] 马国霞、石敏俊、李娜：《中国制造业产业间集聚度及产业间集聚机制》，《管理世界》2007 年第 8 期。

[51] 马国霞、朱晓娟、田玉军：《京津冀都市圈制造业产业链的空间集聚度分析》，《人文地理》2011 年第 3 期。

[52] 蒙英华、黄宁：《中美服务贸易与制造业效率——基于行业面板数据的考》，《财贸经济》2010 年第 12 期。

[53] 牛冲槐、张帆、封海燕：《科技型人才聚集、高新技术产业聚集与区域技术创新》，《科技进步与对策》2012 年第 15 期。

[54] 齐讴歌、赵勇、王满仓：《城市集聚经济微观机制及其超越：从劳动分工到知识分工》，《中国工业经济》2012 年第 1 期。

[55] 石灵云、殷醒民、刘修岩：《产业集聚的外部性机制——来自中国的

实证研究》，《产业经济研究》2007 年第 6 期。

[56] 史子然、沈春华：《日本高速公路效益分析》，转引自黄镇东《高速公路与经济发展研究文集》，1998。

[57] 覃一冬、屈炜怡：《知识外溢与中国制造业全要素生产率——基于 DEA 的经验分析》，《中央财经大学学报》2013 年第 4 期。

[58] 唐根年、沈沁、管志伟等：《中国东南沿海制造业集聚过度及其生产要素拥挤实证研究》，《经济地理》2010 年第 2 期。

[59] 王必达：《区际贸易与区域发展》，经济科学出版社，2010。

[60] 王德文：《渐进式改革进程中的地区专业化趋势》，《经济研究》2002 年第 9 期。

[61] 王永进、李坤望、盛丹：《契约制度与产业集聚：基于中国的理论及经验研究》，《世界经济》2010 年第 1 期。

[62] 魏后凯：《中国制造业集中状况及其国际比较》，《中国工业经济》2002 年第 1 期。

[63] 魏守华、王缉慈、赵雅沁：《产业集群：新型区域经济发展理论》，《经济经纬》2002 年第 2 期。

[64] 文玫：《中国工业在区域上的重新定位和聚集》，《经济研究》2004 年第 2 期。

[65] 吴三忙、李善同：《专业化、多样化与产业增长关系——基于中国省级制造业面板数据的实证研究》，《数量经济技术经济研究》2011 年第 28 期。

[66] 吴学花、杨蕙馨：《中国制造业产业集聚的实证研究》，《中国工业经济》2004 年第 10 期。

[67] 徐凯、彭芳：《人力资本集聚对区域经济增长影响分析——基于 2007 年各省的经验分析》，《现代商贸工业》2009 年第 21 期。

[68] 徐康宁、冯春虎：《中国制造业地区性集中程度的实证研究》，《东南大学学报》(哲学社会科学版)，2003 年第 1 期。

[69] 宣烨：《生产性服务业空间集聚与制造业效率提升——基于空间外溢效应的实证研究》，《财贸经济》2012 年第 4 期。

[70] 闫文圣：《关于产业集群动力机制动态模型的探讨》，《自然辩证法研究》2006 年第 4 期。

[71] 杨芬、刘刚:《地区专业化、多样化与中国省区产业发展关系的实证分析》,《统计与决策》2011 年第 6 期。

[72] 杨晶、石敏俊:《制造业集聚对劳动生产率影响的区域差异和产业差异》,《数学的实践与认识》2012 年第 8 期。

[73] 姚星、唐粼、林昆鹏:《生产性服务业与制造业产业关联效应研究——以四川省投入产出表的分析为例》,《宏观经济研究》2012 年第 11 期。

[74] 曾国宁:《生产性服务业集群:现象、机理和模式》,《经济学动态》2006 年第 12 期。

[75] 张萃:《产业集聚与创新:命题梳理与微观机制分析》,《科学管理研究》2010 年第 3 期。

[76] 张萃:《制造业区域集聚与技术创新:基于负二项模型的实证分析》,《数理统计与管理》2012 年第 1 期。

[77] 张海峰、姚先国:《经济集聚、外部性与企业劳动生产率——来自浙江省的证据》,《管理世界》2010 年第 12 期。

[78] 张卉、詹宇波、周凯:《集聚、多样性和地区经济增长:来自中国制造业的实证研究》,《世界经济文汇》2007 年第 3 期。

[79] 张小雪、陈万明:《中国人力资本、物质资本供给的联合内生结构与经济增长研究》,《财贸研究》2009 年第 5 期。

[80] 张昕、陈林:《产业聚集对区域创新绩效影响的实证研究——以两类高技术制造业为例》,《科技进步与对策》2012 年第 15 期。

[81] 张昕、李廉水:《我国城市间制造业劳动生产率差异的解释》,《中国软科学》2006 年第 9 期。

[82] 张宗庆、张寅:《产业集聚、知识溢出与区域增长——基于长三角区域的实证研究》,《东南大学学报》(哲学社会科学版)2012 年第 14 期。

[83] 赵婷、赵伟:《产业关联视角的 FDI 出口溢出效应:分析与实证》,《国际贸易问题》2012 年第 2 期。

[84] 赵伟等:《区域经济开放:模式与趋势》,经济科学出版社,2005。

[85] 赵勇、白永秀:《知识溢出:一个文献综述》,《经济研究》2009 年第 1 期。

［86］ Abraham K. G. , Taylor S. K. , "Firms' Use of Outside Contractors: Theory and Evidence," *Journal of Labor Economics* 3 （1996）.

［87］ Alcacer J. , Chung W. , " Location Strategies for Agglomeration Economies," *Strategic Management Journal* （2013）.

［88］ Alecke B. , Alsleben C. , Scharr F. , Untiedt G. , "New Evidence on the Geographic Concentration of German Industries: Do High-tech Clusters Really Matter?" In Karlsson C. , Johansson B. , Stough R. ed. , *Industrial and Inter-Firm Networks* （ Northampton MA: Edward Elgar, 2005）.

［89］ Alonso-Villar O. , Chamorro-Rivas J. M. , González-Cerdeira X. , "Agglomeration Economies in Manufacturing Industries: the Case of Spain," *Applied Economics* 18 （2004）.

［90］ Amiti M. , Pissarides C. A. , " Trade and Industrial Location with Heterogeneous Labor," *Journal of International Economics* 2 （2005）.

［91］ Amiti M. , "Location of Vertically Linked Industries: Agglomeration Versus Comparative Advantage," *European Economic Review* 4 （2005）.

［92］ Amiti M. , Wei S. J. , " Service Offshoring, Productivity, and Employment: Evidence from the United States," （2005）.

［93］ Andersson M. , "Co-location of Manufacturing & Producer Services: A Simultaneous Equation Approach," In Karlsson C. , Johansson B. , Stough R. , *Entrepreneurship and Dynamics in the Knowledge Economy* （New York: Routledge, 2006）.

［94］ Antonietti R. , Cainelli G. , "The Role of Spatial Agglomeration in A Structural Model of Innovation, Productivity and Export: a Firm-Level Analysis," *The Annals of Regional Science* 3 （2011）.

［95］ Arrow K. , *Economic Welfare and the Allocation of Resources for Invention, The Rate and Direction of Inventive Activity: Economic and Social Factors* （Princeton University Press, 1962）.

［96］ Asheim B. T. , Isaksen A. , "Location, Agglomeration and Innovation: Towards Regional Innovation Systems in Norway?," *European Planning Studies* 3 （1997）.

[97] Au C. C., Henderson J. V., "How Migration Restrictions Limit Agglomeration and Productivity in China," *Journal of Development Economics* 2 (2006).

[98] Audretsch D. B., Feldman M. P., "Knowledge Spillovers and the Geography of Innovation," *Handbook of Regional and Urban Economics* 4 (2004).

[99] Audretsch D. B., Feldman M. P., "R& D Spillovers and the Geography of Innovation and Production," *The American Economic Review* 3 (1996).

[100] Baldwin R. E, "Agglomeration and Endogenous Capital," *European Economic Review* 43 (1999).

[101] Baldwin R. E., Forslid R., "The Core-periphery Model and Endogenous Growth: Stabilising and De-stabilising Integration," *National Bureau of Economic Research* (1999).

[102] Baldwin R. E., Okubo T., "Agglomeration, Offshoring and Heterogenous Firms," (2006).

[103] Baptista R., "Do Innovations Diffuse Faster within Geographical Clusters?" *International Journal of Industrial Organization* 3 (2000).

[104] Baptista R., Swann P., "Do Firms in Clusters Innovate More?" *Research Policy* 5 (1998).

[105] Barrios S., Bertinelli L., Strobl E., "Coagglomeration and Growth," *CEPR Discussion Paper*, 2003, 3969.

[106] Barrios S., Bertinelli L., Strobl E., "Coagglomeration and Spillovers," *Regional Science and Urban Economics* 4 (2006).

[107] Batisse C., "Dynamic Externalities and Local Growth: A Panel Data Analysis Applied to Chinese Provinces," *China Economic Review* 2 (2002).

[108] Beaudry C., Swann P., "Growth in Industrial Clusters: A Bird's Eye View of the United Kingdom," *Stanford Institute for Economic Policy Research Discussion Paper* 38 (2001).

[109] Becker G. S., Murphy K. M., Tamura R., "Human Capital,

Fertility, and Economic Growth," *Journal of Political Economy* 5 (1990).

[110] Behrens K., Ottaviano G. I. P., Lamorgese A. R. et al., "Testing the Home Market Effect in A Multi-country World: the Theory," 2004.

[111] Behrens K., Thisse J. F., "Regional Economics: A New Economic Geography Perspective," *Regional Science and Urban Economics* 4 (2007).

[112] Benhabib J., Spiegel M. M., "The Role of Human Capital in Economic Development Evidence from Aggregate Cross-country Data," *Journal of Monetary Economics* 2 (1994).

[113] Berliant M., Konishi H., "The endogenous formation of a city: population agglomeration and marketplaces in a location-specific production economy," *Regional Science and Urban Economics* 3 (2000).

[114] Berry C. R., Glaeser E. L., "The Divergence of Human Capital Levels Across Cities," *Papers in Regional Science* 3 (2005).

[115] Best M., "The New Competitive Advantage: the Renewal of American Industry," *OUP Catalogue* (2001).

[116] Beule F. D., Beveren I. V., "Does Firm Agglomeration Drive Product Innovation and Renewal?" *Vives Working Paper* (2010).

[117] Broersma L., Oosterhaven J., "Regional Labor Productivity in the Netherlands: Evidence of Agglomeration and Congestion Effects," *Journal of Regional Science* 3 (2009).

[118] Browning H. L., Singelmann J., "The Emergence of A Service Society: Demographic and Sociological Aspects of the Sectoral Transformation of the Labor Force in the USA," ERIC Clearinghouse (1975).

[119] Bulte V. D., Moenaert R. K., "The Effects of R&D Team Co-location on Communication Patterns Among R&D, Marketing, and Manufacturing," *Management Science* 11 (1998).

[120] Cainelli G., Leoncini R., "Externalities and Long-Term Local Industrial Development. Some Empirical Evidence From Italy," *Revue Deconomie Industrielle* 1 (1999).

［121］ Capello R. , "A Forecasting Territorial Model of Regional Growth: the MASST Model," *The Annals of Regional Science* 4 （2007）.

［122］ Capello R. , "Spatial Transfer of Knowledge in High Technology Milieux: Learning Versus Collective Learning Processes," *Regional Studies* 4 （1999） .

［123］ Carlino G. A. , "Declining City Productivity and the Growth of Rural Regions: A Test of Alternative Explanations," *Journal of Urban Economics* 1 （1985）.

［124］ Caselli F. , Gennaioli N. , "Dynastic Management," *Economic Inquiry* 1 （2013）.

［125］ Chung W. , Kalnins A. , "Agglomeration Effects and Performance: A Test of The Texas Lodging Industry," *Strategic Management Journal* 10 （2001）.

［126］ Ciccone A. , "Agglomeration Effects in Europe," *European Economic Review* 2 （2002）.

［127］ Ciccone A. , Hall R. E. , "Productivity and the Density of Economic Activity," *The American Economic Review* 86 （1996）.

［128］ Combes P. P. , Duranton G. , Overman H. G. , "Agglomeration and the Adjustment of the Spatial Economy," *Papers in Regional Science* 3 （2005）.

［129］ Combes P. P. , Mayer T. , Thisse J. F. , *Economic Geography: The Integration of Regions and Nations* （Princeton University Press, 2008）.

［130］ Czamanski S. , Ablas L. A. Q. , "Identification of Industrial Clusters and Complexes: A Comparison of Methods and Findings," *Urban Studies* 1 （1979）.

［131］ Czamanski S. , Augusto L. , "Identification of Industrial Clusters and Complexes: A Comparison of Methods and Findings," *Urban Studies* 1 （1979）.

［132］ Daniels P. W. , *Service Industries: A Geographical Appraisal* （New York: Methuen, 1985）.

［133］ DeBresson C. , "Economic Interdependence and Innovative Activity,"

Books (1996).

[134] Dekle R. , "Industrial Concentration and Regional Growth: Evidence from the Prefectures," *Review of Economics and Statistics* 2 (2002).

[135] Desmet K. , Fafchamps M. , "Changes in the Spatial Concentration of Employment across US Counties: A Sectoral Analysis, 1972 – 2000," *Journal of Economic Geography* 3 (2005).

[136] Devereux M. P. , Griffith R. , Simpson H. , "The Geographic Distribution of Production Activity in the UK," *IFS Working Papers*, 1999.

[137] Devereux M. P. , Griffith R. , Simpson H. , "The Geographic Distribution of Production Activity in the UK," *Regional Science and Urban Economics* 5 (2004).

[138] Doeringer P. B. , Terkla D. G. , "Business Strategy and Cross-Industry Clusters," *Economic Development Quarterly* 3 (1995).

[139] Dumais G. , Ellison G. , Glaeser EL. , "Geographic Concentration as a Dynamic Process," *NBER Working Paper*, 1997, 6270.

[140] Duranton G. , Overman H. G. , "Exploring the Detailed Location Patterns of UK Manufacturing Industries Using Microgeographic Data," *Journal of Regional Science* 1 (2008).

[141] Duranton G. , Puga D. , "Nursery Cities: Urban Diversity, Process Innovation, and the Life Cycle of Products," *American Economic Review* (2001).

[142] Duranton G. , Puga D. , "The Growth of Cities," London Centre for Economic Policy Research (2013).

[143] Ellison G. , Glaeser E. L. , "Geographic Concentration in US Manufacturing Industries: A Dartboard Approach," *Journal of Political Economy* 5 (1997).

[144] Enright M. J. , *The Globalization of Competition and the Localization of Competitive Advantage: Policies Towards Regional Clustering*, "The Globalization of Multinational Enterprise Activity and Economic Development," (Palgrave Macmillan UK, 2000).

[145] Feldman M. P. , Audretsch D. B. , "Innovation in Cities: Science-Based Diversity, Specialization and Localized Competition," *European Economic Review* 2 (1999).

[146] Feser E. J. , Bergman E. M. , "National Industry Cluster Templates: A Framework for Applied Regional Cluster Analysis," *Regional Studies* 1 (2000).

[147] Fitzgerald D. , Hallak J. C. , "Specialization, Factor Accumulation and Development," *Journal of International Economics* 2 (2004).

[148] Forni M. , Paba S. , "Spillovers and the Growth of Local Industries," *The Journal of Industrial Economics* 2 (2002).

[149] Forslid R. , Haaland J. I. , Knarvik K. H. M. , "A U-shaped Europe? A Simulation Study of Industrial Location," *Journal of International Economics* 2 (2002).

[150] Forslid R. , Midelfart K. H. , "Internationalisation, Industrial Policy and Clusters," *Journal of International Economics* 1 (2005).

[151] Fosfuri A. , Rønde T. , "High-tech Clusters, Technology Spillovers, and Trade Secret Laws," *International Journal of Industrial Organization* 1 (2004).

[152] Francois J. , Woerz J. , "Producer Services, Manufacturing Linkages, and Trade," *Journal of Industry, Competition and Trade* 8 (2008).

[153] Fujita M. , Mori T. , "Frontiers of the new economicgeography," *Papers in Regional Science* 84 (2005).

[154] Fujita M. , Krugman P. R. , Venables A. J. , *The Spatial Economy: Cities, Regions and International Trade* (Cambridge, MA: MIT Press, 1999).

[155] Fujita M. , Thisse J. F. , "Economics of Agglomeration," *Journal of the Japanese and International Economics* 4 (1996).

[156] Fujita M. , Thisse J. F. , "Economics of Agglomeration," *Journal of the Japanese and International Economies* 4 (1996).

[157] Galor O. , Moav O. , "From Physical to Human Capital Accumulation: Inequality and the Process of Development," *The Review of Economic*

Studies 4 (2004).

[158] Gao T., "Regional Industrial Growth: Evidence from Chinese Industries," *Regional Science and Urban Economics* 1 (2004).

[159] Glaeser E. L., Kallal H. D., Scheinkman J. A., et al. "Growth in cities," *Journal of political economy* 6 (1992).

[160] Glaeser E. L., "Learning in cities," *Journal of urban Economics* 2 (1999).

[161] Glaeser E. L., Kallal H. D., Scheinkman J. A. et al., "Growth in Cities," *Journal of Political Economy* 6 (1992).

[162] Goe WR., Lentnek B., Macpherson A., Phillips D., "The Role of Contact Requirements in Producer Services Location ," *Environment and Planning A* 1 (2000).

[163] Goe W. R., Lentnek B., Macpherson A., Phillips D., "The Role of Contact Requirements in Producer Services Location," *Environment and Planning A*1 (2000).

[164] Grubel H. G., Walker M. A., "Modern Service Sector Growth: Causes and Effects," *Services in World Economic Growth. Tübingen* (1989).

[165] Guimaraes P., Figueiredo O., Woodward D., "Agglomeration and the Location of Foreign Direct Investment in Portugal," *Journal of Urban Economics* 1 (2000).

[166] G. M. Peter Swan, Martha Prevezer and David Staut: Haaland J. I., Wooton I., "International Competition for Multinational Investment," *The Scandinavian Journal of Economics* 4 (1999).

[167] Hanson G. H., "Regional Adjustment to Trade Liberalization," *Regional Science and Urban Economics* 4 (1998).

[168] Head K., Ries J. and Swenson D., "Agglomeration Benefits and Location Choice: Evidence from Japanese Manufacturing Investments in the United States," *Journal of International Economics* 3 (1995).

[169] Henderson J. V., *Economic theory and thecities* (Orlando, FL: Academic Press, 1985.)

［170］Henderson V. , Lee T. , Lee JY. "Scale Externalities in Korea," *Journal of Urban Economics* 49 （1997）.

［171］Henderson V. , "Externalities and Industrial Development," *Journal of Urban Economics* 3 （1997）.

［172］Henderson V. , Kuncoro A. , Turner M. , "Industrial Development in Cities," *Journal of Political Economy* 5 （1995）.

［173］Henderson V. , Kuncoro A. , Turner M. , "Industrial Development in Cities," *Journal of Political Economy* 5 （1995）.

［174］Henry N. , Pinch S. , "Spatialising Knowledge: Placing the Knowledge Community of Motor Sport Valley," *Geoforum* 2 （2000）.

［175］Herderson JV. "Efficiency of Resource Usage and City Size," *Journal of Urban Economics* 19 （1986）.

［176］Herderson J. V. , "Efficiency of Resource Usage and City Size," *Journal of Urban Economics* 1 （1986）.

［177］Hoover E M. *Location theory and the shoe leatherindustries.* （Harvard University Press, 1937）.

［178］Ihara R. , "Agglomeration with the Pros and Cons of Labor Heterogeneity," in *ERSA Conference Papers* （European Regional Science Association, 2011）.

［179］Jacobs J. , *The Life of Cities* （Random House, 1969）.

［180］Keeble D. , Wilkinson F. , "Collective Learning and Knowledge Development in the Evolution of Regional Clusters of High Technology SMEs in Europe," *Regional Studies* 4 （1999）.

［181］Kim S. , "Expansion of Markets and the Geographic Distribution of Economic Activities: the Trends in US Regional Manufacturing Structure, 1860 – 1987," *The Quarterly Journal of Economics* 4 （1995）.

［182］Kind H. J. , Knarvik K. H. M. , Schjelderup G. , "Competing for Capital in A 'Lumpy' World," *Journal of Public Economics* 3 （2000）.

［183］Kitcher B. , McCarthy I. P. , Turner S. et al. , "Understanding the Effects of Outsourcing: Unpacking the Total Factor Productivity Variable," *Production Planning & Control* 24 （2013）.

［184］ Klimek S. D. , Merrell D. R. , "Geographic Concentration in the US Retail and Wholesale Sectors," *Mimeo, Carnegie Mellon University* (1999).

［185］ Klimek S. D. , Merrell D. R. , "Geographic Concentration in the U. S. Retail and Wholesale Sectors," Working Paper of Center for Economic Studies, U. S. Bureau of the Census, 1999.

［186］ Koh H. J. , Riedel N. , "Assessing the Localization Pattern of German Manufacturing & Service Industries-A Distance Based Approach," *BGPE Discussion Paper*, 2009, 80.

［187］ Koh H. J. , Riedel N. , "Assessing the Localization Pattern of German Manufacturing and Service Industries: A Distance-Based Approach," *BGPE Discussion Paper* (2009).

［188］ Kolko J. , "Agglomeration and Co-Agglomeration of Services Industries," *MPRA Paper* (2007).

［189］ Krugman P. "What's new about the new economic geography?". *Oxford review of economic policy*, 14 (1998).

［190］ Krugman P. , "Increasing Returns and Economic Geography," *Journal of Political Economy* 3 (1991).

［191］ Krugman P. , "Scale Economies, Product Differentiation, and the Pattern of Trade," *The American Economic Review* 5 (1980).

［192］ Krugman P. , Elizondo R. L. , "Trade Policy and the Third World Metropolis," *Journal of Development Economics* 1 (1996).

［193］ Krugman P. , Venables A. J. , "Integration and the Competitiveness of Peripheral Industry," *Unity with Diversity in the European Community* (1990).

［194］ Krugman P. R. , "Increasing Returns, Monopolistic Competition, and International Trade," *Journal of International Economics* 4 (1979).

［195］ Lee N. , Nathan M. , "Does Cultural Diversity Help Innovation in Cities: Evidence From London Firms," *SERC Working Paper* (2011).

［196］ Limam Y. R. , Miller S. M. , "Explaining Economic Growth: Factor Accumulation, Total Factor Productivity Growth, and Production

Efficiency Improvement," Working Papers (2004).

[197] Liu Z., "Human Capital Externalities in Cities: Evidence From Chinese, Manufacturing Firms," *Journal of Economic Geography* 8 (2013).

[198] Lucas R. E., "On the mechanics of economicdevelopment," *Journal of monetary economics* 22 (1988).

[199] Machikita T., Ueki Y., "Interactive Learning-Driven Innovation in Upstream-Downstream Relations: Evidence From Mutual Exchanges of Engineers in Developing Economies," *ERIA Working Paper* (2011).

[200] Mariotti S., Piscitello L. and Elia S., "Spatial Agglomeration of Multinational Enterprises: the Role of Information Externalities and Knowledge Spillovers," *Journal of Economic Geography* 4 (2010).

[201] Marrocu E., Paci R. and Usai S., "Productivity Growth in the Old and New Europe: the Role of Agglomeration Externalities," *Journal of Regional Science* 3 (2013).

[202] Martin P. and Rogers C. A., "Industrial Location and Public Infrastructure," *Journal of International Economics* 39 (1995).

[203] Martin P., Ottaviano G. I. P., "Growth and Agglomeration," *International Economic Review* 4 (2001).

[204] Matlaba V., Holmes M., McCann P. and Poot J., "Agglomeration Externalities and 1981 – 2006 Regional Growth in Brazil," *University of Waikato Working Paper in Economics* 7 (2012).

[205] Maurel F., Sédillot B., "A Measure of the Geographic Concentration in French Manufacturing Industries," *Regional Science and Urban Economics* 5 (1999).

[206] Melitz M. J., "The Impact of Trade on Intra-Industry Reallocations and Aggregate Industry Productivity," *Econometrica* 6 (2003).

[207] Miler P., "Business Clusters in the UK – A First Assessment," *Trade and Industry Main Report* (2001).

[208] Moomaw R. L., "Is population scale a worthless surrogate for business agglomeration economies?" *Regional Science and Urban Economics* 3

(1983).

[209] Moomaw R. L., "Spatial Productivity Variations in Manufacturing: A Critical Survey of Cross-Sectional Analyses," *International Regional Science Review* 1 (1983).

[210] Morgan K., Nauwelaers C., "Regional Innovation Strategies," *The Stationery Office* (1999).

[211] Murata Y., "Product Diversity, Taste Heterogeneity, and Geographic Distribution of Economic Activities: Market vs. Non-market Interactions," *Journal of Urban Economics* 1 (2003).

[212] Nakamura R., "Agglomeration Economies in Urban Manufacturing Industries: A Case of Japanese Cities," *Journal of Urban Economics* 1 (1985).

[213] Naughton B., "How Much Can Regional Integration Do to Unify China's Markets?" *How Far Across the River* (2003).

[214] Neffke F., Hennin M. G., Boschma R., Lundquist K. and Olof L., "The Dynamics of Agglomeration Externalities along the Life Cycle of Industries," *Regional Studies* 45 (2011).

[215] Niebuhr A. "Migration and innovation: Does cultural diversity matter for regional R&D activity?" *Papers in Regional Science* 3 (2010).

[216] Niebuhr A., "Migration and Innovation: Does Cultural Diversity Matter for Regional R&D Activity?," *Papers in Regional Science*, 3 (2010).

[217] Okubo T., "Trade Liberalization and Agglomeration Withfirm Heterogeneity: Forward and Backward Linkages," *Regional Science and Urban Economics* 5 (2009).

[218] Ottaviano G. I. P., Peri G., "The Economic Value of Cultural Diversity: Evidence from US Cities," *Journal of Economic Geography* 1 (2006).

[219] Oyama D., "Agglomeration under Forward-Looking Expectations: Potentials and Global Stability," *Regional Science and Urban Economics* 6 (2009).

[220] Parrotta P., Pozzoli D. and Pytlikova M., "Does Labor Diversity Affect

Firm Productivity?" *WorkingPaper*, *Forschungsinstitut zur Zukunft der Arbeit* （2012）.

[221] Picard PM. , Zeng DZ. , " Agricultural Sector and Industrial Agglomeration," *Journal of Development Economics* 1 （2005）.

[222] Picard P. M. , Zeng D. Z. , " Agricultural Sector and Industrial Agglomeration," *Journal of Development Economics* 1 （2005）.

[223] Porter M. E. , "Competitive advantage, agglomeration economies, and regionalpolicy," *International regional science review* 19 （1996）.

[224] Porter M. E. , "Competitive Advantage, Agglomeration Economies, and Regional Policy," *International Regional Science Review* 19 （1996）.

[225] Puga D. , Venables A. J. , " Preferential Trading Arrangements and Industrial Location," *Journal of International Economics* 3 （1997）.

[226] Quigley J. M. , "Urban Diversity and Economic Growth," *The Journal of Economic Perspectives*, 2 （1998）.

[227] Richard G. W. , " Factors Associated with the Development of Nonmetropolitan Growth Nodes in Producer Services Industries, 1980 – 1990," *Rural Sociology* 3 （2002）.

[228] Ritsilä J. , Ovaskainen M. , "Migration and Regional Centralization of Human Capital," *Applied Economics* 3 （2001）.

[229] Robert-Nicoud F. , "A Simple Model of Agglomeration with Vertical Linkages and Perfect Capital Mobility. Chapter 1 in New Economic Geography: Welfare, Multiple Equilibria and Political Economy," PhD Thesis, London School of Economics, 2002.

[230] Romer P. M. , "Increasing Returns and Long-run Growth," *Journal of Political Economy* 5 （1986）.

[231] Rosenthal S. S. , Strange W. C. , " The Determinants of Agglomeration," *Journal of Urban Economics* 2 （2001）.

[232] Rosenthal S. S. , Strange W. C. , "The Attenuation of Human Capital Spillovers," *Journal of Urban Economics* 2 （2008）.

[233] Rosenthal S. S. , Strange W. C. , " The Determinants of Agglomeration," *Journal of Urban Economics* 2 （2001）.

[234] Rotemberg J. J. , Saloner G. , "Competition and Human Capital Accumulation: A Theory of Interregional Specialization and Trade," *Regional Science and Urban Economics* 4 (2000).

[235] Schultz T. W. , "Investment in Human Capital," *The American Economic Review* 1 (1961).

[236] Scitovsky T. , "Two Concepts of External Economies," *Journal of Political Economy* 2 (1954).

[237] Simon C. J. , "Human Capital and Metropolitan Employment Growth," *Journal of Urban Economics* 2 (1998).

[238] Swann P. , Prevezer M. , "A Comparison of the Dynamics of Industrial Clustering in Computing and Biotechnology," *Research Policy* 7 (1996).

[239] T. Berger, "Agglomeration Externalities and Growth in Urban Industries, empirical evidence from Sweden 1896 – 1910," *Lunds University Bachelor Thesis*, 2011.

[240] Tabuchi T. , "Urban Agglomeration and Dispersion: A Synthesis of Alonso and Krugman," *Journal of Urban Economics* 3 (1998).

[241] Tafarodi R. W. , Swann Jr W. B. , "Self-linking and Self-competence as Dimensions of Global Self-esteem: Initial Validation of A Measure," *Journal of Personality Assessment* 2 (1995).

[242] Tavassoli S. , Carbonara N. , "The Role of Knowledge Variety and Intensity for Regional Innovation," *Small Business Economics* (2014).

[243] *the Dynamic of Industriou Clustering* (Oxford university Press, 1998).

[244] Venables A. J. , "Equilibrium Locations of Vertically Linked Industries," *International Economic Review* (1996).

[245] Vor F. , Groot H. , "Agglomeration Externalities and Localized Employment Growth: the Performance of Industrial Sites in Amsterdam," *The Annals of Regional Science* 44 (2010).

[246] Yan W. , Yudong Y. , "Sources of China's Economic Growth 1952 – 1999: Incorporating Human Capital Accumulation," *China Economic*

Review 1（2003）.

［247］ Yusuf S. , Nabeshima K. , Yamashita S. , *Growing Industrial Clusters in Asia：Serendipity and Science*（Washington，DC：World Bank，2008）.

［248］ Yusuf S. , Nabeshima K. , Yamashita S. . *Growing industrial clusters in Asia：serendipity and science.*（Washington，DC：World Bank，2008）.

后　记

　　本书的完成，首先得益于实地调查走访获得的第一手研究资料，2431份问卷是对河南省产业集聚区发展历程的客观反映，也包含了2000余家企业对集聚区发展的热切希望。此次调研活动在筹备和实施过程中，得到了河南省产业集聚区发展联席会议办公室、河南省发展和改革委员会工业处、河南省18地市发展和改革委员会以及180家产业集聚区管委会的大力支持和帮助。感谢河南省发展和改革委员会刘伟主任和郜义副主任对本次调研活动和本书研究工作的指导和关注。

　　感谢城乡协调发展河南省协同创新中心的各协同单位，特别感谢河南大学、信阳师范学院、河南农业大学、河南工业大学、河南师范大学、许昌学院、河南省信息中心对此次调研活动和本书研究工作的帮助和支持。上述单位与城乡协调发展河南省协同创新中心牵头单位河南财经政法大学共派出18个课题组，分赴河南省18个地市180家产业集聚区进行了调查和走访，形成了18份共计约50万字的专题调研报告，同时还就调研结论和问题建议向河南省委、省政府、相关厅局委、各地党政机关和产业集聚区主管部门报送了产业集聚区发展决策咨询建议文稿，获得了广泛好评，部分建议得到了众多领导批示和被地方采纳，取得了良好的社会效果。

　　感谢在本书写作过程中已全部体现的参与调研和分报告撰写的所有课题组成员。他们在繁忙的工作当中，抽出大量时间奔波于各地市不同企业之间，完成了完整的数据收集整理和分报告写作工作，为协同创新的研究工作做出了辛苦的付出和探索。该书的出版首先归功于全体课题组成员的体力与智慧付出。

本书的研究成果，是协同创新研究的结晶，是城乡协调发展河南省协同创新中心协同研究创新的重大探索，凝聚了中心领导和全体工作人员的智慧和汗水，中心主任李小建教授和执行主任仉建涛教授强力推进，各分中心协调配合，使这项研究成果终于得以面世。虽然我们的调研没有实现河南省产业集聚区企业的全覆盖，但通过调研获得的大数据可以基本反映河南省产业集聚区发展的基本现实。调研和研究工作难免存在不足，我们对该项研究工作会进一步跟踪研究，也期望该项研究工作能够对河南省及国内各产业集聚区的发展起到良好的借鉴作用。

本书写作是基于18个调研组所获取的调研数据和18份研究报告，由中心牵头组成写作小组，集体讨论提纲，分工撰写完成的。参加写作的成员主要有河南财经政法大学的郑秀峰、王春晖、任爱莲、董倩、张新宁，河南省信息中心的郝鹏、韩毅。其中，第一章由张新宁撰写，第二章由王春晖撰写，第三章由任爱莲撰写，第四章由董倩撰写，第五章由郑秀峰撰写，第六章由郝鹏撰写，第七章由韩毅撰写，最终由郝鹏和王春晖完成统稿工作。

我们深知，产业集聚区建设和研究工作是一项庞大的系统工程，受写作组成员的实践和水平局限，书中难免存在缺陷和不足，敬请读者批评指正。

图书在版编目（CIP）数据

产业集聚区发展探索：基于河南实践 / 郑秀峰等著
. ‐‐北京：社会科学文献出版社，2017.12
（城乡协调发展研究丛书）
ISBN 978 ‐ 7 ‐ 5201 ‐ 1969 ‐ 6

Ⅰ.①产… Ⅱ.①郑… Ⅲ.①产业集群 ‐ 产业发展 ‐
研究 ‐ 河南 Ⅳ.①F269.276.1

中国版本图书馆 CIP 数据核字（2017）第 314537 号

·城乡协调发展研究丛书·

产业集聚区发展探索
——基于河南实践

著　　者 / 郑秀峰　郝　鹏　王春晖 等

出 版 人 / 谢寿光
项目统筹 / 周　丽　陈凤玲
责任编辑 / 关少华　张　娇

出　　版 / 社会科学文献出版社·经济与管理分社 （010）59367226
　　　　　　地址：北京市北三环中路甲 29 号院华龙大厦　邮编：100029
　　　　　　网址：www. ssap. com. cn
发　　行 / 市场营销中心 （010）59367081　59367018
印　　装 / 三河市尚艺印装有限公司

规　　格 / 开　本：787mm×1092mm　1/16
　　　　　　印　张：23　字　数：373 千字
版　　次 / 2017 年 12 月第 1 版　2017 年 12 月第 1 次印刷
书　　号 / ISBN 978 ‐ 7 ‐ 5201 ‐ 1969 ‐ 6
定　　价 / 99.00 元